财政部规划教材
全国高等院校应用型教材

零 售 学

王桂朵 主 编
曹迪 项晓娟 副主编

中国财经出版传媒集团
中国财政经济出版社

图书在版编目（CIP）数据

零售学/王桂朵主编．—北京：中国财政经济出版社，2016.8
财政部规划教材　全国高等院校应用型教材
ISBN 978－7－5095－6808－8

Ⅰ.①零…　Ⅱ.①王…　Ⅲ.①零售业－商业经营－高等学校－教材　Ⅳ.①F713.32

中国版本图书馆 CIP 数据核字（2016）第 143699 号

责任编辑：马立祥　　　　责任校对：胡永立
封面设计：北京兰卡绘世

中国财政经济出版社 出版

URL：http：//www.cfeph.cn
E－mail：cfeph＠cfeph.cn

社址：北京市海淀区阜成路甲 28 号　邮政编码：100142
营销中心电话：88191537　北京财经书店电话：64033436　84041336
北京富生印刷厂印刷　各地新华书店经销
787×1092 毫米　16 开　21.5 印张　520 000 字
2016 年 8 月第 1 版　2019 年 6 月北京第 2 次印刷
定价：42.00 元
ISBN 978－7－5095－6808－8/F·5478
（图书出现印装问题，本社负责调换）
本社质量投诉电话：010－88190744
打击盗版举报热线：010－88191661，QQ：2242791300

前言

零售行业是一个既古老又充满活力的行业。从人类有商品交换开始就有了零售活动，在社会发展进程中，零售又总是紧踏时代节拍，与技术进步和经济发展同步。伴随社会发展和科学技术的进步，零售业经历了三次重大变革。今天，由信息化技术带来的零售业第四次革命正在我们身边悄然发生。在当今互联网经济时代，零售经营渠道从传统的实体店时期进入全渠道的新时代，零售业的经营管理技术突飞猛进，这些变化为学习、研究和从事零售业的人们提出新的要求。

为应对零售业发展对应用型专门人才的要求，我们编写了本教材。在编写过程中尽可能使教材体现以下几个特点：

1. 内容的全面性。本书共分十三章，涵盖零售概述、零售战略、零售业务管理三部分内容。通过本书的学习，读者能够全面系统地把握零售业发展的脉络和规律，掌握零售前沿理论和技术。

2. 知识的应用性。注重对学生综合运用零售学知识分析和解决实际问题能力的培养，吸纳行业有丰富经验人士参与教材编写，强化理论与实际的结合，体现教材的应用性特色。

3. 理论的前沿性。本书充分吸收国内外零售领域前沿的研究成果和最新的实践经验，根据教学的需要精心设计和改编，强化教材的先进性和前瞻性。

4. 形式的活泼性。本书脉络清晰、图文并茂，每章设置有案例导入、小知识、小结、练习题、案例分析等，使本书表现形式丰富、生动。

本书由王桂朵教授担任主编，曹迪、项晓娟任副主编。具体编写分工为：曹迪编写第一章、第二章、第三章；赵趁编写第四章、第五章；项晓娟编写第六章、第十一章；苗晓娜编写第七章、第八章；王桂朵编写第九章及前言部分；刘艳娟编写第十章、第十二章、第十三章。河南省商业行业协会何宏剑会长和河南商业经济研究所张进才所长在百忙之中审阅了书稿，并提出了宝贵的修改意见。

本书不仅可以作为高等院校相关专业学生的教材，也可作为零售企业从业者提高经营管理水平的读本和有志于从事零售业人士的自学参考书。

在本书编写的过程中，参阅了国内外学者的著作和论述，并尽可能在参考文献中列出，在此向有关作者深表谢意！由于编者水平有限，书中纰漏在所难免，敬请各位专家学者及广大读者批评指正。

编 者

2016 年 5 月

目录

第一章 零售导论

学习目标

知识目标

- □ 理解和掌握零售、零售商、零售业的含义
- □ 了解零售组织发展规律
- □ 了解西方零售业四次重大变革的背景及特点
- □ 了解中国零售业的发展

能力目标

- □ 初步具有应用“零售组织演变理论”分析零售业发展趋势的能力
- □ 学会观察周围发生的零售活动

案例导入

丹尼斯百货精耕河南的18年发展历程

1995年前后，法国家乐福、日本伊藤洋华堂等第一批外资零售巨头进入中国。台湾东裕集团作为国务院在全国范围内选定的两家台商百货零售试点之一，于1995年进驻河南市场，开始筹建郑州丹尼斯百货。

1997年，经历过中原商战之后的郑州大型商场经营如履薄冰，亚细亚、商城大厦等面临轰然倒下的悲情命运，在行业一片唱衰声中，丹尼斯人民路店悄然开张，次年河南首家量贩店亮相，丹尼斯随之迎来在河南的坦途。时至今日，丹尼斯在河南已拥有14家百货店、55家大卖场、近200家便利店，总门店数300家左右，所有网点分布全省12个市地，年营业额突破160亿元。以稳健的步伐不断发展成为河南零售之龙头，丹尼斯百货从未踏出过河南。

“丹尼斯的成功不一定非要走出去，我们的资源整合在一个区域，在河南做到300个

亿、500个亿的份额，也是一种成功”。对于这种区域性战略，作为企业的亲历者与见证人，丹尼斯百货事业处总经理刘永松认为，河南市场是一块“大蛋糕”，河南是人口最多的省份，1亿人口，如果把河南当成一个国家，人口在世界范围内可排到第12名。河南GDP在全国排名第5，且为全国交通枢纽，巨大的人口基数确实对丹尼斯的发展起到了重要作用。据了解，丹尼斯百货人民路店的GUCCI店只有290平方米，一年的销售额可达1.1亿，全国排名第5，坪效全国排名第1，这样骄人的成绩与郑州乃至整个河南地区的海量人口不无关系。其次，河南作为一个经济发展居中的地区，外来商业市场份额较少，竞争压力相对较小，这有利于本土商业的快速发展。

事实上，河南一直被零售企业看作具备潜力的市场，大商、王府井、北京华联、万达、百盛等零售企业纷纷抢滩。业界认为，未来将有更多的国内外零售巨头进驻河南市场。诸多零售企业对河南市场的看好和参与，证明了丹尼斯领导者眼光的长远和正确，也使丹尼斯的区域性战略显得无比睿智。

丹尼斯的河南发展战略不仅仅是单纯的立足河南，还是对河南商业市场的深耕。据刘永松介绍，丹尼斯目前业态主要有百货、Mall、大卖场和便利店四个部分。自第一家店人民路店开业以来，18年里丹尼斯不断改进经营方式并扩大连锁规模，以郑州为核心、辐射河南全省，已在郑州、洛阳、安阳、三门峡、南阳、商丘、平顶山、焦作、漯河、驻马店、济源等地开有近300家不同业态的卖场。其中丹尼斯的百货已经扩展到河南18个地级市里的7个，大卖场扩展到14个地级市及部分县级市，在河南市场构筑了省会、地级市、县级市的网络覆盖。再加上丹尼斯即将开业的大卫城和计划开业的奥特莱斯店，从消费层面对河南商业实行了全面的分层覆盖，达到了“从日常消费的日用品，到高端的奢侈品都可以满足”的业态分布。

丹尼斯区域化的发展战略使丹尼斯在河南商业的地位稳居龙头，同时业态也更为细分，以百货业态来讲，有定位高端的精品百货，也有时尚的流行百货，在以后即将开业的项目中也有很多Mall业态，多客层的定位及丰富的业态稳固了大量的消费人群，使丹尼斯在商业市场大幅滑落的时候，还能维持较好的增长；同时在业内及当地的影响力也越来越大，为丹尼斯与业内其他企业的合作提供了良好的环境，比如近年来丹尼斯与绿地在东区合作的Shopping Mall，目前正在筹备中。

未来几年，丹尼斯整体的经营战略还是“以省会郑州为核心，布局省内二三线城市，多业态组合，精耕细作，做强做大”，刘永松认为，“丹尼斯以后的发展首先是把目前的基础打牢，对早期已开的门店进行升级改造，对以后要开的门店做到从体量上、规划上、定位上、业态布局上因地制宜、量体裁衣，巩固好郑州、地市级市场的地位，并积极发展购物中心和奥特莱斯业态，希望整个集团2016年的营业额突破200亿元，2020年做到500亿元”。

（资料来源：http：//hb. winshang. com/news－469145. html，2015－4－20。）

思考：

1. 诸如丹尼斯这样的零售企业快速发展的主要原因何在？
2. 谈谈你对熟悉的零售企业的认识。

第一节
零售与零售业

一、零售的定义

零售是一种交易形式，由那些向消费者销售用于个人、家庭或居住消费所需商品和服务企业的商务活动组成。它是分销过程的最终环节。有一部分人认为零售主要指有形（物质）产品的销售，但是我们不得不承认当今的零售是一种包含服务的销售。一项服务可能是顾客主要购买的东西（如空调或电脑），也可能是顾客购买的一部分（如安装或培训）。

（一）西方关于零售的定义

美国零售专家迈克尔·利维（Michael Levy）教授与巴顿·A. 韦茨（Barton A. Weitz）教授在《零售学精要》（"Essentials of Retailing"）一书中对"零售"一词作了定义："零售是将产品和劳务出售给消费者，供其个人或家庭使用，从而增加产品和服务的价值的一种商业活动。人们通常认为零售只是在商店中出售产品，其实零售也出售服务，比如汽车旅馆提供的住宿、医生为病人进行的诊治、理发、租赁录相带或是将比萨饼送货上门。"

菲利普·科特勒在其《市场营销管理》（亚洲版）一书中认为："所谓零售是指将货物和服务直接出售给最终消费者的所有活动，这些最终消费者为了个人生活消费而不是商业用途消费。任何从事这种销售的组织，无论是生产者、批发者和零售商，都是在开展零售服务。"

巴里·伯曼（Barry Berman）和乔尔·R. 埃文斯（Joel R. Evans）所著的《零售管理》一书中定义为："零售（Retailing）由那些向消费者销售用于个人、家庭或居住区消费所需商品和服务活动组成。它是分销过程的最后环节。"

以上定义都较为宽泛，都认为零售是向最终消费者个人出售生活消费品和服务的行为。它包括：（1）基本上是纯实物（生活消费品）的出售，其机构如仓储式商店。（2）纯服务的出售，其机构如理发店。（3）实物为主服务为辅的出售，其机构如带诊断服务的药店。（4）服务为主实物为辅的出售，其机构如旅馆。

相对于上述宽泛的定义，罗伯特·F. 卢斯在其所著的《零售商业企业经营管理》一书中给零售下了一个较为狭窄的定义："零售商业是商品流通过程中的最后一个环节。为消费者服务，将社会生产出来的商品销售给消费者，是零售商业的基本职能。不论是在商店出售，还是通过邮购方式、电话订购、送货上门、自动售货机出售，均包括在零售商业的业务范围之内。"可见，他将零售活动所出售的内容定义为纯商品。

（二）中国关于零售的定义

在我国现行的宏观商品流通统计中，零售额实际上是按最终消费者个人为生活消费品及其附带服务和社会集团为非生产性消费品及其附带服务所支付的价格计算的。其中的“零售”被实际界定为：向最终消费者个人出售生活消费品及其附带服务和向社会集团出售非生产性消费品及其附带服务的行为。在这一实际界定中，零售活动出售的内容包括纯实物和附带服务，对象包括消费者个人和社会集团。

黄维礼在《零售管理》一书中认为：“零售是把商品或劳务直接出售给最终消费者的销售活动。”

肖怡认为：零售是“向消费者个人或社会集团出售消费品或非生产性消费品及相关服务，以供其最终消费之用的全部活动。”

（三）本书中零售的定义

在这本书中，我们将零售界定为：向最终消费者个人或社会集团出售生活消费品或非生产性消费品及相关服务以供其最终消费之用的全部活动。零售活动出售的内容包括纯实物和附带服务，对象包括消费者个人和社会集团。

这一定义至少包括以下内容：

（1）零售是将商品和劳务提供给消费者作为最终生活消费之用的活动，而不是商业用途消费。

（2）零售不仅向最终消费者出售实物商品，同时也提供相关服务或劳务。

（3）零售活动不一定在固定的零售店铺中进行。

（4）零售的服务对象是最终消费者，不仅包括个人、家庭，也包括集团消费者。如公司购买办公用品，以供员工办公之用。在我国，社会集团购买的零售额约占社会商品零售总额的10%左右。

所谓零售就是把商品和劳务出售给最终消费者以供其最终消费之用的一种商业活动。

二、零售商

（一）零售商定义

关于零售商的概念，中外学者定义大同小异。代表性的定义有：

美国零售专家迈克尔·利维（Michael Levy）教授与巴顿·A. 韦茨（Barton A. Weitz）教授认为：“零售商是将产品和服务出售给消费者供其个人使用的一种商业企业。”

肖怡认为：“零售商是指以零售活动为基本职能的独立的中间商，介于制造商、批发商与消费者之间，以营利为目的的从事零售活动的组织。”“事实上，零售商的角色颇似于消费者的采购代理人。”

零售商主要从事零售业务，当然也可以从事批发甚至生产。零售商的主要任务是面向消费者而不是批发商或制造商。零售主要由零售商完成。但是，制造商、进口商和批发商也兼营零售。所以，从概念上要把零售商和零售业区别开来。零售是商品流通的最终环节。商品经过零售，卖给最终消费者，就从流通领域进入消费领域。零售企业是生产者与消费者或批发企业与消费者之间的中间环节，所以零售商经营状况如何，不仅关系到是否能满足人民生活需要，而且会影响整个国民经济的增长。

零售商是分销渠道中的最终业务环节活动。商品经过零售环节，卖给最终消费者，就从流通领域进入了消费领域。在现代社会，产品从生产领域向消费领域转移的过程中有不同的路径，如图1－1所示。

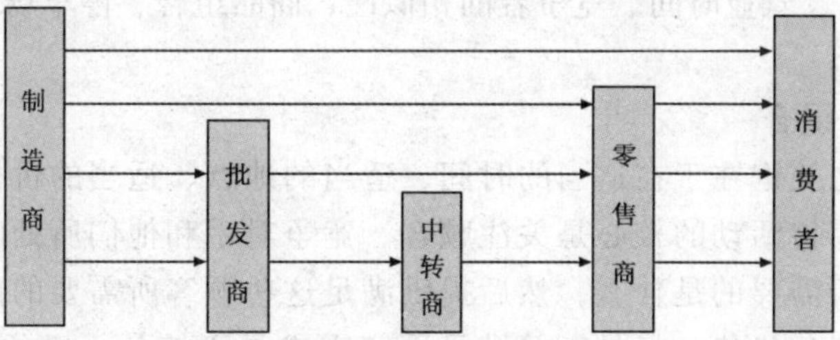

图1－1　一般的分销渠道

零售商作为制造商、批发商和其他供应商以及最终消费者的中介，发挥着至关重要的作用。图1－1中，制造商生产产品并将其卖给零售商与批发商，批发商从制造商手中购买到产品转卖给零售商，而零售商再将这些产品卖给消费者。这是典型的产销分离。制造商也可以通过自建零售店，或者上门推销、邮售、网络销售等方式，将生产出来的产品直接送达消费者手中。这是现代意义上的产销合一。因此，并非只有零售商才提供零售活动。

（二）零售商活动特点

1. 交易规模小，交易频率高

由于零售商主要面对的是众多的个体消费者，他们一次的购买量小，但在一定时间内交易的次数较多。因而零售商是批量购进、零星售出，平均每笔销售量比制造商少得多。据统计，美国百货公司每笔交易额约为54美元，专业店为64美元，超市约32美元。交易量低就需要严格控制与每笔交易有关的费用（如资信确认、商品发送、包装），增加商店的顾客数量，通过积极的店内销售增加购买冲动。零售商与众多不同顾客之间的小额交易，使得零售商很难确定当前存货水平以及各种品牌、规格和价格的受欢迎程度。基于此，零售商正日渐使用计算机化的存货管理系统，以便于及时了解销售和存货动态。

2. 最终消费者常常无计划购买，且受感情影响较大

零售额通常包括无计划购买与冲动购买。调查显示，大部分食品杂货店的购买者购物前并不注意广告，也不事先准备购物清单，购买完全是无计划的。这种行为表明，现场展示、吸引人的商店布局、组织良好的商店和商店橱窗具有重要价值。糖果、化妆品、快餐食品、杂志及其他商品，如果放在商店里容易看得见、客流量高的地方可以使顾客产生冲动购买。由于无计划购买的商品和服务多，因此零售商在进行预测、预算、商品采购及合理确定售货人员数量方面更感困难。同时，零售商要特别注重服务态度、仪表礼仪及服务效率，以增强感情投入，维持顾客对商店的忠诚。

3. 多数零售顾客一定会受商店位置的吸引前去购物

尽管近几年来邮购和电话销售大幅度增长，但是零售顾客通常仍去商店购物，绝大多数零售额仍然是通过商店销售实现的。原因是：最终消费者数量众多，许多消费者仍对亲自采购及在不同品牌和款式之间选择感兴趣，平均销售规模小，购买具有无计划性，消费者希望家庭不受干扰等。既然零售顾客必须去某个特定的商店购物，零售商就需考虑以下因素：商店的位置、运输设施、营业时间、竞争者的相似性、商品组合、停车场地和广告。

（三）零售活动组合

零售有利可图之关键在于在适当的时间、适当的地点、适当的价格、适当的数量出售适当的产品。为此零售活动的核心是关注顾客、竞争对手和他们所处的环境。成功的零售商必须了解其顾客所需要的是什么，然后提供满足这些顾客所需要的商品和服务，以拥有比竞争对手更多的竞争优势，只是简单满足顾客需求是不够的，必须密切关注竞争对手。开展零售活动组合是必需的。

零售活动组合（retail mix）是指零售商用以满足顾客需要并影响其采购决策的各种活动组合。零售活动组合中的各要素包括：战略设计、组织系统、商店选址、商品组合、商品采购、商品存货、商品定价、促销、商店设计、商品展示与陈列、顾客服务、零售销售、商店管理等，如图 1－2 所示。

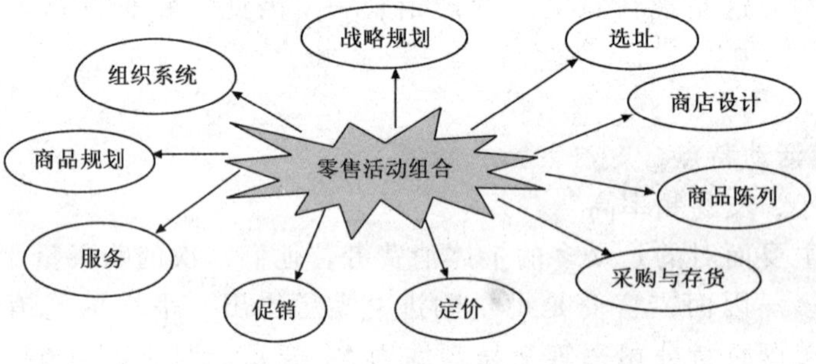

图 1－2　零售商活动组合要素

三、零售业

（一）零售业的含义

随着社会经济的发展，各种需求日益广泛，产品的涉及面日益复杂，商业经营手法日益灵活，零售业在实质方面没有大的改变的情况下，形式却日渐多元化。零售业是指以向最终消费者（包括个人和社会集团）提供所需商品及其相关服务为主的行业。零售业是一个国家最古老也最年轻、最时尚的行业。沿街叫卖是最早的零售活动的写照，人类早期的商业就是从这种沿街叫卖的行商中起步的。在市场经济条件下，零售业成为国民经济的重要行业，对国民经济的发展起着重要作用，在国民经济中占有十分重要的地位。目前，零售业已成为人们普遍关注的热点行业。2015 年世界财富 500 强中上榜的零售企业共计 41 家，占 500 强企业的 8.2%。单从这点来看，零售业在世界财富 500 强中的地位不言而喻。

（二）零售行业的地位

1. 零售业是全部社会产品实现的最终的实际有效的渠道

零售业是发达的商品经济条件下的社会全部产品实现的最终的实际有效的渠道。零售商业状况的反作用会引起整个商品流通过程和社会再生产一系列环节的连锁反应。如果零售业经营状况良好，销售繁荣，批发贸易就会通畅兴旺，并意味着消费资料需求的增长，从而促进生活资料生产的扩大。而生产资料生产发展，又会带来社会经济发展的全面高涨。反之，如果零售商业经营状况不佳、销售不畅，商品在零售环节积压，就会引起批发贸易和社会生产的停滞，从而导致整个社会经济的衰退。

2. 零售业状况是国家经济发展状况的"晴雨表"

市场状况既是一个国家经济发展状况带来的结果，也是一个国家经济发展的条件。零售商业是整个市场的前沿阵地，是市场反应最敏锐、最直观、最迅速的部分，社会经济发展状况首先在零售市场上反映出来，零售市场状况是一个国家经济发展状况的最直接反映。事实上，国家的经济危机，首先都是通过零售商业销售危机表现出来的。零售业兴隆繁荣的作用成了国家经济发展持续景气的必要条件。

3. 零售业是国民经济中的最大最重要的行业之一

这表现在其从业人员多，企业数量多，销售额占国民生产总值比重大。零售业在我国国民经济中占有相当重要的地位，2014 年全国零售业从业人数 6 134 万人，占全国从业人员的 8%，根据国家统计局数据显示，我国社会消费品零售额占 GDP 比重从 2005 年的 36.1% 增长至 2015 年的 44.5%，如图 1－3 所示。从平均值来看，当代西方国家零售商业的就业人员占各国就业人员的 8% 左右；企业数量占各国企业总数的 18% 左右，零售业产值占 GDP 的比重为 8%～9%。可以说，零售业是最重要的行业之一，零售业税收是国家税收的重要来源，零售业的发展与人们的生活水平息息相关，零售业是与生活关系最密切、为居民生活服务的人员和机构最多的行业，零售业的历次变革和进步，都带来人们生活品质的提高，甚至引发一种新的生活方式。零售业的发展为社会安定起着保证作用。

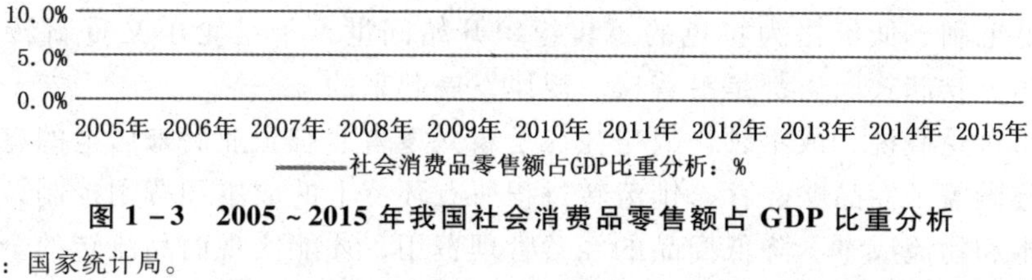

图 1－3　2005～2015 年我国社会消费品零售额占 GDP 比重分析

资料来源：国家统计局。

4. 零售业是一个国家和地区就业的主要渠道之一

充分就业是一个国家和地区宏观经济的重要目标。零售业的一个重要特性就在于对劳动力的强吸附性，正因为如此，才使零售业成为一个对充分就业有特别贡献的产业。从各国的实际情况而言，零售业确实承担了相当一部分就业的任务。美国劳工署的数据表明，有 2 100 万人受雇于 140 万个传统的零售商，这几乎与从事制造业的人数不相上下，但该数据仍低估了零售业的实际从业人数。在过去 10 年里，美国零售业从业人员增加了 24%，而与此同时，制造业从业人员却下降了 1%。由于零售业对劳动就业的突出贡献，许多国家甚至把扶持、发展零售业作为解决就业问题的一项经济政策。

第二节 零售组织发展理论

美国零售专家罗伯特·F. 卢斯先生出版的《零售商业企业的经营管理》一书对零售组织发展理论进行了相应的归纳：零售车轮理论、手风琴理论、自然淘汰理论、辩证过程理论和生命周期理论。这五大理论简洁而具代表性，被多数人接受。

美国零售专家巴里·伯曼（Barry Berman）和乔尔·R. 埃文斯（Joel R. Evans）在合著的《零售管理》一书中提出了商品攀升理论，该理论也十分切合现代零售组织发展的基本情况。下面我们就对目前比较流行的零售组织演化的六大理论进行介绍。

一、零售车轮理论

零售车轮理论（Wheel & Retailing）又被称作零售之轮理论，是美国哈佛商学院零售专家梅尔科尔姆·麦克尼欧（Malcolm P. McNair）1958 年对美国零售业态历史发展的过程做出的理论性总结。他认为，零售组织变革有着一个周期性的像一个旋转的车轮一样的发展趋势。该理论将单一业态的发展变化过程分为三个阶段，即导入期、上升期和衰退期，并分别对应革新零售商、成熟零售商和传统零售商三类零售商。他认为，零售组织变革有着一个周期性的像一个旋转的车轮一样的发展趋势。新的零售组织最初都采取低成本、低毛利、低价格的经营政策。当它取得成功时，必然会引起他人效仿，结果激烈的竞争促使其不得不采取价格以外的竞争策略，诸如增加服务、改善店内环境，这势必增加费用支出，使之转化为高费用、高价格、高毛利的零售组织。与此同时，又会有新的革新者以低成本、低毛利、低价格为特色的零售组织开始问世，于是轮子又重新转动。超级市场、折扣商店、仓储式商店都是沿着这一规律发展起来的。

根据零售车轮假说，成本领先战略往往是新兴零售业态企业后来居上的有力武器，这一战略的实施涵盖了商品购、存、销流转过程所有环节上的成本和费用控制，只有降低商品的进价成本和物流成本、降低商品的经营管理费用，才能实现商品流转的全过程的成本费用的控制。

按照这一理论，一种零售组织或零售业态从其诞生到衰落，一般要经过三个阶段：进入（Entry）：低成本、低利润、低价格和简陋的形象。费用上升（Trading - up）：为了提供新服务不得不加大经营费用。衰落（Vulnerable）：新的零售组织兴起，如图1-4所示。

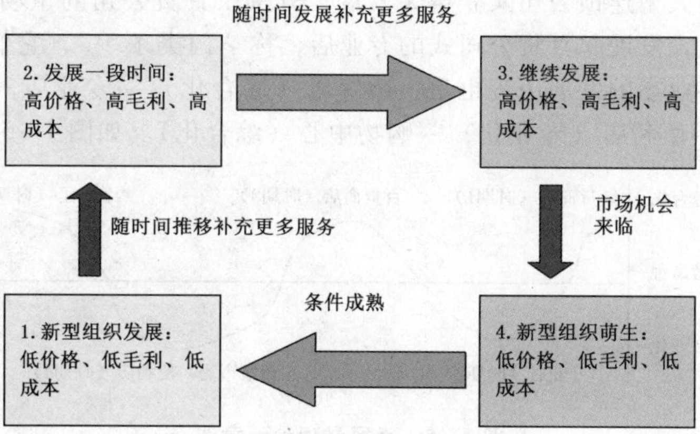

图1-4 零售组织轮转路径

创新型零售商开始总是以低成本、低价格和低毛利为特征进入市场，在与业内原有零售商的竞争中取得优势，而随着这一业态的进一步发展，这些创新者增加经营质量更好的商品，到租金更高的位置开店，不断增加新的服务（承诺退货退款，提供信用和送货上门等），不断购进新的昂贵设备，从而导致经营成本不断提高，逐步转化为高成本、高价格和高毛利的传统零售商，并最终发展为衰退型零售商，同时又为新的零售业态留下生存和发展的空间，而新业态也以同样的模式发展。当位于低端的零售商实施战略升级以增加销售和毛利时，一种新型低价零售形态又在低端市场出现。这一模式最常见的例子就是百货业的发展。百货公司刚出现时，由于它的低价格和高度便利而备受消费者欢迎，从而在与小型零售商的竞争中赢得了先机，成为十年来占统治地位的业态。

二、零售手风琴理论

零售手风琴理论又称为综合—专业—综合循环理论、手风琴模式和伸缩模式，由布兰德 E. Brand 于1963年首先提出的，再经赫兰德 S. C. Hollander 于1966年加以发展并命名。它是用拉手风琴时风囊的宽窄变化来形容零售组织变化的产品线特征。手风琴在演奏时不断地被张开和合起，零售组织的经营范围与此相似地发生变化，即从综合到专业，再从专业到综合，如此循环往复，一直继续下去。他从手风琴的一张一合中得到启发，认为零售组织的演变也是从综合商店发展到专业店，再由专业店发展至综合商店，这种交替方式不断重复，但每次都是在更高水平上的重复，是含有内在管理水平差异的演变而不是简单的反复、机械的轮回。拉尔夫·豪尔说："在整个零售业发展历史中，似乎具有主导地位的经营方法存在着交替现象。一方面是向单个商号经营商品的专业化发展，另一方面是从这一专业化向单个商号经营商品的多元化发展。它是一种关于零售商演变的周期性理论。"

意思是说，我们可以采用商品种类的深度和宽度来描述零售业的变革。历史上，百货公司诞生前，城市商业以专业店占主导地位，商品组合窄而专，因而百货公司的大而全给人以全新感受。同样，食品领域在超市出现前，亦是由肉店、茶叶店、鱼店、面包店等小专业店组成。第二次世界大战后，在百货公司引领下发展起来的购物中心普及，容纳了大量专业店，结果是专业大型连锁公司又获得大发展，分割了百货公司的市场。近10年，在这些专业店的基础上，发展起百货公司式的专业店，称“门类杀手”，它们经营的商品达万种以上。美国零售业态的发展历程也是：杂货店（综合化）→专业店（专业化）→百货商店（综合化）→便利店（专业化）→购物中心（综合化）。如图1－5所示。

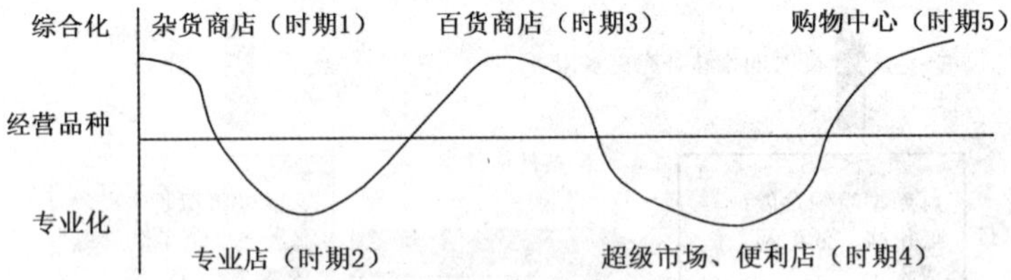

图1－5　手风琴理论示意图

三、自然淘汰理论

零售自然淘汰理论由美国零售专家吉斯特直接从达尔文的自然选择理论派生出来的。

这一理论的具体内容是：零售组织的发展变化必须要与社会经济环境相适应，诸如生产结构、技术革新、消费增长及竞争态势等。越是能适应这些环境变化，越是能生存至永远。否则将会自然地被淘汰或走向衰落。适者生存的思想，是公认的真理。对于某种零售组织来说，总是产生在一个与其环境相适应的时代，但环境不是僵化不变的。当环境变化时，就极有可能与零售组织的发生不协调。因此，任何一种零售组织都难以永远辉煌。要生存和发展，就必须不断进行自我调整，适应变化的环境。当然，调整也不是无限的，当调整冲破了原有零售组织的局限，就表明这一类型组织将消亡。

例如，美国在第二次世界大战后，社会经济发生了巨大变化，城市人口向郊区转移，这使得位于市中心的百货商店由于地理限制、交通拥挤、停车困难、客流量减少等原因，业务经营遭到了困难，而在市郊的购物中心则蓬勃发展。这个理论规律是把达尔文的“适者生存”的进化理论，用来说明美国零售业发展规律。它认为零售业必须与社会经济环境的变化相适应，才能继续存在和发展，否则就不可避免地被淘汰。

四、辩证过程理论

辩证过程理论是由斯卡尔（Schary）和凯尔伯（Kirby）提出的。他们用黑格尔哲学中的正、反、合原理来说明零售业态的变迁。所说的“正”是指现存的零售业态，所谓“反”是指现存业态的对立面，而所谓“合”是“正”、“反”的统一或混合，即新旧两种业态相互取长补短，形成更新的零售业态。该理论认为，一种新型零售业态出现以后，必然带来另一种与它完全不同的零售业态的出现。该理论还认为，新出现的零售业态基本上是现存零售业态的否定形式或现存零售业态的重新组合。例如，第二次世界大战后，在城市热闹中心区设置的百货商店，拥有丰富齐全的商品，热情周到的服务，还有诸如赠送、赊销之类的免费服务，很受消费者欢迎。到20世纪50年代初期，作为传统百货商店却被它的对立面的折扣商店所代替。折扣商店注意压缩商店开支，实行自我服务，降低价格，不设免费服务项目。竞争的结果，在20世纪60年代出现了一种更新的零售机构商品种类齐全的折扣商店。这种零售机构兼有前两者零售形式的经营特点，但又与它们有明显的不同。在这变革的过程中，传统的百货商店就属于“正”，早期的折扣商店就为“反”，商品种类齐全的折扣商店则为“合”。

辩证过程理论带有普遍性，它提示了零售组织发展变化的一般规律，即从肯定到否定，再到否定之否定的变化过程。但是，这一理论描述得过于抽象，并把程度不同的变化等同起来。实际上，不少正、反、合的变化并没有引起组织形式的更替，只是各种零售组织自身进行了反向调整。

五、生命周期理论

零售生命周期理论是1976年由美国的戴韦森（William Davidson W. R.）、伯茨（Bates A. D.）和巴斯（Bass S. J.）三人共同提出的。该理论认为，如同产品生命周期一样，零售组织也有生命周期。随同时代的发展，零售组织也经历了创新、发展、成熟、衰退的不同阶段。零售形态变化的方向和速度可从这一零售生命周期原理得到解释。

（1）导入期。经营方法的革新和改良促使新的业态产生，在此阶段，新业态的经营特点还未被消费者和业内理解，市场占有率很低。另外，由于新业态的开发成本、店铺投资费用较高，往往很难获得利润。

（2）成长期。新业态在这一阶段开始被消费者所接受，得到了业内的理解，市场占有率迅速提高，但模仿者也显著增加，导致现存业态与新业态之间即异业态竞争日益激烈。这时，先进入者开始迅速扩张，利润率上升。

（3）竞争期。竞争企业进一步增加，新业态之间的竞争加剧，同时伴随组织规模扩大造成的间接费用迅速增加，利润率开始下降，在这一阶段主要表现为同业态竞争。

（4）成熟期。业界主要企业市场占有率已开始出现滑坡，销售额仍很大但是利润率下降，新业态的特征逐步丧失，为另一种新业态的产生提供重要契机，业界主要以差别优势进行竞争，市场趋于稳定。

（5）衰退期。由于消费者购买行为的变化和新业态的出现，市场明显萎缩，整个行业地位都在下降，最终退出市场。

六、商品攀升理论

商品攀升理论（Scrambled Merchandising Theory）是从零售组织的产品线角度解释其发展变化的。它说明的是零售组织不断增加其商品组合宽度的规律，当零售组织增加相互不关联的或与公司原业务范围无关的商品和服务时，即发生了商品攀升。

商品攀升的发生缘于以下原因：零售商希望增加销售规模，于是不断加进卖得快和毛利高的商品和服务，以抵达更广的目标市场，还可减少季节影响；消费者更多冲动购买，更热衷于一次购齐。此外，零售商原经营产品线的需求可能下降，使其不得不增加产品线宽度以稳定顾客基础。与零售车轮原理集中于产品品质、价位和顾客服务方面的战略变化不同，商品攀升原理旨在说明零售商增加其商品组合宽度的规律（即经营不同产品线的数量）。

与手风琴理论有些类似，商品攀升理论也是从零售组织的产品线角度解释其发展变化的。不过，商品攀升理论说明的是零售组织不断增加其商品组合宽度的规律，当零售组织增加相互不关联的或与公司原业务范围无关的商品和服务时，即发生了商品攀升。例如，一家鞋店原先经营的品种主要有皮鞋、运动鞋、拖鞋、短袜、鞋油等商品，经过一段时间的发展，其经营的商品种类越来越多，又增加了诸如手袋、皮带、伞、帽子、毛衣、手套等商品，这就是攀升了的商品组合。

从上述内容我们可以看出，这些理论规律都只从某一侧面揭示了零售组织变革的趋势，而不能说明所有零售组织发展变化的规律。零售商业组织发展变化是其周围环境情况的综合反映。零售组织的形式不是长期不变甚至固定不变的，它要随着社会经济环境的变化而不断创新，不断发展。因此，零售企业应当清醒认识和对待自己所处的环境，适应社会经济环境日新月异的变化，加快改革步伐，重新确立市场位置，不断调整经营战略，寻求不断地发展。

第三节 零售业的演变与发展

一、西方零售业的发展历史

在工业革命以前，西方零售业的主要形态是小杂货店。这种零售业态的特点是：零散地分布在居民区内，辐射半径较小，一般在0.3公里左右；营业面积也较小，一般在100平方米以内，经营商品以日用品为主，一般是柜台式销售；并且多数是由一家人共同经营，具有亲和力。至今，零售形式到今天已经发生了天翻地覆的变化。西方零售业经历了160年的发展历程，孕育了沃尔玛、家乐福、麦德龙等一大批巨型零售企业，创造了百货商场、超市、仓储俱乐部等零售业态。其大体经历了四次重大变革。

（一）第一次零售业变革

1852年，世界上第一家百货商店在法国巴黎诞生，标志着零售业的第一次重大变革，学术界称之为“现代商业的第一次革命”。与传统的小型店铺相比，这次革命产生了许多根本性的变化，如经营商品增多、营业面积扩大、建筑富丽堂皇等。当时的百货商店，主要以“时装和女士用品”为主，因而被称为“太太们的乐园”。

第一次零售业变革的特点如下：

(1) 销售方式上的根本性变革。顾客可以毫无顾忌地、自由自在地进出商店；商品销售实行明码标价，商品都有价格标签，对任何顾客都以相同的价格出售；陈列出大量商品，以便顾客任意挑选；顾客对购买的商品如果不满意，可以退换。

（2）经营上的根本性变革。当时出现的百货商店最大的一个特点是，按商品类别设置部门，由部门来负责组织进货和销售，按不同商品和不同销售部门来经营，虽然每个部门的经营规模不大，但由于它是汇聚在一个经营体之内的，因而这种综合经营的规模比起之前的杂货店和专门店来说就十分庞大。因此，百货商店实行综合经营也是其适应大量生产和大量消费的根本性变革内容之一。

（3）组织管理上的根本性变革。对于传统的城市零售店和乡村杂货店，店主不仅亲自营业，而且自行负责人、钱、物的管理。百货商店与其在组织管理上的根本性不同是：由于同时经营若干系列的商品，企业规模庞大，因而其经营活动由相对独立的专业性部门分解完成，实行分工和合作；而其管理工作则是分层进行的，企业制订统一的计划和组织管理原则，然后由若干职能管理部门分头执行。

小知识

19世纪中期，法国巴黎城已初具规模，街道繁华、店铺林立。当时，有一家小店名为小圣托马斯。店中一个年轻人向老板提出一个刺激销售的建议，但遭拒绝。心高气盛的年轻人开始消极怠工，最终被老板解雇。他发誓一定要按自己的意愿办一家更好的商店。1852年，他与人合伙在巴黎创办了博马尔谢商店，实行一套全新的经营策略，经营面积仅有100平方米，但已经比传统店铺大得多。这个店就是世界上第一家百货商店，创办的那位年轻人就是百货商店之父——阿里斯蒂德·布西科。

博马尔谢百货商店建立后，立刻获得成功：营业额1852年为45万法郎，1863年为700万法郎，1877年为6 700万法郎。人们看到百货商店的优势，紧接着巴黎相继出现了卢浮百货商店（1855年）、市府百货商店（1856年）、春天百货商店（1865年）、撒玛利亚百货商店（1869年）、拉法耶特百货商店（1894年）等追随者。

与此同时，西方其他国家如美国、英国和德国涌现出一批仿效者，一时间百货商店风靡世界。1858年，美国梅西百货商店在纽约创立，开始了美国百货商店的历史；德国在1870年诞生了尔拉海姆、黑尔曼和奇茨等百货商店；晚些时候，英国创立了哈罗德等百货商店。一场世界性的百货商店高潮随之掀起。

（资料来源：百度文库，http://wenku.baidu.com，《零售业四次革命》。）

（二）第二次零售业变革

被誉为世界零售业第二次革命的超级市场的问世，在某种程度上可以说是经济危机的产物。进入20世纪30年代以后，费用上升的百货商店很难适应经济大萧条的形势，于是以低成本、低利润、低价格为竞争优势的超级市场应运而生。真正意义上的现代超市出现于1930年8月，由麦克尔卡伦的商店经理创办了库伦超级食品商场。这种新的零售业态一经问世就取得了成功，并为许多企业所接受，第二次世界大战结束以后，超级市场在世界各国得到了普及。第二次零售业变革的特点如下：

（1）开架售货方式流行。

（2）人们的购物时间大大节省。

（3）购物环境舒适。

（4）促进了商品包装的变革。

超级市场的出现和发展有其历史必然性。首先，经济危机是超级市场产生的导火线。20世纪30年代席卷全球的经济危机使得居民购买力严重不足，零售商纷纷倒闭，生产大量萎缩，店铺租金大大降低，超级市场利用这些租金低廉的闲置建筑物，采取节省人工成本的自助购物方式和薄利多销的经营方针，实现了低廉的价格，因而受到了当时被经济危机困扰的广大消费者的欢迎。

其次，生活方式的变化促成了超级市场的发展。第二次世界大战后，越来越多的妇女参加了工作，人们生活、工作节奏加快，加上城市交通拥挤，原有零售商店停车设施落后，许多消费者希望能到一家商场，停车一次，就购齐一周所需的食品和日用品，超级市场正是为了适应消费者的这种需求而不断发展的。

最后，技术进步为超级市场创造了条件。制冷设备的发展为超级市场储备各种生鲜食品提供了必要条件，包装技术的完善为超级市场中的顾客自选提供了极大的方便，而后来的电子技术在商业领域的推广运用，更是提高了超级市场利用电子设备来售货的机械化程度。此外，冰箱和汽车在西方家庭中的普及使消费者的大量采购和远距离采购成为可能。

（三）第三次零售业变革

20世纪40年代后，连锁商店的兴起，标志着零售业的第三次重大变革。这个时期，一些大商店为了取得竞争优势，纷纷扩大规模，建立了连锁零售商店；而一些小商店为了迎接大商店的挑战，以求得在市场上的一席之地，便采取“联合”的营销推广策略，实施“规模经营”，以赢得价格上的优势。于是，连锁商店被广泛流行开来。第三次零售业变革的特点如下：

（1）标准化管理。在连锁商店中，各分店统一店名，使用统一的标识，进行统一的装修，在员工服饰、营业时间、广告宣传、商品价格方面均保持一致性，从而使连锁商店的整体形象标准化。

（2）专业化分工。连锁商店总部的职能是连锁，而店铺的职能是销售。表面上看，这与单体店没有太大的区别，实际上却有本质的不同。总部的作用就是研究企业的经营技巧，并直接指导分店的经营，这就使分店摆脱了过去靠经验管理的影响，大大提高了企业的管理水平。

（3）集中化进货。连锁商店总部集中进货，商品批量大，从厂家那里可以得到较低的进货价格，从而降低了进货成本，取得了价格竞争优势。由于各店铺是有组织的，因此，在进货上克服了盲目性，不需要过多的商品库存，就能保证销售需要，库存成本又得到了降低。各店铺专门负责销售，就有更多的时间和手段组织推销，从而加速了商品周转。

（4）简单化作业。连锁商店的作业流程和商业活动变得简单，减少了经验因素对经营的影响，由于连锁体系庞大，在各个环节的控制上都有一套特定的运作章程，因此要求精简不必要的过程，达到事半功倍的效果。

连锁商店是现代大工业发展的产物，是与大工业规模化的生产要求相适应的。其实质就是把社会化大生产的基本原理应用于流通领域，达到提高协调运作能力和规模化经营效益的目的。

小知识

大西洋和太平洋宏大茶叶公司（A&P）的发展

19世纪中叶，连锁商店系统中销售额最大的大西洋和太平洋宏大茶叶公司（A&P）开业和发展过程能很好地说明连锁商店革命的爆发。

1859年，来自缅因州的乔治·吉尔曼（George Gilman）和乔治·亨廷顿·哈特福德（George Huntington Hartford）在纽约市的维齐街开设了一家专售红茶的小店，取名为“大美茶叶公司”。他们直接从中国和日本进货，售价30美分1磅，而其他店要卖1美元1磅。因为当时红茶的分销渠道是从代理商到批发商，从批发商到零售商，三者加价比例分别为50%、40%和50%。所以大美茶叶公司的售价十分低廉。同时，他们采取了许多原始且有效的促销方法，诸如幸运抽奖、周六有乐队演奏，甚至还用8匹马拉着一辆红车在街上游行，若有人能猜到车与车上的人加起来的重量，可得到2万美元奖励。他们大获成功，随即在同一条街上开了第二、第三家分号，6年就发展到25家店铺。1869年公司名称改为“大西洋和太平洋宏大茶叶公司”，商品由红茶扩展到咖啡、面包、奶油、发酵粉、肥皂等日用品，但仍以食品为主。1880年连锁商店达100家，1900年达200家。

（资料来源：百度文库，http：//wenku. baidu. com，《零售业四次革命》。）

（四）第四次零售业变革

1992年，俄克拉荷马大学的Robert Lush等人率先提出了无店铺零售是零售业第四次革命的观点。随着互联网的普及和信息技术的广泛使用，电子商务、网络营销、网上购物等与信息技术相联系的零售业态，成为这次革命的主力军。无店铺零售最早起源于美国，之后发展迅速，无店铺零售总营业额一直保持两位数的增长率。同前面三次零售革命一样，无店铺零售也是零售组织在市场竞争中适应生产力发展水平和消费水平变化而进行变革创新的产物。之所以将其称之为第四次零售革命，是因为它颠覆了传统意义上的零售概念，甚至改变了整个零售业。第四次零售变革的特点如下：

（1）交易过程达到高效率化。无店铺零售既可以降低制造商、零售商的分销成本，也可以节省顾客购买的时间成本，使顾客在便利的条件下买到廉价的商品。分销成本的节省主要源于两个方面：一是店铺费用的节省，二是库存费用的节省，其运行特点是当接到顾客订单后，再向制造厂家订货，无需将实物商品陈列出来。

（2）交易无空间限制。电脑屏幕=商店卖场。无店铺零售商店的开办常常依托于国际互联网，因此商店与顾客之间的空间距离为零。顾客只要拥有电脑并上网，就可以在世界范围内的网上商店漫游，同时，商品一进入网上商店，就等于进入了世界上的任何国家，瞬间就成为国际品牌，是低成本扩张的好方法。更有意义的是网络虚拟购物中心（Cyber Mall）的形成。它是把若干商店的网页集中起来，组合成一个网上综合性购物场所，使顾客实现一次购足。其优势在于顾客可以十分便利地比较产品的品质和价格，只需轻点鼠标就可以由一家商店跳到另一家，而不必像传统购物方式那样到处奔波。

（3）交易无时间限制。在传统的店铺销售中，都有固定的营业时间，顾客只有在商店营业时间内才能进店购物，可商店营业时间也常常是顾客上班时间，十分不便；无店铺零售店可以一天24小时，一年365天地持续营业，顾客随时可以上网，上网时间就是商店营业时间。

二、中国零售业的发展

中国零售业经历了自1978年开始的流通体制改革后，成为中国最先开放和最早市场化的行业之一，尤其是1992年允许外资零售企业进入中国零售领域以后，中国零售产业加快了结构调整，改变了原有的经营方式和运行模式，全面推进了国际化进程，得到了有效发展。中国零售业仅用了10多年的时间就走完了国外零售业150年的商业历程。西方发达国家历经4次零售革命形成的20余种业态几乎全部在中国出现了。

（一）1979—1992年，我国零售市场对外开放前的发展状况

在这个阶段，国家对传统零售业进行了一系列改革。

在此期间，我国零售业已初具规模。零售企业的基础设施建设开始向现代化方向发展。到1992年年底，我国零售业的固定资产原值接近2 000亿元，零售企业数量猛增。但却存在组织体系较为分散、业态种类较少的问题。

我国的改革与开放是结伴而行的，但从1979年到1992年上半年，我国零售业几乎未对任何外商开放。之所以如此，是因为零售业直接关系居民生活，对稳定市场至关重要。另外也因为零售业属于投资相对较小、回收周期短、利润率高的行业。因为这些考虑，所以我国政府对零售业的开放一直持谨慎态度。

（二）1992—2004年，我国零售市场逐步对外开放情况下的发展

在这个阶段，外资成为中国零售业的新兴力量。

在内在动力和外来冲击双重作用下，我国的零售业获得了迅速发展。第一，零售总额不断上升。至2004年年底，社会消费品零售总额连续10年保持增长幅度在10%以上。2004年突破5.2万亿元，比2003年增长13%，高于同期GDP增长水平，创国内市场销售的历史最高水平。中国零售业市场不仅在亚太地区，而且在全世界成为最具增长潜力的市场之一。第二，在零售领域形成了以公有制经济为主体，个体、私营、外商、港澳台投资并举的多元化主体结构。第三，零售业态由单一的百货店形式发展成为包括超级市场、大型综合超市、便利店、专业店、专卖店、仓储式商场、购物中心、连锁店等的多业态形式精彩纷呈和共同竞争的局面。第四，零售业的管理水平大为提高，服务意识强化，人员素质提高，科学化和现代化的管理日趋形成。第五，零

售业发展发挥了巨头的社会作用：不仅方便了居民生活，而且推动了经济增长，还缓解了就业压力。

（三）2005 年至今，我国零售市场全面对外开放下的发展

根据我国入世承诺，2004 年 12 月 11 日，我国零售市场全面对外开放，取消对外资企业在股权、地域以及数量上的限制，中国零售业从有保护的竞争阶段走向全面竞争阶段，竞争条件更加公平化。

外资零售企业进入中国零售市场的势头是迅猛的。跨国零售巨头沃尔玛、家乐福、麦德龙率先抢滩登陆，国际知名零售商伊藤洋华堂、欧尚、好又多、万客隆等相继进入，世界最大 50 家零售企业快速跟进。外资零售企业在我国形成一定的网络规模。值得思考的是，不过七八年时间，外资商业在连锁经营中的地位已日益增强，而人们对此已经司空见惯。值得关注的是，这些已进入的巨头全都制定了进一步在中国拓展市场的计划。他们灵敏的嗅觉在资本逐利性的推动下，将更多地瓜分中国零售市场这块诱人的蛋糕。

世界级零售商的进入给中国零售业带来了强烈的震撼。他们所带来的硬件、经营方式、管理技术、服务观念和中国零售业不一样。本土企业无论在管理水平、人力资源还是资金运转等方面都显露出劣势，面对国际化挑战，大部分本土零售企业面临生存危机。

我国零售业的发展最直接的表现是在零售总额的增长和绝对值上。进入全面开放阶段，国家信息中心中经网的预测报告分析，2005—2015 年间，中国零售业将保持每年 8% 到 10% 的平稳增长速度，到 2020 年，社会消费的零售总额将超过 20 万亿元。

中国零售市场巨大，发展并不均衡。在一二线城市零售市场日趋饱和且竞争加剧的背景下，占中国消费人口 60% ~70% 的三四线城市和广大农村地区成了各大零售商竞相争夺的新战场。就连进入中国零售市场不长时间的 H&M 也开始进入中国的中小型城市。与此同时，网络零售市场迅速发展起来，涌现出大批充满生机和活力的 C2C、B2C 网络零售商，传统零售企业线上线下融合升级换代实现 O2O，中国的网络零售取得了前所未有的发展与繁荣。

三、中国零售商面临的挑战

目前，中国零售业正发生巨大的变化，不仅西方国家零售业的第二、第三次变革在中国同时进行，与此同时，第四次零售业变革也愈演愈烈。从我国零售市场全面对外开放后，世界零售巨头与国内零售商将在同一个平台上进行竞争，这一切，无疑使中国零售商面临前所未有的挑战。

（一）面临零售业自身变革带来的挑战

西方零售变革的进程说明：生产在发展，消费水平和消费结构始终在变化，市场组织结构和竞争结构也随时都在改变，任何一种新兴的零售组织形式都是在“适者生存”和发展的原则下产生和发展壮大，然后，被新的、更先进的零售组织形式所替代的。因此，每一种零售组织形式，即使是曾经辉煌过的旧零售组织，只有不断创新，改善经营管理，形成自己的经营特色，在扩大商品销售功能、方便顾客购买、降低经营成本等方面超越其他零售组织形式，才能不被取代，在市场竞争的夹缝中探寻到生存和发展之路。

（二）面临技术进步带来的挑战

信息时代的到来，正在引发一场深刻的零售革命。回顾历史，零售业的前三次变革，每一次都会出现一个新的零售组织和经营模式，而这一新组织和新模式都会对整个零售业进行一场扫荡，来一场物竞天择式的淘汰，适者生存。但由于网络技术带来的第四次变革给零售业带来的变化同前几次相比有许多不同，它对零售业产生的变化不再是向某一主要零售形式靠拢，而是将它变革的力量均衡地施向整个零售业。在整个变革过程中，零售组织不再像以往那样被划分为朝阳组织和夕阳组织，而是每一种组织形式都会受到现代信息技术的挑战和冲击。在这场冲击中，不会有任何一种传统组织形式消亡，只会有企业消亡。随着网络零售高速发展，传统的分销模式正在发生变化，全渠道零售正成为新的发展趋势。随着线上线下的融合发展，O2O 模式将是迈向全渠道的重要一步。零售企业要加强基础能力和信息化建设，用全渠道思维积极布局移动网络平台，探索全渠道模式。因此，国内零售商必须认清这场革命的本质和影响，抓住商机，迎接挑战，重塑自己的核心能力和竞争优势。

（三）面临消费者需求变化带来的挑战

随着消费者成为市场的主角，零售业今后的发展方向将越来越关注消费者的利益和需求。过去，我国零售商往往从竞争的角度去了解市场状况，分析本企业应如何超越竞争对手，而忽视了消费者的真正需求和市场规律。以前零售商是主控零售市场趋势，但是现在是由消费者来主导的市场，消费者决定了商品、价格以及以后的趋势发展，消费者的需求从需要产品变为要求体验；从大众化升级为要求定制化、专业化；从个人消费发展为社区群体（通过社交网络、社区群体等的描述来引导群体消费）。如今，零售经营环境发生了极大的变化，以满足消费者需求作为经营思想的核心，为消费者创造更多新的消费价值，提供更好的购物体验，这正是市场环境变化对零售商提出的新要求。所以零售也不再像以前单纯的是交易和买卖，零售现在已经变成了跟客户之间的一个持续性对话，从客户或消费者开始调研，到消费者进行产品交易，以及交易后通过自己的手段向各个渠道进行自己的经验分享，这是一个持续性的对话，而不像以前单独的交易、单个流程。

（四）面临供应链竞争的挑战

未来零售商获得竞争优势的途径将有很大改变。过去，零售商只要专注于企业内部管理，包括对商品的管理、财务的管理、人员的管理，便能在市场中获得竞争优势。后来随着竞争的加剧，零售商又通过发展连锁经营、降低库存来赢得优势。而现在，这种独自挖掘潜力的竞争方式已不能适应竞争的要求，零售商要将自己放在整条商品供应链中考虑自己的地位和价值，重新确认自己的竞争优势。美国学者马丁认为：21 世纪的市场竞争，不是企业和企业之间的竞争，而是供应链与供应链之间的竞争。因此，商品供应链实际上是一条利润链，它用利益机制将参与者紧密连接起来，使他们不分主次，密切合作，形成一荣俱荣的双赢效应。这就要求国内零售商必须抛弃过去那种以自我为中心的狭隘观念，改善厂商关系，充分认识到只有相互依赖，真诚合作，通过提高自己在供应链环节上的效率来提高整个供应链的效率，从而增加消费者的利益，提高自己的竞争力，才能获得更高的利润水平和更大的生存空间。

本章小结

零售是向最终消费者个人或社会集团出售生活消费品或非生产性消费品及相关服务，以供其最终消费之用的全部活动。

零售商要成功地承担制造商、批发商及其他供应商与最终消费者之间的中介作用，必须做好战略规划、组织系统设计、商店选址、商品规划、商品陈列、商品采购与存货、商品定价、商品促销、商店服务等一系列的工作。

零售业发展的六大理论体系诠释零售组织发展的历史和未来趋势，中国零售业仅用了十多年的时间就走完了国外零售业160年的商业历程。中国零售体系基本建立并完善。

随着中国零售市场全面开放，零售业发展迅猛，中外零售企业竞争日益激烈，中国零售商面临零售业自身变革、技术进步、消费者需求变化、供应链竞争带来的挑战。

习　题

一、判断题

1. 连锁经营的出现被称为现代零售业的第一次革命。（　）
2. 零售活动的客体只能是具有实物形式的物品，交易必须有一个实体平台。（　）
3. 连锁商店的兴起带来了零售商内部各个岗位的职能专业化和工作简单化。（　）
4. 零售生命周期理论是由美国的戴维森、伯茨和巴斯于1976年共同提出的。（　）
5. 直营连锁商店是连锁商店的基本形态。（　）
6. 零售商是从事零售活动的经济组织。（　）

二、简答题

1. 如何理解零售的概念？
2. 何谓零售商？零售商具有什么特点？零售商活动主要包括哪些内容？
3. 阐述零售车轮理论、零售手风琴理论、商品攀升理论、生命周期理论、辩证过程理论、自然淘汰理论的主要内容。

三、案例分析

京东43亿元投资永辉获一成股份

2015年8月7日，京东集团宣布与永辉超市达成战略合作，战略入股永辉超市。根据双方协议，京东入股永辉超市的价格为每股9元（约1.45美元），总价值为43.1亿元（约7亿美元）。京东商城创始人刘强东以及京东商城副总裁孙加明二人控股的两家子公司将持有永辉超市10%股权，从而成为永辉超市的第三大股东。

随后，永辉在公告中表示，双方合作主要涉及四大方面：强化联盟协同、积极探索线上线下合作模式及O2O业务发展、仓储物流协作，以及共同挖掘互联网金融资源。双方将建立高层定期沟通机制，共同商议合作重大事项。永辉的非公开发行股票预案同时提到，“京东强大的物流能力为消费者带来良好的购物体验，未来双方将积极探索在仓储、物流、系统、人员等方面的融合。”

据悉，今年以来京东在大力发展生活服务O2O市场，并设立独立全资子公司“京东到家”，提供的服务项目包括3公里范围内生鲜、超市产品、鲜花、外卖送餐等服务。目前京东到家开启的城市为：北京、上海、广州、深圳，京东宣称北上广的日均最高订单量超过5万单。

（资料来源：赢商网，http：//fj. winshang. com，2016-01。）

提问：从京东与永辉的互相持股，请预测零售业未来发展的方向。

第二章
零售业态介绍

学习目标

知识目标

- □ 熟悉零售业态的概念、零售业态要素的内容
- □ 掌握零售业态包括百货商店、超级市场、专业店和专卖店、便利店、仓储式商店、购物中心等的经营特征及其发展

能力目标

- □ 初步具有判断某一具体零售门店从属哪一种零售业态的能力
- □ 根据零售业态的特点及发展趋势对具体零售门店进行定位

案例导入

传统零售业应考虑多业态经营

国际零售巨头家乐福近日在福州福新店举行了“家优鲜”及“蔬果茂”项目交流会，宣布在国内市场推出自有生鲜品牌的“家优鲜”蜜柚，接下来还将推出更多自有品牌的农产品。这也意味着，家乐福未来将发力生鲜领域，并以此与日益侵蚀实体零售市场的电商角力。家乐福中国区总裁兼CEO唐嘉年认为，任何一种零售业态都不会消亡，实体零售企业应该积极创新并考虑多业态经营。

就家乐福推出自有生鲜农产品的初衷，唐嘉年解释称，“家优鲜”是家乐福全球可追溯农产品品牌，已在有家乐福门店的欧洲和其他国家践行多年。今年9月份，家乐福将该项目正式引入中国，并在福建平和县签署中国的第一个家优鲜项目——“家优鲜”蜜柚。这是家乐福在全球范围内的第529个“家优鲜”项目。接下来，家乐福还会推出自有品

牌“家优鲜”的其他农产品，包括江西脐橙、姜、红萝卜等。未来家乐福将发力“家优鲜”和“蔬果茂”（主要外销）两个生鲜领域的核心项目，彻底从源头升级农产品供应链。

面对近年来实体零售企业受到网上电商冲击问题，唐嘉年说，20 多年前在欧洲，当家乐福业态崛起之后，大卖场被认为是朝阳行业，当时很多人认为便利店业态不会生存下来，他们没有未来。但从目前来看，便利店的盈利模式在欧洲是效果最好的。

他认为，在绝大部分的非食品品类商品中，电商会经营得非常成功，但是对于食品品类的，鲜少看到经营成功的模式。传统零售企业采取线上线下模式在食品方面来说是非常成功的，他们能找到相应的盈利点。他说，所有业态都有其独特的市场定位和功能，任何一种零售业态都不会消亡。

唐嘉年说，传统零售企业与电商竞争，应该更多考量各种各样的业态，考虑多业态经营。所有零售企业要做到生存和发展，就要不停地创新，并且在创新中做到专业化。对于零售业而言，在日常生活中创新是无处不在的。比如，家乐福一直在想生鲜产品应该怎么与消费者有更好的沟通等。这些创新都有利于传统零售吸引顾客来店消费。

（资料来源：南方日报，记者欧志葵福州报道，2014－11－10。）

思考：

1. 什么是零售业态？什么是多业态经营？
2. 了解现代零售业态的特点和发展趋势，指导零售企业的定位。

近二十多年来，中国各种新兴业态诸如超级市场、专卖店、便利店、仓储式商店以及网络商店纷纷涌现，加上原有的传统业态诸如百货商店、食杂店、专业店等，西方国家存在的零售业态在国内几乎都可以找到。新旧业态的共同发展，使得中国零售竞争格局和竞争程度都在发生改变。

在西方发达国家，由于多数零售业态已步入成熟期，它们有着各自的定位和各自的目标消费群体，因而占据着各自的市场空间而竞争相对缓和。在国内，由于新兴零售业态大多还处于起步的摸索阶段，各自的定位并不十分清晰，因而出现了多种业态相互融合模仿的现象。例如百货超市化、便利店超市化、百货店购物中心化等。这种现象的出现源于零售经营者并没有抓住零售业态的本质，而只是看到了一些表象，这使得零售竞争处于十分混乱的局面。所以经营者只有充分了解现代零售业态背景、特点及发展趋势，才能在市场竞争中准确定位，找到自己的一席之地。

任何零售组织必须同社会经济环境的变化相适应，才能继续生存和发展。当一种零售业态已经步入衰落期，经营者要学会放弃或革新；当一种零售业态正处于成长期，经营者要善于抓住机会，不断创新。

第一节 零售业态

零售是一种交易形式，由那些向消费者销售用于个人、家庭或居住消费所需商品和服务企业的商务活动组成。它是分销过程的最终环节。有一部分人认为零售主要指有形（物质）产品的销售，但是我们不得不承认当今的零售是一种包含服务的销售。一项服务可能是顾客主要购买的东西（如空调或电脑），也可能是顾客购买的一部分（如安装或培训）。

一、零售业态的含义

“业态”一词来源于日本，大约出现在20世纪60年代，80年代为介绍日本商业开始引入中国，一直到90年代中期，“零售业态”一词被人们接受并得到了广泛使用。1998年6月5日，原国家国内贸易局颁布了《零售业态分类规范意见（试行）》，表明了这个概念得到了我国的官方认可。

学者们对于零售业态的含义有两种不同的见解。一种见解认为，零售业态是以人为中心，以服务为手段的销售方式。但更多的人持另一种见解，认为零售业态是“营业的形态”，是指零售企业为满足不同的消费需求而形成的不同的经营形态。

具体而言，零售业态包括两大部分：提供物和专业技能。提供物包括消费者可见的外部因素（如产品品种、服务态度、位置和价格等）、物流配送和吸引消费者购物的设施。专业技能是指零售商的内部因素，决定了零售商的经营优势和战略方向，具体包括两个方面：一方面是零售技术，即零售企业所采用的系统、方法、程序和技巧；另一方面是零售文化，即理念、惯例、规则、操作和经验，它可以增强零售商评估环境、明确趋势和机会，进而解决问题的能力。

按国家标准化管理委员会颁布的《零售业态分类》（GB/T18106－2010）国家标准，我国零售业态根据零售店铺的结构特点分类，根据其经营方式、商品结构、服务功能，以及选址、商圈、规模、店堂设施、目标顾客和有无固定营业场所进行分类。零售业态从总体上可以分为有店铺零售业态和无店铺零售业态两类。

（1）有店铺零售业态：食杂店、便利店、折扣店、超市、仓储会员店、百货店、专业店、专卖店、购物中心、厂家直销中心。

（2）无店铺零售业态：电视购物、邮购、网上商店、自动售货亭、直销、电话购物等16种零售业态。

新的业态在选址、商圈与目标顾客、规模、商品（经营）结构、商品售卖方式、服务功能、管理信息系统等方面都作了相应的规范，具体见表2－1、表2－2。

表 2－1　有店铺零售业态分类和基本特点

业态	选址	商圈与目标顾客	规模	商品（经营）结构	商品售卖方式	服务功能	管理信息系统
食杂店	位于居民区内或传统商业区内	辐射半径 0.3 公里，目标顾客以相对固定的居民为主	经营面积一般在 $100m^2$ 以内	以香烟、饮料、酒、休闲食品为主	柜台式和自选式相结合	营业时间 12h 以上	初级或不设立
便利店	商业中心区、交通要道以及车站、医院、学校、娱乐场所、办公楼、加油站等公共活动区	商圈范围小，顾客步行 5min 内到达，目标顾客主要为居民、单身者、年轻人。顾客多为有目的的购买。	经营面积一般在 $200m^2$ 以下，利用率高	即时食品、日用小百货为主，有即时消费性、小容量、应急性等特点，商品品种在 3 000 种左右，售价高于市场平均水平	以开架自选为主，结算在收银处统一进行	营业时间 16h 以上，提供即时性食品的辅助设施，开设多项服务项目	程度较高
折扣店	居民区、交通要道等租金相对便宜的地区	辐射半径 2km 左右，目标顾客主要为商圈内的居民	经营面积一般在 $300m^2$ ～ $500m^2$	商品平均价格低于市场平均水平，自有品牌占有较大的比例	开架自选，统一结算	用工精简，为顾客提供有限的服务	一般
便利超市	商业中心区、交通要道以及车站、医院、学校、娱乐场所、办公楼、加油站等公共活动区	商圈范围小，顾客步行 5min 内到达，目标顾客主要为居民、单身者、年轻人。顾客多为有目的的购买。	经营面积一般在 $200m^2$ ～ $500m^2$，利用率高	即时食品、日用小百货为主，有即时消费性、小容量、应急性等特点，商品品种在 3 000 种左右，售价高于市场平均水平	以开架自选为主，结算在收银处统一进行	营业时间 16h 以上，提供即时性食品的辅助设施，开设多项服务项目	程度较高
社区超市	市、区商业中心、居住区	目标顾客以居民为主	经营面积一般在 $500m^2$ ～ $2\ 000m^2$	以经营食品（包括生鲜和包装食品）为主	自选销售，出入口分设，在收银台统一结算	营业时间 12 小时以上	程度较高
综合超市	市、区商业中心、居住区	目标顾客以居民为主	经营面积一般在 $2\ 000m^2$ ～ $6\ 000m^2$	经营日常生活必需品	自选销售，出入口分设，在收银台统一结算	营业时间 12 小时以上	程度较高

续表

业态	选址	商圈与目标顾客	规模	商品（经营）结构	商品售卖方式	服务功能	管理信息系统
大型超市	市、区商业中心、城乡结合部、交通要道及大型居住区	辐射半径2km以上，目标顾客以居民、流动顾客为主	经营面积一般在6 000m^2以上	大众化衣、食、日用品齐全，一次性购齐，注重自有品牌开发	自选销售，出入口分设，在收银台统一结算	设不低于经营面积40%的停车场	程度较高
仓储会员店	城乡结合部的交通要道	辐射半径5公里以上，目标顾客以中小零售店、餐饮店、集团购买和流动顾客为主	经营面积一般在6 000m^2以上	以大众化衣、食、用品为主，自有品牌占相当部分，商品在4 000种左右，实行低价、批量销售	自选销售，出入口分设，在收银台统一结算	设相当于经营面积的停车场	程度较高并对顾客实行会员制管理
高档百货店	市、区级商业中心、历史形成的商业集聚地	目标顾客以追求高档商品和品味的目标顾客为主	经营面积一般在6 000m^2～20 000m^2	高档百货商品	采取柜台销售和开架面售相结合方式	注重服务，设餐饮、娱乐等服务项目和设施	程度较高
时尚百货店	市、区级商业中心、历史形成的商业集聚地	目标顾客以追求时尚商品和品味的流动顾客为主	经营面积一般在6 000m^2～20 000m^2	时尚百货商品	采取柜台销售和开架面售相结合方式	注重服务，设餐饮、娱乐等服务项目和设施	程度较高
大众百货店	市、区级商业中心、历史形成的商业集聚地	目标顾客以追求大众商品的顾客为主	经营面积一般在6 000m^2～20 000m^2	大众百货商品	采取柜台销售和开架面售相结合方式	注重服务，设餐饮、娱乐等服务项目和设施	程度较高
专业市场		目标顾客以有目的选购某类商品的流动顾客为主	根据商品特点而定	以经营某一类别商品为主	采用摊位制管理方式	从业人员具有丰富的专业知识	一般
专业超市		目标顾客以有目的选购某类商品的流动顾客为主	根据商品特点而定	以经营某一类别商品为主	采用开架售货，集中收款方式	从业人员具有丰富的专业知识	程度较高

续表

业态	选址	商圈与目标顾客	规模	商品（经营）结构	商品售卖方式	服务功能	管理信息系统
专卖店	市、区级商业中心、专业街以及百货店、购物中心内	目标顾客以中高档消费者和追求时尚的年轻人为主	根据商品特点而定	以销售某一品牌系列商品为主，销售量少、质优、高毛利	采取柜台销售或开架面售方式，商店陈列、照明、包装、广告讲究	注重品牌声誉，从业人员具备丰富的专业知识，提供专业性服务	一般
社区购物中心	市、区级商业中心	商圈半径为5km～10km	建筑面积为5万 m^2 以内	20～40个租赁店，包括大型综合超市、专业店、	各个租赁店独立开展经营活动	停车位300～500个	各个租赁店使用各自的信息系统
市区购物中心	市级商业中心	商圈半径为10km～20km	建筑面积10万 m^2 以内	40～100个租赁店，包括百货店、大型综合超市、各种专业店、专卖店、饮食店、杂品店以及娱乐服务设施等	各个租赁店独立开展经营活动	停车位500个以上	各个租赁店使用各自的信息系统
城郊购物中心	城乡结合部的交通要道	商圈半径为30km～50km	建筑面积10万 m^2 以上	200个租赁店以上，包括百货店、大型综合超市、各种专业店、专卖店、饮食店、杂品店及娱乐服务设施	各个租赁店独立开展经营活动	停车位1 000个以上	各个租赁店使用各自的信息系统
厂家直销中心	一般远离市区	目标顾客多为重视品牌的有目的的购买	单个建筑面积 $100m^2$～$200m^2$	为品牌商品生产商直接设立，商品均为本企业的品牌	采用自选式售货方式	多家店共有500个以上停车位	各个租赁店使用各自的信息系统

表 2-2　无店铺零售业态分类和基本特点

业态	基本特点			
	目标顾客	商品（经营）结构	商品售卖方式	服务功能
电视购物	以电视观众为主	商品具有某种特点，与市场上同类商品相比，同质性不强	以电视作为向消费者进行商品宣传展示的渠道	送货到指定地点或自提
邮购	以地理上相隔较远的消费者为主	商品包装具有规则性，适宜储存和运输	以邮寄商品目录为主向消费者进行商品宣传展示的渠道，并取得订单	送货到指定地点
网上商店	有上网能力，追求快捷性的消费者	与市场上同类商品相比，同质性强	通过互联网络进行买卖活动	送货到指定地点
自动售货亭	以流动顾客为主	以香烟和碳酸饮料为主，商品品种在 30 种以内	由自动售货机器完成售卖活动	没有服务
直销	根据不同的产品特性，目标顾客不同	商品单一，以某类品种为主	采用销售人员直接与消费者接触，进行推介，以达到销售其产品或服务的目的	送货到指定地点或自提
电话购物	根据不同的产品特点目标顾客不同	主要商品单一，以某类品种为主	通过电话完成销售或购买活动	送货到指定地点或自提

（资料来源：中华人民共和国国家质量监督检验检疫总局、中国国家标准化管理委员会，《零售业态分类》，中国标准出版社，2010 年版。）

二、零售业态的内在组成要素

在零售业竞争中，许多零售商竞相采取不同的零售策略组合，以加强企业形象，避免陷入与竞争者过于雷同的境地，从而使零售经营形式多样化。零售策略组合是零售业态的内在组合要素，包括目标顾客、商品结构、价格策略、商品时尚性、服务方式、购买便利、店铺环境等因素。由于各要素选择余地大，组合变化多，从而使现代零售业态的经营内容精彩纷呈，即使同一业态的零售商店也表现出不同的经营特色。

在零售业态的内在组合要素中，目标顾客是指零售店铺所选择的服务对象；价格策略是指零售店所采取的定价策略；商品结构是指零售店铺为满足目标顾客需求所确定的经营各类商品的比例；商品时尚性是指商品的流行性；服务方式是指零售店铺采取的售货方式和提供的服务内容；购买便利性是指为消费者购买提供更便捷的服务；店铺环境是指店铺的装饰与商品展示状况。上述要素只要缺少其中任何一个，零售活动都不能正常进行，也无法确定零售业态的类型。因此，零售业态的实质就是这些要素的组合，要素组合不同，零售业态也不同，见图 2-1。

零售业态的本质是上述各种零售要素的组合。这些零售要素可以有千变万化的组合，于是就产生了各种各样的店铺形态。如果一家商店采取了这样的组合策略：目标顾客是家庭主妇，经营的商品以食品和日用品为主，服务方式为有限服务和自我服务，

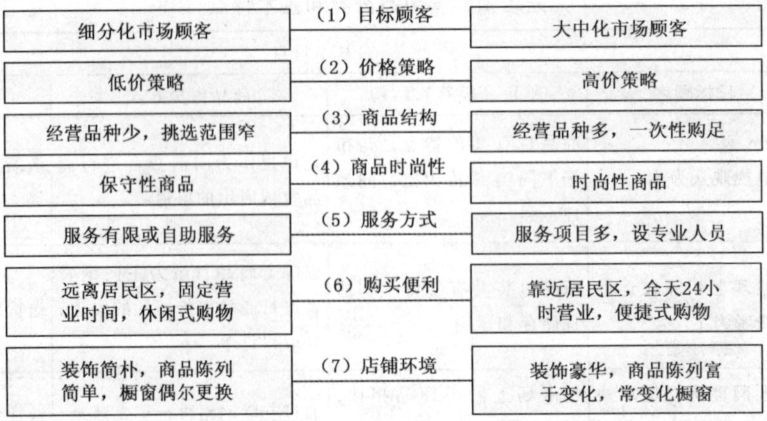

图 2-1　零售策略组合要素

店铺装饰明亮整洁但不豪华，价格策略方面则采取了低价策略等，那么这家商店就表现为超级市场的业态。如果一家商店采取了另外的组合策略：目标顾客是周边居民，尤其是单身居民，24 小时全天营业，经营商品为日常便利品，地址设在居民区内，附加各种便民服务等，那么这家商店就是便利店业态。可见，零售策略要素的不同组合形成了不同的零售业态。

三、零售业态的选择

零售业态有许多种，每个零售业态都是一个特定的细分市场，它们分别针对着不同的目标消费群体。其中，超市以满足消费者的日常消费为主；便利店满足的是消费者紧急购买的需要；大卖场以一站式购物的方式满足现代消费者对经济和快捷的追求；专业商店集中经营同一品类商品，在同一品类商品范围内提供最深化的选择和最低价；折扣店向家庭主妇们提供了最低价格的商品。由于各个零售业态满足的消费者需求不同，因而企业在进入零售市场之前，首先要回答的问题是选择哪一种零售业态。

超市、大卖场和便利店在我国都处于高速发展的市场成长阶段，大卖场则更表现出了巨大的市场空间。然而，在进行零售业态选择时，我们不仅需要考察零售业态的市场发展空间和眼前的竞争环境，还需要综合考虑未来的市场竞争环境及自身的竞争优势。

以我国的某些城市为例，如果仅从目前的市场空间及市场竞争来看，大卖场业态非常具有吸引力。但是如果将眼光放远些，可以发现，未来大卖场业态的市场竞争无论在量还是质上，都将比目前激烈得多。一方面，大量的潜在进入者将在今后几年进入；另一方面，大卖场业态的市场参与者中，世界顶级零售商将占 50% 以上。同时，从经营模式的角度来看，尽管大卖场能够较快达到保本点，但它投资大，对单店的管理要求很高，资讯系统和采购系统复杂，存在较大的投资风险。另外，从竞争优势的角度来看，内资企业在人才资源、物流和采购技术以及资讯系统方面，都与外资企业有较大的差距。在这样一种情况下，如果内资企业仅从诱人的市场空间一个角度出发选择大卖场业态，那么，其发展将可能重蹈百货业的覆辙。

选择零售业态时需要回答的另外一个问题是，应选择单一业态还是多业态。我国零售企业通常认为，多业态进入能够把握好每一个机会，但实际的可能是，由于资源分散而在每一个零售业态上都无法与人竞争。

纵观国际零售企业的发展历程，它们都是从经营单一业态开始，在建立起核心竞争能力后，才逐步进行地域扩张和多元化发展的。德国 ALDI 就是这样一家企业。它自 1945 年开始经营折扣店，在六十多年的发展中，始终专一经营单一业态，目前已位居世界零售企业排行榜的前列，它的利润率远高于经营多业态的在世界零售企业排行榜中更靠前的德国 REWE。

通过单一业态优化企业核心业务是企业发展的基础，不仅地域扩张来源于企业核心业务的复制，而且多业态的发展同样需要核心竞争力及成功经验的支撑和应用。如果没有卓越的核心业务，扩张和多元化往往不能为企业产生效益，反而会增大企业的经营风险。许多企业为了获得市场先入优势，抢占市场机会，首先从规模和扩张入手，而忽视核心业务的建立和优化。速度虽然是企业制胜的关键因素之一，然而如果没有核心业务的支撑，企业将无法在后续的竞争中取胜。因而，专心致力于单一业态，不断优化核心业务是企业通向商业领导地位的第一步。

四、零售业态的演变

第一个零售业态的出现是百货商店，这也标志着传统零售业向现代零售业的转型。百货商店的出现结束了过去人们走若干商店才能买齐生活用品的历史，使人们在一家商店就能基本购齐生活用品。这一业态是在第一次产业革命之后，社会上的商品极大丰富起来，人们的生活方式发生了很大改变的情况下催生的。而后，随着人们生活水平的提高、消费需求的多样化和新技术的层出不穷，零售业又不断演化出一个个新的业态，如超级市场、便利店、仓储商店、折扣店、专业商店等，它们的出现推动着社会的不断进步和人们生活质量的不断提高。

零售业的发展遵循了自身发展的规律性，即某种零售业态在一定历史时期出现后，首先进入迅速成长时期，然后趋于成熟，最终衰退甚至消亡。从表 2-3 中可以看出，传统零售店经过很长时间才发展到成熟阶段，而现代零售店从产生到成熟的时间大大地缩短了。例如，百货商店从产生到成熟花费了 80 年时间，而仓储式商场只用了 10 年时间就发展到了顶峰。

表 2-3　　不同零售业态在西方发达国家的发展状况

零售业态	首次出现时间	达到成熟期花费的年数	目前所处生命周期阶段
杂货店	1 800	100	衰退淘汰期
单线专业店	1 820	100	成熟期
百货店	1 860	80	成熟期
量贩店	1 870	50	衰退淘汰期

续表

零售业态	首次出现时间	达到成熟期花费的年数	目前所处生命周期阶段
邮购	1 915	50	成熟期
连锁商店	1 920	50	成熟期
合作商店	1 930	45	成熟期
加油站	1 930	45	成熟期
超级市场	1 935	35	成熟期
购物中心	1 950	40	成熟期
折扣店	1 955	20	成熟期
快餐店	1 960	15	成熟期
便利店	1 965	20	成熟期
家具中心	1 965	15	成熟期
仓储零售店	1 970	10	成熟期
大型专业店	1 975	10	成熟期
电子超市	1 980	7	成熟期
工厂门市部	1 980	N/A	成熟期晚期
仓储商店	1 985	N/A	成熟期晚期
网上商店	1 990	N/A	成熟期

（资料来源：邓永成，《中国营销理论与实践》，立信会计出版社，2004 年版。）

五、零售业态与 GDP 的关系

零售业态的变化及发展与人均 GDP 指标联系紧密。根据国外零售业态发展的经验，当一个地区人均 GDP 达到 3000 美元时，人们就会要求实惠、便捷的物质生活，超市业态将得到快速发展；而当人均 GDP 达到 12000 美元时，该地区的居民消费水准和消费行为将呈现多元化的趋势，人们追求高品质的购物环境和更便捷的一站式购物服务，购物中心业态得到快速发展。表 2－4 反映了人均 GDP 与零售业态发展的关系。

表 2－4　　零售业态发展与人均 GDP 的关系

零售业态	消费特征	人均 GDP（美元）
百货公司	多品种、高质量商品	1 000
超市	注重便利、快捷	3 000
便利店	要求方便、讲时效	6 000

续表

零售业态	消费特征	人均 GDP（美元）
仓储商店	追求方便、低价、品种全	10 000
购物中心	多元化购物、方便	12 000
精品专卖店	休闲增多，高质量消费	15 000

（资料来源：邓永成，《中国营销理论与实践》，立信会计出版社，2004 年版。）

第二节 现代零售业态的类型与特点

一、百货商店

（一）百货商店的定义和特点

百货商店是指经营包括服装、家电、日用品等众多种类商品的大型零售商店。它是在一个大建筑物内，根据不同商品设销售区，采取柜台销售和开架面售方式，注重服务功能，满足顾客对时尚商品多样化选择需求的零售业态。

每个国家对百货商店都有具体规定，根据我国 2010 年国家新标准《零售业态分类》（GB/T18106－2010），对百货商店的要求如下：

（1）选址市、区级商业中心、历史形成的商业集聚地。

（2）目标顾客以追求高档商品和品味的目标顾客为主。

（3）经营面积一般在 6 000～20 000 平方米。

（4）经营高档、时尚、大众百货商品。

（5）采取柜台销售和开架面售相结合方式。

（6）注重服务，设餐饮、娱乐等服务项目和设施。

（7）管理信息系统应用程度较高。

（二）百货商店的发展

百货商店的诞生是零售业第一次重大变革的标志。自 1852 年在法国诞生以来，百货商店风靡了半个多世纪，到 20 世纪 50 年代，由于百货商店之间的竞争、其他零售业态的迅速成长、选址、价格、战略方向等方面的原因，西方传统百货商店已从成熟期步入衰退期，尤其是在 20 世纪 90 年代，一些历史悠久的著名百货公司如美国的蒙哥马利·沃德、澳大利亚的伍尔沃斯等纷纷倒闭，多数面临经营困境。

20 世纪 80 年代是我国百货商店的黄金时期，90 年代初期至中期，更是我国百货商店的鼎盛发展时期。这一时期，由于居民收入、购买力都得到大幅度提高，消费需求空前旺盛，市场商品也极大丰富，百货商店成为一个高增长、高利润、高回报的新投资热点。因此，百货商店是零售业中发展最成熟的业态。然而，自1995年以来，由于新业态的崛起、外资的进入以及百货商店本身经营守旧、不思进取等原因，传统百货商店的经营日渐不景气。

目前，无论是在国外还是国内，百货商店的经营都举步维艰，但百货商店仍是零售业的一种基本业态形式，仍占据着零售业的主体地位，而且一些百货公司通过新的经营策略也取得了较好的经营业绩。例如，国外的西尔斯公司提出了“柔和的一面”，马狮集团为单一品牌百货公司，诺顿百货公司被称为“服务的典范”。这些知名的百货商店，通过策略的调整树立了鲜明的经营特色，培育了自己的忠实顾客群。国内的百货商店也采取了种种措施，如实行多店化和区店化策略，开设分店，扩大店铺规模，改进经营管理，使用现代化手段，引进电子计算机技术，减少雇员，改进定价制度，按消费者需求重新进行商品组合等，从而取得了较好的经营业绩。

（三）百货商店的优缺点

百货商店作为现代零售业态最早的一种形式，一直发展到今天，并仍在零售业中有着举足轻重的地位，其独特的优点是它生存和发展的关键所在。概括地来说，百货商店的主要优点如下：

（1）经营范围广泛，可以使顾客在店内一次购齐所需的全部生活用品。

（2）采取定价及明码标价制度，从而给顾客以信赖感和安全感。

（3）多设在繁华地段，能吸引众多的顾客。

百货商店在零售业中的重要地位已经确立，但面对激烈的竞争和不断变化的消费理念，其不足之处制约了它的发展，同时也给其他零售业态带来了发展的机会和空间。概括地来说，百货商店的不足如下：

（1）不利于同顾客的直接交流。

（2）对店员的素质要求较高，培训难度大。

（3）设施齐全，装饰豪华，因而固定成本高。

（4）管理难度大，管理成本高。

案例

日本百货如何完成蜕变转型

——以阪急梅田本店改造为例

自2005年开始提出整体转型任务，日本百货业一直在尝试探索经营转型，包括自营、整合兼并、跨业经营、海外拓展等等。以2013年大阪阿倍野近铁百货全面改造开业为标志，到2014年已经形成东京新宿、大阪梅田两个代表性商业区，其中，大阪梅田商业区总经营面积达到50多万平方米，经营成长力显著，引领整个百货业业绩稳定在6.2万亿~6.3万亿日元，并有回升势头，功能价值已经超过新宿商业区。百货业主体已经基本完成蜕变转型。我们以阪急梅田本店改造为例。

改造前B1~F9，建筑面积11.6万平方米，营业面积约61 000平方米，改造后从B2~F13，建筑面积14万平方米，营业面积约8万平方米。改造投入600亿日元，预计到2015年回收。2012年10月29日，二期全面开业。开业当日，客流量20万人，销售18亿日元。年度客流量设计目标为5 000万人。2012年11月21日，一期改造后开业，即一、二期全面开业。到2013年底，改造后每个月同比都增长40%~60%。

生活剧场定位：一是实现剧场型百货店。20%卖场面积没用在商品销售（约1.6万平方米，相当于放弃250~300亿日元的销售额），将商品零售店转成生活情报交换站，让顾客吃惊、发现、学习、感动、憧憬。二是向顾客提供新的生活方式情报。店长内山启治说，这个店的运营目标不是满足顾客需求，而是刺激顾客欲望。回归让顾客感动、感激的百货店20世纪鼎盛时期的目标。

最大亮点是9~12层挑空庆典广场，面积为2 000平方米，16米高，错层部分分为北街区、中央街区、南街区三个区域，举办各种设计师作品和主题展示。2013年8月24日、25日，举办著名饭店婚宴食品品尝会，2014年10月中旬，举办英国周文化展览，如此大规模文化主题展，让顾客陶醉。

经营布局上，1~6层为女士用品，重点增加16~20岁左右青春时尚用品，在3、5层，有一些小面积店铺。4层定位是25岁前后白领，设计师个性化品牌从10个增加到20个。增加“媒体咖啡”推广项目，内容是品牌主题展示，各楼层共有24个展示点，年度举办上千场活动。改变过去卖场定位比较老化的印象。7、8层为男性用品。2~5层汇集知名国际品牌合计150个，合计面积超过1万平方米，是世界最大。

11层是儿童服装、杂品以及职业体验区。大部分活动吸引对象为3~12岁。设有4间哺乳室，7个整理台，5个儿童小饭桌。配置有婴幼儿养育讲座闪亮妈妈沙龙，还有1~6岁孩子寄存所，最多2小时，1小时2 000日元，会员是1小时600日元。

建立独立的食品销售渠道。2003年9月成立阪急泉南公司，租赁大阪南部农田，培植有机蔬菜，2004年4月向本店以及各分店销售。地下一、二层食品馆和生鲜超市，既有当地风味儿，也引进很多外国风味食品，其中，巴黎知名巧克力品牌（La-Maison du Chocolat）只在纽约、伦敦、香港、东京开设分店。点心卖场100米通道两边布置50个品牌专柜，规模巨大。地下二层的鲜鱼卖场是日本最大的百货地下生鲜卖场。

B1~F11都有咖啡、红茶等休闲饮食，合计14个店，800个席位，13层为餐饮街，直通外边大型露天平台。全场有300个休息座位。23处厕所，每个都配备婴儿打理台，女性厕位增加1.4倍，共计174个，女士化妆间和厕所位置分开。有16个公共试衣间可以跨品牌使用。全店有1 100个广播点。为员工提供专用通道、休息区，占用面积规模比例在日本百货店数第一。

转型蜕变亮点：

（1）箱型仓储式传统百货卖场向全面开放卖场转变。

（2）男女服装为主的卖场规划向杂品为主的多元化卖场转变。

（3）均衡局限的一般卖场向惊讶极致的生活剧场转变。

（4）富贵成熟年龄层向青春年龄为主体的全面客层转变。

阪急梅田本店的变化，代表了百货店20年来经营教训的反省整饬，百货店大幅度引进功能性经营项目，比如卡通拍摄基地、大型儿童娱乐设施等，大量引进租赁业态，跨业态经营，向海外拓展，整体上显示出转型创新的战略胆识和气魄。

（资料来源：联商网，http：//sz. winshang. com/news－413977. html，2014. 11. 25。）

思考：百货商店目前面临着什么挑战？从本案例中你得到什么启发？

提示：国内百货萧条，到底是业态出了问题，还是百货业本身出了问题。日本百货成功转型的经验，说明了一个问题：如果某种零售业态不自身采取重启的态度，就会被新一轮商业模式所取代。日本百货为我们提供了可以借鉴的经验和做法。

二、超级市场

超级市场，是实行自助服务和集中式一次性付款的销售方式，以销售包装食品、生鲜食品和日常生活用品为主，满足消费者对日常生活必需品的需求的零售业态。超级市场普遍实行连锁经营的方式。目前，我国的超级市场主要分为两种类型：一种是普通超级市场，或称标准超市、生鲜超市；另一种是大型综合超市，或称大卖场（GMS）。

（一）普通超级市场

普通超级市场是指采取自选销售方式，以销售包装食品、生鲜食品、副食品和生活用品为主，满足顾客每日生活需求的零售业态。它具有以下特点：

（1）地址在居民区、交通要道、商业区，有一定面积的停车场地。

（2）商店营业面积在1 000平方米左右。

（3）营业时间每天不少于11小时。

（4）商品结构以购买频率高的商品为主。

（5）以居民为主要销售对象，10分钟左右可到达。

（二）大型综合超市

大型综合超市是采取自选销售方式，以销售大众化商品为主，满足顾客一次性购足需求的零售业态。它具有以下特点：

（1）选址在城乡结合部、住宅区、交通要道，并且设有与商店营业面积相适应的停车场。

（2）商店营业面积在2 500平方米以上。

（3）商品包括包装食品、生鲜食品、副食品等，衣、食、用品齐全，重视本企业的品牌开发，商品开发有一定的深度。

（4）目标顾客是消费者中占比最大的中等收入阶层。

（5）设施和装饰比较好。

（三）超级市场的经营特征

超级市场在经营方面具有以下特征：

(1) 商品结构以食品、衣服、日用杂货等常用必需品为主。

(2) 实行顾客自我服务和一次集中结算的售货方式。

(3) 薄利多销，商品周转速度快。

(4) 商品新鲜、洁净，明码标价，并在包装上注明商品的质量和重量。

(5) 实行商品经营管理制度，分门别类地陈列商品。

(6) 一般周边设有停车场。

（四）超级市场的优势与劣势

超级市场的优势在于，由于其采用批量采购，敞开式售货，自助挑选，低价销售的方式，因此其对消费者有较大的吸引力。

超级市场也有不利之处，由于其服务不充分，因此对顾客缺乏亲切感；同时，其盈亏点也较高。

小知识

日本AEON超市的多方位O2O策略

日本AEON超市幕张新都心店，大胆地尝试不同的O2O做法，利用手机、APP、商场内的海报、装置、商品本身等方法和顾客互动，刺激消费，从而提高营业额。

(1) 在超市里的蔬果卖场中，只要用手机对准卖场的海报拍摄，就能自动显示这些蔬果的相关资料和食谱。

(2) 利用APP辨识在卖场内宣传影片和电子板的声音，就会跳出相关的内容和广告片。

(3) 在红酒专卖店的品酒区内加入触控装置。顾客只需要将红酒的樽底放在触控装置上面，画面就会出现该红酒的各种数据以及在店内所放的位置，让顾客以互动的方式了解产品。而且结合一款酒类手机APP为顾客提供更多产品信息。顾客们只需利用装有该APP的手机扫描包装，就可以看到一段该红酒的介绍，并可以链结到AEON的网上商店购买相关的产品。

点评：AEON这样多方位的O2O策略是下了重本的，而且这些做法很好地提升了购物体验，并与消费者产生互动，留住了消费者的脚步。

（资料来源：佚名，http：//wenku. baidu. com，O2O案例分析，2015－4。）

三、专业店与专卖店

（一）专业店

专业店是指以经营某一大类商品为主，拥有具有丰富专业知识的销售人员，能够提供适当的售后服务，并且能够满足消费者对某一大类商品的选择需求的零售业态。它具有以下特点：

（1）选址多样化，多设在繁华商业区、商店街或百货店、购物中心内。

（2）营业面积根据主营商品特点而定。

（3）商品结构体现专业性、深度性，商品品种丰富，选择余地大，经营的商品具有自己的特色，有一定的品牌影响力。

（4）以有目的地选购某类商品的流动顾客为主。

（5）采取定价销售和开架面售的方式。

（6）从业人员需具备丰富的专业知识。

消费者经常去专业店购物的原因包括：熟悉的售货人员、所经营商品与可提供服务的多样选择性、适度的商店规模和气氛。专业店没有拥挤的人群，不会出现与顾客要选购的商品无关的商品货架，那会使他们不得不在若干商品中穿行，寻找自己所需的商品。一些专业店为吸引高收入阶层的顾客，还配置了精巧的货架和高档商品；也有一些专业店选择折扣导向，目的在于吸引价格意识强烈的顾客。

（二）专卖店

专卖店是指专门经营或经授权经营的制造商品牌和中间商品牌，以满足消费者对品牌的选择需求的零售业态。它具有以下特点：

（1）选址在繁华商业区、商业街或百货商店、购物中心内。

（2）营业面积根据经营商品的特点而定。

（3）以著名品牌、大众品牌为主；销售具有量小、质优、毛利高的特点。

（4）采取定价销售和开架面售的方式；商店内的照明用品的陈列、包装、广告都比较讲究。

（5）注重品牌声誉，从业人员必须具备丰富的专业知识，并能提供专业服务。

近些年，专卖店的发展十分迅猛，几乎涵盖了各个商品种类，除了传统的服装、化妆品、鞋帽等种类外，电器行业也出现了海尔、科龙、TCL 等专卖店，汽车行业有本田、富康、桑塔纳等专卖店，计算机行业的专卖店也很引人注目，以联想、方正、连邦为代表的计算机软硬件连锁体系日趋完善。专卖店在中国获得迅速发展的原因有三个：一是国内工业生产高速发展，已经出现了一批知名度和美誉度较高的名牌商品，加上国际著名品牌的进入，各自形成了一定的忠实消费群；二是随着收入的增长，消费者的品牌意识逐渐提高，对假冒伪劣商品的担忧使之更相信专卖店商品；三是制造商利用开设专卖店来开辟新渠道，控制营销主动权，实施整体营销策略，树立品牌形象。

四、便利店

便利店是一种以自选销售为主，销售小容量、应急性的食品、日常生活用品，提供商品性服务，以满足顾客便利性需求的零售业态。它具有以下特点：

（1）选址在居民区、交通要道、娱乐场所，以及机关、团体、企事业单位办公区等消费者集中的地方。

（2）商店面积在100平方米左右。

（3）步行购物5～7分钟可到达。

（4）商品结构以速食食品、饮料、小百货为主。

（5）营业时间长，一般在16小时以上，甚至24小时，终年无休息日。

（6）以开架自选为主，结算用收银机统一进行。

便利店一般是独资经营或合伙经营的小商店，营业面积只有几十平方米，也有一些是大公司经营的小商店。营业时间方面，从早上7点到晚上11点，有些甚至是全天24小时都营业，而且一年中没有休息日，顾客可以在任何时间购物，非常方便。店址方面，一般位于居民区内，或设在街头巷尾、车站码头、高速公路两旁，以便于居民、来往行人、旅客随时购买。经营的商品主要是方便食品，如各种面包、饮料、香烟等，同时提供一些便利性服务，如出售报纸、复印等。便利店的毛利率较高，商品价格比超级市场高10%～20%，利润率高达40%左右。

由于我国居民的生活方式已经发生变化，生活节奏越来越快，空闲时间越来越少，便利店以全天24小时营业、紧邻住宅区、配有各种便民服务措施的优势，较好地适应了现代人的生活方式，因此将成为继超级市场之后的又一个新生的主力业态。

国内大量的小型商店经营规模小，质量无保证，经营费用较高，管理水平差，由连锁形式的便利店来整合或取代已是大势所趋。

小知识

上海罗森社区便利店的发展

上海罗森目前共有460多家门店，主要分布在办公楼、商圈和社区，应该说社区店的比重是最大的，大约有260家都选址在住宅小区内或路面小区门口。他们曾经一度有过策略要将新店大量开设在写字楼，但经过市场调研发现，社区选址才是重点，因为写字楼的便利店一到双休日就客流大降，而小区的便利店是主动消费，每周7天的客流稳中有升，因此，从2015年开始将开店布局优先级调整为社区店排第一，街面店排第二，车站店排第三，写字楼店排第四。

核心提示：便利店这个在商圈中的“配角”却是社区商业的绝对“主角”。

（资料来源：赢商网，http：//cq.winshang.com，2016－02－15。）

五、仓储式商店

（一）仓储式商店的定义和特点

仓储式商店，是一种仓库与商场合二为一的零售经营形式，主要设在城乡结合部，装修简朴，价格低廉，服务有限，实行会员制。仓储式商店的主要特点有：

（1）经营范围广泛，包括食品、日用品、耐用品等。

（2）规模较大，设备简陋，人员较少，费用和价格较低。

（3）批量作价，多是成件或大包装出售。

(4) 开架售货。

(5) 多实行会员制，并且附设大型停车场。

(二) 仓储式商场的营销特点

仓储式商场的经营方式是避开与大型百货商场竞争的焦点，转而搞薄利多销的特色经营。与大型商场和综合百货商场相比较，仓储式商场有其自身的优势和经营特色，主要表现在以下几方面：

1. 薄利多销的营销战略

这是仓储式商场的最主要特征。国外仓储式商场的销售价格一般低于市场价格20%以上，毛利率为8%左右。低价销售无疑赋予了仓储式商场较强的竞争力，从而吸引了众多的顾客，以较大的营业额赢得较多的利润。在经营过程中，商场刻意创造条件，使经营成本和各项费用最低，通过低成本达到低价格，实现薄利多销的战略。仓储式商场以其廉价特征，招徕顾客，形成自己的经营特色。一般的仓储式商场都是通过以下途径来降低成本和价格的：一是将商场建在地价便宜的城乡结合部或远离市区，由于地价较低，从而降低了经营成本；二是商场内外只进行简单装修，利用廉价设施，降低费用；三是大批商品从厂家直接进货，省略中间环节，降低进货成本；四是商品开架陈列，自助式售货，品种多，人员少，并且商品整箱整盒堆放，定量包装，便于顾客批量购买，从而节约大量的人工成本；五是仓场合一，即把仓库与商场结合起来，节约了仓储费用；六是一般不做商业广告，而以其营销特色和服务质量吸引消费者。总之，仓储式商场让消费者真正体验到了实在、优惠、方便，满足了消费者现实的购物消费生活水准的需要。仓储式商场这样运行，尽管商品价格低、利润薄，但消费群体大、运转快、购物次数频繁，薄利照样可以有可观的效益。

2. 建立与消费者合作的稳定的营销关系

20世纪90年代后，面对日益激烈的市场竞争和消费者需求特性的多样化，企业普遍感到为消费者提供满意的产品和服务更加困难，因而传统的企业和消费者的服务与被服务的关系受到挑战，认为企业与消费者可能而且有必要建立形成一种合作关系，这种合作是多方面的，会员制就是其中之一。国外仓储式商场经营大都实行会员制销售方式，即向特定的消费者发放会员卡，一般交纳少量费用或不交费用以组织入会，会员持卡可以享受信息、商品、价格等方面的优惠，通过这种组织可以稳定基本客源和骨干客源。同时，会员卡制度也是一种价格促销制度。我国因消费者购买心理和习惯与西方消费者不同，所以仓储式商场会员制的采用没有像发达国家和地区那样普遍，但作为一种新型的价格促销制度和建立一种与消费者形成稳定的购销关系的有效途径，一些商场也在积极寻求能被我国消费者普遍接受的购销制度。

3. 实行科学规范的连锁经营管理

仓储式商场兼有百货商场、超级市场和连锁商店的多重功能，集批发、零售于一身，这种商场规模大、投资少、价格低，并且对商品的进、销、存采取了科学规范的电脑控制管理，有利于实现规模经营。作为现代化的大商业，仓储式商场盈利的基本要领就在于规模化和连锁化。规模化可以通过大批量进货，享受厂家给予的价格折扣、数量折扣、优惠条件，可以低价渗透，从而大幅度节约流动资金，提高资金的周转率。连锁化是通过经营活动中的“八个统一”，把复杂的商品流通活动分解成相对简单的一些环节，实现采购、送货、销售、经营的专业化，以提高经营效率，降低经营成本，实现规模效益。许多仓储式商场采用连锁化经营后，其规模迅速扩大，销售额和利润也有较大地攀升，这说明在仓储商场经营方式中蕴涵着连锁化的客观机理。当今一些实力雄厚的仓储式商场，大都通过实行连锁化经营，在一个城市或同一国家的其他地区开设多家分店，通过连锁化提高了规模经济和效益，树立了企业的整体形象，在更大程度上提高企业的知名度。

4. 精选大众化的畅销日用商品

与大型百货商店比较，仓储式商场经营商品的种类并不很多，但却形成了自身的商品特色：一是从商品大类中筛选出最畅销的大众化日用名牌商品经营，并在经营过程中根据大众消费者需求的变化不断调整，以确保其销售的商品占有较大的市场份额，不断加快商品的流通速度。二是商品质量好。通过从厂家直接进货，严格把好商品质量关，防止假冒伪劣商品混在其间，确保向顾客出售货真价实、质量优良的商品。三是市场上出现的新产品，仓储式商场都要领先于其他商场经营和销售，以满足消费者对新产品的追逐。仓储式商店的本质特征是廉价销售，将目标市场明确定位于工薪阶层，提供价格很低廉的商品，让利于民，毛利率一般固定在10%左右，商品价格比超级市场低20% ~40%，能够给消费者和经营者带来最终的实惠。

六、购物中心

（一）购物中心的定义和特点

购物中心（shopping center/shopping mall）是指在一个大型建筑体（群）内，由企业有计划地开发、拥有、管理、运营各类零售业态和相关服务设施的集合体。购物中心不仅规模巨大，集合了百货店、超级市场、大卖场、专卖店、大型专业店等各种零售业态，而且有各式快餐、小吃店和特色餐馆，以及电影院、儿童乐园、健身中心等各种休闲娱乐设施。另外，购物中心还能够提供百货店和大卖场都无法提供的、漫步在长廊或庭院悠闲购物的特别享受。

购物中心一般具有以下特点：

（1）由发起者有计划地开设，实行商业型公司管理，内设购物中心管理委员会，共同开展广告宣传活动，实行统一管理。

（2）内部由百货商店或超级市场作为核心店，辅以各类专业店、专卖店和餐饮店铺、休闲娱乐设施等。

（3）服务功能齐全，集零售、餐饮、娱乐为一体；根据销售面积，设相应规模的停车场。

（4）地址一般设在商业中心区或城乡结合部的交通枢纽附近。

（5）商圈根据不同的经营规模和经营商品而定。

（6）设施豪华，店堂典雅、宽敞、明亮，实行卖场租赁制。

（7）目标顾客以流动顾客为主。

（二）购物中心在中国的发展

1. 中国购物中心的雏形阶段（20世纪80年代）

中国购物中心的雏形阶段始于20世纪80年代末期，迫于日益激烈的竞争环境，中国不少百货店为谋求与众不同的竞争优势，开始升级传统百货，进行购物中心的最初探索。主要是增加餐饮和娱乐方面的服务，丰富传统百货的功能，并没有改变中国百货公司自身的经营模式。从本质上看，这类购物中心绝大部分依然应该划归于百货公司业态，最多也是升级版的百货公司，它们同购物中心获得租金收益并实现物业资产价值的目标有着本质的区别。

2. 中国购物中心的起源阶段（20世纪90年代）

从20世纪90年代初期开始，随着中国改革开放和城市建设进程的不断加快以及居民生活需求的逐步提升，一批具有战略眼光的投资人开始关注到中国零售房地产市场的前景和机会，开始了中国购物中心的主动尝试。广州天河城广场、上海港汇广场、上海恒隆广场、中国国际贸易中心国贸商城率先导入购物中心的开发运营理念，标志着购物中心作为新型房地产投资形式开始在中国出现，从而成为中国购物中心真正的起源。

3. 中国购物中心的发展阶段（2000~2010年）

中国购物中心的发展阶段起始于21世纪初。这一时期中国经济和城市建设迅速发展，使得购物中心的成长基础日趋完备和成熟。同时，中国零售业和房地产业交融性的发展，尤其是房地产业在全国的火爆发展，更是对购物中心的广泛开发起到了至关重要的拉动作用。

特别是2004~2008年间，看到了购物中心成功的案例和巨大发展空间，众多的开发商投入到购物中心的开发中来，在全国范围内掀起了一场轰轰烈烈的造Mall运动。

4. 中国购物中心的繁荣阶段（2010年至今）

中国的购物中心发展至今已有近20年的时间，从最初自发的探索到主动的尝试再到后来的快速发展，最后到最近几年的全国性开发高潮，我们既积累了很多的宝贵经验，也走了不少弯路，付出了高昂的学费。

未来10年，中国将会有更多购物中心落成开业，而严格按照购物中心理念进行开发和运营的购物中心将成为产业主导力量。任何一种零售业态进入中国都有一个本土化的过程，都要适合中国的国情，一味照搬欧美模式是注定要失失败的。总体来看，未来社区型购物中心在我国的发展会比较有潜力。

小知识

万达广场：定位明确，填补郑州西区商业空白

郑州中原万达广场是万达集团第三代万达广场，总建筑面积约53万平方米，其中商业面积26万平方米。这里有万达百货、沃尔玛、万达影院、大歌星KTV、永乐生活电器、ZARA、优衣库、H&M等十大主力店，还有一条长达310米的步行街。作为中国最强大的商业地产商，打造大型Mall是万达集团的强项。周末在中原万达广场逛街的刘女士告诉记者："我家住在西边，原来想逛个街看个电影都要跑到大上海，交通不方便不说，带着老人孩子也累，现在基本上就来万达，我可以逛街，和老公喝个咖啡、看个电影，也能带着老人和孩子在三楼吃美食。”

业内人士表示，万达广场在全国范围内的成功主要是其定位明晰，且有一套适用全国的标准。不管到国内哪一家万达，建筑的风格、室内的灯光设计、时尚的品牌……都能让人一眼看出这个购物中心是万达开的。如开在郑州的中原万达广场，给人一种时尚又平易近人的感觉，其服饰品牌、餐饮品牌均价不高。

（资料来源：大河报，大郑州购物中心现状调查，2014. 11. 28。）

七、无店铺零售

我国在2004年实施的《零售业态分类》标准，最明显的变化莫过于将网上商店、电视购物、邮购、自动售货亭、电话购物等多种无店铺销售方式都纳入了零售业态之中。其中对无店铺零售的定义为："不通过店铺销售，由厂家或商家直接将商品递送给消费者的零售业态。"美国营销和零售学者认为，当零售商不依赖店铺来达到接触消费者并完成交易的目的时，就可以被认定为从事无店铺零售。

（一）网络商店

网络商店是通过互联网进行商品经营活动的一种零售业态。零售商在互联网上开设虚拟商店，建立网上营销的网站，上网的消费者可以根据网址进入网站访问，浏览商店的商品目录等各种信息，找到合意的商品可以发送电子邮件向零售商订货，通过电子转账系统用信用卡付款。零售商则通过邮寄公司或快递公司把商品送给购物者。

网上购物具有独特的优势，它把购物过程中的时间和距离都压缩为网上的一小段时间，消费者可在短时间内访问所有商店，将各家商店的商品进行比较，大大节省了购物的时间和费用。

中国的网络零售市场主要分为B2C和C2C两大市场板块。截至2014年12月，中国网络零售市场交易规模达28 211亿元，市场中B2C市场交易规模达12 636亿元，在整体网络购物市场交易规模的比重达到45.3%，从增速来看，B2C市场增长迅猛，2014年中国网络购物B2C市场增长65.4%，远高于C2C市场35.2%的增速，B2C市场将继续成为网络购物行业的主要推动力。从C2C市场发展情况看，C2C市场体量大，产品品类齐全，在满足网购用户差异化及个性化需求方面有一定优势，未来仍将维持稳定增长。从B2C市场未来发展情况看，随着网络购物用户网络购物意识的逐渐成熟及网络购物行为的日趋理性，产品品质及服务水平成为影响网络购物用户购买决策的重要因素，对品质产品的诉求将继续推动B2C市场的高速发展。从网络购物市场看，B2C市场在网络购物整体中的占比将持续提升。

（二）自动售货机

自动售货机，又称为自动售货亭，现已被广泛地运用到多个种类商品的销售上，包括香烟、软饮料、糖果、报纸和热饮料等，一般是为了满足人们的临时性需要，也包括一些日常小商品，诸如点心、热汤、食品、袜子、化妆品、平装书、唱片、T恤衫等。另外，自助洗衣机、自动电动游乐器、自动行李存放柜、自动计时停车场也属于此类。

自动售货机被称为“永不下班的超级营业员”，是20世纪70年代在日本和欧美发展起来的高新技术产品，这种零售方式已经在世界上65个国家和地区出现。在国内很多城市的繁华地段，人们可以经常地看到自动售货机的身影。自动售货机出售的商品，已经从咖啡、香烟、各种酒类发展到部分日常生活用品，就连报纸、大米、邮票、明信片、电池、录像带等也可以自动出售。现在，自动售货机除了在路旁以外，还进入了学校、工厂、医院、游戏厅、麻将馆、影剧院等公共场所。

（三）邮购商店

邮购是指将宣传商品或服务的信件、传单或折叠广告，寄给有购买潜力的顾客，顾客可通过函件、电话、网络等媒介表述购买决定，直销商再邮寄商品甚至送货上门。

邮购商店起源于美国，1872年，美国人蒙哥马利·华尔德创办了第一家邮购商店。20世纪初，邮购商店一度萧条；20世纪60年代以后，邮购商店又重新兴旺，并逐渐在日本和西欧发展起来。

邮购因其不需要门店，从业人员少，经营成本低，加上越来越多的居民接受并乐于采用省时便捷的购物方式，所以受到普遍欢迎。我国邮购（包括电视购物）业务一直很难获得突破性的发展，主要原因有三：一是邮购公司本身营销技巧较差；二是国内消费者尚未接受这种购物方式；三是该领域法规不健全，一些不法分子乘机兜售假冒伪劣商品，造成该行业的信用危机。

本章小结

零售业态是指零售企业为满足不同消费者的需求而形成的不同的经营形态。零售业态的分类主要根据零售业的目标顾客、商品结构、价格策略、商品时尚性、服务方式、购买便利、店铺环境等确定。零售业态主要分为百货商店、超级市场、专业店和专卖店、便利店、仓储式商店、购物中心和无店铺零售等。

习　题

一、选择题

1. 属于无店铺的零售业态是（　　）。

A. 超级市场　　B. 网络商店

C. 便利店　　D. 自动售货机

2. 百货商店的特点是（　　）。

A. 选址在城市繁华区、交通要道

B. 采取定价销售，可以退货，服务功能齐全

C. 营业面积根据主营商品特点而定

D. 商店结构以速成食品、饮料、小百货为主

3. 便利店的特点是（　　）。

A. 商店面积在100平方米左右

B. 商品结构以速成食品、饮料、小百货为主

C. 批量作价，多是成件或大包装出售

D. 服务功能齐全，集零售、餐饮、娱乐为一体；根据销售面积，设相应规模的停车场

二、判断题

1. 便利店生存的特殊条件是：城市郊区化和卫星化，轿车进入家庭，中小店铺较为发达等。（　　）

2. 购物中心内部由百货商店或超级市场作为核心店，辅以各类专业店、专卖店和餐饮店铺、休闲娱乐设施等。（　　）

3. 超级市场即自选市场。（　　）

4. 无店铺零售在不久的将来将取代有店铺的零售商店，成为零售业的主流。（　　）

三、简答题

1. 什么叫零售业态？目前我国主要的零售业态有哪些？

2. 购物中心具有什么特点？它在我国的发展前景怎样？

3. 我国的百货商店是否与西方发达国家一样开始步入衰退期？你认为我国的百货商店应该采取怎样的经营策略才能走出困境？

四、案例分析

百果园融资4亿元　将催化行业整合

2015年9月22日，国内规模最大的水果连锁零售企业百果园宣布完成4亿元A轮融资，这是行业内迄今为止最大一笔融资。业内认为，低小散乱的水果零售业也将在资本的催化下开始资源整合，未来一段时间，水果行业的并购收购将频繁出现。

“百果园用13年开出了1200多家店，即使在世界上也是连锁规模最大的一家。”百果园董事长余惠勇介绍，全部直营模式的百果园之前主要依靠自身积累发展，去年进入快速发展期后感觉到对资本的需求，此前已达到年销售超20亿元，且处于盈利状态。

本次融资由天图资本领投3.5亿元，广发信德、前海母基金等投资机构进行了跟投。天图资本专注于消费品投资，旗下投资案例有周黑鸭、汤城小厨、小西牛、福奈特、慈铭体检等众多知名企业。本轮融资后，天图资本在百果园中的股份有10%以上，位居二股东位置。余惠勇称，资本不参与直接管理，主要体现在品牌建设、品牌营销上，也会参与最终决策。融资主要用于快速扩张、供应链的建设及优化、信息技术应用等。

（资料来源：赢商网，http：//fj.winshang.com，2016年1月。）

提问：米袋子，菜篮子，果盘子，消费升级必然使得某种业态备受关注。请分析专业水果店的成长性。

第三章 零售战略

学习目标

知识目标

- □ 了解零售使命和战略目标，零售企业战略的定义、步骤
- □ 熟悉 SWOT 分析方法，零售企业竞争战略、扩张战略、品牌战略的内容及类型
- □ 掌握零售战略的应用，零售企业宏观环境、行业环境的分析内容，零售企业竞争、扩张、品牌战略的选择

能力目标

- □ 可针对具体零售企业进行简单的战略分析

案例导入

从"苏宁电器"到"苏宁云商"，苏宁 O2O 战略的探索

苏宁电器，在 2013 年 3 月份正式更名为"苏宁云商"的传统零售企业，正在努力摆脱身上的"电商大卖场"的标签，通过线上线下布局，逐步变成一个 O2O 行业的领跑企业。从 2010 年苏宁易购正式上线开始，一起盘点最近几年，苏宁云商在 O2O 方面的探索和改变。

一、发力电商，线上线下一体价，苏宁云商概念落地

在 2005 年，苏宁易购的前身，苏宁电器商城正式上线，逐渐建立起覆盖全国的销售渠道。但一直到 2010 年 2 月，正式改名为苏宁易购的苏宁官方电商网站才逐渐走入人们的视野，经历多次改版后正式成为国内 B2C 网站的代表之一。

经历了 2012 年的电商的"价格大战"之后，2013 年 2 月份，苏宁正式更名为"苏宁云商"，伴随着企业名称的更换，苏宁在同年 6 月 8 日正式推行"线上线下一体价"

策略，强调线上线下渠道在商品、服务、价格方面的融合，线下实体店同线上网站同步共享资源，实现内部资源使用效率的最大化，同时也为用户提供更开放的服务。这是全国首例大型零售商全面推行线上线下同价，此次价格一致是苏宁多渠道融合的重要一步。2013 年 11 月，苏宁联合了开放平台上的 6 000 多家用户举办中国首届 O2O 购物节，围绕核心的“线上线下一体价”战略，全面同步线上线下活动规则和力度，通过推出移动端电子会员卡、价格比一比、门店自提等新业务，从最有利于用户的角度去进行突破。围绕用户体验最优化的 O2O 的消费模式创新，给消费者带来更优惠、便利和享受性的购物体验。

二、建立苏宁云台，拓展品类，在细分品类上差异化布局，提升业内竞争力

2013 年 9 月份，苏宁开放平台的 3.0 版本正式亮相，官方正式命名为“苏宁云台”。苏宁官方提出了“三免、两低、一担保”政策，为商家提供包括全国性物流覆盖、营销体系、市场推广等配套的核心资源。吸引更多的合作商家入驻苏宁易购，拓展苏宁线上商品的品类。作为 2012 年就被苏宁全资并购的红孩子，在经历和与苏宁的融合之后，保持了母婴市场前三甲的位置。2014 年 5 月，苏宁在北京、上海等八个城市的实体门店中加入母婴美妆产品的销售业务，红孩子的第一家实体店也在 9 月落户连云港。苏宁制定了明确而聚焦的自营品类策略，即“巩固大家电，凸显 3C，培育母婴超市”。早在 2009 年，苏宁就入资日本知名零售商乐购仕，在 2011 年再次注资实现绝对控股，在 2012 年加速国内线下店的布局，在北京、南京等地开设多家线下店，提供日式的购物体验。2014 年 7 月，乐购仕旗舰店在苏宁云台正式上线，延续苏宁“线上线下一体价”的战略策略，给国内的消费者提供了跨境电商购物的新渠道。

三、多方资本运作，对互联网关键入口卡位，多线渗透 O2O 消费者服务

苏宁对于“云商”的理解，恰到好处地表现在他们的资本运作方向上。苏宁分别在 2013 年 11 月联合联想控股旗下弘毅投资以 4.2 亿美元投资 PPTV；2014 年 1 月 100% 全资收购团购网站满座网，整合为苏宁本地生活事业部。对于前者的投资，短期来看苏宁获得了下游的广告投放地、渠道的完善以及流量的补充，从长远看，电影、音乐、特别是 PPTV 在视频行业内主打的体育直播等文化服务，均是内容类商品的重要组成部分。对于满座网的整合，则是苏宁对互联网团购入口的关键卡位收购。除了资本运作层面，苏宁在 2014 年 4 月正式推出苏宁互联的品牌，开放虚拟运营商业务，给用户提供通信服务，为后期苏宁账号一体化服务的打通做好准备。在 2014 年 9 月，苏宁推出线下 O2O 体验店服务，命名为“嗨店”，整合线上线下的服务，近距离地给消费者提供享受性的购物体验；浓厚的互联网色彩、极致的消费体验、线上线下的随意切换，是首次露面的苏宁“嗨店”带给用户印象最深刻的三个标签。除此之外，据悉苏宁将在北京部分社区成立“社区服务站”，消费者可在服务站预约大家电的保养和维修、手机贴膜等服务。基于北京 65 家门店和 100 多家服务网点的线下资源，苏宁尝试将门店的功能从销售的平台逐渐向社区服务的集成平台转变，渗透到社区中加速 O2O 转型。

可以看出，以 O2O 模式作为整个战略的核心，苏宁正从一个传统的家电零售商逐渐转变为一个“生活服务商”，实体商品，内容商品和服务商品成为其主要的三大商品。苏宁用覆盖广的线下店、丰富且有差异化布局的商品品类打下了 Offline 坚实的基础；近两年全面拥抱互联网的策略，线上线下价格一体化的核心策略和在多个互联网入口的卡位资本运作，在 Online 上加速布局。

（资料来源：张凯，亿欧网，2014－11。）

思考：

1. 苏宁正从一个传统的家电零售商逐渐转变为一个“生活服务商”，你怎样看待苏宁的变化？

2. 当互联网从一个行业，转变成一种工具，传统零售企业应如何制定自己的战略？

第一节 零售使命与战略目标

随着新的零售形式和技术的出现，加上顾客需求的转移，零售业的竞争日趋激烈。这些变化迫使零售商拿出更多的精力来考虑长期的战略。零售战略可以为零售商在有效地处理零售业的核心因素“零售环境、顾客及竞争对手”时，提供明确的方向。

一、零售使命

所谓零售使命是指零售企业在社会进步和社会经济发展中所应担当的角色和责任。是指零售企业的根本性质和存在的理由，说明企业的经营领域、经营思想，为零售企业目标的确立与战略的制定提供依据。零售企业在制定战略之前，必须先确定企业使命。

零售使命应该包含以下的含义：

（1）零售使命实际上就是零售企业存在的原因或者理由，也就是说，是零售企业生存的目的定位。不论这种原因或者理由是“提供某种产品或者服务”，还是“满足某种需要”或者“承担某个不可或缺的责任”，如果一个零售企业找不到合理的原因或者存在的原因连自己都不明确，或者连自己都不能有效说服，企业的经营问题就大了，也许可以说这个零售企业“已经没有存在的必要了”。就像人一样，经常问问自己“我为什么活着”的道理一样，零售企业的经营者们更应该了然于胸。

（2）零售使命是零售企业经营的形象定位。它反映了零售企业试图为自己树立的形象，诸如“我们是一个愿意承担责任的零售企业”、“我们是一个健康成长的零售企业”、“我们是一个在服务上卓有成就的零售企业”等等，在明确的形象定位指导下，零售企业的经营活动就会始终向公众昭示这一点，而不会“朝三暮四”。

许多零售企业都有一个明确的使命陈述（mission stagement）。使命陈述是指对一个零售企业的经营目标和经营范围的一般性描述。它界定了这家公司将要考虑的目标市场和零售方式。例如，国美电器公司的使命就是成就品质生活，沃尔玛公司的使命是给普通百姓提供机会，使他们能与富人一样买到同样的东西；永辉的企业使命是引领现代农业，守护百姓健康，以更好的服务提供健康的食品和实惠的商品。

零售使命是零售企业存在的目的和理由。明确零售企业的使命，就是要确定零售企业实现远景目标必须承担的责任或义务。

二、零售企业战略目标

零售企业战略目标是指零售企业在实现其使命过程中所追求的长期结果，是在一些最重要的领域对零售企业使命的进一步具体化。它反映了零售企业在一定时期内经营活动的方向和所要达到的水平，既可以是定性的，也可以是定量的，比如竞争地位、业绩水平、发展速度等等。与零售企业使命不同的是，战略目标要有具体的数量特征和时间界限，一般为3~5年或更长。

（一）零售企业战略目标的定义

从广义上看，零售企业战略目标是零售企业战略构成的基本内容，战略目标是对零售企业战略经营活动预期取得的主要成果的期望值。从狭义上看，零售企业战略目标不包含在企业战略构成之中，它既是零售企业战略选择的出发点和依据，又是企业战略实施要达到的结果。

零售企业战略目标的设定，同时零售企业使命的进一步阐明和界定，也是企业在既定的战略经营领域展开战略经营活动所要达到的水平的具体规定。

（二）零售企业战略目标的特点

零售企业战略目标与企业其他目标相比，具有以下一些特点：

1. 宏观性

零售企业战略目标是一种宏观目标。它是对零售企业全局的一种总体设想，它的着眼点是整体而不是局部。它是从宏观角度对零售企业的未来做的一种较为理想的设定。它所提出的，是零售企业整体发展的总任务和总要求。它所规定的是整体发展的根本方向。因此，人们所提出的零售企业战略目标总是高度概括的。

2. 长期性

零售企业战略目标是一种长期目标。它的着眼点是未来和长远。零售企业战略目标是关于零售企业未来的设想，它所设定的，是企业职工通过自己的长期努力奋斗而达到的对现实的一种根本性的改造。零售企业战略目标所规定的，是一种长期的发展方向，它所提出的，是一种长期的任务，绝不是一蹴而就的，而是要经过零售企业职工相当长的努力才能够实现。

3. 相对稳定性

零售企业战略目标既然是一种长期目标，那么它在其所规定的时间内就应该是相对稳定的。战略目标既然是总方向、总任务，那么它就应该是相对不变的。这样，零售企业职工的行动才会有一个明确的方向，大家对目标的实现才会树立起坚定的信念。当然，强调战略目标的稳定性并不排斥根据客观需要和情况的发展而对战略目标做必要的修正。

4. 全面性

零售企业战略目标是一种整体性要求。它虽着眼于未来，但却没有抛弃现在；它虽着眼于全局，但又不排斥局部。科学的战略目标，总是对现实利益与长远利益，局部利益与整体利益的综合反映。科学的战略目标虽然总是概括的，但它对人们行动的要求，却又总是全面的，甚至是相当具体的。

5. 可分解性

零售企业的战略目标作为一种总目标、总任务和总要求，是可以分解成某些具体目标、具体任务和具体要求的。这种分解既可以在空间上把总目标分解成一个方面又一个方面的具体目标和具体任务，又可以在时间上把长期目标分解成一个阶段又一个阶段的具体目标和具体任务。人们只有把战略目标分解，才能使其成为可操作的东西。可以这样说，因为战略目标是可分解的，因此才是可实现的。

6. 可接受性

零售企业战略的实施和评价主要是通过企业内部人员和外部公众来实现的，因此，战略目标必须被他们理解并符合他们的利益。但是，不同的利益集团有着不同的甚至是相互冲突的目标，因此，零售企业在制定战略时一定要注意协调。一般的，能反映零售企业使命和功能的战略易于为企业成员所接受。另外，零售企业的战略表述必须明确，有实际的含义，不至于产生误解，易于被企业成员理解的目标也易于被接受。另外，对一个零售企业目标完成者来说，如果目标能力超过其能力所及的范围，则这个目标就没有激励作用。

7. 可检验性

为了对零售企业管理的活动进行准确的衡量，战略目标应该是具体的和可以检验的。目标必须明确，具体地说明将在何时达到何种结果。目标的定量化是使目标具有可检验性的最有效的方法。但是，由于许多目标难以数量化，时间跨度越长、战略层次越高的目标越具有模糊性。此时，应当用定性化的术语来表达其达到的程度，要求一方面明确战略目标实现的时间，另一方面须详细说明工作的特点。

8. 可挑战性

目标本身是一种激励力量，特别是当零售企业目标充分地体现了零售企业成员的共同利益，使战略大目标和个人小目标很好地结合在一起的时候，就会极大地激发组织成员的工作热情和献身精神。

9. 具体性

在零售企业制定战略目标时，应当结合企业所处的内外部环境，要有具体的实现时间、目标实现的效果。切忌一味贪大、空喊口号。

（三）零售企业如何确定战略目标

一般来说，确定战略目标需要经历调查研究、拟定目标、评价论证和目标决断这样四个具体步骤：

1. 调查研究

在零售企业制定战略目标之前，必须进行调查研究工作。但是在进入确定战略目标的工作中还必须对已经作过的调查研究成果进行复核，进一步整理研究，把机会和威胁，长处与短处，自身与对手，企业与环境，需要与资源，现在与未来加以对比，搞清楚他们之间的关系，才能为确定战略目标奠定起比较可靠的基础。

调查研究一定要全面进行，但又要突出重点。为确定战略而进行的调查研究是不同于其他类型的调查研究的，它的侧重点是零售企业与外部环境的关系和对未来的研究和预测。关于零售企业自身的历史与现状的陈述自然是有用的，但是，对战略目标决策来说，最关键的还是那些对零售企业未来具有决定意义的外部环境信息。

2. 拟定目标

经过细致周密的调查研究，便可以着手拟定战略目标了。拟定战略目标一般需要经历两个环节：拟定目标方向和拟定目标水平。首先在既定的战略经营领域内，依据对外部环境、需要和资源的综合考虑，确定目标方向，通过对现有能力与手段等诸种条件的全面衡量，对沿着战略方向展开的活动所要达到的水平也做出初步的规定，这便形成了可供决策选择的目标方案。

在确定过程中，必须注意目标结构的合理性，并要列出各个目标的综合排列的次序。另外，在满足实际需要的前提下，要尽可能减少目标的个数。一般采用的方法是：①把类似的目标合并成一个目标；②把从属目标归于总目标；③通过度量求和，求平均或过程综合函数的办法，形成一个单一的综合目标。

在拟定目标的过程中，零售企业领导要注意充分发挥参谋智囊人员的作用。要根据实际需要与可能，尽可能多地提出一些目标方案，以便于对比选优。

3. 评价论证

战略目标拟定出来之后，就要组织多方面的专家和有关人员对提出的目标方案进行评价和论证。

（1）论证和评价要围绕目标方向是否正确进行。要着重研究：拟定的战略目标是否符合零售企业精神，是否符合零售企业的整体利益与发展需要，是否符合外部环境及未来发展的需要。

（2）要论证和评价战略目标的可行性。论证与评价的方法，主要是按照目标的要求，分析零售企业的实际能力，找出目标与现状的差距，然后分析用以消除这个差距的措施，而且要进行恰当的运算，尽可能用数据说明。如果制定的途径、能力和措施，对消除这个差距有足够的保证，那就说明这个目标是可行的。还有一个倾向要注意的是，如果外部环境及未来的变化对企业发展比较有利，企业自身也有办法找到更多的发展途径、能力和措施，那么就要考虑提高战略目标的水平。

（3）要对所拟定的目标完善化程度进行评价。要着重考察：①目标是否明确。所谓目标明确，是指目标应当是单义的，只能有一种理解，而不能是多义的；多项目标还必须分出主次轻重；实现目标的责任必须能够落实；实现目标的约束条件也要尽可能明确；②目标的内容是否协调一致。如果内容不协调一致，完成其中一部分指标势必会牺牲另一部分指标，那么，目标内容便无法完全实现；③有无改善的余地。

如果在评价论证时，人们已经提出了多个目标方案，那么这种评价论证就要在比较中恰当进行。通过对比、权衡利弊，找出各个目标方案的优劣所在。

拟定目标的评价论证过程，也是目标方案的完善过程。要通过评价论证，找出目标方案的不足，并想方设法使之完善起来。如果通过评价论证发现拟定的目标完全不正确或根本无法实现，那就要回过头去重新拟定目标，然后再重新评价论证。

4. 目标决策

在决断选定目标时，要注意从以下三方面权衡各个目标方案：①目标方向的正确程度；②可望实现的程度；③期望效益的大小。对这三个方面宜作综合考虑。所选定的目标，三个方面的期望值都应该尽可能大。目标决策，还必须掌握好决断时机。因为战略决策不同于战术决策。战术目标决策常常会时间比较紧迫，回旋余地很小，而且战略目标决策的时间压力相对不大。在决策时间问题上，一方面要防止在机会和困难都还没有搞清楚之前就轻率决策；另一方面又不能优柔寡断，贻误时机。

调查研究、拟定目标、评价论证、目标决策确定战略目标，这四个步骤是紧密结合在一起的，后一步的工作要依赖于前一步的工作，在进行后一步的工作时，如果发现前一步工作的不足，或者遇到了新情况，就需要回过头去，重新进行前一步或前几步的工作。

三、零售企业战略

（一）零售企业战略的定义

零售企业战略是指导零售企业的总体规划，指零售企业在变化的环境中为了有效地利用零售企业资源，求得生存和发展，而建立长期的发展目标，以及实行目标的行动纲领。它影响零售企业的经营活动和对市场力量的反映。

零售企业战略将企业在战略期间的使命、目标、重点的具体活动及控制机制扼要地提出，描绘出零售企业未来的蓝图。

（二）零售企业战略制定的步骤

任何零售商，无论其规模与形态如何，都可以而且应该采用战略计划，具体分为以下六个步骤：

（1）根据商品或服务种类及公司的具体定位（如完全服务或无附加服务；大众市场或目标集聚）确定企业经营范围。

（2）确定长期和短期的销售额与利润、市场份额、企业形象目标。

（3）根据顾客特征（如性别和收入水平）与需要（如产品和品牌偏好）确定目标市场；

（4）确定总体的长期规划，为公司和员工指明总方向。

（5）实施一体化战略，即把店址、产品组合、定价、广告、店堂陈列诸因素结合起来以实现企业目标。

（6）定期进行绩效评估，在发现问题或缺陷时予以纠正。

小知识

沃尔玛如何应用战略规划

沃尔玛的战略：始终坚持以客户为导向的战略，锁定占人口大多数的中产阶级，满足他们大批量采购和低价格的心理要求。以人格化的公司形象，建立与顾客的感情联系。以最小的成本提供最大的有限服务。正是坚持这一战略，沃尔玛公司获得了长期的发展，在世界经济和美国经济不景气的情况下，沃尔玛销售总额首次超过GE（通用）名列第一。

据最新的商业调查，被访者被问到在几方面哪家零售公司做得最好，涉及的因素包括：①运营因素。包括商店位置是否容易到达、价格是否最低、结账是否最快、商品是否最齐全等；②形象因素。包括商店是否有人情味、是否参与社区公益事业。

结果是，沃尔玛不但在运营因素方面做得最好，而且是一位富有人情味的零售公司。一方面，沃尔玛有令人难以置信的效率和精密无比的采购、分销和技术设施，并在与其员工、供应商和竞争对手的关系上采取积极进取的行动。沃尔玛为顾客提供方便的购物地点、低价和丰富的商品组合。另一方面，沃尔玛又开展了大量象征性、有组织的活动，来进行公益宣传和活动推广。

（三）SWOT 分析方法

SWOT 分析法是一种最常用的对企业内外环境战略因素进行综合分析的方法，是 20 世纪 60 年代由战略管理设计学派（Design School）提出的。运用 SWOT 分析法，可以一目了然地全面分析组织内部条件的优势与劣势、外部环境的机会与威胁等相互制约因素，又可从内外环境条件的相互联系中做出更深入的分析与评价。

SWOT 的四个字母分别表示优势（Strength）、劣势（Weakness）、机会（Opportunity）与威胁（Threat）。优势和劣势是企业的内在要素，机会和威胁则是企业发展的外在要素。

1. 机会与威胁分析（environmental opportunities and threats）

随着经济、社会、科技等诸多方面的迅速发展，特别是世界经济全球化、一体化过程的加快，全球信息网络的建立和消费需求的多样化，企业所处的环境更为开放和动荡。这种变化几乎对所有企业都产生了深刻的影响。正因为如此，环境分析成为一种日益重要的企业职能。

环境发展趋势分为两大类：一类表示环境威胁，另一类表示环境机会。环境威胁指的是环境中一种不利的发展趋势所形成的挑战，如果不采取果断的战略行为，这种不利趋势将导致公司的竞争地位受到削弱。环境机会就是对公司行为富有吸引力的领域，在这一领域中，该公司将拥有竞争优势。

零售企业的机遇主要表现在以下几个方面：

（1）日益发展的新兴市场，如互联网上出现的新兴市场。

（2）采取兼并、合资方式，建立战略联盟。

（3）进入细分市场获取更多赢利。

（4）新兴的国际市场。

（5）竞争对手退出的市场。

零售企业面临的威胁主要表现在以下几个方面：

（1）竞争对手进入本地市场。

（2）价格战。

（3）竞争对手研发出创新性的产品或服务。

(4) 竞争对手拥有更好的分销渠道。

(5) 市场规范程度有待提高。

2. 优势与劣势分析（Strengths and Weaknesses）

识别环境中有吸引力的机会是一回事，拥有在机会中成功所必需的竞争能力是另一回事。每个企业都要定期检查自己的优势与劣势，这可通过“企业经营管理检核表”的方式进行。企业或企业外的咨询机构都可利用这一格式检查企业的营销、财务、制造和组织能力。每一要素都要按照特强、稍强、中等、稍弱或特弱划分等级。

当两个企业处在同一市场或者说它们都有能力向同一顾客群体提供产品和服务时，如果其中一个企业有更高的赢利率或赢利潜力，那么，我们就认为这个企业比另外一个企业更具有竞争优势。换句话说，所谓竞争优势是指一个企业超越其竞争对手的能力，这种能力有助于实现企业的主要目标——赢利。但值得注意的是：竞争优势并不一定完全体现在较高的赢利率上，因为有时企业更希望增加市场份额，或者多奖励管理人员或雇员。

竞争优势可以指消费者眼中一个企业或它的产品有别于其竞争对手的任何优越的东西，它可以是产品线的宽度、产品的大小、质量、可靠性、适用性、风格和形象以及服务的及时、态度的热情等。虽然竞争优势实际上指的是一个企业比其竞争对手有较强的综合优势，但是明确企业究竟在哪一个方面具有优势更有意义，因为只有这样，才可以扬长避短，或者以实击虚。

由于企业是一个整体，而且竞争性优势来源十分广泛，所以，在做优劣势分析时必须从整个价值链的每个环节上，将企业与竞争对手做详细的对比。如产品是否新颖，制造工艺是否复杂，销售渠道是否畅通，以及价格是否具有竞争性等。如果一个企业在某一方面或几个方面的优势正是该行业企业应具备的关键成功要素，那么，该企业的综合竞争优势也许就强一些。需要指出的是，衡量一个企业及其产品是否具有竞争优势，只能站在现有潜在用户角度上，而不是站在企业的角度上。

企业在维持竞争优势过程中，必须深刻认识自身的资源和能力，采取适当的措施。因为一个企业一旦在某一方面具有了竞争优势，势必会吸引到竞争对手的注意。一般地说，企业经过一段时期的努力，建立起某种竞争优势；然后就处于维持这种竞争优势的态势，竞争对手开始逐渐做出反应；而后，如果竞争对手直接进攻企业的优势所在，或采取其他更为有力的策略，就会使这种优势受到削弱。

而影响企业竞争优势的持续时间，主要为三个关键因素：

(1) 建立这种优势要多长时间？

(2) 能够获得的优势有多大？

(3) 竞争对手做出有力反应需要多长时间？

如果企业分析清楚了这三个因素，就会明确自己在建立和维持竞争优势中的地位了。

零售企业建立优势一般从以下几个方面考虑：

(1) 市场营销方面的丰富经验。

(2) 一种创新的商品或服务。

(3) 营业场所。

(4) 商品质量。

(5) 其他能对商品与服务产生增值效应的方面。

通常零售企业的劣势体现在以下几个方面：

(1) 缺乏市场营销经验。

(2) 商品或服务同质化。

(3) 营业场所设计不合理。

(4) 劣质商品或服务。

SWOT 分析法被企业广泛地应用于战略制定、项目策划和营销实践中，要成功应用 SWOT 分析法，必须遵循以下的规则：

(1) 进行 SWOT 分析的时候必须对公司的优势与劣势有客观的认识。

(2) 进行 SWOT 分析的时候必须区分公司的现状与前景。

(3) 进行 SWOT 分析的时候必须考虑全面。

(4) 进行 SWOT 分析的时候必须与竞争对手进行比较，比如优于或是劣于你的竞争对手。

(5) 保持 SWOT 分析法的简洁化，避免复杂化与过度分析。

(6) 分析法因人而异。

案例分析

苏宁 SWOT 分析

一、Strengths

• 苏宁的"一体两翼"不再强调线上和线下分家，而是看作一个整体。显然，线下店铺能成为用户线上购物的体验店、自提点、维修点，也可成为 O2O 的开放平台，以及仓储物流中心，提高配送的效率。而这些都是纯电商所不具备的。

• 具有优秀的品牌形象，良好的商业信用。苏宁电器历经十八年的发展，这一品牌已经深入人心，盛赞颇多，这对于苏宁电器的未来能够吸引更多消费者的光顾奠定了基础。

• 京东和苏宁都支持货到付款、快捷支付、网上银行支付、第三方平台支付，但苏宁有自己的支付平台"易付宝"。苏宁易购支付功能更加强大，建立了自己的支付平台，并且利用实体店的优势，推出门店付款功能，作用十分强大。

• 苏宁易购在支付方面增加了门店支付。通过实体店面，建立仓储和物流系统相对容易并且成本降低，配送十分方便并且普及面更广。

• 在售后环节方面，相比较京东而言，苏宁易购的售后环节开展更加容易，用户可以直接通过当地的苏宁实体店来进行售后服务。

二、Weakness

• 执行力差，精细化运营不足，经营理念好但没有切实落地。

• 品牌及服务无明显优势。

● 电子商务起步晚，京东、新蛋等等早已形成了较大规模，拥有了比较稳定的客户群。国美采取直接收购的方式，也比苏宁易购更具规模。

● 苏宁易购与实体店之间本身存在的竞争矛盾。

三、Opportunities

● O2O 模式正在大力发展，以 O2O 模式为核心、移动互联网为载体的电商 3.0 时代已经来临。线下服务就可以用线上来揽客，消费者可以用线上来筛选服务，而苏宁明确了“一体两翼”的互联网路线图，“一体”即以互联网零售为主体，“两翼”则是指 O2O 模式和开放平台。

● 营销模式的深化。由初期的渠道商逐步转化为销售商，旗舰店和精品店的扩大直接带来营销转变和利润模式转变。

● 在经济全球化以及电子商务快速发展的大趋势下，全球市场跨境网购需求空间巨大，国内跨境电商行业有望迎来新的发展契机。

● 近两年来，国家对跨境电商的扶持力度大幅提高，相关政策频出，成为加速行业发展的重要催化剂。在政策的支持下，企业在流程效率优化及税收方面有望获得更多提升。

四、Threats

● 未来的电商业将会由现在的垄断竞争走向以“京东＋腾讯”和“阿里”的寡头垄断格局。预计未来一到三年，寡头垄断格局最终只能容纳不超过三家的综合类电商平台。

● 随着家电行业在某些城市的相对饱和，将导致苏宁电器的部分区域的利润下滑甚至亏损。家电行业属于耐用品行业，苏宁电器必须面对家电行业饱和后的利润继续增长问题。

● 通货膨胀带来的成本上升。

● 地产价格上升带来的运营成本上升。

● 家电网购企业带来的冲击。

● 竞争对手多，京东商城 2012 年销售额已经突破 600 亿元，天猫商城“双十一”单日交易额更是达到了 132 亿元。雄踞上海的易迅在腾讯的照顾下，成立了腾讯电商控股公司（ECC），专注运营电子商务业务。国美也在尝试业务多元化，扩大规模体量。

（资料来源：佚名，百度文库，http：//wenku. baidu. com/view/088d4e015acfa1c7ab00cc44. html，《京东、苏宁分析》，2015－04。）

问题：SWOT 分析对零售企业制定企业战略及经营策略有什么重要意义？

提示：零售企业制定发展战略及经营策略，离不开对外部环境的判断与内部环境的分析。通过对外部环境的评估，寻求企业发展的机会及识别经营的风险；通过对内部环境的剖析，明确企业自身的发展优势及劣势。零售企业发展也同样遵循适者生存的道理，“天时地利人和”的良好环境对企业发展至关重要。

第二节

零售环境分析

环境是制约一个零售商行为的重要因素，环境分析是战略实施的关键要素。一个零售商所处的环境会在很大程度上限制管理层可能的决策选择。

一、宏观环境分析

一般来说，宏观环境因素可以概括为以下四类：社会因素、经济因素、技术因素、政策法律因素。

（一）社会、文化与人口因素

社会、文化与人口因素的变化实际上对所有的产品、服务市场和消费者都会产生重大的影响。所有行业中大、中、小营利性和非营利性组织都将受到由这些变化带来的机会与威胁的挑战。人口总量、年龄结构、地理分布、家庭组成、性别结构、教育水平、宗教信仰、价值观念、消费习惯、消费潮流、购买习惯等这些社会、文化与人口因素正重塑当代人的生活、工作、生产和消费方式，新趋势正产生着新一类的消费者，进而要求有新的产品、新的服务和新的企业经营战略。

消费者可支配收入的增加为零售业的发展提供了更大的空间；人口的增长意味着零售市场的扩大；人口年龄结构的变化意味着零售商要按照各年龄段顾客的不同要求来采购商品、设计店面；家庭规模的缩小意味着零售商在商品采购、商品陈列方面需要不断地调整策略；人口受教育程度的提高意味着消费者在消费的时候更加理性。

中国人的消费理念从最初的注重产品本身质量的理性消费时代，过渡到重品牌、重式样、重使用的感觉消费时代，但随着社会经济的发展，当前消费观念已经出现再次改变的趋势，即消费者对商品的关注点已经不简单是质量、价格或者品牌，而是在购买和消费过程中是否能够带来精神上的满足。

（二）经济因素

经济因素可直接影响各种经营战略的潜在吸引力。例如，如果利率上升，资本扩张所需要的资金就更加昂贵或更不容易得到；利率上升还会使可支配收入减少和对非必需品的需求下降。股价上升时，以发行股票作为开发市场的融资渠道的愿望就会更为强烈，市场的高涨也会使消费者和企业的财富增加。众多复杂的经济因素会影响零售商战略的变化，如利率、消费者收入水平和支出结构、通货膨胀率、税率、财政政策、货币政策、国民生产总值、汇率、进出口总量、关税、世贸组织协议等。

中国改革开放30多年来，经济的高速增长带来了人们收入水平的较大幅度提高。但是，收入水平的提高并不意味着零售商的受益是均等的。与此相对应，收入水平下降，也并非所有零售商均会受到同等的损失，因为消费者的支出不是随收入水平的提高而同幅度增加的。

德国统计学家恩斯特·恩格尔（Ernst Engel）曾对比利时不同收入水平的家庭进行过调查，结果发现收入分配与收入水平相适应并形成一定比率。此比率的变化情况为：食物方面支出所占比率趋向减少，教育、卫生与休闲支出比率上升。这便是恩格尔定律。

当前，经济全球化的影响不容忽视，它使世界各国的经济更紧密地结合在一起，互相制约，互相依存，形成一个个共生共落的经济浪潮。如今，中国加入世贸组织已近十年，中国的经济更容易受到世界经济潮流的影响。在这种复杂多变的经济形势下，机遇和挑战并存，零售商必须具有正确的认识和准确的判断，制定相应的发展战略和经营策略。

（三）技术因素

技术的应用是零售商竞争优势的来源之一，跟踪了解技术的发展并利用其不断改进管理方式是十分必要的。毫无疑问，技术进步使得零售商和供应商以及零售商和顾客之间的信息交流更加顺畅，交易更加便利，并且带来了更高效率的运营、更快速而有洞察力的决策、更好的存货管理以及更高的工作效率。

技术革命往往带来零售革命，当今信息技术改变流通业。零售商正在不断尝试将新技术引入公司的运营管理和决策中。尤其是互联网和移动互联网的出现，改写了商店的定义。传统的商业商流、物流、信息流交织在一起，商家与消费者面对面，交易是在有形的市场完成的。但在互联网条件下，这个界面可以是有形的，也可以是无形的，商流物流信息流可以交织在一起，也可以分离。商家与消费者可以面对面，也可以面对机器进行交流，实体店与虚拟店竞争在于看谁的界面更好、看谁的价格最低、看谁的体验最好、看谁更具有吸引力。在这个时代，企业直接运营的是数据，而非传统的商品，过去的零售终端是核心竞争力，今天数据是核心资源和核心竞争力，线上与线下竞争与其说在争夺市场，不如说在争夺消费方式和数据资源。

然而，让零售商头疼的是，技术发展的步伐太快，几乎每天都会有新的软件和设备进入市场。虽然现在的零售商能够得到更多、更具体的针对零售商的技术，如规划店内装饰的软件、数据库管理系统、准备产品标签的柜台编码器和节能恒温器等，但是，零售商是否应该亦步亦趋地追踪采用这些新技术呢？

一般来说，研究先进技术是否应该在零售商经营中应用，需要考虑四个方面的原因：

第一，先进技术的价格和更换旧技术的代价如何。尽管先进技术的价格在持续下降，但有时采用一种先进技术取代旧技术所花费的人力、物力和财力的成本仍然使得该种先进技术的应用不太值得。

第二，零售商必须界定清楚技术和人的角色，并使技术与组织使命及行业类型相一致。尽管技术能帮助零售商提高为顾客服务的水平，但它也会出现故障，一些顾客仍然会认为技术是非人性化的或者是很“冷漠”的。因此，先进技术的采用应尽可能平稳，并最小限度地打扰供应商、员工和顾客。

第三，顾客是否希望采用这一先进技术使他们能够很快完成交易，并获得购买产品的反馈等。如果顾客期待采用这一先进技术，即使只是为了竞争，零售商也不得不采用。

第四，采用先进技术对零售商而言，能否获得不同以往的竞争优势。

（四）政策法律因素

零售企业的战略规划无疑会受到政府政策导向的影响。因此，零售企业在制定战略规划时，应考虑其战略规划是否合法，是否与政府的政策和管理条例相一致。

日本许多大型零售企业由于受到本国法律法规的限制，导致其国内扩张战略大为削弱，而国际扩张战略得到不断强化。由于传统的中小零售商感受到了来自大型连锁店扩张的威胁，因此日本政府于1956年颁布了《百货店法》。这部法规旨在通过限制新的大型连锁店的增长，实现对小型零售企业的保护。由于日本经济的低速增长，传统零售商的压力变得更大，于是政府又于1973年修改了《百货店法》。法规规定，不经过周围小商店的同意，大型连锁店不得扩张。这一规定使得伊藤洋华堂等日本大型超市的战略规划受到严重影响，不得不放慢其国内扩张速度。

2010年9月12日，我国商务部发布《零售业节能环保绿皮书》，扶持零售业节能，提出“绿色零售”新理念，为我国零售业的发展提供了一条新道路。2008年，商务部下发《关于2008年零售企业分等定级工作的通知》，要求大型超市分等定级工作在中心城市和地级市展开，于2008年12月底前完成达标大型超市的评定工作。此举大力鼓励了大型及超大型超市的发展，如永辉超市等，为大型及超大型超市的发展提供了广泛空间。同时，为了规范行业的经营环境，国家出台了一系列法律法规，如为了规范企业的价格，国务院重新修改了《价格违法行为行政处罚规定》，对一些价格违法行为予以惩治。

为了保护企业公平的竞争环境，保护消费者的利益，保护社会利益不受失去约束的商业行为的损害，政府通常会进行相应的立法，从而对企业进行管理。当零售企业开展跨国经营的时候，也会受到国际法律环境的制约。目前，国际上还没有统一的关于零售企业跨国经营的法律，迄今为止所形成的有关国际经济事务的法律，只是各国自行接受其约束的规定和原则的总和，这就给零售企业跨国经营带来了困难。加强对当地市场法律环境的了解，对零售企业来说显然是十分必要的。

二、行业竞争环境分析

竞争是商品经济的基本特征。企业在进行经营活动的过程中，不可避免地会遇到竞争者或竞争对手的挑战。在零售市场上，不仅存在着同一业态零售商之间的竞争，而且存在着不同业态零售商之间的竞争、来自潜在竞争者的竞争等。此外，随着顾客需求的变化和新的零售形式和技术的出现，以及国际化趋势的逐步加强，零售业竞争已经超越了国界，零售市场的竞争更加激烈了。

（一）波特五力模型简介

波特五力分析模型是迈克尔·波特于20世纪80年代初提出的，对企业战略的制定产生了全球性的深远影响。用于竞争战略的分析，可以有效地分析客户的竞争环境。五力分别是：供应商的讨价还价能力、购买者的讨价还价能力、潜在竞争者进入的能力、替代品的替代能力、行业内竞争者现在的竞争能力（见图3－1）。

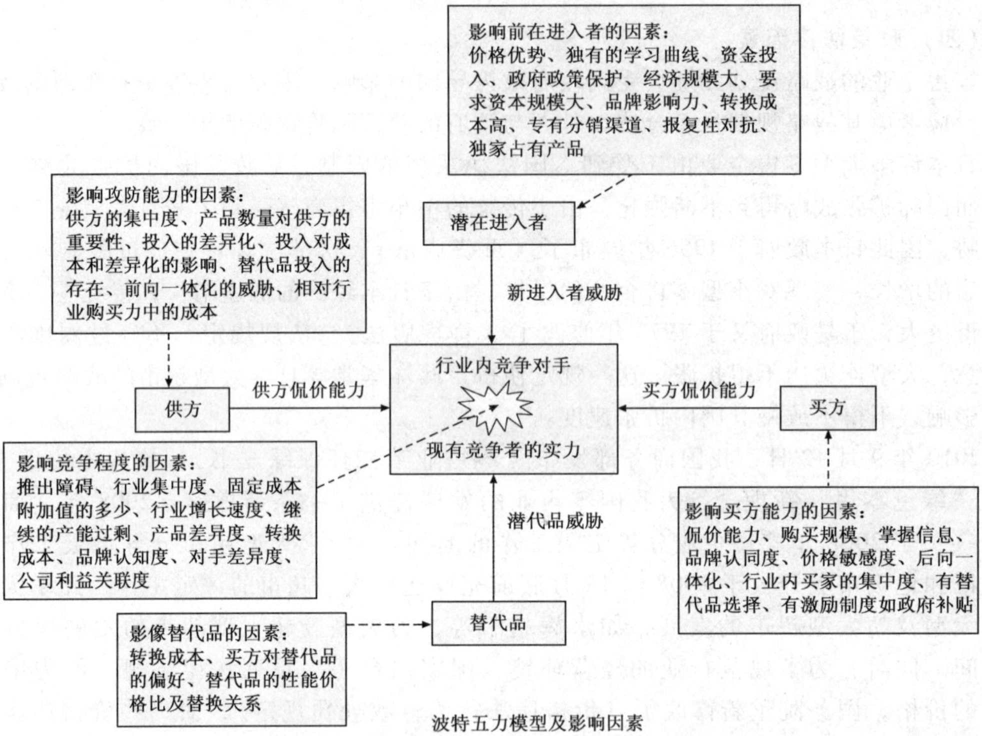

波特五力模型及影响因素

图3－1　波特五力模型及其影响因素

（二）利用波特五力模型对中国零售行业竞争现状进行分析

1. 供应商的讨价还价能力

零售行业的供应商主要包括商品、信息、人才、资金以及必要的专业仪器和设备。全球化对中国零售行业的供方的影响也是十分明显的。

在我国零售行业与生产企业讨价还价过程中的主导地位越来越明显，这是一种发展趋势。目前，我国零售行业对生产企业产品的营销已经可以影响到生产企业的生存，由于现在零售业商品的多样化，同一产品的供应商不止一家，购买者有多重选择。一般情况下，商品相对来说有多重替代品，没有什么产品会是整个超市的主导产品，没有哪家供应商的产品是顾客所必须购买的。

2. 购买者的讨价还价能力

零售企业的买方直接是顾客，根据中国市场变化及人们的生活水平的不断提高，影响买方竞价能力的主要因素是：商品的质量及人们收入的稳定性。全球化无疑会成为中国零售企业发展的巨大推动力，而从符合中国消费群体的心态，吸引顾客群，同时使买方具有很强的竞价能力。

3. 潜在竞争者进入的能力

随着经济全球化，中国市场对外企进入的条条框框逐渐被取消，国内零售行业与国外零售行业相比在规模、竞争能力、风险防范能力等方面存在着巨大的差异，国内目前市场格局在很大程度上是在国家保护体制下形成的。全球化对中国零售行业在技术及管理上的冲击很明显。由于进入零售行业的门槛低、利润高，竞争会十分激烈，特别是中外合资的超市企业更具有威胁力。具有实力的本土企业也想进入零售业分一勺羹，这些潜在的竞争者的能力也不可小觑。

4. 替代品的替代能力

目前看来，零售业的替代品有：餐饮行业、各种大型的电器商城、电子商务的迅速发展等，而最有可能的替代品应当是以网上交易为代表的电子商务产业。由于零售行业一般是连锁性质，不管是国外市场还是国内市场，为顺应经济全球化的发展潮流，大部门零售企业都在努力朝不同业态、不同区域的方向发展，制造不可替代的经营模式。这对中国零售行业会构成一定的威胁。

5. 行业内竞争者现在的竞争能力

对于零售企业来说，潜在的进入者或新加入者都会带来新的生产能力，带来新的物质资源，从而对已有的市场份额格局提出新的分配要求，潜在的进入者或新加入者是否能进入某行业，或者对某行业是否能造成威胁，取决于某行业所存在的进入障碍。

在我国的零售行业中，参与行业竞争的竞争者众多，其中外资零售企业在行业中占据重要地位，家乐福、沃尔玛、麦德龙等大型外资集团在我国市场占据着部分的市场份额，因此，外资零售企业间的竞争、外资零售企业与本土零售企业间的竞争是目前行业内最为重要的竞争形式，掌握好与外资行业的竞争方向、竞争手段，是我国本土零售企业生存发展的关键。

三、内部环境分析

在《孙子兵法·谋攻篇》中，孙子曰："故曰：知己知彼，百战不殆；不知彼而知己，一胜一负；不知彼不知己，每战必殆"。因此，零售企业战略目标的制定及战略选择既要知彼又要知己，其中"知己"便是要分析零售企业的内部环境或条件，认清企业内部的优势和劣势。零售企业内部环境的分析是考察零售商现有资源的质量和数量、资源使用的有效程度以及这些资源的独特性和竞争者的模仿难度，评价零售商的战略能力。

零售企业内部环境分析的方法多种多样：包括企业资源竞争价值分析、比较分析、企业经营力分析、企业经营条件分析、企业内部管理分析、企业内部要素确认、企业能力分析、企业潜力挖掘、企业素质分析、企业业绩分析、企业资源分析、企业自我评价表、企业价格成本分析、企业竞争地位分析、企业面临战略问题分析、企业目前战略运行效果分析、核心竞争力分析、获得成本优势的途径、利益相关者分析、内部要素矩阵及柔性分析、企业生命周期矩阵分析、企业特异能力分析、SWOT 分析、价值链构造与分析、企业活力分析以及企业内外综合分析。

四、市场定位

定位（positioning）是指零售商通过对一种零售活动组合的设计和贯彻，使顾客在比较自己与其他竞争对手时，能在顾客心目中确立一个清晰的和有特色的商店形象（image）。定位强调的是在顾客心目中的形象，而不是在零售管理者心目中的形象，这一点是非常重要的。形象代表了消费者和其他人对某个零售商的认知。一家零售商可能被认为是富于创新的或保守的、专业化的或经营广泛商品的、折扣导向的或高档的。成功建立形象的关键是消费者按照零售商希望的方式认知零售商。

没有任何一家商店可以向所有人提供所有商品。便利店，尽管位置优越，不足的是商品品种不够多，价格偏高；而大型综合超市或仓储式商店，商品种类丰富而且价格便宜，但缺少相应的服务；而精品店（高级专卖店）能提供良好的服务、高档的环境，但商品种类有限，且价格不菲。由此可见，定位就意味着有所放弃、有所牺牲，鱼与熊掌不能兼得。

（一）市场细分

零售市场细分（retail market segment）就是根据消费者明显不同的需求特征将整体零售市场划分成若干个消费者群的过程，每一个消费者群都是一个具有相同需求和欲望并要经历相似购买过程的细分子市场。通过市场细分，企业能向目标子市场提供独特的产品、服务及其相关的营销组合，从而使顾客需求得到更为有效的满足，并维持顾客的忠诚度。

不同的消费者由于年龄、性别、收入、家庭人口、居住地区、生活习惯等因素的影响有着不同的欲望和需要。这些不同的欲望和需要是企业据以进行市场细分的因素，也叫作“细分变数”。这些变数所概括的消费者群的欲望和需要的差异，是细分零售市场的基础。细分零售市场所依据的变数可分为四大类：地理变数、人口变数、心理变数和行为变数。

以上四大类细分变数，在市场细分的实际运用上，要根据消费者需要差异综合运用。需要差异大的产品，运用较多的变数；需求差异小的产品，可以运用较少的变数。凡是需要差异大、市场竞争激烈的产品，往往要经过多次细分，才能从中筛选出符合本企业条件的分市场或子市场，以此作为企业的目标市场。

（二）规划形象

经过市场细分，零售商选择了其中之一子市场或几个子市场作为目标市场，并根据零售业态特点、竞争者状况和目标市场顾客对形象的反应来规划其形象，据以设计自己的战略，确定一系列经营策略组合。如商品组合，是更多的商品种类，还是一类商品中有更多的花色品种可供选择？如服务组合，是提供有限服务以降低经营成本并以低价让利给消费者，还是提供更多的延伸服务以满足消费者对服务的追求？经营的商品是时尚流行的商品还是传统风格的商品？如果这种规划的形象得到了目标市场顾客的认同，则零售商的定位便成功了。

第三节 零售战略选择

一、竞争战略

20世纪80年代初，著名的美国管理学家迈克尔·波特提出了企业发展的竞争战略理论以及获得竞争优势的方法。波特的竞争战略管理思想为指导企业竞争行为提供了基本方向，使企业更主动地培养竞争力，掌握自己的命运。波特认为，企业长时间维持优于平均水平的经营业绩，其根本基础是持久性竞争优势。尽管企业相对竞争对手有很多优势和劣势，企业仍然可以拥有两种基本的竞争优势：低成本或差异性。一个企业所具有的优势或劣势的显著性最终取决于企业在多大程度上能够对相对成本和差异性有所作为。成本优势和差异性又由产业结构所左右，这些优势源于企业具有比它的竞争对手更有效地处理那五种作用力的能力。

了解竞争战略，灵活自如地运用竞争战略，并使自己在竞争中生存、发展与壮大，是现代零售企业的生存之道。现代市场竞争主要有价格竞争与非价格竞争两大类，竞争战略一般包括成本领先战略、差异化战略、集中战略等。

（一）成本领先战略

成本领先战略的核心是以较低的经营成本和费用达到成本领先地位，使其在竞争中处于优势，以抵御以下几种竞争力量的冲击：

（1）与现有竞争者相比，它在经营成本和费用方面具有较大的优势，所以即使按照平均价格或略低的价格销售产品，仍然能够获得较高的利润。

（2）当与顾客讨价还价时，它能够使价格低到行业内别的企业不能再降的水平，从而争取更多的顾客。

（3）在与供应商打交道时，它具有较大的讨价还价的议价能力。

（4）它能够把产品售价定得较低，从而阻止替代的发生，甚至能够实施反替代。

（5）它可以实现规模经济，提高行业准入门槛，从而抵御新竞争者的进攻。

目前，采用这种战略并获得成功的零售企业，国外有美国沃尔玛、法国家乐福、泰国易初莲花、英国特斯科等，国内有世纪联华、华联超市、国美电器、苏宁电器、五星电器等。这些企业基本都是以规模取胜，堪称零售市场的巨无霸。

（二）差异化战略

差异化战略的核心是特色，即企业通过特色化生产或经营使自己的产品或服务成为行业内独一无二的，从而使消费者愿意为其支付较高的价格。如果一个企业通过差异化为自已在行业内建立起一个独一无二的市场地位，那么它也可以有效地保护自己不受或少受五种力量的冲击。

（1）由于消费者对企业的产品情有独钟，愿意为其支付更高的价格，所以它可以抵御现有竞争者的攻击，消费者不会因为竞争者的产品价格较低而去选择竞争者的产品。

（2）它也可以阻止替代品进入，独一无二使其难于被替代，也使新进入者难以对它形成威胁。

（3）它还可以使自己在与购买者和供应者的讨价还价中成为较有力量的一方。

（4）由于独一无二，购买者很难找到相当的替代品，他们除了接受企业的价格很难有其他选择。

（5）由于能够从购买者那里得到较高的利润，所以在与供应者打交道时，有较大的成本回旋余地。

随着经济的发展和消费者收入的增加，价格已不再是购买与否的唯一重要因素，所以企业就要寻求其他竞争手段进行竞争。实施所谓的非价格竞争策略，就是企业在市场营销过程中，通过提高产品质量、实行优质服务、树立良好的企业和产品形象等方式开拓市场的一种竞争策略。

零售企业采取差异化战略可从以下因素考虑：

（1）树立新的厂商合作观念。零售企业的发展离不开供货商的支持，与供货商确定良好的关系有利于实现大型零售企业的长远发展。

（2）开发自有品牌。自有品牌在国外已有几十年的历史，目前日益受到商业企业的重视，尤其是受到大型零售企业的重视。因此，要与国外零售商竞争，必须建立自己的品牌，保证商品质量，更多地掌握商品的自主定价权，掌握竞争主动权。

（3）实行会员制。会员店的内涵应是客户关系，而不是价格优势。无论是现在还是将来，为顾客提供更优质的服务就必须更多地了解顾客信息，加强与顾客的联系，让顾客产生归属感，提高顾客的满意度和忠诚度。

（4）开拓农村市场。农村市场人口众多，但居住相对分散，居民文化素质和消费水平较低，信息传播渠道狭窄等特点，零售企业应该从商品组合设计、营销方式、分销渠道及售后服务等方面来开拓农村市场。

（三）集中战略

集中战略的核心是聚焦细分市场，即企业通过集中其全部力量来满足一个特定消费者群（细分市场）。

集中战略还能够通过目标市场的选择，帮助企业寻找现有竞争者的最薄弱环节并从此切入，避免与势力强大的竞争者正面冲突。因此特别适合那些势力相对较弱的企业。

那么，零售企业应该怎样应用这三种策略以获得生存和发展呢？这要根据企业的实力和市场发展的状况来综合考虑，通过对这三种战略的交替使用来发展自己或保护自己的地位。比如企业通过集中战略起步，以满足目标市场的特殊需求来生存和发展，通过区域密集来做大规模、降低成本，进而又通过满足差异化的市场需求来形成顾客的忠诚度、获取更多的利益，这样的战略循环是零售企业取得发展壮大的战略选择之一。

二、扩张战略

(一) 地理战略

零售商的地理战略，从大方面来说就是网点空间布局战略，从小的方面来说就是选址战略。许多零售商在扩张时对店址位置的选择考虑周密，但对整个市场的布局却没有长远规划，对每一家分店的选址孤立考虑，认为哪里有开设条件就到哪里开，导致后来发展非常被动。因此，在网点开设时，成熟的零售商必须有长远的观点，从大局着想。

1. 区域性集中布局战略

区域性集中布局战略是在一个区域内集中资源密集开店，形成压倒性优势，以达到规模效应的目的。这种网点布局战略对消费相对分散且区域性竞争不明显的便利店、冷饮店尤为适用。具体来说，它有以下几个好处：

(1) 可以降低连锁企业的广告费用。

(2) 可以提高形象上的相乘效果。在同一个地区开设多家店铺，会很容易树立该零售商的形象，提高知名度。

(3) 节省人力、物力、财力，提高管理效率。总部管理人员可以在各个店铺之间合理分配时间，不必担心由此所带来的不便和往来费用，在同样的时间内增加巡回次数，增加对每家店铺的指导时间，以便于对各店铺的管理。

(4) 可以提高商品的配送效率。同一地区店铺越多，分摊到各店铺的运输费用也就越低。以乳制品为例，在店数较少的地区，流通费用占进货价格的17%～18%；店铺达到一定规模的地区，流通费用可降到13%～14%。尤其是毛利率高达30%～60%的食品，如面包、糕点、饮料等，为保证食品新鲜可口，每天要送货2～3次，而且不能远距离运输，因此必须采取集中开店战略，方能降低流通成本。

2. 物流配送辐射范围内的推进战略

物流配送辐射范围内的推进战略是指零售商在考虑网点布局时，先确定物流配送中心的地址，然后以配送中心的辐射范围为半径向外扩张。

这种战略与上面所述的集中布局战略有些近似，但更注重配送中心的服务能力，以求充分发挥出配送潜力。配送中心的辐射范围一般以配送车辆每小时60～80公里的速度，在一个工作日（12小时/24小时）内可以往返配送中心的距离来测算。

零售商在配送中心的辐射范围内合理开设新店，可以合理规划运输路线，统一采购，集中配送，在不增加车辆台数的情况下，也能集中资源按时配送。对店铺而言，可以尽量缩短订货到送货的时间，提高送货效率，防止缺货，提高商品的新鲜度。

这种布局战略对要求商品配送快捷、高效的零售业态如准超市、便利店等尤为适用。根据我国一些运转较正常的连锁超市情况来看，配送中心的成本一般要占整个连锁超市销售额的4%，而占连锁超市总部的成本费用比例竟达90%以上，所以对配送中心的成本控制是整个企业成本控制的重中之重，尽力挖掘配送中心的潜力、降低配送成本是这些零售商在网点布局时不得不考虑的重点。

3. 弱竞争市场先布局战略

弱竞争市场先布局战略是指零售商优先将店铺开设在商业网点相对不足或竞争程度较

低的地区，以避开强大竞争对手，站稳脚跟。

较偏远的地区或城市郊区，往往被大型连锁零售商所忽略，那里租金低廉，开店成本低，商业网点相对不足，不能满足当地居民的需要，进入的零售商在该地区容易形成优势，取得规模效益，以便后来居上。

沃尔玛创业初期即采取这种布局战略，从而有效地避开了与竞争对手的正面冲突。采取这种战略的零售商要充分考虑自己物流配送的能力，如果店铺之间跨度太大，企业物流配送跟不上，就难以满足店铺的配送需求。同时，由于不同地区的市场差异性较大，如果企业不能根据不同市场的要求选择适销对路的商品，就不能满足消费者的需要。

4. 跳跃式布局战略

跳跃式布局战略是指零售商在主要的大城市或值得进入的地区分别开设店铺。这种战略往往是零售商希望占领某个大区域市场，先不计成本，不考虑一城一池的得失，而是先考虑网络的建设，对有较大发展前途的地区和位置，先入为主，抑制竞争对手的进入。

跳跃式布局的好处有两点：一是可以分散地理上的风险，如果一个地区经济出现衰落，不至于面临全盘失败；二是假设一种经营模式要在全国实行的话，如果这种模式对地点有特殊的要求，那么尽早在主要市场锁定理想地点将使零售商扩张活动变得更为主动。

（二）多元化战略

多元化战略是指企业利用现有的资源和优势，运用资本运营的各种方式，投资发展本行业或不同行业的其他业务的营销战略。零售企业多元化经营从狭义上来说是指零售企业实施多业态经营，从广义上来说是指零售企业经营领域向零售业以外的行业扩张。

随着市场竞争的愈加激烈，零售企业原本就已经微薄的利润空间也因竞争对手的不断增多和外资企业的不断涌入而遭到挤压。为了能在激烈的竞争中占据一席之地而不被淘汰，许多零售企业开始实施多元化经营战略，以实现更大的发展。

根据所利用的资源不同，零售企业的多元化战略可分为技术关系多元化、市场关系多元化和复合关系多元化三种类型。

1. 技术关系多元化

技术关系多元化是指以现有业务领域为基础，利用现有的技术、管理、经验、特长等增加经营商品的品类或扩展新的业态，向与零售业相关的边缘业务发展的战略。例如，采取特许加盟或连锁扩张的方式，复制成功的经营模式或管理模式；百货商场扩展连锁超市、特许专卖店、仓储式购物中心、便利店等其他零售业态。

2. 市场关系多元化

市场关系多元化是指针对现有目标市场上顾客的潜在需求，发展其他行业的有关业务的战略。例如，大型购物中心除了零售卖场之外，还包括餐饮、住宿、休闲娱乐等服务项目。这种战略目标顾客集中，可以充分地利用企业的客户资源和企业的声誉，使现有业务与新业务相辅相成、相互促进。

3. 复合关系多元化

复合关系多元化是利用企业的人才优势、资金优势或根据联合经营的需要，投资发展与原有业务无明显关系的新业务的战略。它包括两种形式：

一种是零售企业选择向商品供应链前一环节扩张，即通过投资建设或购买等形式将生产企业变成自己的加工厂，从而进入企业的供货领域。这样不但可以保证货源充足和稳定，降低供货成本，同时还可以获得生产环节的利润。另一种是零售企业投资到完全新的、与原有事业不相关的产品或服务领域。这种扩张的目的是分散投资风险，实现所谓的“西方不亮东方亮”。

（三）国际化战略

目前，国际化已经成为世界零售业的一大潮流。国际化是零售业优化资源配置，提高国际竞争力的重要手段，也是零售企业实现规模化经营的重要途径。

1. 零售业国际化的概念

国际化是指以国界及其实质意义的存在为前提的跨国行为与现象。从零售业的角度来看，国际化则意味着国家不同，零售业的经营方式与商品组合也不同。因此，对进行跨国经营的零售企业来说，必须根据不同国家的经济体制、文化传统、价值观念、市场结构、收入水平、生活方式、消费特点、购买行为等的不同特点制定与本国不同的经营战略。

2. 零售业国际化的形式

零售业国际化的形式包括以下几种：

（1）店铺选址国际化。店铺选址国际化有许多种类。从店铺的投资方式来看，主要有直接投资开设、海外关联企业投资开设、与当地合作者合资开设以及无直接投资的技术合作等，从店铺形态来看，既有带有试验性质的小型百货店，也有以经营特定品牌为主的专卖店或专业店，同时也有超市、购物中心、仓库型商店、便利店等。

（2）商品供应国际化。商品供应国际化主要是指零售企业从国外采购商品然后到国内进行销售的行为。商品供应国际化包括两种方式：一种是从当地的供应商直接采购商品，然后进口到国内销售；另一种是与当地生产企业，特别是与当地的外资企业合作生产商品，然后进口到国内销售。除此之外，也有在当地采购然后向第三国店铺供应商品的情况。

（3）资本国际化。这里所说的资本国际化是指零售企业通过在海外市场募集资金，然后向国内关联企业融资或者在海外进行其他投资的行为。这种国际化也有两种形式：一种是通过在海外直接设立金融（投资）子公司来募集资金；另一种是通过在海外设立上市公司来募集资金。

（4）信用卡国际化。信用卡国际化即通过发行在国外使用的信用卡而实现国际化。

（5）非零售事业的国际化。这是指零售企业通过在海外经营非零售事业而实现国际化。

三、品牌战略

（一）实施零售商品牌战略的必要性

实施零售商品牌的必要性有：

（1）市场经济条件下，作为社会经济过程的中心环节，零售商应当拥有自己的品牌。

(2) 实施零售商品牌战略，有利于中小型生产企业的发展。

(3) 可以杜绝假冒伪劣商品。

(4) 适应新型的经济增长方式。

我国大型零售企业的发展速度很快，与制造业的一体化增长尤其是前向一体化增长（生产向经销方向的拓展）相比，零售商的后向一体化增长（销售向生产方向的拓展）的速度和力度还是相差甚远。知名度较高的大型零售商完全可以凭借自己的企业形象和丰富的营销经验，开发自有品牌，利用自有品牌的巨大无形资产实现后向一体化的增长，真正实现产供销一体化，从而达到更大范围内的扩大企业规模、实现经济增长的目的。

（二）实施零售商品牌战略的基本条件

实施零售商品牌战略固然重要，但并不是所有的零售商都可实施，也并不是所有的商品都适宜采用零售商品牌。因此，实施零售商品牌战略需要具备以下基本条件：

(1) 首先要求零售商要有相当的规模和足够的实力。实施零售商品牌策略是一项十分复杂的技术系统工程，零售商不仅要负责品牌的开发设计与管理、进行市场调研和产品项目的选定，还要自行组织生产或委托厂家定牌加工生产、确定商品价格和商品的市场促销策略，没有足够实力的中小型零售商将无力承担所有这些工作。

(2) 其次，要求零售商具有良好的商誉。优质的商品和完善的服务能给企业赢得良好的商誉，良好的商誉是培育自有品牌的价值内涵中最主要的一部分。

(3) 最后，零售商要选择恰当的商品项目。并非所有商品都适宜采用零售商品牌，应当选择最能突出零售商营销优势的商品项目，如时尚类商品——服装、鞋帽、首饰等。

（三）如何实施零售商品牌战略

(1) 扩大企业经营规模，变“单体经营”为“集团连锁经营”。随着市场竞争越来越激烈，单体店的人员成本、进货成本、销售成本不但无法降低，而且呈上升之势。具有良好商誉的大型零售商，应积极通过兼并、收购、无形资产和有形资产的参股控股、租赁托管等方式联合其他零售商组成分布合理、连锁经营的零售商业集团，达到扩大企业经营规模的目的。

(2) 确立以企业形象为主线的自有品牌策略。零售商经营的商品种类繁多，各类商品批量不大；商品形象不便统一。所以，零售商品牌策略所追求的不应当是某种商品的形象，而应当是代表企业整体形象的商号、商徽的高知名度、美誉度以及市场份额。

(3) 选择零售商品牌战略方式。从零售商品牌的战略选择来看，主要有单一品牌、双重品牌、混合品牌等选择。

(4) 做好品牌市场定位。采用成本领先战略，需要企业拥有比其他竞争者更大的采购规模和分销规模，以争取更为低廉的进货成本和更少的销售成本。采用产品差别策略，重点是要向市场提供独特的产品，树立起与众不同的品牌形象，降低目标市场对产品价格的敏感程度，抵消竞争对手的成本领先优势，在顾客心目中建立起更高的品牌信任感。

(5) 实施品牌营销组合策略。明确了本企业品牌在市场竞争中的地位后，就要制定具体的品牌营销组合策略。

(6) 加强企业内部管理，保证零售商品牌策略的有效实施。品牌是企业综合素质的反映，实施零售商品牌策略必须依托于完善的企业内部管理。

(四) 大型零售企业自有品牌策略实施要点

(1) 慎重选择制造商。如果选择有实力的制造商，他们更愿意生产自己的品牌产品，一般不愿意成为商业企业单纯的供应商。商业企业往往选择生产能力过剩而市场开拓能力较弱的制造商，但这样做的质量风险较大。

(2) 注重商品类别的选择。一般来说，具有以下属性的商品比较适合采用自有品牌策略：

①技术含量不高的商品。技术含量不高的大众消费品，不需要较强的专业知识，消费者容易识别其真假好坏，如服装、食品、饮料以及家庭用品和文具等。

②单价较低的商品。对单价低的商品，消费者可在第一次购买后通过使用来决定是否再次购买，其风险较小。

③购买频率较高的商品。商品的购买频率高，对大型零售企业而言，可以实行大量的开发订货，从而降低生产成本，保证自有品牌低价的实现。

(3) 合理设计品牌，应注意把企业的风格与经营产品的特点有机地结合起来。例如，一家名店的店名就可能拥有较高的商誉，那么经营的产品在采用了自有品牌后，品牌的确定还应将名店的风格与目标市场的消费习惯和消费心理结合起来，使商品能愉快地被消费者所接受。

(4) 注意品牌的保护。实施自有品牌商品战略的商家应在品牌的创建之初，就着手进行品牌的申请注册工作，运用法律武器，维护公司品牌的合法权益。

本章小结

零售使命是指零售企业在社会进步和社会经济发展中所应担当的角色和责任。战略目标是对零售企业战略经营活动预期取得的主要成果的期望值。零售企业战略是指导零售企业的总体规划，指零售企业在变化的环境中为了有效地利用零售企业资源，求得生存和发展，而建立长期的发展目标，以及实行目标的行动纲领。它影响零售企业的经营活动和对市场力量的反映。

SWOT 分析法是一种最常用的对企业内外环境战略因素综合分析的方法，运用 SWOT 分析法，可以一目了然地全面分析组织内部条件的优势与劣势、外部环境的机会与威胁的相互制约因素。

零售战略选择主要包括竞争战略、扩张战略、自有品牌战略等。零售企业的竞争战略包括成本领先战略、差异化战略和集中战略三种；零售扩张战略包括地理战略、多元化战略、国际化战略。

环境分析是战略实施的关键要素。环境分析包括宏观环境分析、行业竞争环境分析、零售企业内部环境分析，在此基础上对零售企业进行市场定位。

习 题

一、选择题

1. 在SWOT分析模型中，通过企业内部条件分析出（ ）。
   A. 优势　　B. 机会
   C. 劣势　　D. 威胁
2. 迈克尔·波特认为，赢得竞争优势的一般性战略有（ ）。
   A. 总成本领先战略　　B. 均衡化战略
   C. 差异化战略　　D. 目标集聚战略

二、判断题

1. 市场定位就是指零售企业给自己经营的产品确定一个位置。（ ）
2. 差异化策略就是指零售商经营的商品和其他零售企业有差异。（ ）
3. 只要品牌过硬，零售商在哪里开店都会取得成功。（ ）
4. 零售企业实施多元化经营和专业经营各有利弊，成功和失败的例子都很多。（ ）

三、简答题

1. 大型零售企业实施自有品牌战略应注意哪些问题？
2. 零售业国际化的主要形式有哪些？
3. 零售商扩张的地理策略有哪些？

四、案例分析

沃尔玛全吞1号店

2015年7月13日，沃尔玛全球高管到达中国，召集1号店高层开会宣布，1号店联合创始人——董事长于刚与CEO刘峻岭已经离职。随后，7月23日，沃尔玛宣布从中国平安以及1号店前董事长于刚、前CEO刘峻岭手中购买了1号店余下股份，全资拥有1号店在中国的电子商务业务，并将委任沃尔玛全球电子商务亚洲区总裁王路执掌1号店。

沃尔玛官方公告称，在全资控股1号店后，沃尔玛计划投资加速电商业务的发展，希望为线上、移动端和实体店的顾客创造无缝链接的购物体验。同时，1号店将会继续以现有名称运营，并将继续保持本土领导的团队。

（资料来源：赢商网，http://fj.winshang.com，2016-01。）

提问：通过沃尔玛吞并1号店的现象，请分析在互联网+背景下，沃尔玛的发展战略。

第四章
零售顾客分析

学习目标

知识目标

- □ 掌握顾客需求与购买动机的含义及影响因素
- □ 掌握顾客购买行为的模式及类型
- □ 掌握顾客购买决策过程的影响因素
- □ 熟悉零售企业目标顾客选择的方式及过程

能力目标

- □ 通过学习和训练，能够理论结合实际分析解释顾客购买心理及购买行为，把握顾客购买行为的有关规律，学会应用相关销售策略与技巧，更好地提高零售企业的销售业绩

案例导入

从卖电熨斗的销售高手谈如何抓住顾客的心

在人气较旺的大商场、大超市，偶尔会听到耍把式卖艺式的叫卖声，从其巧舌如簧的叫卖中，你不得不佩服这些人对产品卖点提炼的精准、描述的生动、演技的高超，虽然他们叫卖的产品价值不高，如无色鞋油、多用削皮刀、万用火柴、儿童玩具等，但他们的销售演示技巧及对消费者心理和行为的揣摩，值得卖场导购员学习。

在广州百佳超市的小家电卖场，我逛了一圈想买一只电熨斗，看了看松下、菲利浦的蒸汽熨斗三四百元的标价，我开始犹豫起来，这么小一个东西怎么这么贵呀！在我的印象里，一只红心牌电熨斗才二十几元钱，于是我请教附近的售货员。她告诉我这是名牌，你要觉得贵可以选另外一百多元的，我说能不能给份资料，看看这名牌好在哪里，她在纸箱里找了一下没找到，礼貌地说："没问题的，你买回去可以看里面的说明书"。我不知道

说什么好，怏怏地走开了。

“老板，看看我们的多功能电熨斗”，在一个立柱旁我被一位中年人叫住，他的热情接待让我很快认出他是厂家严格训练出的专业导购员。就在他靠柱子临时搭建的衣柜前，他给我表演起来。

首先，他一手掀起一件挂着的黑西装，一手拿起一个长茶杯一样的东西，打开开关用蒸汽在上面喷熨，“你看就这么简单几下，一件西装就熨平了”，他嘴里这么说着，刚才还是皱巴巴的一件衣服就平整如镜了。是不是衣料藏有猫腻？我将信将疑：“你这多动能电熨斗与普通的电熨斗有什么差别？”“这差别可就大了。”听他的口音是东北人。“普通电熨斗熨过的衣服发亮，像涂了一层糊糊；再说，它还需要一块熨烫板，熨完还得晾晒，很麻烦。”

“你看这多方便”，说着他又打开开关，扯起衣架上的一件白衬衣开始表演。“男人的衬衣关键是领口，这里皱了会影响你的形象，局部这么一熨，你摸摸多平整？”

我伸手摸摸点头称是，但还是觉得它选的布料易于打理。也许他看出我的心思，二话没说就去解拧得像麻花一样并打了一个结的“一块布”。等他把布拉开，我才看清那是惨不忍睹的一件真丝 T 恤衫。他说：“这种多功能熨斗虽没真丝、毛料、尼龙、纯棉的档位，但它可适用各种面料，你看，这件易皱的衬衫，不出两分钟，我就能把它熨好。”

他一边说一边熨，又对我说：“你要不介意，我把你这条领带再熨一下。”说着就伸手拉住了我的领带，我刚要挣开，他已把我的领带熨好了。我想，有了这种电熨斗，再也不用去干洗店了。不过，他的热情多少让我有些不快。

熨的功能表演完，他把那件熨过的西服取下来，狠狠地甩在地上，然后踏上一只脚，并在地上蹭来蹭去，看得人揪心（好在超市的地板不是太脏）。然后他把污垢斑斑的西服又挂起来，旋下熨斗的平头，换上刷子头，在污渍上边喷蒸汽边刷洗，说：“这种熨头不仅能熨衣服，还能干洗，今后你就不用洗衣服了；如果你在水囊里加点香水，香气还能渗透到植物纤维里，这样干洗的衣服可香了，你闻闻。”想起他刚在地上踩过，我没有去闻。

“除此之外，它还可以高温消毒，这蒸气高达 150℃，如果你家没有消毒碗柜，洗过碗碟之后，用它喷一喷，保证你没病没灾，全家健康。”

我下意识地说：“我家有。”“那也不要紧，你家的茶几、餐桌、玻璃门窗，总得擦洗吧？你把这种刮水器装上。”他说着装好刮水器，对着展示衣架侧面的一大块玻璃边清洗边说：“餐桌上有油腻用凉水很难清洗，用这种高温蒸汽清洗，又干净又消毒杀菌。”

“这种熨斗是不错，质量有保证吗？这种演示我见得多了，买到家里不是不能用就是没用几下就坏掉了。”我虽想购买可还是心存疑虑。“是呀，很多人都有这样的疑虑，说这塑料不小心掉到地上就碎了。”

他说着把刷头旋下来扔在地上，“这是德国进口的 GPR 塑料，不怕摔，造飞机用的就是这种材料，抗高温抗摔打”，他越吹越玄，左手弯腰去捡扔在地上的刷头，右手又把机身“啪”的一声丢在地上，说“别担心，没事的，摔得这么重，你看它照常工作。”

“这是我们的专利证书，质量通过国家的鉴定，这是中国质量监测中心卡的章”，他指着立在旁边的小牌匾说（为自己的观点找出书证），“我们公司是个大厂，不仅仅生产这小玩艺，还生产按摩椅、按摩床，好的按摩床卖一万多元，你说我们的产品能不好吗？”

他这么一番表演，立即引来两位中年妇女围观，其中一位说：“别人卖119元，你的怎么卖168元？”我不知不觉地参与到他精心布局的演示活动中来，没注意周围的情况，经她这么一说我才发现柱子背后是另一个厂家的同类产品在展销。

“他那是上海国产的，我们这是中外合资的”，见对方的导购员不在，他迅速走过去把上海产的熨斗头旋开，“看到了吧，他这里设计复杂，勾勾槽槽，不易清洗，产生了水垢，还会二次污染你的衣服，”然后，他又迅速回到自己的展柜前讲：“我们采用的是水电分离技术，既安全又不会产生水垢。”

“我给你拿一套吧，现在是特价168元，明天买就是288元，上午我们超市的王总就买了两套。”

我看他如此专业，忽然心生一计说：“别急，我不止要一套，我还要帮你多卖出几套。我明天正好要到一家饮料厂做培训，有60多名业务员听课，我看他们工作挺辛苦，虽穿得西装革履，但经常做些搬饮料的体力活儿，衣服皱巴巴的，我给他们的头儿说说，让你现场做推销，不收你任何费用；他们刚发工资，一百多元的熨斗买得起，卖多卖少，就看你的推销水平了。你要有兴趣，给我留个电话。”

第二天，我把这位“江湖艺人”请上了培训讲台，让他给我作了免费助教，讲解《演示在推销中所起的作用》，给学员上了生动一课。我拿培训费虽然没给他提成，却在课堂上帮他卖出去6套电熨斗。

（资料来源：佚名，http://oxford.icxo.com/htmlnews/2012/05/17/1446031.htm，牛津管理评论，2012-05-17。）

案例点评：

通过这个事例可以看出，导购的关键是“三抓”，即抓住顾客的眼，抓住顾客的腿，抓住顾客的心。文中导购员高明之处就在于时时抓住顾客的心。要抓顾客的心就要在充分了解产品性能、特点的基础上，征服消费者。三流的导购只能讲出产品的特点，二流导购能讲出产品优点，一流的导购能讲出产品的优点给顾客带来的利益——产品的利益点。如果顾客怀疑你推销给他的利益，你必须向他提供证据：你说熨斗抗摔打，你就摔给他看；说熨斗能干洗，你就把脏衣服洗干净。产品销售过程中，面对不同的消费者，要有针对性宣传，留意顾客神情动作，善于捕捉顾客心理，找准需求点，借助相关营销手段让消费者对产品产生兴趣，只有得到消费者认同，消费者才可能认购，其购买行为才会发生。当然，如果是有形产品，可以通过演示的方式适时地将产品的特点功能有效展示给消费者，增加消费者的信任度，最终促使产品销售成功。

第一节

零售顾客需求与购买动机

消费者是企业的衣食父母，其消费欲望、消费心理、消费水平直接影响着渠道终端的零售企业。而消费与顾客的需要、动机、欲望、需求等有着密切关系。需要是人的不足之感和求足之感，动机驱动消费者去满足需要，欲望决定消费者对满足需要的具体对象的偏好；在商品生产和商品交换的条件下，人们满足消费的需要必须以购买力为基础，这就是需求。充分了解顾客的购物心理、了解顾客的需求，能够帮助零售店制定使顾客满意的营销策略和计划。

一、顾客需求及相关概念

需要是人体组织系统中的一种缺乏、不平衡的状态。如人有吃饭的需要、有睡觉的需要、有劳动的需要、有交往的需要等等。这些需要是个体的一种内部状态，是人类生存和发展的必要条件，是与生俱来的一种本能反应，这些需要不是社会或企业的市场营销活动所创造的。当人们有了某种需要且未得到满足之前，就会处于一种不安和紧张的状态之中，从而成为做某件事的内在驱动力。心理学上把这种驱动力称为动机。动机会以行为的形式表现出来，就要选择或寻求目标，目标找到以后，就会进行满足需要的活动，最后需要满足，紧张解除。然后又是新的需要发生，造成第二个行为，这样周而复始。

欲望是人对于满足需要的特定事物的期望。它是一种选择，不同的人会因为口渴而选择喝水，但不同的人对水的要求和选择大不相同。欲望既是对未来事物的向往，又是对现实中满足同一需要的越来越多的各种对象的选择。有相同欲求的一群消费者则可以形成一个细分市场，即企业的目标市场。

当欲望建立在一定的购买力基础上时，就形成了需求。现实中很多人都有拥有对房子或轿车的欲望，但并非所有有此欲望的人有能力或意愿购买。因而，对于企业而言，不仅要了解人们需要什么，估算有多少人对其产品有购买欲望，更重要的是要充分了解有购买欲望的人群其购买力大小如何。只有购买欲望强烈、购买力强，才能成为一个潜力巨大的市场。零售企业既要能够通过产品的开发、服务的改进更好地满足现有市场需要，更要高瞻远瞩，不断开发和挖掘潜在需求。

二、消费者需要层次和需求内容

作为渠道终端的零售企业，对消费者消费需求研究的过程也是不断地为企业开发市场，更好满足消费者多方面需求的过程。

(一) 马斯洛的"需要层次论"

现实生活中，消费者消费需求是非常广泛的，不同的人有不同的消费需求，即使同一个人在不同年龄、不同环境等情况下，其消费需求差异也比较大。因而，从不同的角度出发可以做出不同的分类。在各种分类方法中，最有影响的是美国心理学家马斯洛提出的"需要层次论"，见图4-1所示。

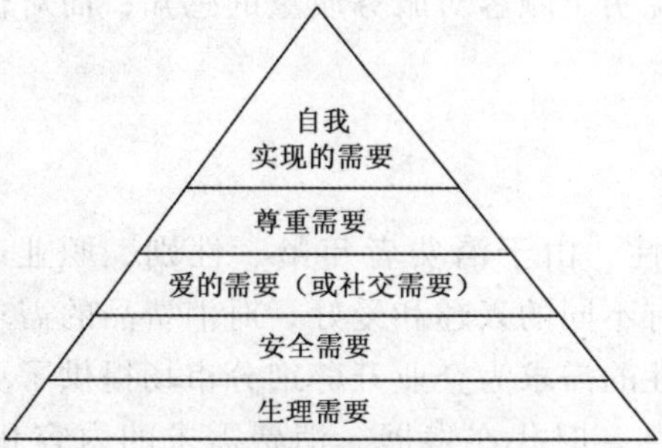

图4-1　马斯洛的需要层次

第一层次是生理的需要，指满足生理本能的需要。对于人类来说，这是最基本的需要，如衣、食、住、行等。

第二层次是安全的需要，指保护自己免受身体和情感伤害的需要。它又可以分为两类：一类是现在的安全的需要，另一类是对未来的安全的需要。即，一方面要求自己现在的社会生活的各个方面均能有所保障，另一方面希望未来生活能有所保障。

第三层次是社交的需要。包括友谊、爱情、归属及接纳方面的需要。马斯洛认为，人是一种社会动物，人们的生活和工作都不是孤立的进行的，人们希望在一种被接受或属于的情况下工作，属于某一群体，而不希望在社会中成为离群的孤鸟。

第四层次是尊重的需要，即实现自尊，赢得好评、赏识，获得承认、地位等需要。自尊是指在自己取得成功时的一种自豪感，它是驱使人们奋发向上的推动力。

第五层次是自我实现的需要。包括成长与发展、发挥自身潜能、实现理想的需要。这是一种追求个人能力的内聚力。

由此可见，消费者需要不仅具有多样性，而且具有层次性、发展性的特点。表现为，人们总是首先满足基础层次的需要，如生理需要、安全需要，然后向较高层次的需要方面转移，如向名望或尊重需要、自我实现的需要转移；人在某一时期的消费行为取决于该时期最迫切的需要层次并受其支配；某种需要一经满足，便转化为其他方面的需要。

企业要长期稳固地占领市场，就要认识到消费者的需要是多样的且不断发展的，所以，要想成功地吸引消费者，就必须高瞻远瞩，及时把握消费需要的下一个趋势。

(二) 消费者需求结构

现实生活中，由于受年龄、性别、收入、偏好等多种因素的影响，消费者往往同时存在不同层次的需要，对商品的需求也是多样的，顾客的需求可以从顾客对商品的形式、功能、服务、价格等多方面的需求表现出来。顾客需求主要体现在以下几个方面：

（1）功能需求。功能需求主要包括主导功能需求、辅助功能需求及兼容功能需求。

（2）形式需求。形式需求主要体现在产品的质量、品牌等方面的需求。

（3）外延需求。主要涵盖服务需求、心理需求和文化需求。

（4）价格需求。只要体现在对质量和价格的比较。讲求性价比最高。

以上四种需求，从不同层面体现了顾客的需求点。功能需求和形式需求表明顾客对产品质量的感知；外延需求说明了顾客对服务质量的感知；而对价格的关注，体现了消费者对产品和服务价格的感知。

（三）消费需求的特征

（1）消费需求的多样性。由于消费者年龄、性别、职业、民族、地域、收入状况、文化程度等不同，自然会有不同的兴趣和爱好，对消费品的需求也会表现得千差万别。这种多元化、多层次、多样性的需求为企业开辟细分市场提供了更多依据。

（2）消费需求的时代性。时代在发展，消费需求的内容和方式也在不断地变化。比如，随着网购热潮的兴起，很多消费者由传统的逛商场到实体店购物转化为网上购物，足不出户就可以满足自己的消费需求。再比如，近两年兴起了中国人到国外购物的高潮，但是国人在疯狂扫货的同时，消费品也渐渐从对高端奢侈品的青睐，逐渐转移到对高品质、高性能的日用品上面。这些购买行为的变化折射出国人消费偏好的变迁，反映中国居民开始看重品质消费。

（3）消费需求的发展性。随着消费者收入水平的提高及消费观念的转变，消费者对商品和服务的需求也在不断地发展。以前消费注重商品的价格和使用性能，现在很多消费者在关注商品质量和性能的同时，也开始追求产品的花色品种。比如，智能手机市场的兴起，以前人们对手机的使用仅限于通话的方便，而现在的手机移动终端的功能大大加强，集通话、娱乐、上网、支付等多种功能于一身，深得消费者好评。

（4）消费需求的层次性。如前所述，人们的需求是有层次性的。一般说来，当较低层次的需求得以满足时，其消费需求会逐步向较高层次移动。如当人们基本的生活需求得以满足后，就开始追求社交和精神生活方面的需求，在消费过程中开始向这方面发展。比如现在很多人喜欢听高雅音乐或到影院去观看电影。

（5）消费需求的可调节性。消费需求是可以诱导和调节的。企业可以通过相关营销活动的开展，引导消费者产生消费需求，变潜在需求为现实消费。例如，人们原本并没有打算买某件商品，但由于企业广告宣传得好或受到企业大力促销的影响，就不由自主地产生购买的冲动。因而，企业营销者不仅要适应和满足人们的需要，而且还要想方设法通过各种途径和方式启发和诱导人们消费。

小知识

理性购买是指消费者在购买前对自己的需求很明确，同时经过对产品各种性能、价格、款式、品牌等充分比较后进行的有计划的购买。

冲动性购买指的是消费者没有明确的需求和购买计划，因受外界因素的影响，临时做出的购买决策的购买行为。

(6) 消费需求有弹性。企业制定的每一种价格都会产生不同的需求水平。由于产品性质的不同，消费者对产品需求价格的敏感性大不相同。日常生活用品价格的调整，对消费需求的影响不大，但是一些奢侈品或耐用消费品，消费者对其价格敏感较高，只要价格稍加调整，必然会引起企业销量的大幅变动。

小知识

奔驰公司自1926年创立以来，就以高质量、高性能的汽车产品闻名于世，被认为是世界上最成功的高档汽车品牌之一，这让许多汽车公司既羡慕又嫉妒。20世纪80年代初，日本丰田汽车公司嗅到豪华车的商机，致力于打造一款高档车品牌，希望它能跟奔驰、宝马、林肯这些豪华品牌一决雌雄。丰田工程师经过六年潜心研究，终于打造出一款性能好、外型独特的高档汽车品牌——雷克萨斯。

雷克萨斯汽车推向市场后得到广泛好评，丰田公司迅速打开其在欧美的市场。不过，在进军美国市场时，他们遇到前所未有的阻碍。此时，奔驰的高档形象已经在美国人心中根深蒂固，雷克萨斯挤不进去。丰田公司的总裁丰田章一郎想出一个好办法：他让广告公司在美国宣传时，将雷克萨斯的图片和奔驰并列放在一起，并用大标题在旁边备注：用3.6万美元就可以买到价值7.3万美元的汽车。

此外，他们还在美国列出潜在的顾客名单，不仅给这些顾客送去雷克萨斯汽车性能的录像带，还有精美的礼盒。录像带中有这样一段内容：一位工程师分别将两杯水放在奔驰和雷克萨斯的发动机盖上，当汽车发动时，奔驰车上的水晃动起来，而雷克萨斯车上的水却没动，这说明，雷克萨斯的发动机在行驶时更平稳。

面对突如其来的挑战，奔驰公司不得不重新考虑定价策略。出乎所有人意料，副总裁赫尔米特·沃纳作出一个惊人的决定：提高奔驰汽车的价格。

奔驰公司这种应对价格战的态度引起轩然大波，很多记者跑去采访，想一探究竟。赫尔米特·沃纳大气地说："奔驰是富裕家庭的车，和雷克萨斯不在同一档次。如果我们降价，就等于我们承认自己定价过高，这样虽然可以争取到一定的市场份额，但会失去我们的市场忠诚度，导致消费者转向定价更低的公司；如果我们保持价格不变，销售额也会不断下降，我们只有提高价格。不过请大家放心，我们提高价格的同时，会增加更多的服务，比如，免费维修期限增加到六年。相信我们的重新定价会得到广大消费者的认可。"

赫尔米特·沃纳的提价策略提出之后，果然得到奔驰老主顾们的支持，奔驰公司的汽车销量不仅没有下滑，反而出现增长的态势。与之相反，丰田汽车公司的雷克萨斯在美国的销量一直提不上去，最后不得不放弃这个市场，宣告败阵。

（资料来源：《特别关注》，睿雪，2013-4。）

(7) 消费需求的联系性和可替代性。很多产品存在相关性和互补性，消费者很容易形成连带购买。例如，冬季时节是吃火锅的旺季，零售企业在销售肉制品的同时，可以附带销售火锅底料或调料用品，不仅能扩大商品销售，而且还会给消费者留下良好的印象。有些商品有替代性，即某种商品销售量增加，另一种商品销售量减少。

小知识

充分利用关联陈列提高销量

某家店铺的老板，购买了一批酒瓶起子，但他只是把这批酒瓶起子放置在一个角落里，卖得很缓慢。一个店员建议他把酒瓶起子放置在出售的酒旁边试试，这样的话，既不占地方，也能提高起子的销售量。

该老板就按照店员说的，把酒瓶起子放置在酒旁边，结果酒瓶起子的销售量成倍上升，甚至有人一次购买好几个酒瓶起子，他感到很奇怪，于是他问了其中一个消费者，消费者的回答非常简单：这么漂亮、款式又多的酒瓶起子，也可以挂在冰箱上当装饰品用呀！

酒和酒瓶起子是两种不同种类的商品，但它们却有很强的关联性。人们在喝酒的时候，都要用到酒瓶起子，但是相对来说，酒瓶起子是耐用的消费品，一个可以用很长时间，不需要消费者反复购买，所以既不会受到店铺老板的关注也不会引起消费者的注意。但是，如果把它放在酒的旁边，又会产生其他的效用，如装饰作用，受关注的程度可能就不一样了。

组合陈列法是按顾客日常生活的某些习惯，组合成套陈列展示，往往能给顾客以真实、熟悉和贴切的心里感觉。即把不同分类但有互补作用的商品陈列在一起，使顾客在买A品时也会顺便购买B品。如香烟和精美打火机陈列在一起，洗发水和护发素陈列在一起，圣诞节将松鼠、圣诞老人、各种小摆件组合排列陈列在一起等。关联陈列可以促进卖场活性，也可以增加顾客的购买数量，确实是一个好的陈列技巧。

消费者在具体购买时既可成套购买，也可单件选购。这类商品有些是在使用和消费上相互关联和相互补充，或共同满足类似需要的。人有时会凭经验办事，当他们看到某种事物时，会根据自己的经验、知识进行联想，比如，看到皮鞋想到鞋油，看到礼物想到包装纸。这种组合法，对顾客其实也是种提醒和心理暗示，让顾客在一目了然之余，回味自己是否还缺点什么，很容易刺激冲动性购买和连带销售，使顾客在购买商品甲的同时顺便购买商品乙或丙，从而实现附加销售，使几种相关产品的销售量比单独陈列时更高。

（资料来源：http://www.koduo.com/jingying/chenlie/30741.html。）

三、顾客购买动机

消费者的购买动机是推动顾客进行购买活动的念头和愿望。职业的不同、年龄的差异、文化程度的高低及不同心理特质都会对消费者产生很大影响，进而表现出不同的购买行为。

（一）影响顾客购买动机的因素

（1）商品因素。商品是满足顾客需要的基础，它直接刺激消费者的感官给以直观印象，是影响消费者购买动机的最主要的因素。

（2）顾客个人的因素。不同顾客因年龄、性别、文化程度、民族、宗教信仰、职业、居住区域等的不同，购买动机存在较大差异。

（3）经济因素。量入为出。顾客经济收入的多少及其家庭经济状况的差异，引起他们的购买动机和行为不完全一样。

（4）媒介因素。通过人或物作为媒介，把有关商务、商品、服务的知识和信息传递给广大消费者，以吸引人们的注意力。使其对介绍的商品发生兴趣，激起购买欲望，促成购买行为。它可以以多种形式出现如电视广告、口碑效应、陈列与展示等。例如，脑白金凭借着“今年过节不收礼，收礼还收脑白金”这句经典台词，在各大媒体尤其还在各个“黄金周”、逢年过节之际通过反复的播放广告，使得很多消费者在还未忘却时重新产生了购买欲望。

（5）经营因素。经营因素或称服务因素，是指能在经营或服务上引起顾客产生特殊感情、偏好与信任，使之习惯于前往该店购买或者吸引一些慕名而来购买者，即让顾客形成惠顾动机。

小知识

在海底捞停车有代客泊车，等位时有无限量免费水果、虾片、黄豆、豆浆、柠檬水提供，有免费擦鞋、美甲以及宽带上网，还有各种棋牌供大家娱乐；为了让顾客吃到更丰富的菜品可点半份菜，怕火锅汤溅到身上为顾客提供围裙，为长发顾客递上束发皮筋，为戴眼镜顾客送上擦眼镜布，为手机套上塑料袋，当饮料快喝光时服务员主动来续杯；洗手间也有专人为你按洗手液、递上擦手纸巾；要求多送一份水果或者多送一样菜品，服务员也会爽快答应。服务员不仅熟悉老顾客的名字，甚至记得一些人的生日以及结婚纪念日。

零售企业服务人员要想通过良好的服务来吸引顾客，首先要了解顾客需求，把握不同顾客的购买动机和心理特征，从而为顾客提供更加完善、有效的服务，真正满足顾客需求。

（二）顾客购买动机的类型

顾客购买动机受到经济、文化、心理等因素的影响表现出较大的差异性，常见以下几种：

1. 求实惠型购买动机

我国消费者由于受传统文化的影响，在购买物品时，追求物美价廉，既要求商品必须具备实际的使用价值、名副其实，又讲求价格公道。

2. 求美观型购买动机

对商品的艺术价值和欣赏价值的追求是这类顾客选购商品时首先要考虑的因素。在经济发达的国家中很多顾客更看重对“美”的欣赏，他们在选择商品时，格外重视商品本身的造型、色彩以及对环境的装饰美化作用，以求达到赏心悦目、美的感受。

3. 求新奇型购买动机

以追求商品的新潮和奇特为主要特征，在购买物品过程中，喜欢赶“潮流”。对于经济较发达的城市男女及90后青年而言，更多出于这样的购买动机。一些西方国家的顾客也比较看重产品的奇特性。比如，很多来我国旅游的游客更喜欢有中国特色的产品，如茶叶、陶瓷、丝绸等。

小知识

加多宝与可口可乐齐推金罐　金色成包装新潮流

近日，在北京成功申办2022年冬奥之际，可口可乐推出金色冬奥会祝贺纪念罐，引发食品快消圈广泛关注，可口可乐也因此成为继加多宝升级金罐之后第二个推出金罐的饮料巨头，金罐正逐步成为饮料界的流行新风尚。营销专家肖竹青在接受记者采访时表示，习惯经典红色的可口可乐也开始试水金罐，金色正成为饮料行业新潮流。

金罐走红的秘密主要有三个原因：首先，金色符合消费者个性、时尚的新需求；其次，金色的品牌联想广泛而美好；其三，至尊金色与领导品牌实力匹配。

竞争激烈　升级换代渐成趋势

值得注意的是，今年饮料市场竞争激烈，受经济大环境不景气影响，各大饮料巨头都出现了业绩下滑，饮料行业增速放缓，市场结构发生了明显的变化。

中国副食流通协会会长何继红在接受本报记者采访时表示，除了大环境因素外，市场因素也是影响企业业绩下滑的一个重要原因。目前饮料市场发生了很大的变化，一些企业推出了一些新产品、新概念、新包装，满足消费者求新求变的心理需求，消费者在选择上就会向“新”的方向倾斜。以加多宝为例，虽然经历了风风雨雨，但在推了金罐后，由于包装效果不错受到了市场欢迎。

著名品牌营销战略专家李光斗认为，原来认为加多宝如果没有了红罐，有可能会产生致命影响，但现在看来推出金罐的加多宝已经被市场接受。其实营销需要差异化，最著名的案例就是可口可乐是红罐，而百事可乐是蓝罐，蓝罐成就了百事可乐，同样金罐包装将成就加多宝。此外，品牌最大的趋势就是年轻化，应该满足年轻消费者的需求，加多宝在品牌年轻化上下了很多功夫，比如赞助《中国好声音》就抓住了年轻消费者的眼球。

金罐走俏　饮料巨头跟风流行色

就在加多宝换成金罐不久，可口可乐也推出了金色的“2022 年冬奥会祝贺纪念罐”，金色已经成为饮料行业的流行色。

营销专家李志起认为，一个可口可乐、一个加多宝凉茶，两大“现象级”饮料企业不约而同地选择金罐，非常值得关注。金色，不仅是包装的升级，更是品牌内在的价值体系升级，是一种适应新常态、新趋势、新消费群体的标志性事件。

品牌软传播理论创始人、上海品牌专委会秘书长、锦坤创始人石章强表示，目前不仅饮料行业，其他各个行业都在变化。在产品方面，不能搞得老态龙钟，要贴近年轻的用户、贴近目标消费群。不管是从形式上还是从内容上都要去变，从形式上要比较新颖、接地气，个性化的产品更容易被接受，而在内容上最好是爆品、热产品，产品属性功能价值很强的也容易被接受，两者如果能兼顾就更好。

“目前从整个饮料发展来看，很多企业在这两方面的变化很少，只是形式上变一点点。这个时候，谁变化快、变化早、变得声音大，谁就会容易抓住市场，而加多宝恰恰占在这一有利时机，期望通过战略性的转变，更换金罐包装来抓住年轻消费群体。”石章强说。

石章强表示，加多宝推出金罐有几个方面的考虑。首先是去痕。原来与王老吉的红罐非常像，消费者很难分清，那个阶段企业都处在成长期，从广告到产品，全部都是红色，目的是让消费者无缝对接、容易识别、能够记住；第二是区隔。换装之后从包装到颜色都要做区隔，红色与金色有明显的区隔，而金色在中国文化里显得高贵一些。第三是提升。通过换包装提升品牌形象，无论是文案、运作、渠道等各方面，都进行了整体的战略提升和升级。

随着加多宝、可口可乐都推出金罐装产品，业界担心的是会不会有更多的企业跟进。对此，石章强认为，加多宝推出金罐是一种战略性的决策，而可口可乐更多是从战术上考虑。有一些反应快的企业肯定也会借势跟风推出这类产品，有可能会形成一股流行风，但是企业不能盲目跟进，要根据自己所处行业、产品类别、品牌定位等因素综合考量，盲目跟风仍有风险。

李光斗指出，任何一家企业要想在风起云涌的市场大潮中搏击风浪，必须具有自己独特的核心竞争力，而品牌影响力是核心竞争力的外在表现。加多宝在全面战略升级、推出金罐之后，全面发力“移动互联网 +”战略，正在再次占领品牌制高点。

（资料来源：中国经营报，作者高素英，2015 - 8 - 22。）

4. 求名牌型购买动机

名牌像一张名片。基于这样的心理，顾客购买商品时很少考虑商品的价格和实际使用价值，主要通过购买名牌商品来彰显自己的身份和地位，从而实现心理上的满足。

小知识

报喜鸟转型私人定制品牌

在白热化的市场竞争中，服装品牌开始转型时尚个性化以谋出路。今年初开拓私人定制新模式的男装报喜鸟发布上半年财报显示，公司营业收入 10.04 亿元，较上年同期增 0.56%；归属于母公司所有者的净利润为 7 519.93 万元，较上年同期增 12.08%。报喜鸟方面表示，经营业绩上升除了主动调整店铺结构、打通电商 O2O 全渠道外，主要得益于公司重点推进 C2B 全品类私人定制业务。

面对互联网电商的冲击，国内男装企业传统的经营模式正遭遇瓶颈。私人量体定制已成为报喜鸟差异化核心竞争力之一。同时，报喜鸟将继续深耕私人定制业务。财报显示，未来三年，报喜鸟将发展 1 000 家智能裁缝创业平台、实施 1 000 家婚庆定制合作项目、通过上海宝鸟工厂对接 1 000 家全球私人定制店，开拓跨境电商平台。

试水定制化已经成为行业共识，不仅是报喜鸟，雅戈儿、杉杉、七匹狼等服装品牌也纷纷加入。据日前希努尔发布的上半年财报显示，公司已全面推广多品牌全品类定制业务，推广普兰尼奥高级定制业务、皇家新郎婚庆定制业务等定制业务，加快多品牌定制店、单品牌定制店、兼容定制店多渠道建设。另外，杉杉、七匹狼等品牌男装也已走上定制业务。

个性化、时尚化的品牌发展将成为服饰品牌企业未来转型与发展的方向。优他国际时尚品牌投资公司总裁杨大筠接受北京商报记者采访时表示，互联网大潮下，依靠大规模复制形式进行经营的服装品牌已无法满足市场需求，注重流行化、个性化的品牌，甚至街头潮牌、注重独特设计的小众品牌将受到年轻消费者追捧。

（资料来源：北京商报，记者李铎、王茜，2015－8－28。）

5. 求便利型购买动机

这类顾客往往由于生活节奏快、工作时间紧张等原因，不喜欢长时间的等待，希望尽可能用最短的时间来完成交易。比如，现在兴起的社区便利店恰好满足了这一类顾客的需求；再比如互联网时代的到来也为这类顾客提供了便利，足不出户就可以完成网上购物。

小知识

新鲜又便宜，快来苏果便利“订奶吧”便利店争抢早餐市场

经常光顾苏果便利的王小姐近日发现，超市新推出了一项“订奶”服务，只要在便利店订卫岗旗下产品，凭订奶卡每天都可以到门店领取一杯新鲜牛奶，而且每杯售价比零售价还便宜 0.2 元。

据了解，这是苏果和卫岗两大南京本土企业合作推出的一项新项目。通过双方渠道嫁

接，在传统零售的基础上增加“订单式”销售模式，不仅可以满足顾客的个性化需求，而且也可以实现便利店功能的延展。

引入订奶项目，培育早餐市场

记者在南京解放路一家苏果“好的”便利店看到，门口的广告牌上张贴着“快来订奶吧”的宣传广告。店内还有专门为订奶用户提供的“冷柜”。消费者可以在门店订购卫岗的“低温鲜奶”系列的5个品种以及“低温酸奶”系列的7个品种，订购价格均比门店零售价要便宜两毛钱。

门店负责人介绍，顾客在门店选择要预订的品种和数量，并进行预付款。门店会发给顾客一张“订奶卡”，每天来领取一杯就划掉一次。新的服务项目推出后，消费者关注度还是挺高的。来咨询订奶的人也很多。以前居民通过卫岗在社区的定点服务点进行订购，现在在家门口的便利店也可以订购了，而且从厂家到门店是全程冷链运输、保存，食品安全更有保障。

苏果相关负责人告诉记者，苏果与卫岗在零售渠道合作多年，卫岗产品也很受消费者喜爱。据透露，订奶项目的引入在便利顾客的同时，也是为了培育便利店早餐市场，通过订奶，让年轻顾客就近到苏果便利店领取牛奶的同时，也可以在门店购买热蒸包、茶叶蛋、寿司等丰富鲜食作为早餐，长期培养年轻人到便利店购买早餐的习惯。

零供携手开发O2O合作新模式

记者了解到，随着市场竞争压力的增大，传统销售渠道面临越来越大的压力。上游厂家和终端零售之间的合作模式也在寻求创新，提高供应链效率，开拓新的消费市场，是双方的共同诉求。

苏果相关负责人介绍，“订单”+“零售”两种方式结合，可以有效地解决传统渠道销量下滑等问题，同时由于实现了“精确下单”，也减少了损耗和浪费。第一阶段，该项目将在苏果市内99家24小时便利店推广实施，消费者可以就近预订取奶。

但双方的合作并不仅限于线下，据苏果透露，2016年6月起，双方将采用线上+线下订奶及零售结合的销售模式进一步拓展合作深度，消费者通过卫岗线上“天天订”平台下单付款，就可以直接到苏果便利店取奶，届时，项目服务范围将拓展到苏果的300家便利店，预订品种也将达到20个。

“项目第一阶段，我们将通过线下数据的采集分析出顾客的重点需求，通过数据共享，双方制定出符合市场需求的产品销售计划，为第二阶段的推广打下基础。”苏果相关负责人介绍。

此外，该负责人还告诉记者，随着传统零售企业向互联网+的转型，很多真正基于顾客需求的新模式将不断被开发，可以为顾客提供的便利性服务更多。苏果下半年还将推出“家门口的大卖场”项目，通过在便利店的在线预购终端，消费者在便利店就可以买到大卖场所有的商品。

（资料来源：新华报业网－杨子晚报，记者刘红梅，2015－8－27。）

6. 求安全型购买动机

有这样心理的人，在购物的过程中，更加看重产品的安全保障。尤其是诸如食品、药品、洗涤用品、卫生用品、电器用品等，不能有任何安全隐患。因此，这类顾客在消费过程中更加重视食品的新鲜程度、药品的安全性能、家电有无漏电现象等。通过不断的讲解和比较，顾客才会产生购买行为。

7. 求自尊型购买动机

自尊，是个人基于自我评价产生和形成的一种自重、自爱、自我尊重，并希望得到他人、集体和社会尊重的情感体验。在现实生活中有这样的消费者，其购物过程中希望导购人员能够热情友好的接待，如果看到导购员冷若冰霜、爱理不理的表情，其购物的热情将大打折扣，很难做出购买的行为。

8. 求从众型购买动机

从众是一种心理现象，但在实现生活中却经常发生。从众现象的产生受个人、情境等因素的影响。比如，有些顾客总喜欢追随潮流，在购物的过程中注意观察周围人的购买习惯，并紧紧跟随，以求得心理上的满足。

9. 求偏好型购买动机

偏好实际是隐藏在人们心理的一种情感和倾向，是基于自己的兴趣和爱好而对商品的一种评价和选择。偏好是相对的，不同的人由于年龄、情趣、价值观念的不同，其偏好有很大的差异。如有的人爱养花，有的人爱收藏，有的人爱运动等。偏好一旦形成具有相对的稳定性，消费者会基于信任而持续的关注某些产品或某个品牌。

第二节 顾客购买行为模式与类型

一、消费者市场的含义及特点

（一）消费者市场的含义

消费者市场是人们为了满足个人或家庭生活的需要而购买产品和服务的市场。消费者市场是许多企业从事经营活动的主要场所和服务的主要对象。

（二）消费者市场的特点

1. 广泛性

消费者市场人多面广，不仅购买者人数众多，而且购买者地域分布广泛，从国内到国外，从城市到乡村，消费者市场无所不在。

2. 层次性

由于消费者的收入水平、文化修养、信仰观念、生活习惯等方面存在着差异，会有各种各样的需要，但又不可能同时得到满足，可根据需要的轻重缓急，有层次地逐步实现。即使是在同一类商品市场，消费者购买层次又会有很大的差异性。

3. 分散性

家庭消费是常见的消费方式，由于家庭收入和存储能力的限制，消费者在购买过程中常表现为零星购买和经常购买，并且购买频率较高。

4. 替代性

在功能和用途上能满足消费者相同需求的产品，称为替代品。消费品种类繁多，许多产品在功能和用途上相差不大，可以相互替代。因而给了消费者更多的选择空间，但一定程度上也加剧了企业之间的竞争。

5. 季节性

商品的生产和销售有明显的季节性变化，主要体现在以下三个方面：

（1）季节性气候变化所引起的季节性消费。如服装，因季节改变而改变。

（2）季节性生产所引起的季节性消费。如农作物，就是季节性生产的商品。

（3）由风俗习惯或传统节日引起的季节性消费。如中秋节的月饼、元宵节的元宵，都是由传统节日所引起的季节性消费。

6. 伸缩性

消费需求不是一成不变的，受到消费者收入水平的变化和商品价格因素的影响。一般而言，消费需求与消费者收入成正比，即收入增加，需求增加；反之，收入减少，需求减少。消费需求与商品价格成反比，价格提高，需求减少；反之，价格下降，需求增加。这说明消费者的需求具有伸缩性。

7. 非专业性

由于信息的不对称，消费者对相关商品知识和市场知识比较欠缺，在购买商品的过程中，很容易受到厂家、商家的促销影响，从而产生冲动性购买。

二、顾客购买行为的类型

顾客购买行为是顾客需求和购买动机在实际购买过程中的具体表现，它较之购买动机有着更加直观、具体、丰富的内容。了解顾客的购买行为能正确地制定各种营销策略，刺激消费者购买，加速购买行为过程。消费者的购买行为有多种类型，可以从不同角度划分：

（一）按顾客购买目标的确定程度划分

1. 全确定型

此类顾客进入商店，已有明确的购买目标，包括对商品名称、商标、型号、样式、颜色、价格等都有明确的要求，这类顾客进入商店后，一般能有目的地选择商品，并主动地提出需购商品的各项要求，可以毫不迟疑地买下商品；其购买目标、购买行动与语言表达等方面都能鲜明地反映出来。

2. 半确定型

此类顾客进入商店前，已有大致的购买目标，但具体要求还不明确，最后购买决定是经过选择比较而完成的。如电视剧，是其计划购买的目标，但购买什么样的电视机，选择哪种品牌、型号、规格、式样等均未作肯定，实现购买目的需要经过较长的比较与评定。

3. 不确定型

顾客在进商店前没有明确的或坚定的购买目标，进入商店主要是参观，或随便了解一些商品的销售情况，如果遇到感兴趣或合适的商品也会购买。

（二）按顾客购买态度与要求划分

1. 习惯型

习惯型顾客往往根据过去的购买经验和使用习惯来采取购买行为，或长期惠顾某商店，或长期使用某个商标的商品，而很少受时尚风气的影响。顾客对某种商品的态度，常常建立在知识的基础上，也可以建立在见解或信任的基础上。

2. 理智型

顾客购买行为以理智为主、受感情因素影响较小，喜欢根据自己的经验和对商品的知识来决定购买，在采取购买行为之前，收集商品有关信息，了解市场行情，经过周密的分析和思考，做到对商品心中有数。

3. 经济型

顾客选购商品多从经济角度考虑，对商品的价格非常敏感，包括对高价格与低价格两方面的不同态度与心理反应，选择价格的原因很大程度上也与其经济条件和心理需要有关。

4. 感情型

顾客在其个性心理特征上表现为兴奋性比较强，情感体验深刻，想象力与联想力特别丰富，审美感觉也比较灵敏，因而在购买行为上容易受感情的影响，也容易受销售宣传的诱导，对商品和各种象征富于想象、联想，往往以商品的品质是否符合其感情的需要来确定购买决策。

5. 冲动型

顾客的个性心理反应敏捷，客观刺激容易引起心理的指向性，其心理反应与心理过程的速度也较快，这种个性特征反映到购买行为上便是冲动型购买。这类消费者很容易受到外界因素的干扰，从而快速地做出购买决定。

6. 随意型

顾客多数属于新购买者，缺乏购买经验，购买心理不稳定，往往是随意购买或奉命购买；在选购商品时大多没有主见，表现出不知所措的言行。

7. 疑虑型

顾客的个性心理特征具有内倾性，善于观察细小事物，挑选商品时谨小慎微，犹豫不决，常常表现为“三思而后行”，总是担心会上当受骗。

小知识

顾客购买行为的“5W1H”分析法

5W1H 分析法描绘了顾客购买行为的基本轮廓，与消费品的分类结合在一起，将提供更为具体、更加深刻的顾客购买行为基本框架。5W1H 是指：

Why——顾客为什么购买。分析顾客在零售店购买的购买动机。

What——购买什么。分析顾客购买的商品种类、品牌、价格等商品特征。可以进一步发现顾客需求与欲望，从而为顾客提供更有价值的产品。

Who——有谁购买。反映购买的主体，谁参与购买过程？谁决定购买？谁影响购买？

When——何时购买。分析顾客购买的季节、购买时段、购买频率等。

Where——何处购买。了解顾客购物的渠道。选择在超市购买还是集贸市场购买？在城镇购买还是在农村购买？

How——如何购买。了解顾客购买的方式、途径、购买数最、交通工具等。

三、影响顾客购买行为的因素

顾客购买行为既有复杂性又有多样性。复杂性主要体现在顾客行为受很多内外因素的影响，而且很多因素既难以识别又难以把握；多样性则表现为不同顾客在对产品需求及偏好方面差异较大，即使是同一顾客在不同时期、不同环境下，其购买行为也会表现出很大的差异性。

影响顾客购买行为的因素，既有外部环境，也有顾客自身。要想更好地把握顾客的行为，有效开展市场营销活动，必须分析与顾客行为有关的因素。影响顾客购买行为的主要因素表现在以下几方面：

（一）文化因素

文化因素对于顾客的购买行为有着最广泛和最深远的影响。

1. 文化

文化是在人们社会实践中逐渐形成的，它包括人们的价值观念、伦理道德、风俗习惯、宗教信仰、语言文字等。文化对人的影响是潜移默化的，但又是十分深远的。在不同的社会文化环境中成长起来的顾客，形成不同的生活方式，有着不同的行为准则和价值观。这些特征与顾客对消费品的需求和评价有着密切的联系，直接影响着顾客的购买行为。

2. 亚文化

社会文化又可分为民族、种族、宗教和地理等四种亚文化。不同的民族、不同的种族、不同的宗教信仰和不同地理区域的顾客，其生活方式、行为准则和价值观也有所不同，因此，他们对消费品的需求也不同。

一种文化会受各种因素影响，在价值观、风俗习惯及审美观等方面表现出不同的特征，从而形成亚文化。

（1）民族亚文化。各个民族在宗教信仰、节日、崇尚爱好、图腾禁忌和生活习惯方面，有其独特之处，并对消费行为产生深刻影响。

（2）种族亚文化。它是基于不同种族反映出的不同文化的差异，如美国的黑人亚文化。

（3）宗教亚文化。不同宗教有不同的文化倾向和戒律，并影响人们认识事物的方式、对客观生活的态度、行为准则和价值观，从而影响消费行为。每种宗教都有其主要流行地区和鲜明的特点。

（4）地理亚文化。不同的地区有不同的风俗习惯和爱好，从而使消费行为带有明显的地方色彩。比如，中国的传统节日——春节，北方人习惯吃饺子，南方人却习惯吃元宵和糯米年糕。

3. 社会阶层

社会阶层是社会中按等级排列的具有相对同质性和持久性的群体，每一社会阶层的成员都具有类似的价值观、兴趣爱好和行为方式。

一个人所处的社会阶层，通常是职业、收入、教育和价值观等多种因素共同作用的结果。

同一社会阶层的人的行为，要比来自不同社会阶层的人的行为相似。因此，社会阶层不仅是影响顾客行为的重要因素，而且是细分顾客市场的重要依据。

（二）社会因素

影响顾客购买行为的主要社会因素是社会群体。社会群体主要指朋友、同事或基于各种各样目的而成立的组织等。

社会群体对顾客购买行为的影响主要表现为：群体内那些受尊敬和仰慕的成员的消费行为，会被其他成员谈论和模仿；群体成员的不同看法、意见及评价，直接影响到其他成员的消费行为；一些群体的成员，还会消费一些共同的产品或一起消费某些产品。例如，钓鱼协会的成员要购买钓竿、鱼饵等很多与钓鱼有关的用品，在购买这些产品时，成员之间会彼此影响。因此，对于企业来说，研究如何通过群体内的某些重要人物的消费行为来影响其他成员是十分重要的。

1. 相关群体

相关群体是指能直接或间接影响消费者看法和行为的群体。按照对顾客影响程度的大小，可以把相关群体分为主要群体、次要群体和渴望群体。

主要群体指的是与消费者直接接触，并且关系密切的群体，这种群体对消费者的影响最大，包括家庭、朋友、邻居和同事等。这种影响偏向于非正式的。

次要群体指的是较为正式但关系相对较为疏远的群体，主要包括各种宗教组织、有关专业协会和各种工会。次要群体的影响倾向于正式的，但相互影响较少。

渴望群体指的是消费者所崇拜的那些人组成的群体，如影星、歌星、球星等。他们对消费者的影响很大，影响程度有时超过前两者。

2. 家庭

家庭，一般是指以婚姻关系、血缘关系和收养关系为纽带而结成的、有共同生活活动的社会基本单位。家庭是对个人影响最大的主要参考群体。需要指出的是，正常的家庭至少由两个人组成，一个人不能成为完整意义上的家庭。一般来说，人的一生几乎都是在家庭中度过的。每个人所经历的家庭可分为自身所出生的家庭（包括父母）和自己所生出的家庭（配偶和子女）。每个人都会受父亲、母亲的影响，并形成许多倾向性。因此，家庭对购买行为会产生更直接的影响，从而形成一个“购买组织”。例如，生活在一个相对比较传统、节俭的家庭的顾客在购买行为中会倾向于购买性价比较高的商品；生活在一个相对比较现代、平时花费较大的家庭的顾客在购买行为中会倾向于购买新颖、时尚且价格比较昂贵的商品。

3. 角色和地位

现实生活中，每个人都扮演着多种角色和拥有相应的地位。角色是个体在特定社会或群体中占有的位置和被社会或群体所规定的行为模式。具有不同社会地位的人，担当着不同的角色，因此其消费需求和消费行为也会有较大的差异性。例如，在高档的精品店中购买某些奢侈品或知名品牌，是一种高贵身份和显赫地位的象征。企业营销人员应该意识到，商品和服务已经成为身份和地位的象征，做好商品和服务的市场定位，以此来吸引特定的目标群体。

（三）个人因素

顾客的个人特征包括年龄与家庭生命周期、生活方式与个性、自我形象、职业、性别、经济状况等多方面的内容。在相同的社会条件下，顾客的购买行为存在一定的差别，这主要是因为顾客会受个人因素的影响。例如，年轻人比较喜欢时尚、新潮的商品，而老年人则更加注重商品的质量及实用等。

1. 年龄与家庭生命周期

人们在一生中不同阶段对商品和服务的要求是不断变化的，年龄不同，其消费的兴趣、偏好也会有较大的差异性。比如，婴幼儿时期对吃和玩会关注得多一些，但到了青年可能会更加关注食品和服装。

家庭生命周期是指一个家庭从产生到消亡的整个过程。在不同阶段，同一顾客或家庭购买力、兴趣和对产品的偏好会有较大差别。根据家庭成员的数量和年龄结构的变化状况，市场营销学者将家庭生命周期大体分为七个阶段：

（1）未婚阶段——年轻、单身。

（2）新婚夫妇——年轻、无子女。

（3）“满巢期”I——年轻夫妇，有6岁以下的子女。

（4）“满巢期”II——年轻夫妇，有6岁以上（含6岁）的子女。

（5）“满巢期”III——年纪较大的夫妇，有未独立的子女。

（6）“空巢期”——年纪较大的夫妇，与子女已分居。

（7）独居——老年单身人士。

处在不同家庭生命周期阶段，家庭购买的重心和行为会有加大的差异性。比如，未婚阶段，顾客购买行为主要集中在“自给自足”，属于一个人吃饱全家不饿型，但是到了第三、第四阶段，家庭支出的重心更多放在了孩子的身上。

2. 生活方式与个性

生活方式是一个人在生活中表现出来的关于自身的活动、兴趣和看法的整个模式。生活方式会影响个人对品牌的看法、喜好。营销者往往可以通过生活方式理解顾客不断变化的消费行为。例如，两个年龄、性别、收入和职业相似的人，一个可能生活简朴，喜欢储蓄；另一个可能花钱大手大脚，喜欢购买奢侈品，这就是由于生活方式的差异从而引起消费行为的不同。

个性是指个人特有的心理特征，会导致人对所处的环境做出相对一致和持续的反应。个性一般通过自信、支配、自主、顺从、交际、保守和适应等性格特征表现出来。研究顾客的个性特征，并赋予品牌以个性，使之与顾客相适应，能够促进商品的销售。

3. 自我形象、职业、性别和经济状况

(1) 自我形象。这是指个人怀有的有关自己的"图案"。它会促使顾客寻求与此一致的产品、品牌，采取与自我形象一致的消费行为。

(2) 职业。由于顾客的职业不同，因此他们对不同产品及品牌会表现出不同的看法和购买意向，也会有不同的消费习惯。

(3) 性别。长期以来，性别一直是影响人们购买服装、鞋帽、化妆品等的重要因素。现在，"男女有别"已经延伸到不少消费领域。例如，美国企业推出的女士香烟，从风味、包装乃至广告各方面都着力迎合女性顾额的消费需求。

(4) 经济状况。人们的经济状况包括可供其消费的收入（收入水平、稳定性和时间状态）、储蓄与财产、借债能力和对花钱与储蓄的态度。

（四）心理因素

顾客的购买行为还会受到需求、动机、知觉、学习、态度与信念等主要心理因素的影响。

1. 需求与动机

(1) 需求。顾客的购买行为，是顾客解决其需求问题的行为。

(2) 动机。动机由需求产生。动机是推动个人进行各种活动的驱策力，是产生行为的直接原因。动机促使个人采取某种行动，规定行为的方向。

2. 知觉

消费者被激发起动机后，随时准备行动。然而，如何做则受到他对相关情况的知觉程度的影响。

知觉是指个人选择、组织并解释感觉到的信息，以便创造一个有意义的个人世界图像的过程。由于每个人都以各自的方式注意、整理、解释感觉到的信息，因此不同消费者对同种刺激物或情境的知觉很可能是不同的，这就是知觉的三个特点。

(1) 选择性注意——人们感觉到的刺激，只有少数会被注意并形成知觉，多数会被有选择地忽略。一般来说，以下情况容易引起注意并形成知觉：与最近的需要有关的事物、正在等待的信息，以及大于正常的出乎预料的变动。

(2) 选择性曲解——人们对于注意到的事物，往往喜欢按自己的经历、偏好、当时的情绪、情境等因素做出解释。这种解释可能与企业的想法、意图一致，也可能相差很大。

(3) 选择性记忆——人们容易忘掉大多数信息，却总是能记住与自己态度、信念一致的东西。企业的信息是否能留存在顾客的记忆中，对顾客的购买决策影响很大。

3. 学习

学习也称“习得”，指人会自觉、不自觉地从很多渠道或者采用各种方式通过学习获得后天经验，学习会引起个人行为的改变。在顾客的学习过程中，以下几点应特别关注：

（1）加强。顾客在购买产品后如果非常满意，会加强其信念，甚至会重复购买。

（2）保留。顾客在购买产品后如果感到称心如意或非常不满，会念念不忘。

（3）概括。顾客对于购买的产品如果感到满意，就会爱屋及乌，对其他相关产品也产生好感；反之，则会殃及池鱼。

（4）辨别。顾客的偏好一旦形成，其在需要时就会努力去寻求。

4. 态度和信念

（1）态度是人对事物所持有的、持久的、一致的评价和反应。包括三个互相联系的成分：信念、情感及倾向。态度的形成是逐渐的，产生于对产品和企业的接触、其他顾客的影响、个人的生活经历、家庭环境的熏陶等。态度一旦形成，不会轻易改变。

（2）信念是指人们持有的关于周围事物的发生及其利益的知识。信念可以建立在不同的基础上，如“吸烟有害健康”是以“知识”为基础的信念；“汽车越小越省油”可能是建立在“见解”之上的信念；某种偏好很可能是由“信任”而来。顾客更倾向于依据“见解”和“信任”行事。所以，企业要尽可能使其产品和服务适应消费者的意向，培养“信任”，从而赢得更多的顾客和市场。

综上所述，一个人的购买行为是文化、个体和心理因素之间相互影响和作用的结果，这些因素对零售企业确定商品定位、价格、品种、包装、陈列和网点铺设等提供了重要信息。

第三节 零售顾客购买决策

一、顾客购买决策过程的参与者

消费一般以家庭或个人为单位，从事购买活动的通常是家庭中的一个或几个成员。在购买决策中，人们可能会扮演下列一种或几种角色：

（1）发起者：首先提出或有意购买某一产品或服务的人。

（2）影响者：其看法或者建议对最终购买决策具有一定影响的人。

（3）决定者：在是否购买、为何买、在哪里买等方面做出部分或全部决定的人。

（4）购买者：实际购买产品或服务的人。

（5）使用者：实际消费或使用产品、服务的人。

例如，在一个由爷爷、奶奶、爸爸、妈妈和刚上初中的女儿组成的五口家庭，刚上初中的女儿提出要购买一辆轻便型女式自行车作为上学用的交通工具，除了奶奶因考虑到安全问题不发表意见外，其余的人都表示赞同，后经爸爸和妈妈商量后做出了购买决定，实际购买则由爷爷（从事过多年的自行车修理工作）和女儿一起完成。主要使用者自然是刚上初中的女儿。

从上例可以看出，不同的家庭成员扮演着不同的角色，有时同一成员还扮演着多个角色。研究家庭成员扮演的不同角色及不同角色对购买的影响力的大小，有利于商家有对性地采取各种不同的销售策略。

二、顾客购买决策过程的步骤

顾客购买决策过程主要包括确认需求、搜集信息、评价方案、购买决策、购买后行为五个步骤：

1. 确认需求

这一阶段又可称为问题认知阶段。顾客的购买过程总是从认识需求开始的，只有顾客意识到有待满足的需求，才会产生一系列的购买行为。例如，饥、渴可以驱使人寻求可供吃、喝的东西。

零售企业应该可以通过产品、促销、陈列等方式来巧妙地设计诱因，在适当的时间、地点，以适当的方式唤起需要。

2. 搜集信息

顾客的购买行为需要相关信息支持。认识到需求的顾客，在很多情况下并不能马上实现购买，需求只能留存在记忆当中。随后，顾客对这种需求或者不再搜集信息，或者进一步搜集信息，或者积极主动搜集信息。顾客搜集信息的多少，取决于他的动机驱动力的强度、已知信息的数量和质量及进一步搜集信息的难易程度。具体表现如下：

（1）顾客搜集信息的态度。当需求十分迫切时，顾客会主动寻找信息；需求强度较低时，不一定积极主动寻找信息，但对有关的信息保持高度警觉、反应灵敏，处于“放大注意”的状态。

（2）顾客搜集信息的程度。顾客搜集信息的范围和数量取决于两个因素：购买类型和风险感。

①购买类型。初次购买所需信息较多，范围较广；重复购买所需信息较少，内容也不一样。

②风险感。顾客对风险的认识一方面受产品价格的影响，即价格越高，使用时间越长，顾客的风险感就越大，就会努力搜集更多的信息；另一方面也受个人因素的影响，即同样的购买，谨小慎微的人风险感大，办事马虎的人风险感小。顾客容易感受到的购买风险主要有效用风险、经济风险和名誉风险。

（3）顾客搜集信息的渠道。主要体现在以下几个方面：

①个人来源：家庭、朋友、邻居、熟人等。

②商业来源：广告、销售人员、经销商、包装、陈列、展销会等。

③公共来源：大众媒介的宣传报道、消费者权益保护机构反馈的信息等。

④经验来源：接触、检查及使用某产品得到的信息。

这些信息来源的相对影响力因产品和顾客的不同而变化。总的来说，信息来源的主要渠道是商业来源，而最有影响力的是个人来源，公共来源的信息可信度较高。

3. 评估方案

评估方案也称备选商品评估。顾客在搜集足够的商品信息后，会根据自己的收入、偏好等购物习惯对各种备选商品的质量、款式、价格、品牌、服务等进行综合评价和比较。最终确定购买哪一家或哪种品牌的产品最为理想。

4. 购买决策

购买决策即顾客具体实施购买选定的某种商品，包括做好购买前的准备，确定购买的时间、地点、购买方式等。这一阶段是顾客购买过程的关键环节。零售企业可以通过现场示范、调试等方式，进一步促成顾客购买行为的发生。

5. 购买后行为

顾客做出购买决策以后，往往通过使用或消费购买所得，检验自己的购买决策。重新衡量购买是否正确，确认满意程度，并作为今后购买的决策参考。衡量和评价购后感受有两个理论。

(1) 预期满意理论。这种理论认为，顾客购买产品以后的满意程度取决于购买前期望得到实现的程度。如果感觉产品效用达到或超过购买前的期望，就会感到满意，超出越多，满意感越强；如果感觉产品效用未达到购买前的期望，就会感到不满意。差距越大，不满意感越强。

(2) 认识差距理论。这种理论认为，顾客在购买和使用产品之后，对商品的主观评价和商品的客观实际之间总会存在一定的差距，可分为正差距和负差距。正差距指顾客对产品的评价高于产品实际和生产者原先的预期，产生超常的满意感。负差距指顾客对产品的评价低于产品实际和生产者原先的预期，产生不满意感。

分析顾客购买决策过程，是为了在顾客购买行为过程中，在每个阶段对其施加影响，以提高企业的市场份额和经济效益。根据对顾客购买过程的了解，企业营销人员可以针对各个阶段的消费者心理和购买行为，采取适当的产品、价格、销售渠道和促销等方面的策略，争取最佳地实现企业目标。

第四节

零售企业目标顾客的选择

随着社会、经济的发展，商品越来越丰富，人们的消费需求呈现出多元化、个性化的趋势，一家商场难以满足所有消费者甚至一个消费者的所有需求，零售企业应在市场细分的基础上，根据自身的市场战略和经营目标选定目标市场，才能更好地为其目标顾客服务。

一、市场细分

（一）市场细分的概念

市场细分就是企业通过市场调研，根据消费者明显的不同特性（需求、欲望和购买行为）把整体市场分割为两个或更多的子市场，每个子市场都是由需要与欲望大致相同的消费者群组成，从而确定目标市场。这一活动的结果就是一个个被分割的子市场，在这里，每一个消费者都是一个细分市场。如根据消费者年龄不同对商品需求存在的差异性，整个市场可以划分为：儿童市场、青年人市场、中年人市场、老年人市场等。整体市场细分后，各个细分的“子市场”之间，对同类商品的需求存在着不同的要求，但在各个细分的“子市场”之中，对同类商品又有近似的要求。如牙膏市场，虽然有些消费者注重的是牙齿洁白的功效，有些注重预防牙病，但是，他们之间有着对牙膏的共性要求，即满足个人卫生的需求。因此，市场细分的过程，既是同中求异，也是异中求同的过程，通过围绕消费者需求，来为企业寻求更广阔的发展空间。

（二）市场细分的标准

顾客需求的差异性是市场细分的基本标准，而影响消费者需求的差异性的因素是多种的。细分消费者市场所依据的变数很多，大概可以分为四大类：地理环境因素、人口因素、消费心理因素、购买行为因素。

1. 地理细分

按照消费者所在的地理位置来细分市场称为地理细分。地理细分的标准可以是国家、地区、城乡等因素。

2. 人口细分

按照人口统计指标对消费者进行市场细分称为人口细分。人口细分的具体标准包括：性别、年龄、职业、收入、受教育状况、社会阶层等。

小知识

Adidas 加码女子运动市场

女子运动市场是阿迪达斯细分品类中的重要一项。华南地区首家 Adidas 女子专门店日前开业，阿迪达斯集团大中华区董事总经理高嘉礼表示，“阿迪达斯努力满足中国女性对高性能运动服饰的增长需求，这是其他品牌不可比拟的。

广州是阿迪达斯大中华区 23 个核心城市之一，作为阿迪达斯 2020 年大中华区“立新”战略的一部分，细分化零售将继续扮演重要角色，以满足消费者不断多样化的需求”。

广州 Adidas 女子专门店，选址华南高端购物中心新地标广州天环广场，延用 Adidas 为女子店所特别打造的鲜明风格。

店内精选了 Adidas Women 全系列产品，各种颜色与款式的专业运动服饰一应俱全，满足女生们训练、跑步、网球等运动需求，营造运动女生的自信姿态，更同步呈现与国际知名时尚设计师——Stella McCartney 女士跨界合作的高端女性运动产品 Adidas by Stella McCartney 系列。

（资料来源：http：//www. youyuanw. com/portal. php？ mod = view&aid = 13325。）

3. 心理细分

按照消费者心理特征来细分市场称为心理细分。心理因素是十分复杂的，包括个性、兴趣、购买动机、偏好及情感等因素。

4. 行为细分

按照消费者购买行为特点来细分市场称为行为细分。行为细分包括的具体标准主要有进入市场程度、购买数量、对商店和商品的忠诚程度和利益追求等。

按消费者进入商场的频度，可以将消费者分为经常购买、偶尔购买、初次购买和潜在购买等不同类型的群体。

按消费者购买数量，可以把消费者分为少量购买者、中量购买者和大量购买者等不同类型的群体。零售企业可以针对不同的购买者，制定不同的促销策略和价格策略，从而不断扩大消费者群体。

按消费者对商场和商品的忠诚度，可以把消费者分为单一品牌忠诚者、几种品牌忠诚者、无品牌偏好者等不同类型的群体。

按消费者追求利益的不同，可以把消费者分为求实、求新、求美、求异等不同的消费者群。

市场细分的标准可以是一个也可以是多个标准的组合运用，因而，企业对市场细分时，必须进行充分的市场调研，掌握精准的市场细分标准，绝不能主观臆断。

（三）市场细分的原则

零售企业进行市场细分时可以根据市场细分标准组合划分许许多多的子市场，但不是所有的子市场的划分都是有效的，要使市场细分有效，应该遵循以下基本原则：

1. 市场细分必须是企业可以进入的

零售企业对细分市场要能够有效地进入。市场细分和选择要认真分析本企业的营销力量和开发能力，足以赢得消费者并与竞争者相抗衡。

2. 细分市场的需求特征必须是可衡量的

细分后的市场必须是企业可以识别和衡量的，也就是企业要首先掌握能明显表现消费者不同特征的资料，使得细分后的同一个市场的消费者具有类似的行为特征，而各个不同的细分市场之间又有明显的区别。如果细分的各个子市场之间需求差异不明显，就难以制定不同的营销策略，这样就失去了细分的意义。

3. 细分市场必须是相对稳定的

细分后的市场能否在一定时间内保持相对稳定，直接关系到企业经营的稳定性。如果细分后的市场需求变化过快，就会影响企业的产品组合的稳定性，增加企业经营风险，容易造成经营困难。

4. 细分市场必须是可获利的

细分出的市场应该使零售企业获得足够的目标利润。在进行市场细分时，必须考虑细分市场上消费者数量、购买能力和购买频率。可获利的细分市场，应该有足够现实的和潜在的购买者，并且有充足的货币支付能力。

二、目标市场的选择

（一）目标市场的评估

目标市场是企业经过比较、选择，决定作为服务对象的相应的细分市场。目标市场必须具备以下基本条件：

1. 有一定的规模和发展前景

目标市场有一定的规模和发展前景体现在下面两个方面：

（1）有足够的购买力，足以实现预期的销售额。

（2）有尚待满足的需求，有充分的发展潜力，消费需求具有成长性。

2. 有足够的能力

有一定的规模和发展前景，有时也未必就是理想的目标市场。因为从经济效益或盈利的角度来看，该子市场或许企业难以进入，或许企业无法占有预定的市场份额，因而缺少内在的吸引力。市场有无足够的吸引力，可从三个方面来衡量：

（1）能否获得预期的企业市场目标。零售企业市场目标是通过一定的市场占有率来体现的，受到该企业市场营销努力的影响。

（2）比较企业目标收益与企业成本。企业收益必须大于企业成本，市场才有吸引力。

（3）企业是否拥有在该市场获胜所需的技术和资源。如果无法在该市场创造某种形式的相对优势的地位，就不应该贸然进入。

3. 符合企业的目标

有些子市场虽然有较大的吸引力，但不符合企业的长远目标，因而只有放弃。有些子市场本身可能有吸引力，但是不能帮助整个企业实现自己的目标，甚至会分散企业的精力，使之无法完成主要目标。

（二）目标市场的选择

市场细分的目的是为了实现目标市场销售。目标市场，指的是企业在市场细分的基础上，所选择的要进入和占领的市场，及企业将要为之服务的消费者群。目标顾客的选择就是确定目标市场，通过对有关细分市场的评估，企业会发现一个或若干个值得进入的市场，即选择目标顾客群，根据目标顾客群制定相应的营销策略。一般情况下，零售企业选择目标市场有五种模式：

1. 产品—市场集中化

产品—市场集中化指的是企业从消费者（或从产品）的角度选择一个目标市场的顾客群，集中力量为之服务。这种策略可以使企业集中力量了解这个细分市场的特点，但由于产品相对单一，无形中增加了经营的风险，比较适用于实力较小的企业。比如零售业态中的便利店，其经营的品种不多，主要满足附近消费者日常需要，因为其在时间上和空间上的方便性，迅速在我国大江南北发展起来。

小知识

日本为老年人开便利店

为吸引新的顾客群，日本便利店经营商日前在日本冈崎市开设了第一批专为老年人服务的便利店。便利店的顾客群通常为二三十岁的年轻人，便利店之间的竞争十分激烈，许多商店生意不佳。

便利店经营商于是另辟蹊径，将新的目标客户群瞄准日本老年人，在日本各地少量开设专门为老年人服务的示范便利店。在这些便利店中，有专门为老年人设计的休息空间，放有桌子、液晶电视和按摩椅等。老年顾客购物之余，可以在此处自由地吃东西、聊天。货架之间的空间更大，方便老人推购物车行走。商店中卖的多为老年人偏爱的商品。便利店中所有的价格标签都是大号的，便于老人辨认，同时还配备有血压计。这项服务大受欢迎，老年便利店的营业额增长了50%。

2. 产品的专业化

产品的专业化是指企业选址几个细分市场，对其顾客群同时提供某种产品。面对不同的子市场，产品的样式、档次有所不同。这种模式的优点是能有效分散企业经营风险，即使其中某个细分市场失去吸引力，企业还能在其他细分市场赢利。例如，零售业态中的专业店，主要围绕某个消费者群，提供丰富多彩的产品，满足不同消费者对产品的选择和比较。比如：国美、苏宁、五星等家用电器，通过产品的丰富化，更好地满足消费者对家电产品的一站式需求，并提供了足够的品牌让消费者做决策。

3. 市场的专业化

零售企业选择一个细分市场，经营不同品种的同类商品，针对某一顾客群，满足他们有差别的共同消费需求。如社区型超市以社区消费者为主要服务对象，为他们提供日常生活消费品。再比如，近几年在郑州市场上，出现了大大小小很多孕婴连锁店，孕婴连锁店锁定的目标顾客主要是准妈妈和0~3岁的孩子，围绕这一目标需求来设计自己的产品结构，更好地满足了准妈妈和宝宝的需要。

4. 选择性进入

这种策略是指有选择地进入几个细分市场，经营相应的几类商品，即针对几个不同的顾客群，分别满足他们有差别的消费需求。采取这种策略需要注意的是，选择的细分市场必须以可以实现利润为前提，否则风险较大。

5. 全方位进入

全方位进入指的是企业决定全面进入各细分市场，用各种产品满足各种顾客群体的需求。一般实力雄厚的企业为了占领市场多采取此策略。如百货商店、购物中心经营几万到几十万的商品，满足不同消费者的各种消费需求。

本章小结

1. 需要产生动机，动机诱发行为。现实生活中，由于受年龄、性别、收入、偏好等多种因素的影响，消费者往往同时存在不同层次的需要，对商品的需求也是多样的。消费者消费需求具有多样性、时代性、发展性、层次性、可调节性、关联性和可替代性。

2. 消费者的购买动机是推动顾客进行购买活动的念头和愿望。影响顾客购买动机的因素主要有商品因素、顾客个人的因索、经济因素、媒介因素、经营因素等。与此同时，常见顾客购买动机包括：求实、求美、求新、求名、求便等。

3. 消费者市场是人们为了满足个人或家庭生活的需要而购买产品和服务的市场。消费者市场具有广泛性、层次性、分散性、替代性、季节性、伸缩性等特点。

4. 顾客购买行为是顾客需求和购买动机在实际购买过程中的具体表现，了解顾客的购买行为能正确地制定各种营销策略，刺激消费者购买，加速购买行为过程。影响顾客购买行为的主要因素包括文化因素、社会因素、个人因素、心理因素。

5. 顾客购买决策过程包括确认需求、信息收集、方案评价、购买决策、购后行为等。

6. 通过市场细分可以有效地帮助企业寻求目标市场，并结合企业实际情况，选择目标市场。具体有五种策略供企业选择：产品—市场集中化、产品的专业化、市场的专业化、选择性进入、全方位进入。

习 题

一、选择题

1. 一般说来，最有效的信息来源是（　　）。

A. 个人来源　　B. 商业来源

C. 公共来源　　D. 经营来源

2. 对消费者影响最大的群体是（　　）。

A. 主要群体　　B. 次要群体

C. 社会阶层　　D. 渴望群体

3. 消费者市场参与购买的角色包括（　　）。

A. 发起者　　B. 决策者

C. 购买者　　D. 使用者

4. 消费需求受消费者收入和商品价格等因素的影响，这表明消费者的需求具有（　　）。

A. 分散性　　B. 层次性

C. 替代性　　D. 伸缩性

5. 社会文化可分为（　　）等亚文化。

A. 民族　　B. 种族

C. 宗教　　　　　　　　　　　　　　　D. 地理

6. 对于顾客的购买行为具有最广泛和最深远的影响的因素是（　）。

A. 社会因素　　　　　　　　　　　　　B. 心理因素

C. 个人因素　　　　　　　　　　　　　D. 文化因素

二、判断题

1. 购买决策是购买决策过程中的最后一个环节。（　）

2. 发起者不能对购买行为本身进行最终决策，但是他们的看法或建议对最终决策有一定影响力。（　）

3. 消费者在购买商品时，很容易受厂家、商家广告宣传、促销方式、商品包装和服务态度的影响。（　）

4. 对顾客最有影响力的信息来源是公共来源。（　）

5. 在相同的社会阶层内，顾客的购买行为差别不大。（　）

三、简单题

1. 影响消费者购买行为的因素有哪些？

2. 顾客购买决策过程分为哪几个步骤？

3. 结合实际谈谈文化、亚文化、社会阶层等因素是如何影响顾客购买行为的？

4. 消费者市场有哪些特点？

5. 顾客购买动机的类型有哪些？

四、案例分析

这家日本百货店，单店销售额超沃尔玛、家乐福4倍，年收入11.4亿元

从街边小店到零售巨头，从授权经营商到7－Eleven的品牌拥有者，每周一次的千人大会、必须由高层试吃才能通过的自有食品，只有细读柒和伊控股公司，才能寻味出其独特的经营之道和商业传奇。

晚上九点半的春熙路，行人熙熙攘攘准备回家或转战酒吧，商场即将关闭。走进一家家百货，皆是打扫清理准备关门的景象，而成都洋华堂却是一片生机勃勃，人山人海，俨然没有要打样的意思。

这家日本百货在中国不仅没有水土不服，反而经营成全球单店之王。根据中国连锁经营协会2012年的数据，伊藤洋华堂在中国的单店年销售额为5.76亿元，如果只算其在成都的五家门店，这一数字则是11.4亿元。相比之下，大卖场业态的沃尔玛和家乐福单店销售额分别是1.47亿和2.08亿，而百货业态的王府井和银泰这一数字则分别是7.71亿和5.44亿。

日本伊藤洋华堂为何让中国百货黯然失色？

一、精细化管理　聚焦每平方米的价值

伊藤洋华堂的打法与家乐福及沃尔玛等零售连锁公司不同，它并不靠规模效应取胜，而是更聚焦于让每平方米产生更多价值。要把每一平方米的价值发挥到最大，一方面得降

低损耗，另一方面则是增加销售。华堂要求商场每个楼层每周都要有新变化，将销售量低的产品换成更受顾客喜爱的产品。例如上一周二楼的电梯口位置还是童装，下一周由于天气炎热可能就变成了泳衣。

华堂商品部每天不停地开会、出方案，不仅随时调用销售数据分析哪种产品卖得最好，而且还要提供商品长期跟踪销售记录。同时，商家们还必须根据季节性等特点，拿出销售预案。

一般说来，顾客的需求是随气候、时间而变化的，即使在一天之内也是如此。他们发现，上午11点是邻近老年人来店的时间，"大阪寿司"就会卖得很好；到中午1点钟是家庭主妇购物并兼买自己午餐的时间，因此单份的小包装"寿司"是畅销商品，而到了下午5点钟是为准备晚餐购物的高峰，于是三口之家都能吃的三人份的盒装"特等寿司"很受欢迎。按照这一规律，他们积极适应市场变化的需求，将"寿司"系列孕育成为有价值的商品。

商品的摆放也是有讲究的，不根据品牌的类别做简单的摆放，而是还原生活场景，根据产品功能的相关性，将商品周全地陈列出来。在其他超市，可能需要跨几个功能区去购买的商品，伊藤这里可以一处购齐。

二、创造进攻型经营体制　秒杀沃尔玛家乐福

三枝富博一直在向供应商阐述伊藤想要的合作模式，即创造进攻型经营体制，引导顾客需求，而不是单纯打折。体现在进货及供应商管理上面，就是揣摩顾客的想法，提供差异化货品及服务。

大多数零售商场都能满足消费者需求，但伊藤提供的是提案，是给顾客的生活方式提供建议。

华堂进货的选择标准与家乐福们不同，它的原则是看商品有没有吸引力和特点，喜欢追求别处没有的，甚至是一些新面孔商品。

西昌牦牛肉干最初进入四川，采用的是常规真空包装，68元一斤的价格一直卖不动。成都华堂中国董事之一、曾在商品部任职的陈适找来产品试吃，发现口味其实很独特，就建议供应商做散装，提供试吃，让顾客觉得值再购买。现在，它成了成都卖得最好的牛肉干之一。

根据消费对象和经营定位，华堂商场的商品选择也很讲究，吃、穿、用商品经营面积的比例是3：4：3。食品类以鱼、肉、鲜果、小菜为主打商品，力求在卫生、新鲜、美味、价格等方面满足顾客需要，并设有面包房、寿司房、日式餐饮等颇具特色的经营项目；服装类以其他商家没有经营的新品种为主打商品，重点突出华堂商场及伊藤洋华堂自行开发的商品；家居类以全新的日用百货杂品为主打商品，重点突出兼具装饰性和功能性的商品。

三、基于用户体验的微创新

1. 细节为王

去过伊藤的人都能从细节之处感受到伊藤的细心。商场每层的中庭都用皮制的长凳围了一圈，长凳安放的密度远远大于大多数百货和购物中心，而摆放的方法则让顾客无论从哪个店里逛出来，都能迅速找到休息的地方。

在伊藤的女卫生间里，除了洗手区，还有一块地方被专门辟为化妆区，里面配备喱水、梳子、棉签和护手霜。在化妆间和洗手台的镜子面前，伊藤还设了专门给顾客放包的平台。

不仅如此，伊藤还将婴儿手推车和带有一次性纸杯的饮水机放在了商场每层最显眼的地方。有段时间，公司为了节约成本把纸杯从圆底换成了尖底，后来顾客反映尖底并不便于逛商场时把杯子放在一边翻看货品，伊藤随即将纸杯改回了圆底，成都伊藤洋华堂的总经理今井诚专门为此向顾客做了一次说明。

伊藤洋华堂也是成都第一个购买天气预报的零售公司，管理层规定每家店铺都必须根据第二天的天气情况调整陈列商品。这意味着如果预报下雨，卖场会摆出雨伞和雨靴，如果第二天温度升高，雪柜里的冰激凌便会有所增加。

2006 年成都遭遇历年温度最高的夏季，与往年同期相比高出五六度。从 7 月到 9 月是体育类商品销售淡季，有些商家甚至停止进新货。

伊藤向天气台购买了预报信息，提前了解到天气变化趋势，并库存了足够的商品，更早引入了大量新品。很快，国庆黄金周气温降了下来，去户外旅行的人剧增，华堂的体育类商品销售一度攀高。

2. 鲜食至上

可以说，门店竞争力之源就在生鲜，而生鲜竞争力之源在差异化。伊藤洋华堂生鲜商品的差异化主要体现在三个方面：味道的差异化、鲜度的差异化和价格的差异化。

不同于同行普遍采用让供应商交进场费的方式，伊藤几乎向供应商买断了所有的鲜食产品。这样的合作模式意味着商品产生的所有废弃、损耗都由伊藤承担。但采用这种自担风险的做法后，供应商便非常愿意帮伊藤开发新的商品。

一次，伊藤想开发一款自有品牌的甜甜圈，但在初期，味道和外形无论如何也得不到改善。商品部的员工发现问题的根源在于面粉，便找到了面粉供应商和制作商，将所有风险担下，让其使用最好的面粉制作。最终，这款甜甜圈在双楠店 10 周年店庆时，一天便卖出了 1 400 个。

在伊藤的食品超市，从别处很难买到的差异化商品占到了 30% 的比重，而这些产品几乎都在鲜食品类中。商品部的员工会从全球范围内寻找风靡的食品，也会从供应商处获取情报，了解世界各地最新的流行产品。

比起同行降低采购价格的做法，伊藤更愿意花高价海淘好商品。一位前伊藤商品部员工透露，伊藤对新疆哈密瓜的收购价几乎高出当地其他收购方一倍，此番高价换来的收购条件，是规定一个藤只能结两个瓜，且每个瓜都要经过甜度测量。

然而陌生产品的引进往往也伴随着风险，一些顾客并不知道如何烹饪它们。伊藤曾经引入过一款澳洲和牛，当时成都消费者更习惯将进口牛肉用作牛排，该款主打火锅、烧烤的牛肉则被做成了切片，加上调味料装盒售卖，一天的销售额只有几百块钱。

随后食品部便采用了“生活提案”的方法，每天派人在卖场中现场制作这款新品，并将成品拿给顾客试吃。现在这款牛肉每年的销售额都会增长两倍，是伊藤所有食品品类中销售增长最快的一个。“生活提案”的方式被广泛用于伊藤的各个卖场，在北京的华堂商场，寿司材料、韩国泡菜、海鱼鱼子的售卖区，都会竖着指导消费者如何烹饪产品的宣传板。

3. 洞察用户痛点

17 年前，伊藤刚刚入驻成都。时任成都伊藤洋华堂负责人的三枝富博为了了解中国消费者的需求，和手下专门探访了市民家的冰箱和柜子，甚至翻看过市民的垃圾。如今伊藤则有了更直接的方法，“我们会直接问，他们到底对伊藤还有什么不满。”

在周围办公楼林立、商业街繁华的成都春熙店，由于顾客多是 20 到 35 岁的白领，伊藤加大了即食品的比例，并将产品分量缩小，例如一人或是两人份的水果切片。而在位于住宅区的双楠店，由于家庭顾客较多，伊藤会增加食品原材料、调味品的比重，产品分量也以中等规格居多。

2010 年世界杯时“章鱼帝”爆红，三枝便让卖场加强了章鱼寿司、刺身等相关产品的售卖。在“章鱼帝”去世后，伊藤还打出了标语，意为虽然“章鱼帝”不在了，但卖场还能继续为大家提供新鲜的章鱼。

为了保持趣味性和新奇性，伊藤的卖场陈列时变时新。一般国内百货的商场布局和商品构成为两年一改或是一年一改，伊藤则将调整的频率提到了一年两次，调整后楼层、部门、品类和品牌都会变动，往往上一次还在三层售卖的东西，半年后便调到了一楼。

这样的调整费时费力，设计团队通常在一次调整结束后就要开始策划下一次的调整，频繁的变动还会导致入驻商户的不满。然而此种变动，却让伊藤呈现出了和其他卖场不同的差异性。

在一份《你平常最喜欢逛哪些购物中心或商场》的调查中，伊藤洋华堂脱颖而出，以 15.2% 的得票率问鼎“女性受访人群中最爱逛的购物中心或商场”。数据显示，基本上每 2.2 个受访者当中，就会有一个说出伊藤洋华堂这个答案，可见成都人民对伊藤洋华堂的喜爱。

在电商的冲击下，传统零售业百货越来越难做，去年无数实体店宣布倒闭，越多越多的零售商将做不好的原因归咎于大环境，迷茫之时不妨听一听伊藤洋华堂三枝富博的话“卖场销售不好原因不在电商，而在自己！”

（资料来源：http：//www. youyuanw. com/portal. php？ mod = view&aid = 13301。）

第五章
零售企业组织设计

学习目标

知识目标

- □ 了解组织、组织结构设计的含义及组织结构设计的原则
- □ 了解零售组织文化的定义、内容及组织文化建设的方法和步骤
- □ 掌握零售组织结构设计的步骤
- □ 掌握组织结构设计的影响因素

能力目标

- □ 能够结合实际，分析现实生活中不同业态零售企业组织结构

案例导入

良品铺子的企业文化

一、良品简介

湖北良品铺子食品有限公司是一家致力于休闲食品研发、加工分装、零售服务的专业品牌连锁运营公司。2006 年 8 月 28 日在湖北省武汉市武汉广场对面开立第一家门店。至今拥有门店数 900 余家，涉及湖北、湖南、江西、四川四省，员工人数达到 3 000 余人。作为促进社会和谐发展的企业，在行业内享有良好的商誉，得到了广大消费者的认同。

良品铺子秉承着“品质 · 快乐 · 家”的企业文化本源，以提供高品质食品、传递快乐、为提高全球华人健康幸福生活而努力奋斗为企业使命。坚持研发高品质产品，不断引进先进的经营管理思想，立志成为全球休闲食品零售服务业的领导品牌。

良品铺子注重员工的培养与成长，努力给所有员工营造家的归属感。公司倡导尊重

人、培养人、成就人的用人理念，激情共创、快乐分享的团队精神，在优秀的企业文化氛围中培养了一支年轻且极具活力与创造力的团队。

二、企业文化

企业文化本源：品质·快乐·家。企业使命：提供高品质食品，传递快乐，为提高全球华人健康幸福生活而努力奋斗。

企业愿景：成为全球休闲食品零售服务业的领导品牌。企业精神：激情共创，快乐分享。团队作风：没有借口，马上行动。

用人理念：尊重人，培养人，成就人。商品理念：品质第一，贴近顾客。市场理念：超越顾客期望，引领行业方向。

食品安全理念：食品安全是企业的生命线。服务理念：真心、热心、细心、贴心、爱心。

营销理念：以顾客为中心，考虑问题以顾客感受为起点，遇到问题以顾客体验为焦点，解决问题以顾客满意为终点。

竞争理念：狭义竞争是争夺，广义竞争是合作，真正对手是自己，有效法则是创新。

决策理念：集思广益，实事求是，科学分析，果断决策。学习理念：居点连线，日积成面，乐学一世，修己助人。

思想政治原则：杜绝官僚主义、本位主义，做诚实的人，做有益的事。

个人修养：诚实进取，厚德感恩。营运模式：追梦家园。

（来源：作者佚名，中华餐饮网，http：//www.cy8.com.cn/xxspjmzx/102801，2013－8－8。）

第一节 零售组织结构的设计

零售企业的经营活动是十分复杂的，每天都要进行商品采购、销售、进货、存货、配送，以及财务、营销和人事管理等活动。零售企业为了推动企业正常、稳定的运转和保证企业管理各项职能的充分发挥，实现其经营目标和任务，必须根据本企业的实际运作需要，设置管理职能机构和业务经营机构，这些职能机构和业务机构共同组成零售企业组织的有机整体。

一、零售企业组织的含义及作用

（一）组织的含义

组织是为了实现一定的目标，在分工、合作的基础上构成的人的集合。组织具有如下特征：

（1）必须有特定目标。任何组织的存在都是为了实现某些特定目标，目标是组织存在的前提和基础。

(2) 是由人组成的。人是组织活动的主体，通过人的分工协作，最终实现组织目标。

(3) 必须有分工与协作。在组织目标既定的前提下，只有通过合理的分工和协作，才能提高组织的工作效率。

(4) 必须有不同层次的权利与责任制度。通过职责、职权的划分，可以更好地规范员工的行为，让员工明确工作职责，拥有相关权利。

(二) 组织的作用

通常组织的作用主要表现在以下两个方面：第一人力汇集作用，第二人力放大作用。社会中每个人的力量是渺小的，单个人很难实现自己事业的发展，通过组织的联合，可以实现相互协作，共同从事某项活动。与此同时，人力汇集的力量绝不仅仅是个体力量的简单相加，组织具有放大人力的作用，通过大家的通力合作，实现 1+1>2 的效果。组织的作用主要表现在以下几个方面：

1. 组织是企业实现管理职能的制度保障

企业组织可以将企业内部的分工协作关系和企业各部门、各环节的责权利等关系确定化和系统化，从而实现纵向上上级的指令得以快速贯彻执行，横向上各部门有效配合，形成合力，保证企业各项管理职能通过组织化的系统顺利实施。在现代企业中，企业组织结构实际上构成了企业的组织制度，从而使企业的各项管理职能能够稳定实现。

2. 组织能有效配置人力资源并充分发挥人的潜能

企业的组织结构从一定意义上体现为企业的人力资源的配置和组合方式。通过特定的组织系统，可以把分散的和孤立的个人力量凝聚为有机整体的力量，推动企业经营管理活动高效率的运转。通过岗位的设置，可以有效发挥员工的特长，从而实现人尽其才，最大限度发挥每个员工的优势。与此同时，根据本部门、各岗位的特点，企业可以有目的地定向培养和选拔人才，形成人才竞争局面，择优上岗，有利于形成激励机制和竞争机制。

3. 组织能够高效率地实现企业既定目标

能否高效实现企业目标是衡量组织结构合理化的根本标志。建立合理的组织机构，能够有效协调各部门、各环节、各岗位之间的分工协作关系，将每个人的力量融合为实现企业目标最大化的一致行动，保证经营管理活动按照企业目标确定的方向顺利进行和开展，高效率实现企业目标。

二、组织结构设计

(一) 组织结构的定义

企业的组织结构是指为实现企业目标，企业全体员工进行分工协作，在职务范围、责任、权力方面所形成的结构体系。这个定义包含了以下三方面含义：

(1) 组织结构的本质是企业员工的分工协作关系。

(2) 设计组织结构的目的是实现组织的目标，组织结构是实现组织目标的一种手段。

(3) 组织结构的内涵是企业员工在职、权、责三方面的结构体系。

因此，组织结构又可称为权责结构，实际中通常以组织图或组织树的形式出现。这个结构体系主要包括：

（1）职能结构：完成企业目标所需的各项业务工作及其比例关系。

（2）层次结构：各管理层次的构成，又称为组织的纵向结构。

（3）部门结构：各管理部门的构成，又称为组织的横向结构。

（4）职权结构：各管理层次、部门在权力和责任方面的分工和相互关系。

（二）组织结构设计的主要参数

组织结构设计的参数包括特征因素和权变因素这两个类别。

特征因素是指一个组织结构的各方面特征性标志或参数，具体包括：管理层次和管理幅度，专业化程度，地区分布，分工形式，关键职能，集权程度，规范化、制度化、职业化的程度，人员结构等方面内容。

权变因素是指影响企业组织结构的外部条件和环境，具体包括：企业环境、企业战略、企业技术、人员素质、企业规模、企业生命周期六个方面。

三、组织结构设计的原则

由于企业类型、规模大小、经营方式的不同，企业组织结构的设计有较大不同。但是各企业在设置组织结构时有着共同遵循的原则。具体表现在以下几个方面：

（一）目标明确原则

企业的目标是企业在一定时期内通过努力所要达到的目的，它指明了企业发展的方向。企业在设置组织机构时，首先要明确企业的目标是什么，然后分析为实现目标必须做的事是什么、设立什么机构、什么岗位、选什么样的人来做，做到因事设职、因职用人。只有目标明确的组织结构，才能指引管理部门的视线，使每个组织成员的视线指向组织的目标、指向成果。

（二）统一指挥原则

统一指挥指的是每个下属应当而且只能向一个上级主管直接负责。有效的组织必须有统一指挥。随着社会化大生产方式在零售企业中的应用，企业规模越来越大，部门划分越来越细，管理的层次越来越多，统一指挥越来越重要，只有高度的统一才能保证各部门、各环节的协调一致。

（三）分工协作原则

在任何一个组织中，一个组织目标的实现是全体成员联合投入产出的结果。由于个人能力和条件的有限性不可能完成组织的全部工作，必须通过其他部门或成员的共同努力才能保证企业总目标的实现。分工是按照提高管理专业化程度和工作效率的要求，把组织的目标、任务分成各级、各部门、各个人的任务目标，明确干什么、怎么干。有分工还必须有协作，明确部门间和部门内的协调关系与配合方法。

（四）权责对等原则

在进行组织结构设置时，既要明确规定组织结构中各个管理层次和管理环节的职责范围，又要赋予完成其职责所必需的管理权限，做到职责与职权协调一致；同时，根据所负责任、承担风险及付出劳动的多少，给予相对应的收益，实现责权利的统一。如果有责无权或有权无责，都将造成组织管理的混乱。

（五）柔性经济原则

所谓组织的柔性，指的是组织的各个部门、各个人员可以根据组织内外环境的变化而进行灵活调整和变动。组织的经济指的是组织的管理层次和幅度、人员结构以及部门工作流程设计要合理，以达到管理的高效率。组织的柔性与经济是相辅相成的，一个柔性的组织必须符合经济的原则，而一个经济的组织又必须使组织保持柔性。只有这样，才能保证组织结构既精简又高效，避免人浮于事、效率低下。

（六）执行和监督分设原则

企业中的执行和监督机构应当分开设置，不应合二为一，这样才能使监督机构起到应有的监督作用。当然，分设的监督机构必须在加强监督的同时，增强对被监督部门的服务，做到既监督又服务。例如，质量检验部门的工作人员，既要严把商品、服务质量关当好质量检验员，又要热心为采购和销售部门提供相关建议，帮助他们改进和提高商品服务质量。

四、组织结构设计的要求

在现实生活中，组织结构是千姿百态的，没有一个是普遍适用的。一个理想的组织结构不仅能够鼓励其成员在必要的时候提供横向信息，进行横向协调，而且能够完成上下级之间沟通的顺畅。更为重要的是这种组织结构在提高内部效率的同时，能够积极适应外界环境的变化。因而零售企业组织结构的设计必须满足三方面的需要：目标市场的需要、公司管理的需要、员工的需要。

（一）目标市场的需要

企业是营利性的经济组织，零售商作为一种企业组织，其经营活动的根本目的以及其存在和发展的基本条件就是保持赢利。零售商组织的建立要满足目标市场的需要，这里的目标市场的需要就是指消费者的需要。因此要求零售商的组织能够给消费者带来诸多方面的利益。例如，向消费者提供品种繁多的商品和适当的服务，这些商品和服务能否满足消费者的需要，能否为零售商店带来利润，将决定该零售商是否有利可图，或者是否有存在的价值。另一方面，经营商品的结构和提供服务的内容又受到组织机构的设置的影响，例如是否提供昼夜服务，怎样安排店面经营人员轮班。因此，建立零售商的组织机构，必须认真研究目标市场的需要。

目标市场的需要对零售组织设计方面的具体要求如下：

（1）能否提供比较舒适的购物环境。

（2）能否以适当的价格水平提供各种所需的服务（如送货安装、热线电话等服务）。

（3）能否提供品种齐全、物美价优的商品。

（4）能否保证随时货源充足，不缺货。

（5）能否满足下属各商店顾客的特殊需要。

（6）能否适应顾客需要的变化。

（7）能否及时反馈顾客需要的信息。

（8）能否及时处理顾客投诉意见。

（二）公司管理部门的需要

从管理的角度理解组织，它是指管理的一种职能。组织机构的设置是为了保证组织这种管理职能的正常发挥。因此，组织机构的设置应该考虑管理部门对提高经营管理水平的需要。

这些需要主要包括：人际关系是否和谐；权责关系是否明确；信息能否及时传递和反馈；决策能否迅速做出和得到执行；各部门能否协调一致，配合适当；管理层次是否明晰，各层次能否协调发展；员工能否受到有效激励；管理幅度是否合适（即每个管理者能否有效管理其直接下属）；工作是否具有连续性，以便内部提升容易实行。

（三）员工的需要

对员工的管理是零售组织管理的一个重要组成部分。根据零售组织承担的职能和任务对人力资源做出具体安排，也是组织机构设计的重要方面。因此，满足员工的需要，以实现有效激励，也是组织机构设计应该考虑的问题。

员工需要对零售组织设计的影响主要表现为：人际关系是否协调；权责关系是否明确；联系渠道是否畅通；良好的表现是否得到奖励；职位是否有充分的发展前途；是否具有有序的晋升计划；公司是否实行内部提升制度；职务内容是否有挑战性。

总之，目前市场的需要提出了零售组织应该完成的职能和任务，公司管理部门和员工则对保证有效完成这些职能和任务的组织机构提出了集体要求和限制条件。零售组织机构设计的目标应该是保证有效地满足目标市场、公司管理部门和员工的需求。

满足这三方的要求，不仅有利于保护或方便公司在人力资源方面的投资和降低经营管理成本，又能调动员工积极性，提高劳动生产率，并能满足目标市场的需要和适应其变化的组织结构，才是值得追求的目标模式。

五、组织设计的程序

同其他组织一样，零售商组织结构的建立过程可以分为以下四个步骤：

（一）弄清楚公司要履行的商业职能

职能的分析是建立组织结构合乎逻辑的起点。通常零售商需要履行以下商业职能：

（1）采购职能，即购进商品所完成的一系列相关活动。

（2）仓储职能，商品购进之后，在进入商场销售之前需要使用自己的仓库，履行储存的职能。

（3）运输职能，连锁零售组织总部将商品从仓库配送到各店铺，需要使用自己的运输车，履行运输职能。此外，商品从商场到达消费者手中，有时也需要进行必要的运输工作。

（4）信息职能，即建立信息管理系统，履行信息搜集和处理职能。

（5）人事职能，员工的招聘、培训、考核与激励。

（6）公关职能，橱窗设计和店内陈列、广告、设计和实施促销活动、广告调研、公共关系。

（7）财会与控制职能等。

需要说明的是，上述各职能并不一定全部由零售商所承担，其中一些职能，或某种职能中的一部分工作，可以由制造商、批发商、专业人士或顾客来执行。例如，可以将一部分配送到店铺的商品运输工作交给制造商完成，可以将市场调研、销售预测等信息搜集处理工作交给批发商承担；可以将运输职能和仓储职能交由第三方物流公司完成。

对于零售商而言，只有目标市场迫切需要、且没有更适合的承担的职能，才由自己执行，这种职能往往也是零售商的核心职能。将一部分工作任务外包，可以使零售商获得降低非核心能力之外的营运成本，当然，这种外包一定要考虑可能失去对某种活动过程的控制力。

（二）将各职能活动分解成具体的工作任务

在确定零售商必须执行的基本职能后，需要将其进一步分解为具体的工作任务。职能是按业务范围的大类划分的，一种职能可能包括多种具体的工作任务，例如仓储职能包括商品验收、堆码、维护等任务。下面列举一些零售商经常性的工作任务。

（1）店面选址。

（2）商品采购谈判。

（3）调整商品经营结构。

（4）制定商品销售价格。

（5）广告及促销活动安排。

（6）商品陈列。

（7）店面清洁卫生。

（8）商品验收。

（9）商品维护。

（10）存货数量的控制。

（11）商品统计。

（12）财务会计。

（13）店面设备的维修与保养。

（14）确保店面安全。

（15）处理消费者投诉。

（16）消费趋势研究。

(17) 预测销售额。

(18) 商场收银。

(19) 招聘与解雇人员。

(20) 员工培训。

(21) 支付工资。

(22) 顾客服务。

(三) 设立岗位，明确职责

零售商弄清楚需要完成的商业职能和工作任务后，就将任务划分为职务，并明确相应的职责，使每一个职务包括一组类似的工作任务，担当一定的责任，也就是具有确定的职责。这些职责在整个公司组织中相对持久和稳定。这里举出一个以工作任务划分职务的例子（见表5－1）。

表5－1

任务			岗位
陈列商品	商品标价	清洁货架	理货
商品验收	商品堆码	商品维护	仓管
商品退换处理	顾客投诉处理	顾客咨询	顾客服务
招聘员工	业务考核	员工培训	人事管理

(1) 任务归集。零售商在把工作任务归集为职务时，应考虑专业化分工。在专业化分工条件下，每名员工只对有限的职能负责。专业化分工的优势包括：任务范围明确，专业化技能，降低培训费用和时间及可以雇用到教育水平较低和经验较少的人员等。但过度专业化也可能产生问题：士气低落（工作枯燥无味），员工意识不到自己职务的重要性，需要雇用更多的员工等。

(2) 职务划分。职务的划分有四种分类方法：

①按职能分类，即按照采购、人事、财务、销售等职能范围划分职务。这种划分有具有专业化的优点，但是对横向调节要求高。

②按商品分类，即根据经营商品的类别来划分职务。这种分类的理由是：经营不同种类的商品对工作人员的要求各不相同；职务按商品划分有利于提高商品管理水平。

③按地区分类，即按照分店所在经营地区的不同来划分职务。这种方法有利于协调连锁事业管理的集中统一性与各地区分店适应当地具体环境的灵活性之间的矛盾，在连锁公司由区域性向全国性以及由全国性向国际性发展的过程中应用较多。

④按职能、商品、地区三项因素综合分类。这是实践中常用的方法。建立连锁经营公司的组织机构，通常既按职能、又按商品、还按地区划分职务，只是三者的重要程度和相对地位因连锁事业的规模、发展阶段、经营商品结构等因素的不同而有所区别。

(3) 形成职务说明书。任务一旦归集完毕，职务说明书就形成了。职务说明书概括了每个职务的名称、目标、任务和责任，是对员工进行招聘、监督和评价的工具。

(4) 建立组织机构。零售商在建立组织机构时应明确指定和划分各项职务及其职责，还必须规定各项职务之间的关系。也就是说，不应该孤立地看待各项事务，而是应该从系统观点出发，把它们看作整体中有机联系、相互作用的各个组成部分。这样，就能按照综合、协调的方式，根据各项职务及其相互关系的要求建立相应的组织机构，形成健全统一、有机协调的公司组织。

第二节 零售企业组织结构类型

一、小型独立商店的组织结构

在世界各地，到处可见一种小型的独立商店，这些商店一般由业主自己打理，外加一至两个亲戚或小工，我们把这种商店叫作“夫妻店”或“小士多店”。这种小型商店的组织结构非常简单，由于人员有限，没有必要进行专业化分工，业主每天给店员分派任务，并亲自实施监督。

随着销售规模的不断增加，当店里员工数量增多、业主开始雇用管理人员时，管理分工就形成了。不过，此时仍然是简单的分工，即将某些经常性工作指派某个员工专门负责。有时，业主也会雇用一家会计公司来完成财务管理工作。小型独立商店的组织结构体现出直线型组织结构的特征，如图 5－1 所示。

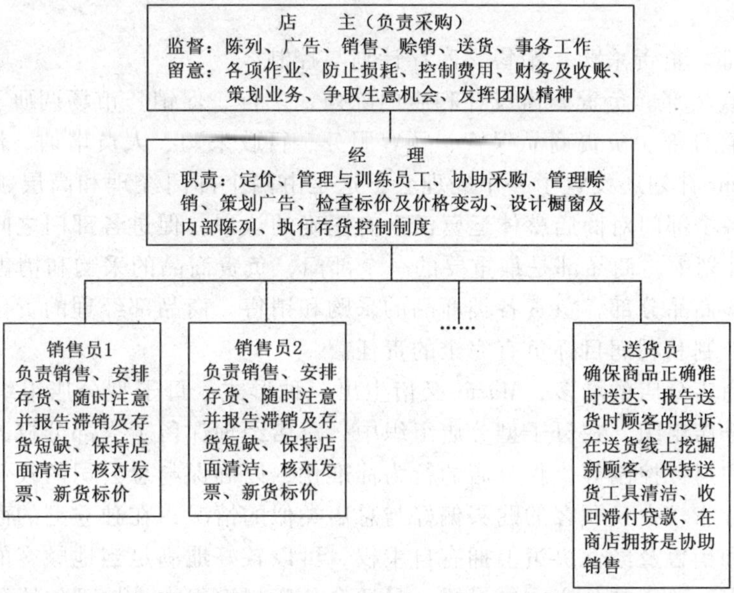

图 5－1　小型独立商店组织结构图

图 5－1 所示的组织结构图将各个员工的工作职责加以明确划分，并不违背员工之间的合作。某一员工被指派办理一件事务时，如情况需要，其他员工必须随时听候调遣，即指派某人负责一项工作，并不表示由该人独立完成。

二、百货商店的组织结构

20 世纪 20 年代，美国全国商品零售会成立了一个委员会，专门研究一些成功商店的作业方式，并制定一套健全、有效的百货公司组织计划。Mazur 计划是其中的一项成果，此计划问世后，便普遍地为零售界所接受。图 5－2 是 Mazur 计划的组织机构设计思想。

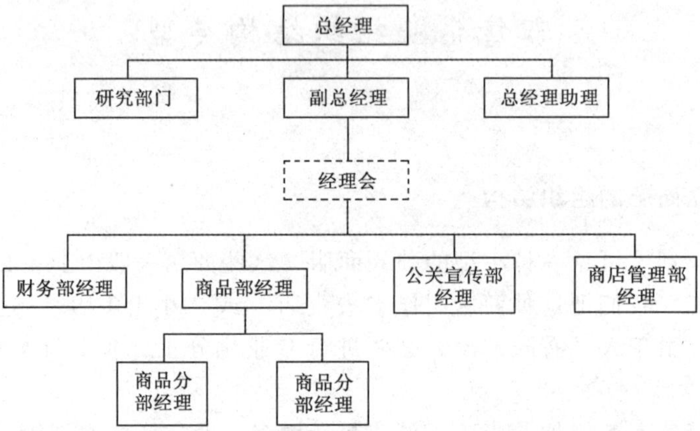

图 5－2　Mazur 计划的组织机构设计图

从图 5－2 中可以看出，这种结构将整个零售业务分为四个职能领域：

（1）财务部。负责商品统计及报表、销售查核、开支预算和控制、信用审查、发放薪金等。

（2）商品部。负责采购、销售、库存计划与控制。

（3）公关宣传部。负责橱窗设计和店内陈列、广告、促销、市场调研、公共关系。

（4）商店管理部。负责商品保管、顾客服务、行政采购、人员培训、清洁保安。

另外，Mazur 计划还设置了一个经理会，这是由四个部门经理和高层领导参加的定期会议，旨在让各个部门对商店整体运营活动有正确的认识，促进各部门之间的合作。

在 Mazur 计划中，商品部是最重要的一个部门，负责商品的采购和销售。商品部下面又可以分成许多商品分部，负责各类商品的采购和销售。商品部经理的责任非常重大，对本部门的开支控制和利润目标负有完全的责任。

随着百货商店分店的增多，Mazur 又衍生出三种形式：母子型分店组织、独立型分店组织和平等型分店组织。在母子型分店组织中，总店经理保留了大部分权力，包括商品采购、营销策划和财务控制等，将分店的行为标准化，以确保与总公司的政策一致。这种组织结构适合于分店较少且顾客的购买偏好与总店类似的情况；在独立型的商店组织中，分店在商品采购和销售及经营决策上拥有自主权，可以较好地满足当地顾客的需求，但这种组织运营成本大，总店与分店重复设置，只适合分店规模很大且地理位置分散的情况；在平等型的商店组织中，采购职能集中管理，销售职能分散管理，分店与总店的待遇是平等的，采购部门独立出来，既不受总店的监督，也不归分店管理，因此，数据搜集至关重要，否则很容易造成销售与采购脱节。

三、区域连锁商店的组织结构

区域连锁商店具有如下特征：

第一，根据管理的专业化程度划分多个职能部门。

第二，权责高度集中，各分店经理负责销售。为适应当地市场，公司也考虑一定程度的分权。

第三，运营标准化。

第四，完善的控制体系使管理保持一致。

根据以上特征，区域连锁商店的组织结构如图 5－3 所示。

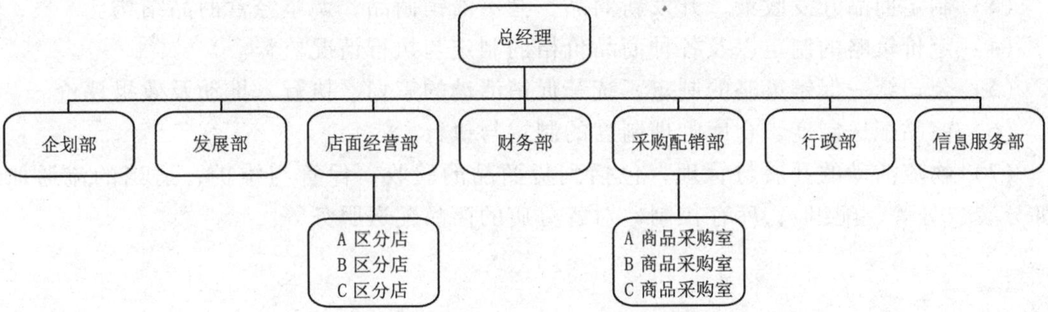

图 5－3　区域性连锁超市组织结构

（一）企划部的职责

企划部是公司的参谋部，主要职责是把握公司经营现状和宏观环境动态，就公司的组织发展与经营事业制定、调整战略目标与规划，为总经理及其他部门提供参考。

（二）发展部的职责

（1）新开店选址调查，包括人口数、家庭结构、收入水平、消费偏好、行业竞争状况等。

（2）编制新开店投资预算，估算投资回收期和投资收益率，交财务部审核以申请店面开发资金。

（3）制定店面建设、装修、设计的统一标准，依此建设新店，进行内外装修，或者包给外单位承建，但需要对工程进度和质量进行严格监督和控制。

（4）店面营业设备的采购与安装。

（5）制定店面营业设备的使用和保养制度，监督和不定期检查店面执行情况。

（6）店面及店面营业设备的维修和保养。

（三）店面经营部的职责

（1）店面经营业绩考核制度的制定与执行。

（2）店长工作业绩的考核与人事变动的建议。

（3）店面岗位责任、作业规范、服务规范的制定与执行情况的监督与考核。

（4）将配销部制定的商品销售计划，根据区域各分店的具体情况（市场环境、经营状况与潜力等）分解并具体化后，下达各分店指导店长执行与实现。

（5）店面经营的指导，包括商品陈列、POP 广告设置、店员培训等。

（6）推广先进店面的经营经验，督促和帮助落后店面改进经营状况。

（7）分店、分区域促销计划的制定和执行。

（四）采购配销部的职责

（1）商品采购制度的制定与执行。

（2）制定全公司分品种商品销售计划并相应制定和执行商品采购计划。

（3）制定商品开发政策，开发新商品，淘汰滞销商品，调整经营商品结构。

（4）定价策略的制定以及各种商品价格的制定与执行情况监督。

（5）公司统一促销策略的制定，统一促销活动的策划、执行、推动及效果评价。

（6）商品配送制度、仓库管理制度的制定与执行。

（7）物流活动的开展与管理，包括到货商品的验收、保管与维护，适当的流通加工（如分装、分等、配组），库存控制，对各分店的商品配送服务等。

小知识

苏宁投资 3 亿元建郑州物流基地，成为中原地区家电连锁企业首个自建的大型物流基地

布局郑州，物流基地辐射中原“大后方”。选择郑州，看重的就是郑州区位的先天优势，这里地处中原，是我国公、铁、航、信兼具的综合性交通通信枢纽，具有贯通东西、连接南北的战略作用。苏宁领导层认为，苏宁率先兴建首个河南地区家电零售企业物流基地，对河南未来发展有着充足的信心，苏宁也将借助郑州作为物流中心枢纽壮大自身实力。

苏宁电器郑州物流基地位于郑州市二七区侯寨乡，紧邻大学南路、南四环等城市主干道和 107 国道，距市中心仅 14 公里，占地面积 150 亩，规划总建筑面积约 14.8 万平方米，总投资 3 亿元。苏宁电器郑州物流基地建成后，仓库复合面积将达到 12 万平方米，可支持超过 50 亿元的年销售规模。

物流中心的建立，对于家电连锁经营企业来说，可是一个节流的大计。据苏宁郑州物流项目负责人说：“按目前来看，第三代物流基地建成启用以后，可以减少苏宁至少一半左右的物流成本，商品周转周期也将缩短 1/3 以上。”这也是最近五年来国内家电连锁巨头纷纷将竞争的战火燃到后台的重要目的。

对于消费者来说，“市民今后到苏宁购买家电，价格将更实惠，送货安装也将更快捷。”物流中心负责人如是说。一位商业业内人士说，家电零售业一直在为旺季的储备货源而烦恼，“即便抢到了大额订单，可是到了抢购高峰仍然会面临着供货商紧急从总部调拨，而无法及时应市的尴尬，这样带来的是大量的消费者怨言，甚至是对这个企业的失望，大型的物流中心此时显得格外重要。”

届时，苏宁电器郑州物流基地的家电配送服务辐射范围超过150公里，而门店自提类商品的辐射范围更将涵盖整个河南省，成为名副其实的中原家电物流“大后方”。

（五）财务部的职责

（1）资金筹措、分配与使用等管理制度的制定。

（2）审核各部门开发项目的投资预算或经营活动的经费预算，负责筹措资金保证供给或提出预算修改建议。

（3）经营费用管理制度的制定与执行情况监督，营业成本控制工作的监督。

（4）总部与各分店财务核算制度的制定与执行。

（5）公司的财务收支，包括供应商货款结算、税金交纳等。

（6）提供会计报表与财务分析，提出财务方面存在的问题与建议。

（7）开展内部审计工作，对各分店（以及配送中心）实行定期的盘点作业监督和不定期的盘点抽查，以预防和消除分店的经营舞弊现象。

（六）行政部的职责

（1）公司劳动工资、福利待遇、岗位考核、人事变动等人事制度的制定与执行。

（2）劳动人事合同和档案管理。

（3）人力资源开发，包括员工招聘和员工培训计划的制定与执行。

（4）公司人际关系与员工士气调查、分析、发扬或改进。

（5）公司后勤服务。

（6）保持和促进良好的公共关系，包括与消费者协会等民间组织以及工商、税务、消防等官方机构的良好关系的协调与增进。

（7）接受消费者投诉，做出回复，监督有关部门处理，或上报总经理责成有关部门处理。

（8）公司安全制度的制定与执行。

（9）公司办公用品采购与管理制度的制定与执行。

（七）信息服务部的职责

（1）公司管理信息系统的开发和维护，既包括硬件设备的购置安装，也包括软件的设计；既包括总部的主机系统，也包括各分店以及配送中心的终端。

（2）系统使用人员培训。

（3）商品经营进、销、存各环节的数据统计整理和分析，满足有关经营部门对经营商品信息的需要，为提高商品管理水平服务。

（4）定期或不定期地自主或应有关经营部门要求展开专题市场调研活动。

（5）保持与外部环境的密切联系，随时随地收集消费者需求变动趋势、行业竞争状况、经济景气等有关信息，进行加工处理，做出分析报告，提供给有关部门作决策参考。

小知识

国内自助售货成消费新宠

终端超过十万台成消费新宠：国内自助售货行业进入快速扩张期

投下硬币、刷刷手机、按下按钮，一瓶饮料、一包零食甚至一个玩具就购买到手——目前，不论是在城市中心还是在城郊、乡镇，我国消费者对于方便快捷的自助售货机越来越熟悉。记者日前从业界获悉，最新统计显示，目前我国各种类型的自助售货终端保有量已经超过十万台，年销售额接近50亿元人民币，随着产业链条的完善、配套环境的发展，自助售货行业已经进入了快速发展的扩张期。

亚太自助售货行业联合会会长于恩泽21日接受记者采访时表示，尽管自助售货行业在我国起步较晚、只有十多年的发展历程，但近一两年来由于大量中小运营商的加入以及互联网与自助售货的结合，我国自助售货机的智能化和节能性有了长足的进步，给整个行业带来巨大的改变。

"十年前全国自动售货机的生产企业只有20多家，目前则已经超过50家，预计年底就会超过100家，现在仅广州番禺地区就有五六家企业。同时，自动售货终端数量增长速度也非常快，而且很多都是高端的智能设备，这反过来又带动了自助售货业的运营以及融资等方面快速发展。"广州舟翼智能科技有限公司董事长周化方说。

于恩泽说，我国人口超过13亿，自动售货机总数在10万台左右，日本人口1.3亿，数量大概在500多万台。相比之下，中国目前自动售货机保有量不足日本的五十分之一，中国自助零售业目前仍然处于初期的发展阶段。但是在技术方面，我国自动售货终端"后来居上"，从硬币购买到纸币购买，再到互联网扫码支付，智能化程度在全球处于领先地位，具有较强的全球竞争力。

在日前举行的亚太自助售货行业联合会代表大会上，一家国内自动售货机运营商就展示了这些智能自助零售终端。这家企业将传统的自助售货与物联网结合起来，对所有售货机进行24小时的联网管理，消费者不仅可以用现金购物，还可以用手机选购商品和完成支付。据介绍，这家运营商拥有超过2万台自动售货机，已经进入澳门运营，并积极布局进入香港和日本市场。

"中国已经掀起'互联网+'热潮，自助零售行业正在搭乘这股东风，迎来更多的商机，这对于扩张国内消费、抵御经济下行压力有积极意义。"于恩泽说。

亚太自助零售行业联合会副会长、日本TKB国际贸易株式会社社长北里冬美也认为，自助零售业在中国有着很好的前景。一方面，在工厂、大学、酒店等人口密集的地方，自动售货机很好地补充了人们在购买饮料、小食品等方面的需求；另一方面，随着中国经济的发展，人工成本也不断提高，自动售货机可以将这一成本有效地降低。

"在制造商、运营商、配套服务商的队伍日益壮大的同时，行业的资源整合、技术创新、竞争秩序等问题也凸显出来，行业的自我规范越来越紧迫，国内企业对此应该有清醒的认识，主管部门也应该给予这个发展中的行业更多支持和帮扶。”于恩泽说。

（资料来源：http：//finance.chinanews.com/life/2015/08－23/7483508.shtml。）

四、大型连锁商店的组织结构

大型连锁商店的特点是门店数量较多、地域分布较广，有些连锁企业甚至跨国经营，或者业务类型增加而趋向多元化经营，此时，组织形式一般采用多层次或事业部型组织。下面分别就跨区域大型连锁企业和多元化大型连锁企业来介绍其组织结构特点。

（一）跨区域大型连锁商店组织

对于跨区域连锁企业，由于连锁门店分布范围广、数量较多，因此，宜采用三级组织模式，即“总部—地区管理部—门店”。在三级管理中，连锁总部的部分职能转移到地区管理部的相应部门中去，主要承担对企业政策和发展规划的制定，监督执行，协调各区域管理部的职能活动。地区管理部是适应连锁企业发展、区域扩展的需要而设立的，拥有自己的经营管理组织，在总部指导下负责本地区的经营发展规划，处理本地区门店日常的经营管理。地区管理部实际上是总部派出的管理机构，不具备法人资格，仅有管理与执行能力，在许多重大问题上的决策仍由总部做出（参见图5－4）。

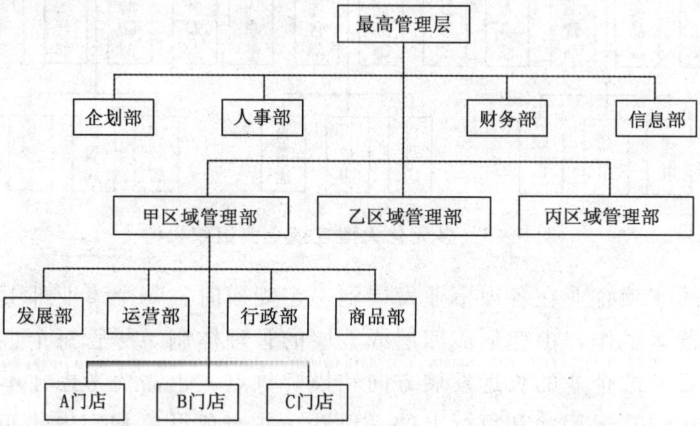

图5－4　跨区域大型连锁企业组织机构

在我国的全国性连锁商店组织设计中，最常见的地区管理部往往分为七大区域管理部：华北区、华东区、东北区、西北区、西南区、华中区、华南区。七大区域所划归的省市因不同的企业而不完全一致。

如果连锁商店的发展跨出了国界，那么其组织结构也要有相应的变化，一般是在总部设立国际事业部负责海外连锁事业发展，在相应海外发展地区设立合资或独资公司，实现法人当地化来具体执行连锁业务。而当连锁事业进一步扩大，跨国经营逐渐成为企业主要利润来源时，以国际事业部来管理海外连锁业务不利于资源与优势整合，因此，组织结构又会出现新的变化，国内业务和国际业务不再被严格区分开来，而是并行设立亚洲事业部、欧洲事业部、北美事业部、非洲事业部等来一视同仁地管理各大区域的连锁事业，而此时的连锁企业就真正成长为国际性连锁组织。

（二）多元化大型连锁商店组织

世界上许多大型连锁企业是多元化发展的企业，即企业拥有多项业务单元并独立发展。例如，美国沃尔沃斯公司就是从百货连锁发展成为肯尼鞋店连锁、女士鞋连锁、男士服装连锁、折扣服装连锁、儿童服装连锁等 13 个连锁体系。而美国凯马特公司在过去除了主要拥有折扣店连锁外，还有书店连锁、家庭购物中心连锁、折扣服饰品连锁、咖啡馆连锁、折扣礼品连锁和药店连锁等 7 个连锁体系，如今，凯马特被美国西尔斯百货公司收购重组，这意味着西尔斯百货公司也朝多元化经营方向迈进了一步。在多元化经营的连锁企业中，有些业务是高度相关的，如沃尔沃斯公司的连锁鞋店和服装店；而有些业务相关性不大，如凯马特的服饰品连锁、咖啡店连锁和药店连锁等。通常多元化经营的连锁企业采用事业部制的组织形式。事业部是总部为促成某专项事业的发展而设置的，拥有一定的经营管理权，并独立核算，具有法人地位。图 5－5 是一个按事业部设置的连锁企业组织。

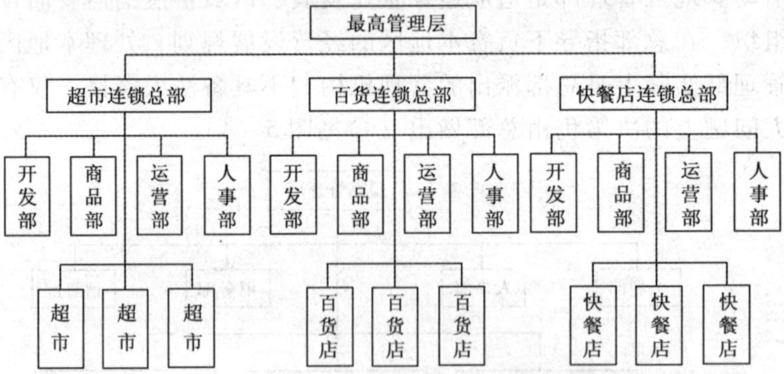

图 5－5　多元化大型连锁企业组织机构

多元化经营的连锁企业在各项事业发展到一定规模时，每个事业部下面再设地区管理部来管理门店的营运工作，由此形成四层或五层的管理体制。尽管每个事业部拥有较大权力，连锁总部仍要考虑企业的长远发展方向和投资重点，也需要考虑在不同连锁体系之间进行有效控制已达到营运程序和目标上的一致性，并避免形象和广告的冲突。

五、组织结构设计的注意事项

（一）店面经营部与采购部门的协调

零售商经营活动的本质是商品买卖，买是为了卖，卖了才能继续买，所以，购销关系的协调最为重要。对于连锁经营的零售商来说，由于分店只负责销售，这种重要性就更加突出。购销职能的协调一致，在前述组织结构中，是在总部通过店面经营与采购配销部的协调来实现的。

这两个部门的协调通常采取三种方式：

（1）部门职员间（尤其是部门负责人间）正式和非正式的日常交流。

（2）部门负责人会议。在会议上，总经理召集各部门负责人就公司经营中出现的问题，以及未来经营工作的计划等进行讨论，各部门之间的问题可在此得到协商解决。

(3) 总经理进行的协调。

职能协调的另一种可参考的方法是改变前述的部门设置，即首先将店面经营部和采购配销部合并成为商品部；然后再按商品类别设置科室；最后把科室职员按职能分为采购员（主管采购）、中间管理员（既管采购又管销售）、店面指导员（主管销售）。这样，就可由科室负责人协调分管类别商品的购销环节，由部门负责人协调各商品类别之间的均衡，即保持商品结构的合理化。

（二）配送中心的设置

从我国的实际情况来看，这个问题主要是讨论连锁零售公司应该自建配送中心，还是接受社会化物流企业的配送服务。

一般地，前一种选择与后一种选择相比较，其优点在于：

(1) 可以全权控制配送中心，保证配送服务水平，满足各分店需要。

(2) 信息交流较畅通。

但是，其缺点也是显著的：

(1) 初始投资很大。

(2) 如果建设水平低，将来改造困难大；如果建设水平高，在公司规模较小、店面较少的情况下，配送中心的效益就难以体现。

从国外零售连锁公司的实践来看，采用任何一种方式的连锁公司，有成功的，也有失败的。因此，并没有确定的结论。我国连锁零售商应该根据自身的经济实力、长期发展战略和组织发展规划，以及所在区域社会化物流企业的信誉和服务水平等具体因素的权衡，做出适当的选择。

（三）管理层级与管理幅度的设计

1. 管理层级的设计

组织设计中常见的问题是管理层级设计过多或过少。在大型连锁企业中，情形更为严重。如果管理层级数越多，各个层级的沟通就越困难，产生的协调问题就越多，而且决策所经的路径就越长，组织将无法适应变化，迅速灵活地调整脚步，这种组织形态也不符合经济效益，因为必须雇用大量的中层管理人员。层级数过少，尽管可以避免上述问题，但也不可避免地会出现另一些问题，每位管理者直接管辖的人数过多，以致无法有效地发挥协调功能。因此，连锁组织的管理层级要适当。影响层级数的因素有很多，如管理幅度、过于细分工作的差异性、工作的性质与种类、组织旧习，甚至薪资制度对其也有影响。尽管连锁企业由于业务不一样、规模不一样、连锁形态不一样而采取不同层级的组织结构，但从管理的角度讲，应该由金字塔式的结构尽量向扁平式的组织结构转化，也就是要尽量借助现代化的信息沟通手段，减少中间管理层次，扩大管理幅度，提高管理效率。

2. 管理幅度的设计

管理幅度是指每位管理人员直接管辖的下属人数，和组织管理层级有密不可分的关系。组织的管理层次多，管理幅度就要窄些(“瘦长” 型组织结构)；组织的管理层次少，管理幅度就要宽些（"扁平"型组织结构）。由于一个人的能力有限，处理各种关系的能力也有限，因此，一个管理者所能直接领导的部门或下属人员的数量都有一定限度，超过了一定限度，就会顾此失彼，达不到有效管理的效果。管理幅度由以下因素共同决定：组织性质、组织复杂度、管理人员技巧、作业范围及其同质程度或差异程度、工作性质、分支机构数量、协调管理机制的运作情况、组织文化与管理方式。合理的管理幅度应该控制在多大范围内呢？现代研究认为，组织的管理幅度不能作硬性规定，没有一个统一的标准，但大体上控制在 5 ~ 15 人为宜。一般而言，处于连锁企业层次越高的管理者，其面对的问题更复杂，其决策对企业发展的影响更重要，管理幅度应越窄；而处于连锁企业层次越低的管理者，面对的问题主要是日常事务，是如何执行决策而不是做出决策，影响力相对较小，管理幅度可适当放宽。

（四）组织的稳定性与灵活性

大型连锁企业组织机构容易出现两个问题：一是"大企业病"，即组织僵化，官僚作风严重，对外反应较慢，丧失对市场的敏锐嗅觉；二是为了适应环境、反应灵活而下放权力，结果造成连锁形象不统一、管理不统一、标准不统一，失去了连锁企业的本质特征。组织结构是连锁企业正常运行的基础，应保持相对的稳定性，避免情况稍有变化就使系统出现混乱而影响正常的工作秩序。同时，组织结构又是企业实现经营目标的工具，随着客观条件的变化，企业的目标和战略必定会作必要调整，这就要求组织必须随之相应变动，保持对外部环境和组织目标的适应性。企业领导的责任就是使稳定性和适应性有机地结合起来。一个一成不变的组织是一个僵化的组织；一个经常变化的组织，则是一个创造不出成绩的组织。

第三节
零售企业组织文化

一、组织文化的表现和内涵

组织文化（Organizational Culture）是指一系列指导组织成员行为的价值观念、传统习惯、理解能力和思维方式。组织文化代表了组织中不成文的、可感知的部分。通过经验丰富的雇员一批又一批地传授给年轻雇员，这些指导代替了一些书面的政策和程序。每个组织成员都会融入组织文化中，但通常不会感觉到它的存在，只有当组织试图推行一些违背组织基本文化准则和价值观的新战略或经营策略时，组织成员才会感受到文化的力量。

组织文化是一个非常抽象的概念，至今还没有人能够完全准确地给出一个定义。为了识别和解释组织文化的内容，人们需要基于可观察到的表象如公司的礼仪和仪式、被传说的故事、各种物化的表征（如某种图案）、口号和名言等来推断。

二、强文化和弱文化

组织文化在组织中发挥着两个关键的作用：一是整合组织成员，使他们知道该如何相处；二是帮助组织适应外部环境。内部整合意味着使组织成员拥有一种集体认同感并知道该如何相互合作以便有效地工作。

组织文化作用的发挥依赖于该文化的强弱，因而组织文化有强文化和弱文化之分。组织文化的力量指组织成员间关于特定价值观重要性意见的一致程度。如果对某些价值观的重要性存在普遍的一致性意见，那么该文化就是具有内聚力的且是强势的。如果很少存在一致意见。那么这种文化就是弱势的。

在强文化中，几乎所有的雇员都能够清楚地理解组织的宗旨，这使得管理当局很容易把组织的与众不同的能力传达给新雇员。像诺顿百货公司（Nordstrom）就具有强文化，这种文化包含着服务意识和使顾客满意的价值观，因此，比起那些只有弱文化的竞争对手来，能够在更短的时间将公司文化的价值观灌输给新雇员。

强文化的另一方面还表现为：即使没有一些约定俗成的规章制度，在意外情况发生时，员工也能非常清楚地知道什么行为是组织鼓励的，并自我判断采取正确的行为。例如，一个顾客在沃尔玛商店购买一套橡胶圈，商品包装上打着的价格是 33 美分，但当收银员扫商品时却显示 37 美分。顾客当即表示质疑，收银员在核对价格后对顾客说："很对不起，正确的价格应该是 37 美分。这是我们工作的失误，为了表示歉意，我们将这个商品免费送给您。"这个员工并没有接受任何在这种情况下该如何处理的指示，但他凭着对公司价值观的理解，很容易判断出一切让顾客满意是公司赞赏的行为。

三、重塑组织文化

1. 订立基本价值准则

要想建立一个适应企业竞争战略的组织文化，你首先必须告诉员工怎么做是对的，怎样的行为是不允许的。价值准则陈述了那些为管理者所期望的、和那些不会被管理者容忍或支持的行为和价值观。美国商业伦理研究中心的一项研究表明，《财富》杂志公布的 500 强公司中的 90% 和其他公司中的半数都已订立了公司价值准则。公司价值准则表明了公司对员工行为的期望，阐明了公司的理念，即公司希望其员工能认识到公司鼓励的价值观与行为伦理。这是建立健康的强势文化的基础工作。

2. 建立组织架构和激励机制

设计并建立符合组织文化的组织架构，是重塑组织文化的另一个关键。即使公司的组织架构只是表示方式的改变，它也意味着一种被鼓励的价值观。另外，建立健全有效的激励机制也是不可缺少的一环。连锁商店由于专业化和标准化的管理，使得许多制度在组织内盛行，这些制度很容易压抑员工的创造性和主动性。如何提高员工的士气，使其感觉自己真正是组织的一分子，组织的事业也是自己的事业，有效的激励机制在这里将起到极大的作用。

3. 基于正确价值观的领导

在文化的塑造中，领导者扮演着重要角色。领导者必须牢记他的每一个表述和行动都会对组织文化和价值观产生影响，可能他们自己并没有意识到这一点。员工通过观察领导者的一言一行来学习组织价值观、信念和目标。当领导者自己出现了非伦理性的行为或不能对别人的非伦理性行为做出果断、严厉的反应时，这个态度将会渗透到整个组织内部。如果领导者不去维护伦理行为的高标准，那么正式的伦理准则和培训计划就会毫无用处。如果领导者一直基于正确价值观来领导下属，尤其是在为组织价值观做出个人牺牲时，他就可以赢得员工的高度信任和尊重，利用这种尊重和信任，领导者可以激励员工追求优异的工作绩效，并使他们在实现组织目标中获得成就感。这就是为什么在具有强势文化的组织里总会流传着有关创始人或最高领导者的故事和传说，这些故事和传说已成为该组织文化中的一部分。对员工而言，他就是一个英雄，他象征着勤奋工作和正直，他的一举一动深深地影响着那些追随他的人，正因为有了领导者的榜样，组织文化才得以在员工中被贯彻和发展。

本章小结

1. 组织是为了实现一定的目标，在分工、合作的基础上构成的人的集合。企业的组织结构是指为实现企业目标，企业全体员工进行分工协作，在职务范围、责任、权力方面所形成的结构体系。

2. 零售组织结构设计要满足零售目标市场、企业管理者及企业员工的需要。

3. 零售组织结构的建立包括零售组织的商业职能的确定、职能活动的任务描述、组织岗位的设定及组织机构的环节。

4. 零售企业的组织结构主要包括小型独立商店、百货商店、区域连锁商店、大型连锁商店等。

5. 组织文化的建立要确立基本的价值准则、建立相关组织结构和激励机制并能有效指导员工的行为。

习　题

一、判断题

1. 管理层次和管理幅度的关系成反比。（　　）
2. 人是组织活动的主体，通过人的分工协作，最终实现组织目标。（　　）
3. 统一指挥就是统一协调，保证组织目标实现。（　　）
4. 对于规模较大的连锁企业，可以采用直线型组织结构。（　　）
5. 组织结构设计时首先要考虑的是顾客的需要。（　　）

二、简答题

1. 组织结构设计需要经历哪些步骤？
2. 零售企业的组织结构有哪些类型？

3. 组织文化的含义及建立过程是什么？
4. 组织设计的要求是什么？
5. 组织结构设计的原则有哪些？

四、案例分析题

胖东来是怎么做到的：文化+制度

一、胖东来靠什么来做到凝聚了一帮90后、爆发出罕见的生产力？而且流失率极低？合理价值观下的文化扎实落地

(1) 清晰的价值观作指引。在胖东来的文化指导手册中，企业文化信仰被定义为：公平、自由、快乐、博爱，而在其细则中则充分体现着对员工的关爱与尊重，以及创造、分享、传播快乐的使命。通过对员工关爱、让员工快乐，来改变员工的习惯与行为，传递到顾客时便转化为高质量的服务。

(2) 分享机制：行业罕见的高薪酬高激励。胖东来工资水平基本在当地同行业同等岗位的两倍以上，同样也高于省会城市郑州的同行业工资，且上至店长下至保洁员均是如此，工作满三年的普通员工还可以享受公司分红。员工对薪酬满意度极高，对工作机会也倍加珍惜。胖东来董事长目前将所有分红权都给予员工，自己每年只拿300多万元工资。

(3) 除了为员工进行职业规划，还帮助员工进行生活规划。在中国企业里，能认真为员工做职业发展规划的很少。而胖东来不仅为员工做详细的职业发展规划，同时还为员工做生活规划，细致到了各阶段应当住什么样的房子。"不仅教员工如何工作，还教他如何享受生活。"于东来如是说。

(4) 细致入微、惊喜连连、体面周到的员工福利。胖东来还专门将位于核心商圈的商场腾出一整层，并耗资三千万打造成了一个配置有跑步机、KTV、台球室、图书阅览室、搏击台、瑜伽健身房、有氧单车室、全自动按摩室、乒乓球室、电玩室、电影厅等设施的员工活动室，供员工放松娱乐。

除了一般公司常见的福利项目外，胖东来还提供每月为女工发放一次女工卫生用品；员工生病可在公司职工诊所免费看病，药品只按成本价收费，员工家属享受同样待遇；员工在婚、产、丧期间，如需用车，公司免费提供车辆帮助等等独特体贴的福利待遇。

(5) 杜绝一切加班，强调快乐人生。胖东来规定所有中高层干部，每周只许工作40小时，相当于每天工作8小时，商业企业最忙是晚上和周末，还有节假日，他偏偏反其道而行之。

他又规定，下班6点必须离开企业，谁要是出现，抓住一次罚款5 000元，在此期间必须关闭手机，接通一次，罚款200元。他还规定，每周必须跟父母吃一次饭，每月必须带着家人出去旅游一次，每年强制休假20天。

(6) 创造行业闭店休息先河。2012年春节，胖东来所有门店闭店放假5天，后又推出每周二闭店休假的制度。打破了中国零售业"白天永不歇业""节日即黄金时间"的规则。胖东来在闭店通知里这样写到：

"由于员工常年的辛苦，很多员工的身体也因劳累患了各种各样的疾病，严重影响了员工的身体健康，同时也失去了很多与家人、孩子、朋友团聚享乐的宝贵时光，为了提高员工的生活质量，让员工分享生命中更多的幸福和温暖，也为了让员工感受到企业的进步是让大家有更好的寄托，觉得企业是值得他们认可和热爱的企业，这样他们才会用更高的热情投入工作，在公司理念的引导下，努力提高个人品质，提升个人及团队专业能力，团结一致，相互帮助，把商场的商品做得越来越丰富，质量更可靠，价格更实在，环境更整洁，服务更完善，顾客更放心，为大众生活品质的提升，展示大家的才华和能力，也让更多的人感受到生活的美好和阳光。"

(7) 开放包容的心态。胖东来传奇却不神秘，从不隐藏自己的经营诀窍。相反，它的管理案例、经营理念，甚至各个岗位的实际操作标准都详细地挂在它的官网上，任人下载。在胖东来商场的门口明确注明欢迎拍照。这一规定是对顾客说的，也是对同行说的。

如果说起胖东来企业文化价值观的源头，那不能不说一说胖东来董事长于东来的故事。"我是一个从小很淘气而且不懂事的孩子。"这是他的开始。原来的于东来并不是现在的于东来，他曾经唯利是图，也曾经为钱冒险，进出拘留所。现在的于东来是被一个个经历磨炼出来的。

他没有高深的学问，只上过 7 年学，他的思想来自他的经历和经验。

离开学校后，他卖过冰棍、花生、甘蔗、瓜子、西瓜，做过"黄牛"（倒卖过电影票），被抓过几次，也干过很多小工。他也有过正经的工作，曾在一家国营橡胶厂上班。

由于工作努力，先后被选为班长、工段长。正当他暗暗努力，开始"将来做上生产副厂长"的梦想时，厂领导调动，他也被调了下来。这个事件对他打击很大，也对他以后的管理理念产生了触动：给员工平等的环境，奖惩分明，让他们公平竞争，努力工作。这是后来胖东来的一个核心文化理念。

1990 年在其哥嫂帮助下开始做生意，开了一家烟酒店，初时经营顺利，后因被骗销售赃物和倒卖香烟，两次被捕，后被取保候审。

从这时起，于东来开始回顾过去所走的路程，不是因为命运不好，而是自己太急于发财，太急功近利，因为有了这种思想，别人只要说哪里好挣钱，自己马上就去。不管犯不犯法，什么也不管。结果呢，可想而知，哪有那么好的事，天上是不会掉馅饼的！

1995 年，在哥嫂的帮助下，于东来租了许昌望月楼的一间门面，望月楼胖子店开业了。这就是胖东来的前身。由于真诚对待顾客，经营灵活，质量有保证，价格又低，不知不觉，生意就特别红火起来了。

然而到了 1998 年，因为一个人调戏并打骂店里的员工，为了争这口气，他报了案，后来这个人为了报复，放火把他的店烧为灰烬，并连累了 8 个无辜生命。

那件事之后，很多人怕他想不开，亲人朋友天天陪着他。很多不相识的人前来慰问、送钱、送物。其中一个不相识的大娘找到他说："孩子，千万别趴下，如果没钱，你大伯俺俩存了两万多元，给你拿来用吧。"

在那时，他就下了决定，对员工说："胖东来已不只是我们的，还是大家的、社会的。"对于管理员工，于东来并不是天才。他所有的管理理念都是慢慢积累起来的。

他讲了一件事：胖东来发展初期，生意越来越好，店越来越多，员工都是整天上班，一天工作十几个小时。有员工提出想上半天班，他当时非常生气。所以他就让员工自愿报名上半天班，员工报名后，他就把报半天班的人全部辞退了。

"我那时觉得他们一点吃苦精神都没有，没考虑他们年轻，需要谈对象，需要时间学习、玩"。可见于东来的管理思想也是逐渐变化的。

后来胖东来调整了上班时间，逐步实行半班制，但工资也低了。于东来又开始着急。怎样才能让他们致富呢？涨工资。但是年轻人发得再多，他也会花完，怎么办？这时候他想到了把公司的股份发给大家，"也等于给他们存钱，毕竟我也差不多了，共同致富吧！"。

假设系统逐渐建立，直接影响着于东来以后的一系列的重大决策！

二、胖东来灵魂——董事长于东来

于东来还是一个性情中人，1996 年创业初期，于东来等人曾赴北京向国防部捐款修建航母，中央电视台拍摄并播放了专题片《三兄弟的故事》，在全国引起了强烈反响。

2008 年汶川大地震发生后的第二天，于东来立即组织由 139 名员工志愿者组成的救灾志愿队，他亲自担任志愿队队长，满载 2 000 多箱方便面、棉被、帐篷和药品赶往抗震救灾前线。近期，于东来再次捐款 1 000 万元，并在商场内停止销售日货，还表示如果国家需要愿意捐献自己的一切。

于东来热爱欧洲，最爱北欧，宁静祥和；他还爱流泪，很容易被感动。

他就像是个小孩。小孩爱幻想，小孩很单纯，小孩很随性，小孩很有生命力。这样一个人，用自己身体力行的方式，践行着文化，带领着拥有匪夷所思的执行力的团队，只要他想到了，就有人帮他实现：

（1）"做商品的卢浮宫" 口号变成现实。

（2）学习北欧悠闲的生活，要闭店休息。

（3）避免功利心，不要考核业绩。

梦想的实现都很艰难，但所有人都拼命地努力完成这个原因是什么？

所有人说：怕于东来太操心，希望多做些，让他少做些。

于东来把自己生命中最真实的一切都奉献给了胖东来的每一个人，感染者每一个都去奉献自己！如果总结胖东来的企业文化，那就是两个字：舍得！

三、严格的制度管理：捍卫家园

胖东来一方面在建设关爱与快乐文化的同时，另一方面则狠抓制度管理。通过细致的制度规范、严厉的处罚制度，来矫正员工的不正确行为，强化服务的质量。（每月月初，雷打不动，于东来都要给中高层做一次讲话，关于文化、制度或者生活）

胖东来制定了《公司日常管理逐级考核制度》，实施逐层监督的考核方式。而对商品质量、服务等比较重视的项目，一项工作出现偏差，各级管理者及当事人都会受到连带处分，以此来督促大家对工作共同负责。

《公司日常管理逐级考核制度》中的每一模块都有全面翔实的说明文字，囊括了各种可能发生的违规行为，对员工的行为起到全面的约束力。服务一项是处罚力度最大的一个模块，这也为胖东来实现最优质服务提供极大的支持。

《公司日常管理逐级考核制度》在执行上也得到了胖东来上下员工高度重视，每月都在内部公布处罚结果。对于涉及客户服务的，则在公网上向社会公示。制度的执行一视同仁，即使对于东来的亲属也绝不例外。

为进一步加强管理，提高客户满意度，胖东来于2005年设立了顾客服务投诉奖，奖金额由最初的100元提升到了现在的500元。用于奖励投诉其员工违规违纪、服务不周的行为。并根据举报信息对相关责任人进行处罚。

总结胖东来是怎么做到的，可归结为以下两点：

第一，真正关心员工、真正以人为本的企业文化。

第二，从价值观和文化中演绎出来的、严格而细致的规章规制。

（资料来源：http：//www. weixinnu. com/tag_article/3711031917。）

第六章 零售选址

学习目标

知识目标

- □ 了解商圈的含义、构成以及商圈的确定的方法
- □ 掌握商圈调查的重要性、内容和基本流程
- □ 掌握选址的原则、参数、具体条件分析和店址评估方法

能力目标

- □ 能够根据商圈调查内容设计商圈调查表
- □ 掌握确定商圈的各种方法的运用
- □ 能根据店铺调查表的结果进行店址评估

案例导入

日本伊藤洋华堂为兴建大型超市进行的调查

该公司选址调查的做法是：

第一步：一个时期内每天派人从上班时间起整天在地铁站、汽车站和主要公路口记录每天从本地区出发上班的不同性别的人数，白天定时外出、归来的家庭主妇（可视为计时工）的人数和进出高峰时间段；晚上回到住宅生活区和途经本地区出站用餐、购物，离开本地区的人数等等。把握本地区内实际消费人数、就业人数和大致的收入水平。

第二步：企业调查人员分散到本地区现有各店铺，实地记录消费者购物的时间段、店铺的商品结构，收集购买者遗弃在店铺废纸箱里的收款机凭条存根，了解本地区居民的购物时间表，不同时间段内所购商品的种类、品牌和每次购物数量及购买频率。对这些信息综合分析，又可得到比较准确的本地区居民对日常购物的距离要求及购物成本——支付价格、花费时间、消耗体力与不同商品的替代情报。

第三步：观察家庭垃圾。从20世纪70年代起日本城市居民的垃圾袋处理，已全部实行由居民自己按规定的垃圾袋分类、集中置于公共垃圾箱的制度。翻阅垃圾的目的，是通过对各家各户的各种废弃物，如食品清洗过程中的遗物、空瓶罐、日用品外包装、旧物品等的分类统计，整理本地区对深加工、半加工、不加工食品的需求比例和不同品牌的饮品、日用品、穿着品的需求状况。该公司尤其重视对本地区现有店铺中未陈列商品的记录，以避免因店铺不经营就误认为不需求的错误。

该公司原计划从拆迁旧建筑到新店铺建成耗时11个月，但因调查未结束，店铺晚开业4个月。就是说，为设计新店铺的商品构成、品种结构、价格体系等，店铺减少了4个月的营业时间。但该店铺开业两年半来，一直保持着基本无脱销、无库存、适销达90%以上的记录。当负责此项调查工作的公司企划部长被问及为了这样的调查而使店铺晚开业4个月，经济上是否值得时，他的回答是：这样做得大于失，值得。理由是，这种连锁店的市场是一个变化缓慢的市场，一开始就给消费者以信赖的印象极为重要。因调查不充分而对市场把握不准所换来的提前几个月开业所得到的利润，根本无法弥补由此造成的开业以后的巨大损失。

原因有三：一是市场把握不准确，店铺开业后经营结构必然要不断调整，调整过程所耗时间将远远超过4个月，而这期间商品的积压、脱销损失不可避免；二是与此相关的整个连锁集团进货、配送、加工体系也必须相应调整，损失也无法避免；三是再吸引对店铺不信任而离去的购买者所花费的时间和人力、财力难以估量。

（资料来源：http：//www.docin.com/p－1428708475.html。）

问题：

1. 日本伊藤洋华堂的选址调查的基本过程是怎样的，它有什么优点？
2. 日本伊藤洋华堂的选址调查案例对我国连锁企业有何借鉴作用？

第一节 零售商圈分析

在开设一家零售门店前，首先要进行市场调查工作，包括消费者调查、竞争情况调查，然后要分析商圈内的基本情况，进而选定合适的店址。店址是关系到门店生意好坏的最关键因素，商圈调查尤为重要。

一、商圈的概述

（一）商圈的含义

商圈是门店以其所在地点为中心，沿一定的方向和距离扩展，吸引顾客的辐射范围，简单地说，也就是来店顾客所居住的地理范围。零售店的销售活动范围通常都有一定的地理界限，即有相对稳定的商圈。不同的零售店由于所在地区、经营规模、经营方式、经营品种、经营条件的不同，商圈范围、商圈形态存在很大的差别。同样一个零售店在不同的经营时期受到不同因素的干扰和影响，其商圈也并不是一成不变的，商圈范围时大时小，商圈形态表现为各种不规则的多边形。

为便于研究，一般将商圈视为以零售店本身为中心的同心圆形。实际上，商圈不一定都是同心圆模式，其规模与形状是由各种各样的因素决定的，其中包括门店的类型、规模、竞争者的坐落地点、顾客往返的时间和交通障碍等。任何一家门店都有自己特定的商圈。商圈由核心商圈、次级商圈和边缘商圈构成，如图 6-1 所示。

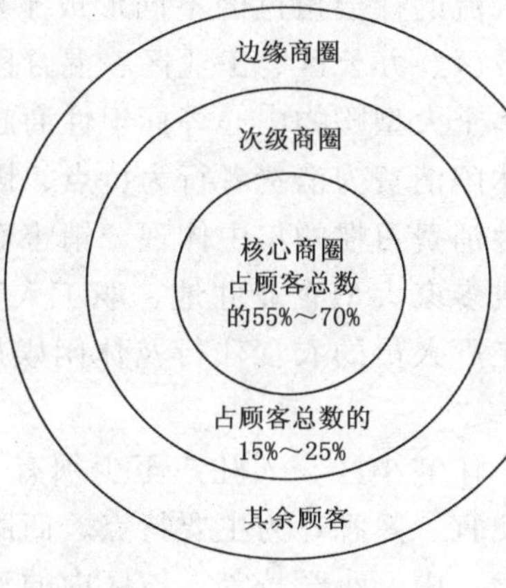

图 6-1 商圈构成

核心商圈的顾客占顾客总数的 55% ~70%，是离门店最近、顾客密度最高的区域，每个顾客的平均购货额也最高。

次级商圈的顾客占顾客总数的 15% ~25%，位于核心商圈的外围，顾客较为分散；日用品门店对这一区域的顾客吸引力极小。

边缘商圈包括所有余下来的顾客，顾客最为分散，占顾客总数的 5% ~10%，便利品门店吸引不了边缘区的顾客，只有选购品门店才能吸引他们。

（二）商圈选择的重点

零售商业企业的商圈选址是个战略性的决策，选址的成功在很大程度上可以决定整个项目的成功。确定商圈需要从两方面考虑：第一，商圈需要从体量、目的、位置等方面定义。商圈是一个群体，它的层次是多元化的。第二，消费群体。一个成功的商圈要有消费力，不能盲目地打造。

一般来说，商圈选择有三个重点：

1. 前瞻性

前瞻性就是对趋势的判断。租店铺好比做期货，需要判断未来的利好。如果租的店铺是一个新商圈或者新的位置，就需要判断它的前瞻性。

2. 便利性

所谓便利性，就是在商圈开店让消费者更容易到达。同一品牌在一条街开多家店，一方面可以整体形成共振效应，一方面可以在消费者心理产生震撼印象，在时间和空间上促使消费者做出选择。

3. 适用性

适用性意味着整个商圈与消费者的匹配度和周围环境的融合度。商圈的适用性要符合品牌定位和消费者定位（消费者的习惯、认知、心目中的预期），不是人多就合适，要看有效人群是否是目标消费群体。

（三）商圈形态的分类

商圈内及周边常驻及固定人流的社会角色的不同形成了不同的商圈形态。概括来说，商圈分为商业区、住宅区、文教区、办公区、工业区、混合区六类。

商业区。也就是由一个或多个大型购物中心等标识性商超组成，或者辅以小超市及沿街专卖店，这样的商圈主要以休闲消费为消费者行为特点，因此商圈面积大，流动人口与客流量大，人气比较旺，是各种消费习惯的集中体现，销售额度很高。

工业区。该区主要是一家或多家大型企业驻地，职工人数要在5000人以上，商圈的建立主要服务和满足于区域内工厂人员的衣食住行及休闲娱乐。这类区域消费力比较大，消费导向比较集中。

住宅区。商圈周边有若干个住宅小区，入驻户至少须有2000户以上。住宅区的消费习性为日常消费为主，快捷、便宜、熟悉、为主要特点，商圈内多是便民店和小型超市。

文化区。文化区附近须有大、中、小学校等。该区内的消费人群多是学生，所以他们的消费习性为消费金额普遍不高、休闲食品、文教用品购买率高等。

办公区。CBD商业中心，该区特点是商务中心较多。办公区的消费习性为便利性和餐饮休闲，外来人口多、消费水准较高等。

混合区。混合区分为商住混合（商业和住宅混合区）、住教混合（住宅和文教混合区）、工商混合（工业和商业混合区）等。混合区具备单一商圈形态的消费特色，一个商圈内往往含有多种商圈类型，具有多元化的消费习性。很多房地产商建造的城市综合体，就属于混合区。比如，福建的七匹狼集团按照功能规划重新对整个小镇进行梳理建造。

（四）商圈的确定方法

由于受各种因素影响，商圈设定多少会有些差异。因此在调查时，通常配合以下的方法确定商圈。

1. 单纯划分法

这是最简单的一种方法。也就是通过多种渠道，把搜集到的顾客地址标注出来，绘制成简图。然后把简图最外围的点连接成一条封闭的曲线，该曲线以内的范围就是商圈所在。简图需要标示出商圈东南西北大方向的位置，以及在此区域内的竞争店、人员集中的地段、大型集会场所等，道路、街巷也应该标示出来。此外，人流的走向、公共汽车站等也不能忽视。这种方法一般仅适用于原有店铺欲获取本身商圈资料时使用，它最大的缺陷是，设定出来的商圈是有界限的。

2. 独立调查

调查采用如下方式进行：

（1）直接征询法。直接征询光顾门店的顾客的意见，调查他们的地址、来店频率、使用的交通工具等；或以计划中的开发地址为中心，设定半径300m、500m、1000m等范围为拟调查商圈范围，然后就消费者在竞争商店街的购买行为、商圈边界地区的消费者购买行为等问题，在街上直接询问调查。

（2）间接调查法。一般可以从来店顾客的车牌号查询其地址；也可以由发票的填写得到顾客的地址。

（3）访问调查法。具体是采用直接进行家庭访问，通过邮政部门发放调查问卷、电话调查等方式进行调查，问卷的内容有住址、性别、职业、年收入、购买额、在哪个商店街或门店购买哪种商品、喜欢哪些门店、讨厌哪些门店、来店的交通方式等。

3. 经验法

根据以往经营过程中获得的各种经验、经历等来设定商圈。例如，便利品中购买频度较高的商品的商圈为10分钟左右的时间距离，而购买频度较低的商品为30分钟左右，这是通常的基本范围；再如便利店的商圈半径是500米。这些都是根据他人或自己过去的经验所得出的结论。使用这种方法来决定商圈时，还应综合考虑地区性、社会性、自然条件等环境因素的影响。

（1）根据业态设定商圈范围。各种商业业态的商圈范围有较大的差异。百货商店、高级专卖店、购物中心一般追求大商圈。百货店商圈的人口在30万~100万人，大型购物中心的商圈则可包括周边的几个城市；而超级市场与百货店、购物中心等业态相比，商圈偏小，来店单程时间约为10分钟；超市奉行小商圈主义，地处社区或居民区，商圈人口7万~12万人；以经营食品为主的超级市场的商圈更小，商圈人口仅为3.5万~5万人。调查表明，人们对肉、鱼、蔬菜、水果的经常性购物距离不足2公里，而对服装、化妆品、家具、耐用消费品的购物距离为4~5公里。

（2）根据零售店所处位置设定商圈范围。一般位于都市中的超级市场商圈要大大小于位于城郊的超级市场的商圈范围。对于居民区类门店来说，社区型超市商圈仅为社区范围，便利店常常没有边缘商圈的顾客；对于商业中心区类门店来说，核心商圈的顾客较少，次级和边缘商圈的顾客较多，商圈范围较大。

（3）根据零售市场规模设定商圈范围。一般零售市场规模越大，商圈范围越大；反之，则越小。除了不同业态的零售店经营规模不同、商圈的范围不同外，同一业态由于规模的不同，商圈的范围也不同。以超市为例，法国的超级市场规模与商圈范围的关系见表6-1。

表6-1　超级市场规模与商圈范围的关系

规　模	面积/平方米	商圈范围
小型超市	120~399	步行10分钟之内
中型超市	400~2 499	步行10分钟或开车5分
大型超市	2 500以上	开车20分钟左右

(4) 根据顾客购物出行方式设定商圈范围。人们购物出行的方式不同，零售店商圈范围也不同。出行方式现代化程度越高，商圈越大；反之，则越小。

(5) 根据顾客购物频率设定商圈范围。一般来说，顾客购买的频率越高，商圈范围越小；反之，则越大。不同的商品，其购买的频率不同，人们出行的范围也不同。例如，食品、日用品的购买频率较高，出行的范围较近；而耐用品购买频率较低，人们购买出行的距离较远。受收入水平及消费习惯的影响，居民购物频率显示出不同的特征，即使是对同一种商品也会出现购物频率的差异。

小知识

根据人口数量的网点设置和业态业种选择

按照国外的经验和我国城市发展的实践，一般按照人口的数量规模和集聚程度进行零售商业和服务网点的配置：

(1) 5 000 以下居民：应设置小型超市、生鲜食品店、普通饮食店、书报亭、医药店、肉菜市场、服务类商店（如美容美发、照相冲印、洗衣、家电钟表及日用品维修、代理购票送票、影碟影带出租等）等网点，满足居民的日常需求。

(2) 达到 2 万居民：应增加设置中型超市、超值折扣店、各类专业店（如服装店、医药店、家电店、书店等）等购物网点；餐饮店、咖啡屋等餐饮网点；影剧院、文体设施等文体娱乐场所。

(3) 达到 10 万居民：应增加设置大型超市、百货商店、儿童游乐园、中大型书店、银行、邮局等。

(4) 达到 50 万居民：应增加设置区域购物中心；超大型超市（货仓式商场）；商业街；各类中高档食肆酒楼、宾馆酒店等餐饮住宿网点；图书馆、博物馆、体育馆、大型文体娱乐设施等文化、体育、娱乐场所。

(5) 达到 100 万居民：应增加设置大规模的购物中心，内设有 2 个以上大型超市或百货店、150 个以上中型专卖店和专业店、30 个以上餐饮店及 20 个以上室内室外娱乐休闲场所；大型百货商厦；高级酒店等。

（资料来源：http://www.doc88.com/p-9093321223702.html。）

4. 数学分析法

(1) 雷利法则。在划定商圈方面，美国学者威廉·雷利（Willian J. Reilly）提出了一套法则，称为“零售引力法则”，也称“雷利法则”。雷利认为，商圈规模由于人口的多少和距离商店的远近而有不同，商店的吸引力是由最邻近商圈的人口和里程距离两方面发挥作用。雷利法则的基本内容是：在两个城镇之间设立一个中介点，顾客在此中介点可能前往任何一个城镇购买，即在这一中介点上，两城镇商店对此地居民的吸引力完全相同，这一地点到两城镇商店的距离即是两商店吸引顾客的地理区域。

此法则用公式表示如下：

$$Dab=\frac{d}{1+\sqrt{Pb/Pa}}$$

式中：

Dab 表示 A 城镇商圈的限度（以沿公路到 B 城镇的里程衡量）。

Pa 表示 A 城镇人口。

Pb 表示 B 城镇人口。

d 城镇 A 和 B 的里程距离。

例：假设 A 城镇人口 9 万人，B 城镇人口 1 万人，A 距 B 是 20 公里。则

$$Dab=\frac{20}{1+\sqrt{1/9}}=15\text{（公里）}$$

$$Dba=\frac{20}{1+\sqrt{9/1}}=5\text{（公里）}$$

两个竞争城镇的商店吸引顾客的能力取决于该城镇与邻近城镇的人口和距离。上述案例中在离 A 城镇 15 公里和离 B 城镇 5 公里的中介点对两地居民吸引力一样。

（2）哈夫法则。哈夫法则是美国零售学者戴伟·哈夫于 20 世纪 60 年代提出的在城市区域内商圈规模预测的空间模型。哈夫法则是从不同商业区的商店经营面积、顾客从住所到该商业区或商店所花的时间及不同类型顾客对路途时间不同的重视程度这三个方面出发，来对一个商业区或商店的商圈进行分析。哈夫认为，一个商店的商圈取决于它的相关吸引力，商店在一个地区，以及其他商店在这个地区对顾客的吸引力能够被测量。在数个商业区（或商店）集中于一地时，顾客利用哪一个商业区（或商店）的概率，是由商业区（或商店）的规模和顾客到该区（或商店）的距离决定的，即一个商店对顾客的相关吸引力取决于两个因素：商店的规模和距离。商店的规模可以根据营业面积计算，距离为时间距离或空间距离。大商店比小商店有较大的吸引力，近距离商店比远距离商店更有吸引力。

哈夫法则的数学模型是：

$$P_{ij}=\frac{S_j/T_{ij}^{\lambda}}{\sum_{j=1}^{n}S_j/T_{ij}^{\lambda}}$$

式中：

P_{ij}为 i 地区的消费者在 j 商业区或商店购物的概率。

S_j 为 j 商店的规模（营业面积）或 j 商业区内某类商品总营业面积。

T_{ij}为 i 地区的消费者到 j 商店的时间距离或空间距离。

λ 为通过实际调研或运用计算机程序计算的消费者对时间距离或空间距离敏感性的参数。

S_j/T_{ij}^{λ}为 j 商店或 j 商业区对 i 地区消费者的吸引力。

例：一个消费者有机会在同一区域内 3 个超市中任何一个超市购物，已知这 3 个超市的规模和 3 个超市与该消费者居住点的时间距离如表 6－2 所示。

表 6-2　三个超市的规模和与该消费者居住点的时间距离

商店	时间距离（分钟）	规模（平方米）
A	40	50 000
B	60	70 000
C	30	40 000

如果 $\lambda=1$，每个超市对这个消费者的吸引力是：

A 的吸引力是：50 000/40 = 1 250

B 的吸引力是：70 000/60 = 1 166.67

C 的吸引力是：40 000/30 = 1 333.33

该消费者到每个超市购物的概率分别是：

到 A 的概率 = 1 250/（1 250 + 1 166.67 + 1 333.33）= 0.333

到 B 的概率 = 1 166.67/（1 250 + 1 166.67 + 1 333.33）= 0.311

到 C 的概率 = 1 333.33/（1 250 + 1 166.67 + 1 333.33）= 0.356

哈夫法则对预测新位置商店的销售是非常有用的工具，可以评估新店的潜在商圈，预测销售额。

（3）饱和度分析。商圈饱和度是判断某个地区商业竞争激烈程度的一个指标，通过计算或测定某类商品销售的饱和指标，可以了解某个地区同行业是过多还是不足，以决定是否选择在此地开店。通常位于饱和程度低的地区，商店的成功可能性较高度饱和地区的商店要大，因而分析商圈饱和度对于新开设商店选择店址很有帮助。商圈饱和度指标（IRS）计算公式为：

$$IRS=\frac{C\cdot RE}{RF}$$

式中：

IRS 为某地区某类商品商业圈饱和指数。

C 为某地区购买某类商品的潜在顾客人数。

RE 为某地区每一顾客平均购买额。

RF 为某地区经营同类商品商店营业总面积。

例：为一家新开果品商店测定零售商业市场饱和系数，根据资料分析得知，该地区购买果品的潜在顾客人数是 150 000 人，每人每周在果品商店平均消费 10 元，该地区现有果品商店 12 家，营业总面积 18 500 平方米。据上述公式，则该地区果品行业的零售商业市场饱和系数可计算为：

IRS = 150 000 × 10 ÷ 18 500 = 81

81 即为该地区果品商店每周每平方米营业面积销售额的市场饱和系数。用这个数字与在其他地区测算的数字比较，IRS 越高，表明该市场尚未饱和，成功的可能性越大。

二、商圈调查

（一）商圈调查的重要性

1. 商圈调查可以预估门店的基本顾客群

商圈调查可以预估门店坐落地点可能交易范围内的用户数、流动人口数等人口资料，并通过消费水准预估营业额等消费资料。对商圈的分析与调查，可以帮助经营者明确哪些是本店的基本顾客群，哪些是潜在顾客群，力求在保持基本顾客群的同时，着力吸引潜在顾客群。

2. 商圈调查是零售店选址的前提

通过商圈调查可以帮助开店者了解预定门店坐落地点所在商圈的优缺点，从而决定其是否为最适合开店的商圈。在选择店址时，应在明确商圈范围、了解商圈内人口分布状况及市场、非市场因素等有关资料的基础上，进行经营效益的评估，衡量店址的使用价值，按照设计的基本原则，选定适宜的地点，使商圈、店址、经营条件协调融合，创造经营优势。

3. 良好的商圈调查是制定经营战略的依据

良好的商圈调查可以使经营者了解门店位置的优劣及顾客的需求与偏好，作为调整卖方商品组合的依据；可以让经营者依照调查资料订立明确的业绩目标，掌握客流来源和客流类型，了解顾客的不同需求特点，采取竞争性的经营策略，投顾客所好，赢得顾客信赖，获得竞争优势。通过商圈分析，制订市场开拓战略，不断延伸触角，扩大商圈范围，提高市场占有率。

（二）商圈调查的重点内容

一家零售店在设店之前，对于该地区内的各种条件，诸如商圈内的消费购买能力、同业竞争店的营业状况等，必须经由调查资料进行分析判断，以作为设店时营业额预测及门店规模决定的参考。进而利用这些资料规划门店整体的经营策略、经营的收益计划、设备资金计划以及经营的价值等。

在对上述资料进行收集、整理、分析与评价时，有两项重点是不容忽视的：其一，除对此地区过去及现在的情况要了解之外，有关将来的预测，亦即今后的发展也必须考虑到；其二，在运用调查资料做比较分析时，与其以该商圈的成熟度作为判断基准，不如以类似的商圈或某一成熟的商圈来做比较，更能作为在该地区设店的判断依据。

虽然调查的重点，可能较适用于一般大型连锁门店设店时的调查，但是这些对于中小型的连锁门店而言，仍然具有相当好的参考价值，在实施时可依门店的规模与特性，针对实际相关的因素予以斟酌运用。现就生活结构、城市结构及零售业结构等三方面在市场调查时的重点内容予以说明。

1. 生活结构调查

生活结构调查就是收集该地区内消费者生活形态的资料，即针对消费者的生活特性，依人口结构、家庭户数构成、收入水平、消费水平、购买行为等方面进行整体和定量的研究。了解商圈范围内有多少人口、多大的潜在消费额、人们的消费行为等，以确定其发展前景如何。一个门店的生存和发展，依赖于商圈范围内有供其吸收的充足购买力，没有理想的购买力，门店将难以为继。

（1）人口结构。除了对于目前的人口结构进行调查之外，有关过去人口集聚、膨胀的速度及将来人口结构的变迁也要加以预测，同时将人口结构根据行业、年龄、教育程度等进行分类整理，以便深入分析。

（2）家庭户数构成。家庭户数构成是人口结构的基本资料之一，可据此对家庭户数变动的情形及家庭人数、成员状况、人员变化趋势等情况进行了解，进而可以由人员构成的比率，洞悉城市化的发展与生活形态的关系。

（3）收入水平。通过调查收入水平的资料，可以了解消费的可能性，进而利用家庭、人口的资料，得知每人或每一家庭的收入水平，并将所得资料与其他城市、其他地域进行比较，从而做进一步的分析。

（4）消费水平。消费水平是地区内消费活动的直接指标，对零售业者来说也是最重要的指标。据此可以了解每人或每一家庭的消费情形，并将消费内容依商品类别划分，得知其不同商品类别的消费支出额，同时也可以知悉商圈内购买力的概况。

（5）购买行为。对于消费者购买行为的分析，可以从消费者购买商品时的活动范围及经常在哪个门店购买哪种商品予以了解。研究消费者购买行为的目的，一是可以得悉消费者购物活动的范围；二是可以得悉消费者选择商品的标准，以便对该地区的消费意识做深入研讨。

当然，有关上述资料的取得可以从政府机构发行的刊物或报道中取得，诸如人口统计的资料、家庭收支调查与个人收入分配研究资料等，除此之外，门店本身也可以配合实际业务上的需要进行各种调查，以便进行研讨分析。

2. 城市结构调查

通过对地域内实际生活的空间，包括中心地带及周围区域城市结构机能的调查，了解该地域内设施状况、交通状况、活动空间等环境的现状以及将来的发展计划。

（1）地域。对于地域内地形状况进行调查，尤其有关平地的广阔度及腹地的大小要予以了解，对于气候的特殊性也要深入了解，因为零售店的经营状况与气候因素有相当紧密的关系。

（2）交通。门店的位置选择交通要道比较好。因为交通网密布的地方往往是人口集中或流量特别大的地方，自然是开店的理想地点。所以调查时，对于交通路线与车辆往来班次、载送量都要考虑。

（3）繁华地段的位置、形态。繁华的地段，往往是门店集中之处，所以选择繁华地段设店是理所当然的，但繁华地段的地价和租金较高，因此在投资成本提高的情况下，如何有效地运用优越的地理位置以及将来可能变动的方向，都成为在繁华地段设店的考虑要素。

（4）各项城市机能。一般设店位置若在行政、经济、文化等活动密集的地方，则整个城市机能，诸如行政管理、经济流通、娱乐服务、商品销售等易于发挥出来，自然成为人流集中的焦点，因此究竟是以公务人口为主体还是以购物、社交、娱乐的人口为主体，也应作为调查的事项。

（5）城市发展规划。除了城市结构的现状外，有关将来发展的方向，诸如交通网的开发计划、社区发展计划及商业区的建设计划等，均是设店时在地点因素上所必须考虑的要点。尤其是零售连锁的发展，不仅要考虑单店的选址，还要考虑连锁网点的总体发展。

3. 零售业结构调查

以上两项调查是针对地区内居民生活状况及生活空间的城市结构情形所做的调查，零售业结构调查则是对此地区内零售业实际情况的调查。本调查资料的结果不但可以作为设店可能性及经营规模的判断依据，更可以作为了解该地区内零售店商业活动的指标及各大小型零售店发展动向的依据。

（1）地区间销售动向。针对营业面积、从业人数、年营业额等项目做调查，尤其要对营业面积及营业额总量和过去的增长状况作了解，同时对城市中心地域及周边地域的销售额密度及商圈的范围作比较。

（2）业种别、品种别的销售动向。对于地区内业种别门店的构成及品种别销售额做统计分析，不但可以了解商圈内消费者购物的情形，而且也可以作为设店时商品构成的参考。

（3）商业地区间的竞争店的竞争情况。同一商圈范围内的竞争店是影响门店竞争激烈程度的最重要因素，对于门店的销售、盈利等经营要素影响重大。针对各地区间有关商品构成内容及目标顾客阶层做比较分析，可以深入了解其中的竞争情况，并据以分析各地区的特性。因此，对于商圈内竞争店情况的调查与分析是商圈调查分析的重中之重。竞争店调查主要立足于商圈范围内，重点是那些具有相关竞争性的店型。做好开店前的竞争店调查可以做到心中有数，以便做好决策。对于商圈内竞争店基本情况的调查，主要包括：

①综合调查。由公司高级负责人对竞争店的情况进行综合调查，包括选地、用地、门店构造、商品策略、门店计划、运营管理等内容。如果调查证明它是一个没有竞争力的店，可不用再进行具体调查；如果是一个威胁性很大的竞争店，则必须再深入地进行具体调查。

②商品调查。商品品质高、结构优是门店成功的重要影响因素。这种调查一般由采购员和部门负责人对竞争店每一部门经营商品的品种、面积、货源等情况进行调查，以便进行市场定位；或与自己的超级市场进行比较，找出双方的差异，以求改进。

③门店调查。门店调查包括对竞争店店址环境、门店设计及店堂陈列布局等内容进行调查。店址环境调查主要包括竞争店选地、用地、停车场及商品搬入口的调查。门店设计调查主要包括竞争店的门店形象、构造、建筑、空调、电气设备、器具等针对每个专门领域的调查。店堂陈列布局调查，主要包括竞争店的楼面构成、平面布局、面积分割、商品陈列及家具备品等方面的调查。

④竞争店运营管理调查。竞争店调查主要包括对促销、补货、陈列及清扫等门店运营管理方面的调查。在了解竞争店基本情况的基础上，还要进一步对竞争店进行分析。对竞争店进行分析是开店前的必要准备工作，是业态选择和形象定位的重要基础，对竞争店进行分析主要立足于商圈范围内的竞争分析。

（4）大型店的动向。因为大型店的动向对于地区内的竞争情况多少会有影响，所以无论大型或是小型门店在设立前，对于现有大型店的规模、营业额、商品构成、商品设施等资料都必须加以调查，评估其优劣势、长短期的规划与策略，并把这些资料作为设店时的参考。

有关调查表样式见表 6－3。

表 6－3　　　　零售店商圈调查统计表

店铺所在城市			城市类别	□直辖市 □地级市	□省会城市 □县级市
消费能力调查	商圈主要情况	消费人群数量估计			
		平均年龄			
		教育状况			
		消费习惯			
		收入水平/月（约）			
		消费水平/月（约）			
竞争对手调查	主要竞争品牌	品牌/内容			
		地点			
		面积			
		经营时间			
		产品特色			
		员工人数			
竞争对手调查	主要竞争品牌	价格水平			
		客流量/天（约）			
		销售额/月（约）			
		促销活动方式及内容			
		主要优势及劣势			
市场规划调查	请您根据以上资料填写对未来市场的规划及需要总部协助的事项和要求				

（三）商圈调查的基本流程

（1）宏观上要对各种权威性的统计数字与资料进行分析。把握人口分布、生活行动圈、中心地区功能分布等总体情况，根据自己的开店政策，主要参照人口规模、地域发展性、商业饱和度等因素，确定目标区域。

（2）实施对特定区域的市场调查，包括立地环境调查、商业环境调查、市场特性调查、竞争店调查等。

（3）通过市场调查，筛选出具体的目标地点，主要考察以下几个方面的内容：

①稳定的家庭（人口）数的具体位置。考虑影响门店设定地的人口变为稳定顾客的因素。

②商业环境的利弊。确认有无竞争店，能否在面积、停车场、商品构成、营业能力等方面与竞争店形成优势。

③将来具有良好发展前景的地区。对地区的人口增长率、城市规划政策均要研究。

④对销售额做出预测，粗略地确定商圈范围。

（4）对具体的地址要进行详细调查，做出优劣、适合性的具体评价。如土地房产的适用性、周围环境状况尤其是公共配套设施的状况、将来发展余地、基础配套设施状况等。

（5）根据土地房产的优劣顺序，对该房产的每个必要条件做出确认。经过对房产所有者、用途、面积的确认，经所有者的认可，制订开店计划书，经公司批准后签订合同。

第二节 零售店址选择及评估

零售业的特性是立地产业，店址选择必须经过仔细评估，否则在出现问题以后无论怎样努力，也无法挽救败局。零售店址的选择对开店成败的影响力可达70%。在西方国家，零售店址开设地点被视为开业前所需的主要资源之一，因为特定的开设地点决定了零售店可以吸引有限距离或地区的潜在顾客的多少，也决定了可以获得的销售收入的高低，从而反映出开设地点作为一种资源的价值大小。

一、店址选择的重要性

（一）店址选择是一项大的长期性投资，关系着企业的发展前途

店址不管是租借的还是购买的，一经确定，就需要大量的资金投入来建设门店，当外部环境发生变化时，它不像人、财、物等经营要素那样可以作相应调整，而是具有长期性、固定性的特点。因此，店址选择要做深入调查、周密考虑、妥善规划。

（二）店址是连锁门店确定经营目标和制定经营策略的重要依据

不同的地区有不同的社会环境、地理环境、人口状况、交通条件、市政规划等特点，制约着所在地区连锁门店的顾客来源和特点，以及对经营的商品、价格、促进销售活动的选择。所以，零售店经营者在确定经营目标和制定经营策略时，必须要考虑店址所在地区的特点以达到策略的可实施性和目标的可实现性。

（三）店址选择是影响连锁门店经济效益的一个重要因素

店址选择是否得当就意味着其是否享有优越的“地利”优势。在同行业门店之间，在规模相当、商品构成和经营服务水平基本相同的情况下，如果店址选择得当，必然享有较好的经济效益。所以，连锁门店在分析经济效益过程中，不可忽视店址的影响效果。

二、店址选择的基本原则

选址是零售店经营开始的第一步，很重要也很关键，要注意的因素很多，比如交通便利、人口密集、经济发达等。选址要遵循以下原则：

（一）方便顾客购物

满足顾客需求是门店经营的宗旨，因此门店店址的确定，必须首先考虑方便顾客购物。为此门店选址要符合以下标准：

1. 交通便利

车站附近是过往乘客的集中地段，人群流动性强，流动量大。如果是几个车站交汇点，则该地段的商业价值更高。门店店址如选择在这类地区就能给顾客提供便利购物的条件。门店附近最好有公交车站点，以及为出租车提供的上下车站等。另外门店门前或附近应该有便于停放车辆的停车场或空地。门店选址应该避免在实行交通管制的街道，如实行单向通行、限制车辆种类、限制通行时间的街道等。另外，尽量也不要在道路中间设有隔离栏的街道开店，因为这样会限制对面的人流过来，即使你的门店招牌做得再惹眼，对面的顾客也只能“望店兴叹”。

2. 靠近人群聚集的场所

在人群聚集的场所开店可方便顾客随机购物，如影剧院、商业街、公园名胜、娱乐区、旅游区等，这些地方可以使顾客享受到购物、休闲、娱乐、旅游等多种服务的便利，是门店开业的最佳地点。但此种地段属经商的黄金之地，地价高、费用大、竞争性强。因而虽然商业效益好，但并非适合所有门店经营，一般只适合大型综合门店或有鲜明个性的专业门店的发展。

3. 人口居住稠密区或机关单位集中的地区

这类地段人口密度大，且距离较近，顾客购物省时省力，比较方便。门店地址如选在这类地段，会对顾客有较大的吸引力，很容易培养忠实消费者群。

4. 符合客流规律和流向的人群集散地段

这类地段顺应顾客的生活习惯，自然形成市场，所以能够进入门店购物的顾客人数多，客流量大。例如，我国人民的生活习惯是大部分时间在工作单位和家庭地点之间来回，所以在单位集中地可以开办公用品店，在居住区可以开超市。

（二）有利于零售店开拓发展

店铺选址的最终目的是要取得经营的成功，利于门店的发展。因此要着重从以下几个方面来考虑如何便利经营。

1. 提高市场占有率和覆盖率，有利于门店长期发展

零售店选址时既要分析当前的市场形势，又要从长远的角度、用发展的眼光去考虑是否有利于门店进一步扩充规模、提高市场占有率和覆盖率，并在不断增强自身实力的基础上开拓市场。

2. 有利于门店发挥特色

不同行业的商业网点设置，对地域的要求也不同。门店在选址时，必须综合考虑行业特点、消费心理及消费者行为等因素，谨慎地确定网点所在地点，并综合、全面地考虑该区域和各种商业服务的功能，创立本门店的特色和优势，树立一个良好的形象。

3. 有利于合理组织商品运送

门店选址既要注意规模，又要追求规模效益。发展现代商业，要求集中进货、统一运送、合理规划运输路线，这有利于降低采购成本和运输成本。因此在门店店址的选择上应尽可能地靠近运输线，这样既能节约成本，又能及时组织货物的采购与供应，确保经营活动的正常进行。

（三）有利于获取最大的经济效益

企业经营能否取得好的经济效益是衡量零售店店址选择优劣程度的最重要的标准。门店地理位置的选择一定要有利于经营，才能保证最佳经济效益的取得。

三、门店选址的评价参数

（1）人口分布参数。即在特定商圈内的人口分布状况。一个商圈内人口分布不可能是均匀的，分析人口分布状况及其变化可识别商圈的消费重心。网点的一个基本功能是创造"空间效用"，将商品呈现在"适当的地点"，越便于顾客购买，吸引力就越大。

（2）人员流量参数。即在特定时间内经过该店址的人数。通过一个地点或区域的客流量越大，在其他条件不变的情况下，该地点越适于开设分店，主要包括流动人数和类型分析以及入店率分析。

（3）交通运输参数。即选定区域的交通运输状况。店址前的道路拥挤程度、过往交通限制、到达店址的交通便利度以及其是否接近车站、是否在商圈的主干道附近等，都与客流量有着密切的关系。同时交通状况也与配送、上货速度有直接关系。选址时以便利消费者为首要原则，必须是顾客易到达的位置，从节省消费者的购买时间、精力、费用的角度出发，最大限度地满足消费者的需要。

（4）场地空间参数。即店铺内外的用地情况，如店铺面积、形状、地基、倾斜度、高低、方位、停车场等。高速车道边、高层楼房、位于上坡的位置都不适宜开店。其中针对我国车辆普及率不断提高，要求零售店周围不仅要有足够的自行车停车场地，还要有足够的车位，特别是那些能满足顾客一次性购物量大的仓储式商店。

（5）辐射范围参数。即店址可使网点的影响力向周围辐射的能力。这一能力的大小决定了网点是否可有效地以点带片、连点成线组网并不断扩张。

（6）识别特征参数。即商店的开设地点是否有利于消费者看见和识别。高可见度可

使顾客在远处就注意到商店的存在。一般来说两条街道相交的地点较为理想，其步行客流量和车流量大于任何一条街道，但街道相交地点的人行道处有交通限制的就不一定理想。

(7) 安全性参数。即商店周边的地区给顾客的感觉是否安全。顾客感觉不安全的地方生意不会好，这类地区包括高犯罪率的地区或者没有很好地开垦或教化的地区，在有充足灯光和停车点，到处都有人群购物的建筑内，其感觉最为安全。

除了分析以上评价参数外，还要考虑水电增容条件、建筑物新旧程度与装修成本，以及网点区位是否有城建规划限制，有无绿地限制等评价参数。

四、店址选择的具体分析

在同一个区域内，一家门店可能会有好几个开设地点可供选择，但有些地点对某种门店来说，是最佳的开设地点，而对另一种门店来说，就不一定是最满意的开设地点。因此，一个新设门店在做好区域位置选择以后，还要切实考虑多种影响和制约因素，对店址的具体地点做出选择。

（一）分析交通条件

交通条件是影响连锁门店店址选择的一个重要因素，它决定了企业经营能否顺利开展以及顾客购买行为能否顺利实现。

1. 从企业经营的角度来看

(1) 在开设地点或附近，是否有足够的停车场所可以利用。绝大多数大型连锁门店设计的停车场所与售货场所面积的比率为4∶1。

(2) 商品运至门店是否方便。这就要考虑可供门店利用的运输动脉能否适应货运量的要求并便于装卸，否则当运货费用明显上升的情况下，会直接影响到经济效益的获得。

2. 从方便顾客购买、促进购买行为顺利实现的角度看

(1) 设在边沿区商业中心的连锁门店，要分析与车站、码头的距离和方向。一般距离越近、客流越多，购买越方便。开设地点还要考虑客流来去方向，如选在面向车站、码头的位置，以下车、船的客流为主；选在邻近市内公共车站的位置，则以上车的客流为主。

(2) 设在市内公共汽车站附近的连锁门店，要分析公共车站的性质，是中途站还是始终站，是主要停车站还是一般停车站。一般来说，主要停车站客流量大，连锁门店可以吸引的潜在顾客较多。中途站与始终站的客流量无统一规律，有的中途站多于始终站，有的始终站多于中途站。

(3) 要分析市场交通管理状况所引起的有利与不利条件，如单行线街道、禁止车辆通行街道、与人行横道距离较远都会造成客流量在一定程度上的减少。

（二）分析客流规律

客流量大小是影响连锁门店成功的关键因素，客流包括现有客流和潜在客流，零售店选择开设地点总是力图处在潜在客流最多、最集中的地点，以使多数人就近购买商品，但客流规模大，并不总是带来相应的优势，应做具体分析。

1. 分析客流类型

一般连锁门店客流分为三种类型：

（1）自身的客流，是指那些专门为购买某商品的来店顾客所形成的客流，这是门店客流的基础，是连锁门店销售收入的主要来源。因此，新设门店在选址时，应着眼评估自身客流的大小及发展规模。

（2）分享客流，是指一家店与邻近店形成客流的分流，这种分享客流往往产生于经营相互补充商品种类的门店之间，或大店与小店之间。如经营某类商品的补充商品的门店，在顾客购买了这类主力商品后，就会附带到邻近补充商品门店去购买供日后进一步消费的补充商品；又如邻近大型店的小店，会吸引一部分专程到大店购物的顾客顺便到毗邻的小店来。不少小店依大店而设，就是利用这种分享客流。

（3）派生客流，是指那些顺路进店的顾客所形成的客流，这些顾客并非专门来店购物。在一些旅游点、交通枢纽、公共场所附近设立的门店主要利用的就是派生客流。

2. 分析客流目的、速度和滞留时间

不同地区客流规模虽然可能相同，但其目的、速度、滞留时间各不相同，要做具体分析，再选择最佳地址。如在一些公共场所附近、车辆通行干道，客流规模很大，虽然也有人顺便或临时购买一些商品，但客流目的不是为了购物，同时客流速度快，滞留时间较短。

3. 分析街道两侧的客流规模

同样一条街道，两侧的客流规模在很多情况下，由于交通条件、光照条件、公共场所设施等影响，而有所差异。另外，人们骑车、步行或驾驶汽车都是靠右行，往往习惯光顾行驶方向右侧的门店。鉴于此，连锁门店开设地点应尽可能选择在客流较多的街道一侧。

4. 分析街道特点

选择门店开设地点还要分析街道特点与客流规模的关系。交叉路口客流集中，能见度高，是门店的最佳开设地点；有些街道由于两端的交通条件不同或通向地区不同，客流主要来自街道一端，表现为一端客流集中、纵深处逐渐减少的特征，这时候店址宜设在客流集中的一端；还有些街道，中间地段客流规模大于两端，相应地，店址设置中间地段就更能吸引潜在顾客。

（三）分析竞争对手

零售店周围的竞争情况会对经营的成败产生巨大影响，因此对零售店开设地点的选择必须要分析竞争对手。一般来说，在开设地点附近如果竞争对手众多，零售店经营需要独具特色，才会吸引大量的客流、促进销售增长、增强店誉，否则与竞争对手相邻而设，将难以获得发展。

当然，零售店的地点还是应该尽量选择在门店相对集中且有发展前景的地方，经营选购性商品的连锁门店尤其如此。另外，当店址周围的门店类型协调并存，形成相关门店群时，往往会对经营产生积极影响，如经营相互补充类商品的门店相邻而设，在方便顾客的基础上，可扩大各自的销售业绩。

（四）分析地形特点

选择零售店开设地点时，应分析地理特点，要选择能见度高的地点设店，即零售店尽量临街而设，并尽可能选在两面或三面临街的路口，增强能见度，并可多设出入口，多设临街宣传橱窗。

（五）分析城市规划

零售店开设地点的选择要分析城市建设的规划，既包括短期规划，也包括长期规划。有的地点从当前情况分析是最佳位置，但随着城市的改造和发展将会出现新的变化而不适合设店；反之，有些地点从当前情况来看不是理想的开设地点，但从规划前景看会成为有发展前途的新的商业中心区。因此，企业经营者必须从长远考虑，在了解地区内的交通、街道、市政、绿化、公共设施、住宅及其他建设或改造项目的规划的前提下，做出最佳地点的选择。

有关调查表样式见 6－4。

表 6－4　　店铺选址调查表

调查内容	调查结果	
A. 选址地点及交通概况	地　点	省　市　县　区　路　号
	交通状况	□主干道　□次干道　□支道　□有隔离带　□无隔离带 路宽______米、距站牌______米、公交车______路。
	地址属性	□商业步行街　□校内学生商圈　□校外学生商圈
B. 店铺结构概况	室外	主楼高____层、楼龄____年、店铺____楼、门面宽____米、高____米、招牌宽____米、高____米、门前空场____平方米。
	室内	室内平面形状　□正方形　□长方形　□不规则 使用面积______平方米、深____米、宽____米、高____米 卷闸门　□有　□无，洗手间　□有　□无，仓库　□有　□无。
C. 租赁条件概况	先前租户从事________行业、租期____年、每月租金____元、押金____元； 租金调幅：□租期内不调□每年上调____%；转让费______元。	
D. 商圈分析概况	邻铺概况	左右两边五家店铺依次为左：____________、____________、____________、____________、____________； 右：____________、____________、____________、____________、____________； 上午开门营业时间平均为：____时，晚上关门时间为：____时； 空铺左____家、右____家。
	商圈	周围 15～28 岁约占____%、学生约占____%、上班族约占____%、从商人员约占____%、当地居民约占____%、游客约占____%。

续表

调查内容	调查结果	
D. 商圈分析概况	商圈	人流统计（以每5分钟计算）： 周一至周五9：30～11：30 ____人、双休日____人； 周一至周五13：30～15：30 ____人、双休日____人； 周一至周五17：00～19：00 ____人、双休日____人； 周一至周五20：00～22：00 ____人、双休日____人。
E. 商圈内店铺营运分布概况及竞争对手分析（半径500米内）	店铺营运分布概况	大型超市□有□无、日平均客流约____人、距选择店____米；学校有____家。（其中小学____所，学生约____人、距选择店____米；中学____所，学生约____人、距选择店____米；大学____所，学生约____人、距选择店____米。）
	竞争对手分析	竞争店：□有、□无，有____家。 第一家距选择店____米、营销模式______、规模____平方米，经营品种______、营运状况：□优　□一般　□差； 第二家距选择店____米、营销模式____、规模____平方米，经营品种__________、营运状况：□优　□一般　□差。

五、店址评估

经营者还要对零售店铺的未来效益进行评估，主要包括平均每天经过的人数、来店光顾的人数比例、光顾顾客中购物者的比例、每笔交易的平均购买量等。根据这些调查和分析，经营者就可做出连锁门店的开设地点和开业的决策了。

（一）新店营业潜力

新店营业潜力可通过预测商店销售额来确定。这种预测可以根据过去在类似环境中的经验、同行业的一般水平或者经过调查后采用统计分析方法计算出来。有一种测算方式比较简单易行，即根据已知的商店商圈内消费者的户数、离店的远近、月商品购买支出比重及新商店在该区域内市场占有率四个因素来估算。

假设新开超级市场的商圈有三个层次，第一层次即主要商圈内的居民户数为2 000户，第二层次即次要商圈内的居民户数为4 000户，第三层次即边际商圈内的居民户数为6 000户。若平均每户居民每月去商店购买食品和日用品为500元，则：

主要商圈居民支出总额：$500 \times 2\,000 = 100$（万元）

次要商圈居民支出总额：$500 \times 4\,000 = 200$（万元）

边际商圈居民支出总额：$500 \times 6\,000 = 300$（万元）

据调查分析，新开超级市场的市场占有率在主要商圈为30%，在次要商圈为10%，在边际商圈为5%，则：

主要商圈购买力为：$100 \times 30\% = 30$（万元）

次要商圈购买力为：200 × 10% = 20（万元）

边际商圈购买力为：300 × 5% = 15（万元）

该新店营业潜力可估计为：30 + 20 + 15 = 65（万元）

（二）开店前期投资预估

通过商圈调查可以估算店铺的营业额，但该店铺是否值得经营，还必须把营业额与投资额相比较，评估出损益状况。这项评估要注意长远性的考虑，如10年以上。

1. 开店投资预估

开店投资主要包括：

（1）设备，如冷冻、冷藏设备、空调设备、收银机系统、水电设备、车辆、后场办公设备、内场仓库设备、卖场陈列设备等。

（2）工程，如内外招牌、空调工程、水电工程、冷冻、冷藏工程、保安工程等。

（3）包装材料，如营业性和保洁性消耗品等。

（4）设计费用，对连锁公司来说，这笔费用可大大节约。连锁公司总部应事先确定设备及工程投资项目、供应厂商、数量及金额。

2. 经营费用预估

经营费用可分为固定费用与变动费用两类。固定费用是指与销售额的变动没有直接关系的费用支出，如工资、福利费、折旧费、水电费、管理费等；变动费用是指随商品销售额的变化而变化的费用，如运杂费、保管费、包装费、商品损耗、借款利息、保险费、营业税等。上述各项费用究竟要控制在多少之内，无统一的标准，但最基本的前提是：毛利率要大于费用率。

3. 损益平衡点分析

损益平衡点又称盈亏平衡点或保本点，是指预设商店收益 = 支出时的销售量或销售额。此时，销售收入等于成本，利润为零。如果销售额达不到该指标，商店就会出现亏损，表明该连锁分店没有建立的必要，必须放弃或者另择地点。否则必须设法使销售额增加或降低成本。如果预测营业额能超过该指标，则店铺即有盈利。

（1）损益平衡点的计算：

①按产品销售量计算：

损益平衡点销售量 = 固定成本/（产品销售单价 - 单位产品变动成本）

②按产品销售额计算：

损益平衡点销售额 = 固定成本/（1 - 变动成本/产品销售收入）

= 固定成本/（1 - 变动成本率）

例：某企业产品销售收入为1亿元，企业的固定成本为3 200万元，变动成本为6 000万元；计算该企业的损益平衡点销售额。

损益平衡点销售额 = 3 200/（1 - 6 000/10 000）

= 3 200/0.4 = 8 000（万元）

本章小结

零售店址是关系到门店生意好坏的最关键因素，而商圈调查是选择合适店址的前提。商圈是以门店所在地点为中心，沿一定距离形成不同层次的吸引顾客的区域。商圈由核心商圈、次级商圈和边缘商圈构成。有六大商圈形态：商业区、工业区、住宅区、文化区、办公区和混合区。商圈确定方法有单纯划分法、独立调查法、经验法和数学分析法。门店商圈调查的内容主要有生活结构调查、城市结构调查和零售业结构调查。连锁门店选址应该遵循以下几项基本原则：方便顾客购物的原则、有利于连锁门店开拓发展的原则、有利于获取最大经济效益的原则。选择店址时应分析交通条件、客流规律、竞争对手、地形特点和城市规划情况。最后要进行新店营业潜力和开店前投资预估。

习　题

一、选择题

1. 在（　　）商圈范围内顾客密度最大。

A. 核心商圈　　B. 次级商圈

C. 边缘商圈　　D. 中心商圈

2. （　　）商品，店铺应最大限度地接近顾客的居住区，设在居民区商业街中，辐射范围以半径300米为限，步行在10分钟以内为宜。

A. 日常生活必需品　　B. 周期性需求的商品

C. 耐用消费品　　D. 顾客特殊性需求的商品

3. 划定商圈的方法有（　　）。

A. 单纯划分法　　B. 独立调查

C. 经验法　　D. 数学分析法

4. 下列（　　）不是连锁店选址的原则。

A. 方便顾客购买　　B. 方便商品配送

C. 获得最小收益　　D. 长远发展能力

5. 店址选址的原则为（　　）。

A. 方便顾客购物　　B. 有利于零售店开拓发展

C. 有利于获取最大的经济效益　　D. 有利于最大程度降低成本

二、判断题

1. 商圈是以商店为中心形成的向外辐射的同心圆区域。（　　）

2. 便利店几乎没有边缘商圈的顾客。（　　）

3. 饱和指数越大，表明目前商圈内饱和度相对越高，新开店的市场占有率就会越低。（　　）

4. 零售商的商圈一旦形成，便不会轻易变化。（　　）

5. 零售店址的选择对开店成败的影响力可达70%。（　　）

三、思考题

1. 商圈调查包括哪些内容？

2. 商店位置选择需考虑哪些因素？

3. 城市A有人口10万人，城市B有人口5万人，城市A与城市B的距离为25公里，那么，城市A与城市B的商圈边界各是多少？

4. 现有A、B、C三个地区，每个地区购买某类商品的潜在顾客数、每一顾客平均购买额（元）、经营同类商品的店铺营业总面积（平方米）如表6-5所示。

表6-5　　　　某地区商圈调查表

	A地区	B地区	C地区
潜在顾客人数	100 000	80 000	6 000
每一顾客平均购买额	200	150	150
同类店铺营业面积	30 000	25 000	20 000

请计算出各地区的零售饱和指数是多少？

四、案例分析题

肯德基的选址策略

地点是饭店经营的首要因素，餐饮连锁经营也是如此。连锁店的正确选址，不仅是其成功的先决条件，也是实现连锁经营标准化、简单化、专业化的前提条件和基础。因此，肯德基对快餐店选址是非常重视的，选址决策一般是两级审批制，通过两个委员会的同意，一个是地方公司，另一个是总部。其选址成功率几乎是百分之百，是肯德基的核心竞争力之一。

肯德基选址按以下几步骤进行：

（一）商圈的划分与选择

1. 划分商圈

肯德基计划进入某城市，就先通过有关部门或专业调查公司收集这个地区的资料。有些资料是免费的，有些资料需要花钱去买。把资料买齐了，就开始规划商圈。商圈规划采取的是记分的方法，例如，这个地区有一个大型商场，商场营业额在1 000万元算1分，5 000万元算5分，有一条公交线路加多少分，有一条地铁线路加多少分。这些分值标准是多年平均下来的一个较准确经验值。通过打分把商圈分成好几大类，以北京为例，有市级商业型（西单、王府井等），区级商业型，定点（目标）消费型，还有社区型，社、商务两用型，旅游型等等。

2. 选择商圈

即确定目前重点在哪个商圈开店，主要目标是哪些。在商圈选择的标准上，一方面要考虑餐馆自身的市场定位，另一方面要考虑商圈的稳定度和成熟度。餐馆的市场定位不同，吸引的顾客群不一样，商圈的选择也就不同。例如马兰拉面和肯德基的市场定位不同，顾客群不一样，是两个“相交”的圆，有人吃肯德基也吃马兰拉面，有人可能从来不吃肯德基专吃马兰拉面，也有反之。马兰拉面的选址也当然与肯德基不同。而肯德基与麦当劳市场定位相似，顾客群基本上重合，所以在商圈选择方面也是一样的。可以看到，有些地方同一条街的两边，一边是麦当劳，另一边是肯德基。

商圈的成熟度和稳定度也非常重要。比如规划局说某条路要开，在什么地方设立地址，将来这里有可能成为成熟商圈，但肯德基一定要等到商圈成熟稳定后才进入。例如说这家店三年以后效益会多好，对现今没有帮助，这三年难道要亏损？肯德基投入一家店要花费好几百万元，当然不冒这种险，一定是比较稳健的原则，保证开一家成功一家。

（二）聚客点的测算与选择

1. 要确定这个商圈内最主要的聚客点在哪

例如，北京西单是很成熟的商圈，但不可能西单任何位置都是聚客点，肯定有最主要的聚集客人的位置。肯德基开店的原则是：努力争取在最聚客的地方和其附近开店。

过去古语说“一步差三市”。开店地址差一步就有可能差三成的买卖。这跟人流动线（人流活动的线路）有关，可能有人走到这，该拐弯，则这个地方就是客人到不了的地方，差不了一个小胡同，但生意差很多。这些在选址时都要考虑进去。

人流动线是怎么样的，在这个区域里，人从地铁出来后是往哪个方向走等等。这些都派人去掐表，去测量，有一套完整的数据之后才能据此确定地址。

比如，在店门前人流量的测定，是在计划开店的地点掐表记录经过的人流，测算单位时间内多少人经过该位置。除了该位置所在人行道上的人流外，还要测马路中间的和马路对面的人流量。马路中间的只算骑自行车的，开车的不算。是否算马路对面的人流量要看马路宽度，路较窄就算，路宽超过一定标准，一般就是隔离带，顾客就不可能再过来消费，就不算对面的人流量。

肯德基选址人员将采集来的人流数据输入专用的计算机软件，就可以测算出在此地投资额不能超过多少，超过多少这家店就不能开。

2. 选址时一定要考虑人流的主要动线会不会被竞争对手截住

因为人们现在对品牌的忠诚度还没到说“我就吃肯德基，看见麦当劳就烦”，好像还没有这种情况。只要你在我跟前，我今儿挺累的，我干嘛非再走那么一百米去吃别的，我先进你这儿了。除非这里边人特别多，找不着座了，我才往前挪挪。

但人流是有一个主要动线的，如果竞争对手的聚客点比肯德基选址更好，那就有影响。如果是两个一样，就无所谓。例如北京北太平庄十字路口有一家肯德基店，如果往西一百米，竞争业者再开一家西式快餐店就不妥当了，因为主要客流是从东边过来的，再在那边开，大量客流就被肯德基截住了，开店效益就不会好。

3. 聚客点选择影响商圈选择

聚客点的选择也影响到商圈的选择。因为一个商圈有没有主要聚客点是这个商圈成熟度的重要标志。比如北京某新兴的居民小区，居民非常多，人口素质也很高，但据调查显示，找不到该小区哪里是主要聚客点，这时就可能先不去开店，当什么时候这个社区成熟了或比较成熟了，知道其中某个地方确实是主要聚客点才开。

为了规划好商圈，肯德基开发部门投入了巨大的努力。以北京肯德基公司而言，其开发部人员常年跑遍北京各个角落，对这个每年建筑和道路变化极大、当地人都易迷路的地方了如指掌。经常发生这种情况，北京肯德基公司接到某顾客电话，建议肯德基在他所在地方设点，开发人员一听地址就能随口说出当地的商业环境特征，是否适合开店。在北京，肯德基已经根据自己的调查划分出的商圈，成功开出了50多家餐厅。

（资料来源：http：//www. cy580. com/content/2013/03/14/show80778. html。）

问题：肯德基为什么特别看重成熟商圈？

第七章 零售商品规划

学习目标

知识目标

- ☐ 掌握零售商品的分类和结构
- ☐ 掌握零售商商品的组合及组合优化等
- ☐ 掌握品类管理的流程和方法
- ☐ 掌握零售企业自有品牌策略

能力目标

- ☐ 能按照科学的结构进行商品分类
- ☐ 能把零售商品优化组合排列
- ☐ 能分析调整和优化商品结构
- ☐ 能根据商业业态和经营目标制定商品组合策略
- ☐ 能运用品类管理进行商品管理

导入案例

商品组合的魅力

英国伦敦有一家专营纸张、文具、图钉、回形针、尺子等文教小用品的杂货店，由于薄利而不多销，生意很是清淡。眼看要倒闭了，经营者就向一家管理公司求援。管理公司想出一个新颖的经营点子——“文具组合”，即将文具与剪刀、透明胶带、10 厘米长的卷尺、10 厘米长的塑料尺、小订书机、合成糨糊等，放进一个设计精巧、轻便易带的盒子里，盒子外表则印上色彩鲜艳和形象生动的图画。

“文具组合”一经上市，很快就成为热门商品，不仅迎合了中小学生的需要，也受到了机关及工商企业界的职员和工程技术人员的欢迎，虽然公司把组合文具的总价提高了一倍多出售，但顾客们并不嫌贵，上市第一年就销售了300 多万盒，获得了意想不到的巨额利润。接着，经营者又把文具组合改进提高，在盒子里安装上了电子钟、温度计，使它的功能趋于立体化，又根据孩子们的好奇心理，把文具盒弄成五颜六色、千姿百态的变形金刚等模样。这样，文具虽然基本上还是那么几种，但内容不变外形变，组合创新使它越发获得了人们的青睐。久而久之，这家杂货店就获得了一个雅号——爱的小屋。有趣的是，自从不断创新产品组合后，这家杂货店新进的衣帽销量不断创新高，“爱的小屋”的大名也漂洋过海，蜚声国内外。有许多国外游客到伦敦后，都特意要去逛一下“爱的小屋”。

思考：这个案例给你什么启示？

第一节
商品分类与经营范围

商品类别是零售商提供给消费者的相关商品群。零售店的策划者，需要对所经营的商品进行适当的分类，根据各类商品的特点制定零售店的商品经营策略，以扩大商品销售，增加企业利润。

一、商品分类

零售店经营的商品既可以从零售店经营的角度分类，也可以从消费者的角度分类，零售商品的分类有如下几种常用方法：

（一）从消费者的角度划分

从消费者的角度划分，有以下几种分类方法：

1. 按照消费者的需要划分

按照消费者的日常需求种类划分，分为食品类、IT类、服装类、鞋框、鞋帽类、日用品类、家具类、家用电器类、纺织品类、五金电料类、厨具类等。这是零售店商品的基本分类，以此分类进行商品管理能较好地满足市场需求。

2. 按照消费者性别与年龄划分

按照消费者性别与年龄划分，分为男士用品、女士用品、老年消费者用品、中年消费者用品、青少年、儿童及婴儿用品等。诸如服饰、食品、化妆用品等因性别和年龄不同而有明显区别的商品，按这种分类方法有利于商品的组织和销售。

3. 按照顾客对商品的选择程度划分

根据顾客对商品的选择程度分类，零售商品可以分为便利品、选购品、特殊品和未寻求品。

（1）便利品。便利品是指顾客经常购买，而且不愿意花时间作过多比较选择的商品。购买这类商品时，顾客随意性强，大多希望方便快捷地成交，而不愿意花长时间进行比较挑选。便利品又可分为日用品、冲动购买品和应急品三种。

①日用品。指单位价值较低、经常使用和购买的商品，如牙膏、牙刷、肥皂、灯泡、电池、洗涤用品等。顾客购买日用品并不坚持特定的品牌和商标，常常选择自己熟悉的牌子，突出要求是随时可以买到，所以愿意接受任何性质相同或相似的替代品。

②冲动购买品。冲动购买品是顾客事先并无购买计划，因视觉、嗅觉或其他感观直接受到刺激而临时决定购买的商品。如糖果、风味食品、示范表演的商品、现场制作、POP广告商品等。通过感观的刺激促进消费者冲动购买是商品促销的重要手段。如玩具的示范表演、风味食品的现场制作等。

③应急品。是顾客紧急需要时所购买的物品，如雨具、防寒用品等。对应急品而言，商品布置的可见度对销售影响较大。

（2）选购品。选购品是顾客在购买过程中，愿意花费较多的时间观察、询问、比较选择的商品。选购商品价值相对较高、使用期长，需求弹性较大、挑选性购买者一般愿意到商店集中的地区或有声望的大商场去购买，顾客对商品信息掌握不够，一般为中高档商品，如家具、组合音响、时装、电器等，顾客会对其质量、功能、样式、色彩、价格等方面进行详细比较。

（3）特殊品。特殊品是具有特定性能、特殊用途、特殊效用和特定品牌的商品。它有特定的消费对象。常见的特殊品有珍贵邮票、名人字画、舞台戏装、无糖食品、孕妇用品、婴儿用品等。购买这类商品，顾客往往经过了周密考虑，购买目的性较强，品牌忠诚度较高，不会反复在品牌中挑选。销售特殊品适宜集中经营。

（4）未寻求品。未寻求品是指顾客尚不知道，或者知道但尚未有兴趣购买的商品。例如，某些刚上市的新商品、待换季的商品等。对于未寻求品，零售企业必须加强广告宣传和推销工作，才能吸引潜在顾客，扩大销售。

4. 根据顾客的不同购买习惯分类

根据顾客的不同购买习惯分类，零售商品可分为日用杂品、日用百货商品、专用品和流行品。

（1）日杂用品。日用杂品是家庭中经常消费的商品。由于顾客购买次数较多，顾客选择日杂用品的标准一般为方便、坚固、美观，因此购买时要求价格便宜，对质量要求不高。

（2）日用百货商品。日用百货商品是顾客经常使用和购买的价值较低的商品。顾客对日用百货商品的选择标准是感觉良好和种类丰富。

（3）专用品。专用品是指对顾客具有特定用途的商品。专用品一般价值较高，顾客购买次数少。常见的专用品有金银饰品、体育用品、绘图仪器等。顾客对专用品的质量要求较高，购买相当谨慎，会不考虑距离前去购买。

（4）流行品。流行品是由于某些因素影响，而在短时期内出现大量需求的商品。流行品的消费在一定时期内表现为一种时尚。流行品经营的重点是款式漂亮、新颖。

（二）从经营管理商品的角度分类

1. 按经营重要程度划分

（1）主力商品。主力商品，是指在零售企业经营中，无论是数量还是金额均占主要部分的商品。主力商品在销售额中占主要比重，它反映商店的主营业务，是商店利润的核心来源。一个企业的主力商品体现它的经营方针、经营特点以及企业的性质。主力商品的经营效果决定着企业经营的成败。

（2）辅助商品。辅助商品，是对主力商品的补充。辅助商品是商店为了吸引顾客，提高商店规格，促进主力商品销售的商品。辅助商品的配备，必须考虑它的流行性和季节性，辅助商品可以陪衬出主力商品的优点，能够刺激顾客的购买欲望，增加顾客购物频率，促进主力商品的销售。

（3）关联商品。关联商品，是在用途上与主力商品有密切联系的商品。配备关联商品，可以方便顾客的购买，扩大商品销售量。例如，录音机与磁带、西服与领带等都是关联商品。

2. 根据商品的耐久性和有形性划分

根据商品的耐久性和有形性分类，零售商品可以分为耐用品、易耗品和服务。

（1）耐用品。耐用品是指在正常情况下，能多次使用的有形物品。例如电冰箱、电视机、音响等。耐用品的使用周期（到下一次重新购买的时间）长，价格一般较高，顾客购买慎重。经营耐用品需要更多的销售服务和销售保证，如维修、运输、保修、保退、保换等；销售的重点是耐心细致的商品介绍、使用方法的指导，以形成促使顾客购买的气氛。

（2）易耗品。消耗品，也称非耐用品，是指在正常情况下，一次或几次使用就被消费掉的有形物品，如牙膏、洗衣粉、文具等。这类商品顾客购买频繁，消费快，商品价格较低，商品经营利润较小。因此，零售企业经营易耗品必须便于客户购买，将网点尽可能地接近居民区。

（3）服务。服务是非物质实体商品，服务的核心内容是向顾客提供效用，而非转移所有权。与有形商品比较，服务具有以下特点：第一，服务基本上是无形的；第二，服务内容不易标准化；第三，提供服务是与其消费过程同时进行的，服务的交易必须在适当的时间和地点进行才能有效地满足需要。为顾客提供服务应当加强服务质量管理，提高销售者的信誉和技能，为不同的顾客提供不同的服务。

3. 按商品特点划分

可以根据商品本身的特征，如何时、何处、如何使用等情况将商品进行分类，也可以按商品的生产产地、生产方法、生产厂家、生产质地等情况进行分类。例如，根据商品使用的季节性可分为春秋季商品、夏季商品、冬季商品；根据商品的使用目的可以分为自用品、礼品、集团消费品；按商品品质价格的水平划分，分为高档、中档和低档商品。根据商品的生命周期长短分为流行商品和一般商品。按商品品质价格的水平划分，分为高档、中档和低档商品类。

4. 按销售顺畅程度划分

按销售顺畅程度划分有畅销商品类、平销商品类、滞销商品和冷销商品类，或分为正常销售商品和瑕疵商品。这种划分为零售商提供商品销售状态，便于零售商及时发现商品对市场的适应程度，保证畅销商品的供应，及时调整购销过程。

5. 按商品质量价格的水平划分

按商品质量价格的水平划分为高档、中档和低档商品类。高、中、低档商品的配备比例，是由企业目标市场的消费阶层的需求特点决定的，商品档次与商品形象密切相关。

6. 根据商品的用途分类

根据商品的用途分类，零售商品可以分为消费品和资本品。

（1）消费品。消费品是最终用户为了使用而购买的商品，直接用于最终消费。消费品的购买者多属于非专家购买，性能和价格不一定是影响其购买决定的因素，而更多是带有心理方面的倾向。如外观设计的精美程度、商品品牌等，常常具有满足顾客需求的力量。

（2）资本品。资本品是指企业为生产商品而购入的商品。资本品同消费品的区别在于购买目的不同、购买数量和方式不同。购买资本品的顾客购买的决策多数带有科学性，注重商品性能、价格等，往往是具有专门知识的行家。

二、商品结构与优化

（一）零售商品结构

商品结构是零售企业在一定的经营范围内，按一定的标志将经营的商品划分若干类别和项目，并确定各类别和项目在商品总构成中的比重。商品结构是由类别和项目组合起来的。商品结构是否合理，直接关系到经营目标能否圆满完成，经济效益能否顺利实现。国内零售店为了便于管理，一般将商品分为大分类、中分类、小分类和单品四个层级，如表7-1所示。

表7-1　商品分类层次及其分类标准

分类层次	含义	划分标准	说　明
大分类	卖场零售商品中构成的最粗线条划分	商品特征	为了便于管理，商店的大分类一般以不超过10个为宜
中分类	大分类商品中细分出来的类别	功能用途 制造方法 商品产地	中分类在商品的分类中有很重要的地位，不同中分类的商品通常关联性不高，是商品间的一个分水岭，所以，无论在配置上还是在陈列上都常用它来划分
小分类	中分类中进一步细分出来的类别	功能用途 规格包装 商品成分 商品口味	小分类是用途相同，可以互相替代的商品，往往陈列在一起。相邻陈列的不同小分类商品具有高度相关性
单品	商品分类中不能进一步细分的、完整独立的商品品项	唯一性	是最基本的层面，用价格标签或条码区别开来

以超市为例，在超级市场实际商品管理中，商品分类一般采用综合分类标准，将所有商品划分成大分类、中分类、小分类和单品四个层次：

1. 大分类

大分类是超级市场最粗线条的分类。大分类的主要标准是商品特征，如畜产、水产、果菜、日配加工食品、一般食品、日用杂货、日用百货、家用电器等。

2. 中分类

中分类是大分类中细分出来的类别。其分类标准主要有：

（1）按商品功能与用途划分。如日配品这个大分类下，可分出牛奶、豆制品、冰品、冷冻食品等中分类。

（2）按商品制造方法划分。如畜产品这个大分类下，可细分出熟肉制品的中分类，包括咸肉、熏肉、火腿、香肠等。

（3）按商品产地划分。如水果蔬菜这个大分类下，可细分出国产水果与进口水果的中分类。

3. 小分类

小分类是中分类中进一步细分出来的类别。主要分类标准有：

（1）按功能用途划分。如"畜产"大分类中、"猪肉"中分类下，可进一步细分出"排骨"、"里脊肉"、"蹄筋"等小分类。

（2）按规格包装划分。如"一般食品"大分类中、"饮料"中分类下，可进一步细分出"听装饮料"、"瓶装饮料"、"盒装饮料"等小分类。

（3）按商品成分分类。如"日用百货"大分类中、"鞋"中分类下，可进一步细分出"皮鞋"、"人造皮鞋"、"布鞋"、"塑料鞋"等小分类。

（4）按商品口味划分。如"糖果饼干"大分类中、"饼干"中分类下，可进一步细分出"甜味饼干"、"咸味饼干"、"奶油饼干"、"果味饼干"等小分类。

4. 单品

单品是商品分类中不能进一步细分的、完整独立的商品品项。如上海申美饮料有限公司生产的"355 毫升听装可口可乐"、"1.25 升瓶装可口可乐"、"2 升瓶装可口可乐"、"2 升瓶装雪碧"，就属于四个不同单品。

（二）确定商品结构的基本要求

1. 适合顾客对商品的选择

零售店要根据所在地区特点和目标顾客对各类商品的选择要求确定商品构成比例，保持适销、应备的花色品种。商店的地址和商圈范围确定以后，其顾客来源的基本特征也就随之确定下来。商店目标顾客的职业构成、收入状况、消费特点、购买习惯都影响着商店商品经营范围的选择。处在人口密度大的城市中心的商店，由于目标顾客的流动性强、供应范围广、消费阶层复杂，因而经营品种、花色式样应比较齐全；处在居民区附近的商店，消费对象比较稳定，主要经营人们日常生活必需品，种类比较单纯；处在城市郊区、工矿区、农业区或学校集中区的商店，由于这些地区消费者的特殊职业形成了其特殊需要，在确定商品经营范围时，也要充分考虑这些地区消费者需求的共性及个性。

2. 与业态和企业规模相一致

确定商品经营范围，必须首先考虑商店的业态类型、经营规模及经营特点。基本上一个商店的业态确定下来，就已经框定了其大致的经营范围。不同业态的商店，其商品经营有着不同分工。综合性商场除了经营某几类主要商品外，还兼营其他有关行业的商品；专业性商店以经营本行业某一大类或某几大类商品为界限，其专业分工越细，经营范围越狭窄；超市以食品为主，综合超市的食品比例则下降，日用品及其他的商品比例上升。商店经营规模越大，经营范围越广；反之，则越窄。

3. 保持顾客基本需要的一定比例

对于顾客基本需要的品种、规格、质量，应保持必要的经营比例，保证销售。对同一种类的商品，如何既为消费者提供足够的选择机会，又不至于浪费太多的投资和营业空间，这一问题对企业而言必须加以解决。应当指出，零售企业经营商品的品种中，有相当一部分由于供求的季节性波动而形成周期性的商品交替，这些商品有明显的季节性，所以企业要随着季节的不断变更，随时调整商品结构。企业还应在季节到来之前调整好经营商品的结构。某些商店还可确定顾客特殊需要的品种、规格，以满足特殊需要。

4. 保证顾客对商品配套的需求

对于一些配套使用的商品及连带消费的商品，应当列入商品规划，以方便顾客购买。有许多商品的销售是相关的。例如，女装可以带动化妆品的销售，小食品可以带动儿童玩具的销售等。根据商品消费连带性的要求，把不同种类但在消费上有互补性，或在购买习惯上有连带性的商品一起纳入经营范围，以方便顾客挑选购买，也利于增加销售额。因此，在确定商品经营范围时，在确定了基本的主力商品类别之后，要考虑辅助商品和连带商品的范围。另外，替代品的经营也要充分考虑。零售商经营互补商品和连带商品，一方面，可以增加基本商品的销售额；另一方面，也可以增加辅助商品的销售额，提高商店总销售额。

5. 满足商品销售规模和经济效益的要求

正确处理经济效益与商品构成之间的关系，主要表现在两方面：一是商品构成与商品周转速度之间的关系，品种越多，资金占用越分散，而并非所有品种销量都好，所以不能片面扩大品种，影响经济效益；但也不能片面压缩品种，不便顾客选购，反而会影响经济效益。二是商品构成与商品利润率之间的关系。要处理好不同利润率的商品之间的比例关系，利润率高的商品要经营，为了顾客的需要，利润低的商品也要经营。

（三）商品结构的完善与调整

零售企业商品结构的完善，主要有两个方面：一方面完善主力商品、辅助商品和关联商品的结构；另一方面完善高、中、低档商品的结构。

1. 主力商品、辅助商品和关联商品的配备

一般地说，主力商品要占绝大部分，而辅助商品和关联商品的比重则应小一些。主力商品的数量和销售额，要占商品总量和全部销售额的70% ~80%，辅助商品和关联商品约占20% ~30%，其中关联商品应与主力商品具有很强的关联性。在经营过程中，如果发现企业商品结构发生变化，则应迅速调整，使之趋于合理。

（1）主力商品。主力商品选择应该体现商店在市场中的定位以及整个商店在人们心目中的定位。主力商品的构成一般可以考虑以下几类：

①感觉的商品。在商品的设计上、格调上都要与商场形象相吻合并且要予以重视。

②季节性的商品。配合季节的需要，能够多销的商品。

③选购性商品。与竞争者相比较，易被选择的商品。

(2) 辅助商品。它是与主力商品具有相关性的商品，其特点是销售力方面比较好，其重点为：

①价廉物美的商品。在商品的设计上、格调上可不需太重视，但对于顾客而言，却在价格上较为便宜，而且实用性高。

②储备的商品。对于季节性方面可能不太敏感，但必须与主力商品具有关联性，而且容易被顾客接受的商品。

③日用品。不需要特地到各处去挑选，而是随处可以买到的一般目的性的商品。

(3) 附属品。它是辅助商品的一部分，对顾客而言，也是易于购买的目的性商品。其重点为：

①易接受的商品。在卖场中，只要顾客看到，就很容易接受而且立即想买的商品。

②稳定性商品。具有实用性，在设计、格调上与流行性方面无直接关系的商品，即使卖不出去也不会成为不良的滞销品。

③日用的商品。日常所使用的商品，在顾客需要时可以立即购买的商品。

(4) 刺激性商品。为了刺激顾客的购买欲望，可以针对上述三类商品群中，选出重点商品，必要时挑出某些单品来，以主题系列的方式，在卖场显眼的地方大量地陈列出来，借以带动整体销售效果的商品。其重点为：

①战略性商品。配合战略需要，用来吸引顾客，在短期间内以一定的目标数量来销售的商品。

②开发的商品。为了考虑今后的大量销售，商店积极地加以开发，并与厂商配合所选出的重点商品。

③特选的商品。为特定的目标而选定的商品，如反季商品、库存商品的促销。

2. 高、中、低档商品的配备

高、中、低档商品的配备比例，是由企业目标市场的消费阶层的需求特点决定的。一般来说，以高消费阶层为目标市场的企业，可以采取以高档商品、中档商品占绝大多数的政策，其经营比重为：高档商品占50%，中档商品占40%，低档商品占10%。主要面向大众顾客的企业，可以采取低档商品、中档商品占绝大多数的政策，其经营比重为：高档商品10%，中档商品40%，低档商品50%。在低收入顾客占多数的地区，以低消费阶层为目标市场，也可以按中档商品30%，低档商品占70%的比例配备。

(四) 商品结构调整依据

商品结构的调整应首先审视和调整商品结构本身的合理性，然后，再来调整具体的单项商品。零售商应随着商店的经营规模、经营目标、商品生产技术发展、人口数量及消费者收入水平等实际情况的变化，随时优化商品结构，不能一成不变、墨守成规。调整的依据可以根据企业过去的销售记录，这一记录来自于企业的信息系统。具体说来，借助信息管理系统，零售商可以根据以下因素对商品结构进行调整。

1. 商品销售排行榜

定期对商品销售情况进行排名，排在前面的商品属于畅销商品，应予保留；排在后面的商品属于滞销品，应列为淘汰考察对象。然后，再调查每一种商品滞销的原因，如果无法改变其滞销的情况，就应予以撤柜处理。在处理这种情况时应注意：对于新上柜的商品，往往因其有一定的导入期和成长期，不要急于撤柜；对于某些日常的生活必需品，虽然其销售额很低，但是可以通过此类商品的销售来拉动商店的主力商品的销售，如针线、保险丝、蜡烛等要予以保留；还有一些商品，可能仅仅由于陈列不当而导致销售不畅，在淘汰滞销品时要注意分析其中的具体原因。

2. 商品贡献率

单从商品排行榜来挑选商品是不够的，还应看到商品的贡献率。销售额高、周转率快的商品，不一定毛利高；而周转率低的商品未必利润就低。没有毛利的商品销售额再高，也无法维持商店的生存，没有利润的商品不应长期占据货架，看商品贡献率的目的在于找出门店中贡献率高的商品，并使之销售得更好。

3. 损耗排行榜

这一指标是不容忽视的，它将直接影响商品的贡献毛利。例如，超市经营的鲜奶等日配商品的毛利虽然较高，但是，由于其风险大、损耗多，可能会是“赚的不够赔的”。对于损耗大的商品一般应少订货，同时应由供货商承担一定的合理损耗。另外，有些商品的损耗是因商品的外包装问题引起的，这种情况，应当及时让供货商予以改进。

4. 周转率

商品的周转率也是优化商品结构的指标之一，商品积压会占用流动资金，所以，周转率低的商品不能滞压太多。

5. 其他因素

除了利用上述信息管理系统的数据进行商品内部的调整外，零售商还要考虑其他一些因素，如节假日因素。随着一些特殊节日的到来，也应对商店的商品进行补充和调整。商品的更新率一般应控制在10%以下，最好在5%左右，过多或过频繁的商品调整有时效果会适得其反，让固定顾客失去对商店的商品印象。此外，在优化商品结构的同时，也应该优化商店的商品陈列。许多零售商对采购员制定一些硬性指标以保证商品的更新，如规定新商品引入的数量或新商品更新率，要求采购员周期性地增加商品的品种，补充商场的新鲜血液，以稳定自己的固定顾客群体。另外，需要导入的新商品应符合商店的商品定位，不应超出其固有的价格带，对于价格高而无销售量的商品和低价格、无利润的商品应适当地予以淘汰。

小知识

选择新商品时应考虑单品集客力

利润 =（单品平均销售额 × 单品数 × 平均毛利率）－经营费用

这是利润计算公式中的一种，从品项优化的角度说，这项公式对于利润的控制有三个重点：单品平均销售额、单品数和平均毛利率。提升单品平均销售额和单品数的问题是困扰很多零售店主的问题，甚至有很多店主根本就没有想过这类问题。

门店的主推品类对于商品的销售是至关重要的。比如同一商品推荐的形式不同，其销售额可能有天壤之别。但是由于地域性和消费者消费能力的不同，对于各类的购买习性来说，商品和商品之间的集客力就会存在某些差别，这样就会产生一个虎、狼、小白兔、瘦狗的虚拟品项等级——分别代表了集客力差别。

A. 虎类——顾客为解决自身问题而首先想到的首选类商品。

B. 狼类——首选类商品之外仍可想到的让自己满意的备选商品。

C. 小白兔类——在没有 AB 类的情况下，会想到的聊胜于无的备选商品。

D. 瘦狗类——没有门店的引荐，根本不会想到的可选品类。

举例来说，比如一位顾客感冒，进店以后首先会想到的是品牌类的胶囊制剂——虎类商品；其次会想到品牌类的冲剂——狼类商品；根据个人情况不同，比如在没有找到虎狼类的商品时，可能会考虑使用一些外用药油（小白兔类商品）来减轻自己的症状；最后，可能选择找个大夫抓点中药，或听从店家的推荐使用一种以前从来没有见过的品种——瘦狗类商品。

作为管理人员毫无疑问应该了解这些差别，并合理排列推荐次序。但是，在此之中更重要的是要发现那些被埋没了销售潜能的小白兔和瘦狗，并采用适当的措施发挥其潜能，由此让 C、D 类商品合理地享有基本的权利——让 A、B 类商品带动 C、D 类商品的销售。总的来说就是让所有的商品发挥其应有的销售能力。

但是，C、D 类商品一般是新的商品，如何选择和搭配非常重要，现在，由于价格战激烈，很多单体店或连锁店都在使用品类杠杆来调节品类，引进新的高毛利品项来缓冲品牌商品的低毛利威胁。但是，很多门店引进新商品并不得法，甚至反而造成更大的亏损面或者造成现金断流的危险。

因此，单品数（种类数）是创造利润的重要控制点。有效的单品数越多，整个卖场产生的利润越大，所以及时有效的新商品引进也会在一定程度上提高卖场的利润，有时甚至是彻底地扭转门店的销售衰势。有人将这一规律称为单品数杠杆原理。

整个杠杆是一端为：有效单品数上升；另一端为：无效单品数下降；支点就是：数据分析。相对于传统商品管理所实行的柜组管理、大类管理而言，单品数杠杆原理是强有力的卖场细节管理工具。那么，如何运用单品数杠杆原理来组织新品的引进呢？应使用“五看点新品引进法”：（1）采购前看分类；（2）销售能力看排行；（3）实际贡献看毛利；（4）注重流动看周转；（5）聚客能力看单品。

这就要主管商品引进和销售的人员进行协调管理、根据不同的商圈进行对接和灵活运用了。总而言之，要重视数据的分析工作，按照真实的数据反映情况，有根有据地进行决策，不要凭经验臆测，这样就能够降低商品引进的风险了。

三、确定商品范围的考虑因素

经营什么具体的商品是商品规划中的关键。商品经营范围一般是在过去采购实绩和销售实绩的基础上，根据市场预测得出的消费需求及其变化趋势的有关资料，进行综合分析后确定的。商店在确定商品经营范围时，需考虑以下几方面：

（一）商店业态特征及其规模

确定商品经营范围，必须首先考虑商店的业态类型、经营规模及经营特点。不同业态的商店，其商品经营有着不同分工，综合性商场除了经营某几类主要商品外，还兼营其他有关行业的商品。专业性商店以经营本行业某一大类或某几大类商品为界限，其专业分工越细，经营范围越狭窄；商店经营规模越大，经营范围越广。此外，商店经营对象是以附近顾客为主，还是面向更广泛的市场空间；商店是属于百货商店，还是超级市场、便利店；商店是以高质量商品、高服务水平为经营特色，还是以价格低廉为经营特色，这些都将对商品经营范围有着重大影响。

（二）商店的目标市场

商店的地址和商圈范围确定以后，其顾客来源的基本特征也就随之确定下来。商店目标顾客的职业构成、收入状况、消费特点、购买习惯都影响着商店商品经营范围的选择。处在人口密度大的城市中心的商店，由于目标顾客的流动性强、供应范围广、消费阶层复杂，因而经营品种、花色式样比较齐全；处在居民区附近的商店，消费对象比较稳定，主要经营人们日常生活必需品，种类比较单纯；处在城市郊区、工矿区、农业区或学校集中区的商店，由于这些地区消费者的特殊职业形成了其特殊需要，在确定商品经营范围时，也要充分考虑这些地区消费者需求的共性及个性。

（三）商品的生命周期

任何商品都有其生命周期，即从进入市场到退出市场经历四个阶段：导入阶段、成长阶段、成熟阶段、衰退阶段。在信息时代，科技日新月异，商品的生命周期不断缩短，新产品不断涌现，旧产品不断被淘汰。商店必须跟上这种不断变化着的时代步伐，随时注意调整自己的经营范围。一方面，商店必须跟踪掌握商品在市场流通中所处的生命周期阶段，一旦该商品到达衰退期，则立即加以淘汰；另一方面，随时掌握新商品动向，对于有可能成为畅销商品的新商品，在上市前即列入商品经营计划的范围。

（四）竞争对手情况

同行竞争对手的状况也影响着商店商品经营范围的确定。在同一地段内，相同业态商店之间，经营特点不宜完全一致，应有所差别，其差别主要体现在商店主力商品的种类上。俗话说“追二兔不如追一兔”，特点多反而显不出特点来，每家商店为突出自己的特色，都会选择一个最适合自己形象的主营商品大类。因此，商店只有弄清楚周围竞争对手的经营对策、商品齐全程度及价格和服务等状况，才能更好地确定自己的商品经营范围。

（五）商品的相关性

有许多商品的销售是相关的，“啤酒加尿片”的组合就是一个经典的例子。女装可以带动化妆品的销售，小食品可以带动儿童玩具的销售等也是广为人知的。根据商品消费连带性的要求，把不同种类但在消费上有互补性，或在购买习惯上有连带性的商品一起纳入经营范围，既方便顾客挑选购买，也利于增加销售额。因此，在确定商品经营范围时，在确定了基本的主力商品类别之后，还要考虑辅助商品和连带商品的范围，这就要充分分析商品的相关性，既不是只经营某种高利润的商品，也不能“大而全”而影响了特色。良好的搭配可以相得益彰，互相促进。由于不同地区消费者的心理千差万别，对商品相关性的分析还没有成熟的理论，零售商通过信息管理系统，对顾客的购买信息进行分析，通过几种商品被同时购买的概率，得到一些量化的参数。

另外，替代品的经营也要充分考虑。零售商经营互补商品和连带商品，一方面可以增加基本商品的销售额；另一方面也可以增加辅助商品的销售额，提高商店总销售额。但经营多种替代品（如各种竞争品牌的洗衣粉）只是简单地使销售额从一个品牌转移到另一个品牌，而零售商的总销售额却几乎不受影响。因此，对同一种类的商品，如何既为消费者提供足够的选择机会，又不至于浪费太多的投资和营业空间，这一问题对企业而言必须加以解决。例如，位于美国得克萨斯州奥斯汀的巴特超市，其货架上曾摆放着 25 种柑橘、9 种蘑菇、12 种西红柿、2200 种葡萄酒、330 种啤酒、100 种芥末和 500 种乳酪。这种商品结构由于过深，会占用大量资金、货架，并导致主力商品销售不畅和顾客挑选无所适从。

第二节 商品组合与优化

零售商不仅要向消费者提供最适当的商品种类及每类商品中最适当的商品品种，还要与自己的经营能力和市场服务的类型与方向一致，因此，零售商要做到这一点，就要对商品的编配选择恰当的策略，以获得商品的最佳组合，还要对特定的商品采取相应的策略。

一、零售商品组合

（一）商品组合的概念

商品组合，是指一个零售企业经营的全部商品结构和经营范围，即全部商品线和商品项目的组合方式。企业的商品组合决策，包括对商品组合宽度、广度、深度和关联性等方面的决策。

商品组合的宽度，是指一个企业拥有多少商品大类、拥有几条商品线，如果多则为宽，少则为窄。

商品组合的广度，是指经营的商品系列的数量，即具有相似的物理性质、相同用途的商品种类的数量，如化妆品类、食品类、服装类、衣料类等。

商品组合的深度，是指商品品种的数量，即同一类商品中，不同质量、不同尺寸、不同花色品种的数量。即零售商产品线上的每个产品项目可供顾客选择的种类，多者为深，少者为浅。假定每一品牌服装专卖店的某一款服装有4种号码及3种颜色，它的深度即为12。用品牌数除各种品牌的花色品种规格总数，即为企业的商品组合平均深度。消费者希望销售的商品中，有他们想要的颜色、尺码和品牌，因此经营种类的深度对于促进销售具有重要作用。

（二）商品类别与商品品种配置策略

商品类别与商品品种配置策略是指零售商选择经营多少种类商品，每种商品类别中经营多少品种。由于商品广度和深度的不同组合，形成了目前商店商品结构的不同配置策略（见表7-2），这些策略各有利弊。

表7-2　商品类别与商品品种配置策略

组合方式	特点	优点	缺点	适应范围
宽而深配置策略	商品种类多、商品品种多	1. 市场大 2. 商店吸引力大 3. 能满足顾客一揽子购物需要 4. 培养顾客的忠诚感	1. 投资大 2. 平均商品周转率低 3. 占用的空间、固定装置与设备多 4. 商店形象一般化 5. 管理困难	综合型的大型百货商店
宽而浅配置策略	商品种类多、商品品种少	1. 市场大 2. 满足顾客在有效商品内的需要 3. 促进一揽子购物 4. 可控制资金占用	1. 缺乏品种选择 2. 影响销售或丢失顾客 3. 商店形象弱 4. 顾客忠诚度低	杂货店、折扣店、廉价商店
窄而浅配置策略	商品种类少、商品品种少	1. 存货投资小 2. 方便顾客	1. 商店形象差 2. 顾客的一些需要不能满足 3. 顾客少	售货机出售商品和人员登门销售
窄而深配置策略	商品种类少 商品品种多	1. 销售效率高 2. 增加重复购买的可能性 3. 商店形象鲜明 4. 采购、销售和管理专门化 5. 可以取得规模经济效益	1. 能满足顾客的多种需要 2. 市场有限 3. 风险大	专业店

1. 广而深的商品结合

这种策略是商店选择经营的商品种类多，而且每类商品经营的品种也多的策略，一般为较大型的综合性商场所采用。由于大型综合商场的目标市场是多元化的，常需要向消费者提供一揽子购物，因而必须备齐广泛的商品类别和品种。

这种策略的优点是：目标市场广阔，商品种类繁多、选择性强，商圈范围大，能吸引较远的顾客专程前来购买，顾客流量大，基本上满足顾客一次进店购齐所有物品的愿望，能培养顾客对商店的忠诚感，易于稳定老顾客。

这种策略的缺点是：商品占用资金较多，而且很多商品周转率较低，导致资金利用率较低；此外，这种商品结构广泛而分散，试图无所不包，但也因主力商品过多而无法突出特色，容易形成企业形象一般化；同时，企业必须耗费大量的人力用于商品采购上，由于商品比较容易过时，企业也不得不花大量精力用于新商品的研究开发。

2. 广而浅的商品组合

这种策略是指商店选择经营的商品种类多，但在每一种类商品中花色品种选择性少的策略。在这种策略中，商店提供广泛的商品种类供消费者购买，但对每类商品的品牌、规格、式样等给予限制。这种策略通常被廉价商店、杂货店、折扣店、普通超市等零售商所采用。

这种策略的优点是：目标市场比较广泛，经营面较广，能形成较大商圈，便于顾客购齐基本所需商品；便于商品管理，可控制资金占用；强调方便顾客。

这种策略的缺点是：由于这种结构模式花色品种相对较少，满足顾客需要的能力差，顾客的挑选性有限，很容易导致失望情绪，不易稳定长期客源，形成较差的企业形象。长此以往，商店不注重创出商品特色，在多样化、个性化趋势不断加强的今天，即使商店加强促销活动，也很难保证企业经营的持续发展。

3. 窄而深的商品组合

这种策略是指商店选择较少的商品经营种类，而在每一种类中经营的商品花色品种很丰富。这种策略体现了商店专业化经营的宗旨，主要为专业商店、专卖店所采用。一些专业商店通过提供精心选择的一两种商品种类，在商品结构中配有大量的商品花色品种，吸引偏好选择的消费群。

这种策略的优点是：专业商品种类充分，品种齐全，能满足顾客较强的选购愿望，不会因花色品种不齐全而丢失商机；能稳定顾客，增加重复购买的可能性；易形成商店经营特色，突出商店形象；便于商店专业化管理，树立专业形象。这种模式较为今天广大的消费者欢迎。

这种策略的缺点是：过分强调某一大类，不能一站式购物，不利于满足消费者的多种需要；很少经营相关商品，市场有限，风险大，需要对行业趋势做准确的判断，并通过更加努力来扩大商圈。

4. 窄而浅的商品组合

这种策略是指商店选择较少的商品种类和在每一类中选择较少的商品品种。这种策略主要被一些小型商店，尤其是便利店所采用，也被自动售货机出售商品和人员登门销售的零售商所采用。自动售货机往往只出售有限的饮料、香烟等商品；而人员上门销售其所销售的商品种类和品种也极其有限。这种策略要成功使用，需有两个关键因素，即地点和时间。在消费者想得到商品的地点和时间内，采取这种策略可以成功。

这种策略的优点是：投资少，成本低，见效快，商品占用资金不大，经营的商品大多为周转迅速的日常用品，便于顾客就近购买。

这种策略的缺点是：种类有限，花色品种少，挑选性不强，易使顾客产生失望情绪，商圈较小，吸引力不大，难以形成商店经营特色。

由于目前的便利店经营商品在品种和价格上难以吸引消费者，因而它们的优势主要在于经营地点、经营时间和便民服务上。

事实上，零售商的商品结构是在商品的广度和深度两个轴线上寻找一个合适的交点。

交点是零售商的商品政策、市场定位、经营实力、竞争优势与商店形象等多方面的综合反映。

二、零售商品组合策略

（一）商品组合的制约因素

零售商决定商品组合时受到许多的因素制约。这些因素概括起来，有如下几个方面：

1. 市场定位

产品选择决策要以产品的价格、品质和特性以及产品选择范围当中各商品之间的相互补充方法为基础。

2. 时间区间

产品种类的选择具有时段性。服装零售商按照惯例会根据明显的季节因素来计划春夏和秋冬的服装系列。理论上 7 月和 1 月销售要清空季节性库存，留出流动资金用于新一季的进货。

3. 采购区间

商品种类的深度和宽度为品类计划提供了进一步的标准。零售商可能需要具备战略或市场目标以维护其在某一产品领域的优势。深度品类可使顾客在商店的花色、尺寸和规格方面具有巨大的选择余地。这种进货方式为消费者提供了高层次的服务，与此同时，导致零售商产生大量库存单元（SKU）。而另一方面，浅层品类在一个品类内所提供的产品购买选择余地是有限的，以杂货店和食品折扣店所提供销售的商品为代表。一些零售商品类深度不同，但都具有宽泛的商品种类。所处的位置、产品下降滞销的趋势会抵消超过平均利润的部分。

4. 可选品类数量

设计产品种类的范围是要为每一家个体销售店（商店、特许经营）提供一个均衡的产品系列。可有两种不同的途径：为每一存货单元设计整体的库存和采购需求，或者为每家分店提供所有的品类范围。

（二）商品组合的依据

1. 目标消费者的需求与购买行为

目标消费者的需求与购买行为是零售商品组合的基本依据，零售商要考虑以下因素：

（1）目标顾客的需求。目标顾客的需求是确定商店商品组合的决定因素。也就是说，零售企业的商品组合是以目标顾客的需求为导向的。目标顾客需要的商品就是零售商需要经营的产品。

（2）消费行为特点。消费者的需求是十分广泛的，而且购买行为也呈多样化。零售商面临着消费者广泛的需求和复杂的购买行为。零售商不能把不同消费者需要的商品同店经营，如高收入的消费者、高文化的消费者与低收入消费者、低文化的消费者在商品的需求上是不相同的，对购物环境的要求也是有差异的，即使是同一需要的消费者其购买行为也会有不同，如有的消费者喜欢自助购买，有的消费者需要促销人员的讲解，如此等等，零售商需要努力地适应各种购买行为的消费者。

2. 商业环境

商业环境对商品组合的制约，包括如下两个方面：

（1）零售商所在地的商业环境。从我国城市的商业网点布局看，在一个城市内，划分着若干个经营重点不同的商业区。比如有的城市是按商品划分商业区，不同的商业区的产品不同；有的城市按商品档次划分商业区，不同的商业区经营的商品档次不同。零售商确定商品组合要与环境特征相吻合，以避免顾客产生错误的认知。

（2）同一地点上其他商店的商品组合。在同一地点上其他商店经营的商品组合与本企业拟定的商品组合的重叠程度，影响着零售商最后决定选用怎样的商品组合。如果其他商店与本企业经营的商品类别相同，本企业就要考虑是否避开，或者在每一类别的商品品种上避开其他商店所经营的商品品种。尽量避免完全重复经营，以免导致竞争过于激烈、投资利润率降低。

（三）零售商品组合的类型及原则

商品组合首先必须明确商店定位和商品定位，确定服务的目标顾客。零售企业在经营中，可以专门经营一个商品大类，也可以经营几种不同大类的商品。由于商品组合的方式不同，会形成企业经营的不同特点。因此认真研究商品组合的策略，对于零售企业开展经营活动具有十分重要的作用。

1. 零售商品组合的类型

（1）多系列全面型。这种策略着眼于向任何顾客提供他们所需要的一切商品，采取这种策略的条件就是企业有能力照顾整个市场的需要。整个市场的含义可以是广义的，指不同行业的商品市场的总体；也可以是狭义的，即某个行业的各个市场面的总体。广义的多系列全面型商品组合策略就是尽可能增加商品系列的宽度和深度，不受商品系列之间关联性的约束；狭义的多系列全面型商品组合策略，是指提供在一个行业内所必须有的全部商品，也就是商品系列之间具有密切的关联性。

（2）市场专业型。这种策略是向某个行业市场或某类顾客提供所需要的各种商品，例如，以建筑业为其商品市场的工程机械公司，其商品组合就应该由推土机、压路机、载重卡车等商品组成。旅游公司的商品组合就应考虑旅游者需要的一切商品或服务，如住宿服务、饮食服务、交通服务以及旅游者所需要的物品，包括纪念品、照相器材、文娱用品等。这种商品组合方式不考虑各商品系列之间的关联程度。

（3）商品系列专业型。零售店专注于某一类商品的销售，将该类商品推销给各类顾客。例如，某汽车制造厂的商品都是汽车，但根据不同的市场需要，可设立小轿车、大客车和运货卡车三种商品系列以适合家庭用户、团体用户及工业用户的需要。

（4）有限商品系列专业型。采取这种商品组合策略的零售店根据自己的专长，集中经营有限的、甚至单一的商品系列，以适应市场需要。如有的汽车制造厂专门生产作为个人交通工具的小汽车，不生产大客车、运输卡车以及其他用途的车。

（5）特殊商品专业型。零售店根据自己的专长生产某些具有优越销路的特殊商品项目。这种策略由于商品的特殊性，所能开拓的市场是有限的，但是竞争的威胁也很小。

（6）特殊专业型。采用这种商品组合策略的零售店，是凭借它拥有的特殊销售条件，提供能满足某些特殊需要的商品。这种商品组合策略由于其商品具有突出的特殊性常能避免威胁。

2. 零售商品组合的原则

商品组合首先必须明确商店定位和商品定位，如经营超市还是便利商店，是单体经营、店中店还是连锁店，主要的目标顾客是谁等。商品组合的基本要求是与公司的经营定位和整体形象相一致，既能满足消费者的要求，又能为企业带来利润。具体应坚持五项原则：

（1）商品化原则。所谓商品化是指将生产制造商和供货商所提供的产品化为经营商品的过程。商品化过程必须满足消费需求和商品销售要求。我们通常可以将初次生产出来的物品统称为产品，如“农产品”、“水产品”、“畜产品”，经过加工过程生产出来的产品称为“制品”。无论是产品还是制品，都必须经过商品化过程，才能更有效地被消费者所接受。同时，商品化过程也能提高商品的附加价值。

（2）品种齐全原则。由于消费者日益强调节约时间和“一次购足”的观念，所以企业在确定物品组合时一定要尽可能地扩大经营品种，使顾客能一次性买齐所有日常必需的物品。同时应密切关注政策动向及消费潮流，不断调整品种结构，导入新品。另外，产品齐全不仅仅是数量品种问题，还必须考虑各种品牌及其知名度，以及各种规格和各种品质商品的相互配合问题。

（3）重点商品原则。在商品采购管理中，必须坚持重点商品管理原则。由于现代社会新产品不断开发，品种无限增加，而门店的营业面积总是有限的，不可能把所有消费品均纳入商场销售范围，即使是目标市场比狭窄的专业商店，也无法经营所有同类商品的花色品种。所以零售商对经营商品的品种必须优选，把销售额大、顾客必需的商品作为重点商品，进行重点管理。

（4）商品群原则。商品群是店铺经营商品的战略单位，做好商品群的策划工作能提升商店的形象，稳定客源。零售商店的商品群应主要根据消费者的需求来进行划分，并要提出一些新的概念。例如，礼品、熟食、火锅料理等都可以作为商品群，但如果能对这些商品群赋予新的概念，其销售效果就可能会更佳。如礼品商品群可提供“太太生日礼品”、“丈夫生日礼品”、“情人节节日礼品”等多种概念。日本有一家超市将水产按烹调方法分为蒸、炒、煮、生食等类，结果销售业绩有明显提高。在商品日益丰富的今天，消费者对产品的选择往往无所适从，这就需要经营者对消费者予以适当的引导，用新概念、新组合来带动商品的销售。

（5）利润导向原则。利润导向是指商品经营应考虑增加利润的途径，但强调利润导向并不是不考虑供货商、消费者及员工的利益，相反，应坚持“先义后利、顾客第一、利润第二”的原则。可考虑通过以下途径增加利润：第一，以零售价决定采购价，在引进新品之前要先问清顾客愿意付多少钱；第二，适当减少品项，以减轻库存压力；第三，新品上市可适当收取上架费，但此法容易引起工商矛盾，应谨慎采用；第四，要求厂商将某些产品当作特价品；第五，不要惜售，尽可能按薄利多销的原则来销售商品。

3. 商品组合的方法

（1）按消费季节的组合法。如在夏季可组合灭蚊蝇的商品组合，辟出一个区域设立专柜销售。在冬季可组合滋补品商品组合、火锅料商品组合。在旅游季节，可推出旅游食品和用品的商品组合等。

（2）按节庆日的组合法。如在中秋节组合各式月饼系列的商品组合；在老人节推出老年人补品和用品的商品组合；也可以根据每个节庆日的特点，组合适用于送礼的礼品商品组合等。

（3）按消费的便利性的组合法。如根据城市居民生活节奏加快、追求便利性的特点，可推出微波炉食品系列、组合菜系列、熟肉制品系列等商品组合，并可设立专柜供应。

（4）按商品的用途的组合法。如在家庭生活中，许多用品在超市中可能分属于不同的部门和类别，如厨房系列用品、卫生间系列用品等，都可以用新的组合方法推出新的商品组合。

由于现代化社会中消费者需求变化的多样性，连锁企业的经营者必须及时地发现消费者的变化特征，适时地推出新的商品组合，使商品的战略地位不断地充实新的内容。

三、商品组合的优化

（一）商品组合评价标志

商品组合策略只能从原则上提供商品组合的基本形态。由于市场环境和竞争形势的不断变化，商品组合的每一个决定因素也会在变化的形势中不断变化，商品组合的每一个具体商品项目也必然会在变化的市场环境下发生分化。因此，每一个零售店都应该经常分析自己商品组合的状况和结构，判断各商品项目在市场上的生命力，评价其发展潜力和趋势，不断地对原有的商品组合进行调整。

评价商品优劣的标准很多，归纳起来主要有以下三个，即发展性、竞争性和盈利性。

1. 发展性

根据商品生命周期理论，处于生命周期的成长阶段及成熟期初期阶段的商品，具有良好的发展前途。而成熟期后期或衰退期的商品则已不具备这方面的优势，评价商品的发展性应该超越零售店的范围，对该商品的同行业的全部情况进行评价。商品发展性的指标主要由行业销售年增长率来表示。

2. 竞争性

表明商品在满足顾客需要方面所具有的实力，具体表现在：商品的市场占有率、商品质量、价格、成本、商标、包装、服务等一系列的综合能力。在上述各种指标中，又以市场占有率最具有综合代表性。

3. 盈利性

由于经济收益既受商品经营管理水平的影响，又受其他因素的影响，因此表现这一特性的指标较多，主要有：利润额、成本利润率、资金利润率、资金周转率等，其中以资金利润率更具有综合性。

零售店所追求的最佳商品组合，只能是在一定市场环境和零售店的自身条件情况下，以及在可以预测的变动范围之内，能使零售店获得最大利益的商品组合。这种商品组合中必然包括：目前虽不能获利，但是有良好发展前景的商品；目前已达到高盈利率、高成长率和高占有率的主要商品；目前虽然仍有较高的利润率而销售增长率已趋于降低的维持性商品；已经决定逐步收缩其投资，作战略转移，最终要退出市场的商品。

（二）商品组合优化方法

对于经营商品项目众多的零售店来说，最佳的商品组合决策是一个十分复杂的问题。许多零售店在实践中创造了不少有效方法。尤其是系统分析方法和电子计算机的应用，更为解决商品组合优化问题提供了良好的前景。下面介绍几种经过实践证明了的行之有效的方法：

1. 商品环境分析法

商品环境分析法是把零售店的商品分为六个层次，然后分析研究每一种商品在未来的市场环境中的销路潜力和发展前景，其具体内容有：

（1）目前零售店的主要商品。根据市场环境，分析其是否会继续发展。

（2）零售店未来的主要商品，一般是指新商品投入市场后能打开市场销路的商品。

（3）在市场竞争中，能使零售店获得较大利润的商品。

（4）过去是主要商品，而现在销路已日趋萎缩的商品。零售店应决定采取改进，还是缩小或淘汰的决策。

（5）对于尚未完全失去销路的商品，零售店可以采取维持或保留的决策。

（6）对于完全失去销路的商品，或者经营失败的新商品一般应进行淘汰或调整。

2. 商品系列平衡法

商品系列平衡法是国外比较流行的一种商品组合优化方法。它是把零售店的经营活动作为一个整体，围绕实现零售店目标，从零售店实力（竞争性）和市场吸引力（发展性）两个方面，对零售店的商品进行综合平衡，从而做出最佳的商品决策。

商品系列平衡法可分为四个步骤进行：

（1）评定商品的市场吸引力（包括市场容量、利润率、增长率等）。

（2）评定零售店实力（包括综合生产能力、技术能力、销售能力、市场占有率等）。

（3）做商品系列平衡象限图。

（4）分析与决策。

3. 资金利润率法

这是以商品的资金利润率为标准对商品进行评价的一种方法。资金利润率是一个表示商品经济效益的综合性指标，它既是一个表示盈利能力的指标，又是一个表示投资回收能力的指标。它把生产一个商品的劳动耗费、劳动占用和零售店的经营管理成本结合在一起，可以综合反映零售店生产和经营两个方面的经济效益。应用这种方法，把商品资金利润率分别与银行贷款利率、行业的资金利润率水平，同行业先进零售店商品的资金利润率或零售店的经营目标及利润目标相对比，达不到目标水平的，说明盈利能力不高。还可以把零售店各种商品（或系列商品）的资金利润率资料按零售店经营目标及标准进行分类，结合商品的市场发展情况，预测资金利润率的发展趋势，从而做出商品决策。

第三节
品类与单品管理

一、品类概述

（一）品类的定义

我国品类管理理论研究及实践运用受国外相关研究和实践的影响较深，在国内兴起略晚于国外。品类管理实践起初由外资零售公司带入国内，国内一些学者敏感地认识到这一实践对我国零售业的意义，并从理论上加以阐述。但总体来说，持续关注品类管理，并对其理论研究和实践运用加以深入挖掘的学者并不多。这与我国国内零售业对品类管理认识不深、重视不够有关。国外及国内一些零售企业的实践证明，品类管理及与品类关联的销售行为对零售企业管理技术的提高和盈利能力的增强具有无可替代的作用，在零售利润空间被最大限度地挖掘，零售业管理者寻求差异化竞争能力和利润空间的难度日益增大的情况下，品类管理将是下一个有效的利润增长点。

按照国际知名的AC尼尔森公司的定义，品类即“确定什么产品组成小组和类别，与消费者的感知有关，应基于对消费者需求驱动和购买行为的理解”。而家乐福则认为“品类即商品的分类，一个小分类就代表了一种消费者的需求”。

综合以上定义，本书认为，商品品类必须以消费者对同类商品在某些特性上的共同认知为前提，以便根据市场需求确定商品组合销售，故品类应为在消费者心目中在某一或某些特性上是一致的，能够相互替代的同类商品，且这些同类商品让销售者更好地锁定目标消费者，更好地对该商品进行管理以便促进销售。

（二）品类的构成要件

品类的构成要件是指形成品类所必须满足的条件，具体如下：

(1) 消费者心目中对某类可替代商品的某些购买考虑因素的共同认识是品类形成的前提。就是消费者对同类可替代商品形成一定的共同印象。例如，同样两件衣服，一件是国际知名品牌限量版服饰，另一件是没有品牌的廉价衣服，它们具有本质相同的使用价值，从商品分类的角度，它们是同类商品，但在消费者的心目中，这两件衣服从品牌、定价、质量等各方面完全不存在任何相似性，销售的时候无法把它们同时陈列，甚至不能出现在同一个销售场所，所以虽同为衣服，但并不是同一品类商品。

(2) 同品类的商品必须是相互关联或可互相替代的。例如，相同档次及类似价格的品牌西服与西裤，可视为一个品类商品，两者存在相互关联性。蒙牛和伊利的常温奶可以看作一个品类的商品，两者存在可替代性。

(3) 同品类的商品可以通过定价、展示、促销等方式共同进行销售管理，达到规模效应，增强对消费者的吸引力。

(三) 品类形成要素

品类的形成要素是指构成品类的商品在消费者心目中所表现出的共同特性，这些共同特性因素使消费者相信同品类下的商品在某些方面存在同质性，是相互关联或可以相互替代的。品类的形成要素主要有商品的用途、价格、品牌形象和质量等。

(1) 用途。只有相同或相互关联用途的商品才能够形成品类。例如，衣服、裤子、鞋子等，存在一定关联性，某些零售商或供应商在定义品类时将其归为同一品类。而衣服和椅子由于在用途上完全不相干，无论如何也不会被归为一个品类的商品。不同的商品由于认识的差异，在品类定义上也存在区别，如有的商家会把类似档次的衣服和裤子定义为同一品类，也有的商家会把衣服和裤子定义为不同的品类。

(2) 价格。价格是很多消费者选择商品时的重要考虑因素，所以价格也是商品形成同一品类的重要参照因素。同样是汽车，10 万元价位和 100 万元价位的汽车在较为细分的层面上显然不是同一品类的商品。

(3) 品牌形象。品牌形象与品类商品之间存在密切联系。相同用途的商品，由于品牌形象的差异会形成不同品类；不同品牌的商品，由于品牌形象的相似性会成为同一品类商品。比如很多消费者会把宝马和奔驰联系起来，认为这两个品牌的汽车在档次、价格等方面存在相似性，是同一类车，销售者可把这两个品牌商品视为同一品类。但即使是同样用途的汽车，消费者也往往不会把奇瑞和宝马联系在一起考虑。

(4) 质量。质量要素很容易与品类商品的其他要素联系起来，如消费者一般认为价格越高、品牌形象越好的商品质量越好。质量与其他要素之间形成了一种相辅相成的关系。例如，在婴儿奶粉的选择上，由于受毒奶粉事件的影响，城市消费者对国产奶粉敬而远之，以前作为优先考虑因素的价格不再受城市消费者的重视，所有价格相对较低的国产奶粉都被视为相同品类的低质量商品，消费者凭印象而不会去实际调查确定产品的质量（毒奶粉事件中出事范围的普遍性和受处理厂家的狭窄性、奶制品安全事故的频发性，使得城市消费者无法建立对国产婴儿奶粉的信心）。而国外品牌的奶粉由于绝大部分没有卷入国内毒奶粉事件，价格又类似，相对国内品牌奶粉偏高，被认为同品类商品。消费者也会根据质量之外的其他因素如奶粉营养成分等把国外奶粉再细分为不同品类。

(5) 其他因素。不同商品具有的一些特征也可能成为品类形成因素，如绿色环保、产地、企业公益行为、某类商品的特性（如前述奶粉的营养成分）等。

二、品类管理

(一) 品类管理定义

AC 尼尔森公司在 1992 年对品类管理（Category Management）的定义为：品类管理是经由零售商与制造商共同合作，将每一个品类视为一个策略事业单元来经营，致力于传递产品的消费者价值，来创造更佳经营成果的流程。

美国食品营销协会FMI对品类管理的定义为：配销商与供应商合作，将品类互为策略性事业单元来经营的过程，其借由专注于创造商品的消费者价值来缔造更佳的经营绩效。

综合以上定义，我们认为，品类管理是以购物者为中心，以品类为战略业务单元，以数据为依托，通过零售商与供应商的有效合作，发现并满足购物者需求，从而提高生意效果的零售管理流程。

品类管理的重点在于：

（1）品类管理需要供销多方合作，不是单独一方可以完成的。

（2）品类管理需要零售商和生产商共同推进，可以提高彼此的利润和效率，又可以促进交易伙伴之间的关系。

（3）品类管理是一系列流程支持的工作。

（4）品类管理需要有了解市场信息、消费者习惯以及成本效益分析的能力。

（5）合作双方必须彼此互信，而且有提供消费者更好产品和服务的共同愿景。所以实施品类管理的门店是采取“拉”式管理方式，而传统门店只是“推”式管理方式。

（二）品类管理的关键要素

国内有学者认为，品类管理通常包括相互关联的六个要素。其中零售商策略和业务流程，被认为是最基本的要素，是日常品类管理操作的核心工作，因而被称为品类管理的“核心要素”；其他四个品类要素即品类评估、信息技术、合作关系、组织机构，在支持零售商策略和业务流程过程中扮演着重要角色，是品类管理得以顺利实施的要素，称为“保障要素”。也有学者认为品类管理包含六大要素：策略、经营流程、评量表、组织能力、资讯科技和交易伙伴的合作关系。

1. 零售商战略

零售商战略是指零售企业根据自身经营状况和发展定位，以消费者及市场需求为基础，对企业组织架构、经营理念和管理方法与技术进行全局性规划与战略性布局，企业后续经营活动围绕既定战略展开。

品类管理的实施首先需要零售企业在战略层面上做出推行的决定。零售商对自身经营情况做出评估，认识到开展品类管理对自身核心竞争力发展的有利之处，在战略上做出开展品类管理的决定，并以此战略为始，在经营过程中长期执行品类管理策略，品类管理才能在企业内部真正推行。

2. 作业流程

流程的英文是“Process”（也有译作“过程”）。业务流程是一组将输入转化为输出的相互关联或相互作用的活动。总结下来，“流程”的定义包括了这样六个要素：输入资源、活动、活动的相互作用（即结构）、输出结果、顾客、价值。

结合品类管理研究其流程，可以认为品类管理业务流程是通过投入零售商采集的商品销售信息和消费者的购物信息及品类管理所需的其他资源，对所销售商品进行系列管理的行为，最终达到满足消费者需求，向消费者提供品质更好的服务的目的。业务流程是品类管理能够正常开展及取得良好效果的保障。

3. 品类评估

品类评估不仅是对商品销售情况的评估，更是从消费者的消费特性与品类商品的联系性、商品以往的销售记录与特点等各个方面对品类商品进行评估。通过品类评估能够保证品类管理的后续作业流程有一个合理的逻辑起点，所有的品类管理作业流程建立在一个对品类商品正确认识的基础上。

品类评估通过品类评估表实现。其设计原则为：要结合公司整体的任务、目标和策略，针对供应商、零售商和消费者三者的期许来均衡设计。奖励条款的修改不再只看销售量，应以整体业务、毛利额和来客购买率等所有相关数据一同做评估，以各个阶段的数据来确定品类管理的成效。总之，奖励条款的修改重点是说明品类管理的绩效非短时间可回馈，如高层主管没有先前的强力支持和认知，而先修改奖励措施，那品类管理的评估很可能无法达到最终目标。

4. 合作关系

合作关系是指为了更有效地向消费者提供超值的商品和服务，业务伙伴共同努力以实现双方经营资源利用成果的最大化。零供之间良好的合作关系主要体现在对商品和消费者消费信息的共享、货架排列的共同管理、促销活动的合作等方面。良好的合作关系能够让双方确定更符合市场需求的商品组合，降低经营成本，提高经营效益。

5. 组织执行能力

品类管理的实施需要企业有良好的组织执行能力。如前所述，品类管理首先是企业高层决策的结果，只有得到最高管理层的重视推许，品类管理才能在整个组织体系中有效地贯彻。其次，应明确组织机构及职能主体，通过一定的组织程序来执行，有明确的执行目标。

6. 现代信息技术

现代信息技术是品类管理的技术支撑。品类管理的实施离不开对商品和消费者信息的掌握和分析，也离不开零售商与供应商之间信息的互换交流，这都需要计算机信息管理系统来完成。

三、品类管理对零售业的意义

品类管理实施的最终目的是更好地服务消费者，提升消费者的购物体验。通过品类管理可以构建一个和谐、高效的零售业运行环境，改善低价恶性竞争的状况。

1. 品类管理使零售商从关注产品转向关注消费者

传统的零售商以产品为中心，主要考虑的因素是销售量、单店销售额、某种型号产品的销售额；某种口味产品的销售额等。这种以产品为中心的商品管理的结果是，一个在初期表现很好的品类，往往后期销售量并不理想，因为这种商品管理做出的解决方案，不是针对所有消费者的，它使产品的回报潜力受到了限制。品类管理方法主要是依据消费者实际的购买偏好和购买行为来预测潜在的销售增长，因此能够发现更多的新的利润来源。同时以消费者为中心的品类管理更加注重按照消费者的不同需求和购买行为来进行细分。这种新的方法有助于企业降低库存，投资回报则更加可观。

2. 品类管理使企业提高每一寸营业面积的营业效率，以获取更高利润

品类管理的本质是零售商和供应商双方合作共赢。通过零售商与供应商共同协作，将

品类作为战略管理单元，以消费者为中心，提高共同投资效益。据专业协会统计，高效的品类管理能够使企业的销售额和毛利提高 10% ~15%，使得库存周转速度提高 10% ~15%。品类管理通过品类角色的划分，为不同角色的品类提供不同的货架空间及陈列面积等资源，有效地提高了企业资源利用效率，提高了企业单位面积产出。

3. 品类管理实现零售商和供应商的无缝链接，全面提升供应链效率

传统的供销关系是针锋相对的买卖关系，双方背后的巨大资源平台都没有发挥出来。而在品类管理和 ECR 的合作中，零售商和供应商之间可以在销售、物流、IT 技术、运营、市场等方面实现无缝链接。零售商和供应商在品类管理方面紧密合作，极大地提高了利润和效率，更好地满足了消费者的需求。

4. 品类管理助零售企业全面变革

商品品类是零售企业的战略经营单元，品类管理是企业实现其战略目标的管理工具之一。零售企业的一系列品类管理活动，构成了其实现整体战略的基础。品类管理的流程实施是梳理企业战略目标、落实企业战略的有效工具之一。品类管理是一个贯穿于企业整个经营过程的活动，把品类作为一个战略经营单元的理念，必然推动企业在实施品类管理的过程中产生以品类管理为流程导向的组织制度变革，以及人力资源能力的提升。同时也会产生以品类业绩指标为主体的预算、考核、评价体系变革，以周期性品类、跨品类分析、回顾、改善为主的管理控制体系变革，以及企业信息系统的变革。

四、品类管理的流程

品类管理不是一次性的项目，而是一个流程，该流程包括 8 个步骤，即品类定义、品类角色、品类评估、品类评分表、品类策略、品类战术、品类计划实施和品类回顾，如图 7-1 所示。

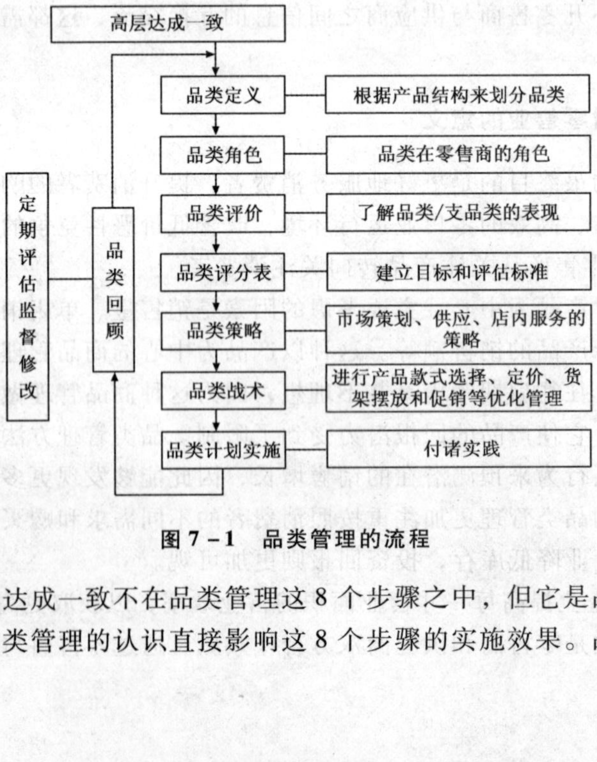

图 7-1　品类管理的流程

虽然高层管理者达成一致不在品类管理这 8 个步骤之中，但它是品类管理中相当重要的：高层管理者对品类管理的认识直接影响这 8 个步骤的实施效果。品类管理是供应商和

零售商全新的合作方式，是建立在相互信任基础上的协同合作，与传统买与卖的关系有本质的不同。对供应商来讲，必须从以自身品牌为核心的经营理念转变为以品类为核心的经营理念；对零售商来讲，必须从简单的采购商品转变为售卖商品。而这一切只有在得到双方高层管理者的认同后才能得到有效的实施。

1. 品类定义

品类定义是指对品类的结构进行分类并描述，包括次品类、大分类、中分类和小分类等。品类定义通常以消费者需求为出发点，将杂乱无章的产品或服务进行归类，让它们按照消费者的分类找到自己的归属，使每个产品或者服务“有家可归”。品类定义会随购物者购物习惯的变化而改变，如婴儿用品传统上分散于食品、服装、纸品等品类，为方便怀孕的妈妈或带孩子的妈妈购物，出现了婴儿街、宝宝屋等购物区域，使所有的婴儿用品集中陈列，由此一个新的品类（婴儿用品品类）应运而生。

2. 品类角色

零售商经营的商品成千上万，小分类也有好几百个。而零售商营业场所、人员配置、资金等资源有限，所以也不可能对所有品类给予平等的支持。品类角色的设定要充分考虑消费者的需要，反映消费者的购买行为，同时也要关注品类对供应商、市场及竞争对手的重要性。在描述时应将品类角色描述成一种期望的状态，目的是要它在品类经营中扮演这样的角色。

（1）普遍性品类。消费者于日常生活中或因习惯使然而会购买的商品，如报纸、杂志、饮料等。

（2）特殊性品类。本类商品具有吸引消费者消费的特性，而且该品类是该商店与众不同的卖点，消费者会为了购买这项商品而专程前来购买。

（3）偶发性品类。该品类商品主要是满足消费者在偶发状况下所引发的需求。如一般商店所提供的轻巧雨具等商品，便是偶发性品类商品。

（4）季节性品类。为特定节日或活动所摆设的商品。

（5）便利性品类。具有增进消费者从事某项活动之便利性的品类商品。

3. 品类评估

品类评估是对品类现状的大检阅，是对品类机会的挖掘。充分的品类评估将促使企业的经营战略和营销活动得到全方位的改进，所以品类评估必须全面，不能只局限于销售量、利润等财务指标，还要考虑市场发展趋势、品类发展趋势、零售商品类相对于市场和竞争对手的表现、品类库存天数等。品类评估通常按照确定衡量指标、获取信息、信息分析、导出结论 4 个步骤进行。

一般利用下列基本问题来评估符合消费者需求的品类：

（1）哪些品类最受消费者喜爱？

（2）某品类购买的消费者是哪些人？

（3）某品类实际的使用者是哪些人？

（4）消费者何时购买？

（5）消费者喜欢在哪里购买？

（6）消费者用什么方式购买？

（7）消费者为什么要买这些品类？

4. 品类评分表

品类评分表提供了一个综合平台，是衡量品类管理的有效性和跟踪品类管理执行情况的重要工具，主要包括零售商和供应商双方共同关心的指标，如销售额、利润增长等。因对零售商的业务指标作评估时，不同的零售商在不同时期所关注的指标可能有所不同，所以不同零售商的评估指标会有所不同。在导入品类管理之后，品类管理更提供了 ABC 成本分析、库存天数、缺货率、库存周转率、消费者满意度等几个方面的评量，丰富了内容评量及其准确性。

品类评分表主要涉及以下两个方面：

（1）商店总体情况：①购买者。②市场（商圈）。③产出效率。④财务状况。

（2）品类状况：①产品组合及货架管理。②定价及促销。③新产品引进。④商品补货。

小知识

ABC 成本分析法

ABC 成本分析，是根据事物在技术或经济方面的主要特征，进行分类排队，分清重点和一般，从而有区别地予以确定管理方式的一种管理方法。它把被分析的对象分成 A、B、C 三类，所以称为 ABC 分析法。首先，以存货的品种和金额作为分类的标志，将存货分为三类。然后，将品种比重不超过 20%、金额比重在 70% 以上的存货项目划分为 A 类存货；将品种比重不超过 30%、金额比重占 20% 左右的存货划分为 B 类存货；将品种比重不低于 50%，金额比重只占 10% 左右的存货划分为 C 类存货。通过分析，对起决定性影响的 A 类商品进行重点管理。

ABC 分类库存商品的控制方法

分类项目	A	B	C
管理要点	由于金额比重大，应投入较大精力，精心管理，把库存压缩在最低限度	按经营方针调节库存水平，根据情况，有时控制严一些，有时控制松一些	集中大量订货，以较高的库存来节约订货成本
订货方式	按照经济订货批量，采用定期订货方式	按照经济订货批量，采用定量订货方式	大批量订货
定额水平	按品种、规格控制	按大类品种控制	按总金额控制
检查方式	经常检查	定期检查	按月或季检查
统计方法	按品种控制	按大类控制	按金额控制

5. 品类策略

品类策略是企业为实现品类经营角色和评估目标而制定的策略。品类策略的制定要做到因地制宜，根据零售商的自身目标和特点，基于顾客群分析、竞争对手分析、市场分析来制定。常用的品类策略有提高客单份、增加客流量、提升利润、强化商店形象等。

6. 品类战术

品类战术是为实现品类策略以达到目标所采用的具体操作方法，主要包括六个方面：即商品组合、商品陈列、商品定价、商品促销、商品补货、新品引进，也有人将供应链管理加入作为第五个方面。这些具体操作方法应该由品类策略导出，因为简单地凭经验来决定很可能会适得其反。

（1）高效产品组合。高效产品组合的目的是增加产品的多样性，降低产品的重复性。所以在确定销售产品品种时，除了按销量、销售额和利润的综合指数进行20/80排名外，还需考虑产品细分的完整性（如产品功能、成人/儿童、价格带）、产品在整个市场的表现、是否新品等。

（2）高效的货架管理。货架是门店卖场的重要资源。除了储存商品，它还向顾客传递零售商的价值取向，展示销售策略，指引品类的发展趋势，引导顾客的购买行为。所以陈列商品时需要考虑以下几点：

①品类角色。

②品类相邻性。

③购买者的购买决策过程（买产品时考虑品牌、功能、价格等的先后次序）；

④公平货架原则（根据产品表现确定陈列）。

（3）高效的定价。连锁企业的价格在购物者心中的形象不单单是由价格这个数值决定的，而是价格优势、价格透明度和性能价格比的综合作用的结果。在定价时可以采取以下的方法：

①聪明定价。用价格敏感的产品吸引客流，用价格不敏感的产品获取利润。

②系统定价。根据品牌角色确定毛利率，而非一个品类一个毛利率。

③减少价格管理难度（线性定价）。进价一样的同品牌产品尽量统一定价。

（4）高效的促销。高效的促销可以理解为：在正确的时间，选择正确的单品，以正确的促销形式，配以适当的宣传，陈列在正确的地方。从促销单品的选择到促销单品在店内的陈列都应考虑品类的目标购物者及品类的策略。如果想提高客单价，就不能总促销小包装的产品。值得注意的是，销量最高点并非一定发生在价格最低的时候；并且降价并非对所有的品种都适用。例如，对新品，店内演示和样品派发更加有效。

（5）高效的补货。高效的补货是对品类管理工作的有效保障，主要目标是控制店内的缺货率和库存天数。

（6）高效的新品引进。高效的新品引进是维持高效品种组合的要素之一，某些连锁卖场优化完商品组合后，又持续地大量地引进新品，致使品种组合重新趋于混乱。引进新品时需参考以下因素：

①品类的角色。目标性的品类需确保其多样性，但便利性品类只需销售主要品种。

②产品特点。包括产品表现及新功能、性能价格比、消费者测试、盈利能力、销量潜力等。

③市场支持度。指媒体投入、消费者试用活动、消费者教育、公关活动、专业协会认可情况等。

④店内推广活动。包括店内演示、店内广告、大型陈列、产品促销等。

⑤供应商。如供应商以往三个月店内销售业绩、该品牌或相关品牌以往三个月店内销售业绩、生产商分销新品的能力等。

7. 品类计划实施

品类管理最重要的一步是品类计划实施。前面的步骤靠几个人就可以完成，但这一步需要采购、营运、后勤、财务等部门的有效协作。执行好的项目，品类管理作用会很快显现；执行差的项目，品类管理会因为执行走样而经受挫折。

计划实施的关键环节主要是审批过程和设定责任。

（1）审批过程。审批过程的核心是发挥所有合作伙伴的能力，为实施品类经营计划提供必要资源。审判内容包括：一是策略的适用性：管理层应保证每个品类的经营计划与企业总体战略相统一；二是品类指标的影响：管理层要对既定指标的影响表示认同；三是资源配置：审批过程要支持分销商和供应商对其他资源的需求；四是对其他领域的影响：管理层应该把对全局的影响作为计划审批过程的一部分。为了保证计划实施的质量，必须严格审批过程。

（2）责任设定。责任设定就是在实施计划中把各种技巧分解到各个具体岗位上，把各项任务分派给分销商、供应商以及双方的具体人员，并制定具体实施方案。

8. 品类回顾

品类回顾是品类管理流程的最后一步，也是承前启后的一步。通过品类回顾，一方面评估目标的达成率，另一方面为下一次品类评估提供借鉴，进而调整品类评分表指标、品类策略和品类战术，完成新一轮品类管理。建议每个月跟进实施情况、追踪品类表现，每三个月对品类进行一次全面的评估。

五、单品管理

（一）实施单品管理的必要性

单品即是对所经营的商品进行划细分类，直至无法再划分为止。单品管理是相对于传统的商品实行柜组管理和大中小类管理而言的，前面所述的品类管理尽管也是企业现代化商品管理的一个重要工具，但它毕竟着眼于营销的角度，而信息时代要求的是全方位管理的变革，某一技术的实施只能作为变革的一部分。随着消费者需求的个性化、管理者决策对信息要求的不断深入，商品管理仅仅细到大中小类管理还不够，管理者必须掌握每一个具体商品品项的全程流动状况，于是单品管理便出现了。

单品管理是零售商根据企业的营销目标，对单品的配置、采购、销售、物流管理、财务管理、信息管理等活动实施统一管理。既管理单品的数量，又管理单品的金额；既管理单品的进销价格，又管理单品的流通成本。单品管理是一种现代化管理，零售商经营的商品有成千上万种，传统的人工管理是无法细到每一项单品的。过去，零售商对商品管理往往是按大中小类进行管理，只有到了计算机技术广泛应用于商业的信息时代，人们才有可能对成千上万的商品统一实施单品管理。所以，实行单品管理必须导入计算机信息管理（POS）系统，其最重要的功能是实时采集各种商品的销售信息，其优点是：控制存货、指导采购、提高效率、减少差错。

零售商实施单品管理，可以使管理人员准确、全面、适时地把握每一单品卖场销售业绩的细节，为科学决策提供支持；可以根据适时、准确的卖场销售信息调整单品结构和商品配置表；对销售业绩排名位于前列的单品实施重点管理；预测商品销售变化趋势，及早组织货源，开发和采购对顾客有价值的商品，同时降低商品脱销风险；并根据单品物流成本信息，优化物流作业，降低单品的物流成本。

（二）实施单品管理的程序

1. 商品信息整理

一些信息如品牌、型号、包装容量、生产日期、购进日期、保质期、产地等唯一区分各单品的项目，这些项目内容自商品采购时就能准确地确定，是不变或变化很少的信息，管理这些信息的关键是要将这些信息项目准确地分类，确保一致性和可比性。还有一类信息是可变的，这就是成本信息，包括单品自购进所花费的运输成本、仓储成本、装卸成本、包装成本、加工成本、残损退货成本等。这些成本信息必须准确地分摊给各个相关单品，这是单品管理的关键。

2. 编制单品代码

编制单品代码是根据一个单品一个编码的原则给单品编码，确保以单品代码的唯一性，实现单品的唯一性。

3. 建立商品数据库

建立商品数据库包括顾客交款时前台 POS 系统扫描录入的单品数据的原始数据库，以及用来核算所有单品成本的单品成本数据库。前台销售数据库的更新由每日进行交易时收银员通过条码扫描仪将交易信息即单品数据录入到 POS 系统数据库中，将这些数据进行统计、汇总，生成所需的各种报表等。单品成本数据库的更新比较麻烦，它要求将每批商品的每种活动成本都分摊到每个单品中。这里，成本的分摊是根据实际发生的成本进行分摊，而不是平均分摊。每日用分摊的成本数据更新成本数据库，就可以为决策提供非常有用的数据。

4. 单品销售业绩排队

单品销售业绩排队主要有单品获利大小排队和销售量排队。单品销售量排队很简单，这是目前大多数企业正在进行的工作，即统计每日每单品的销售量。销售量的大小是非常重要的信息，进行单品管理不能缺少这一指标，但只衡量这一指标显然缺乏全面性，因为某个单品卖得好，并不一定获利高，也可能成本较大，因此，还必须对单品按获利大小排队，即比较每个单品的销售额扣除物流成本和进价后的余额。对上述两个排队进行比较，可以发现一些规律。

5. 实施重点管理

单品管理的目标之一就是发现重点单品，对其进行重点管理。那些获利大且销售量大的单品才是真正的重点，应实施重点采购、重点销售、重点控制其物流成本。当然，有些单品获利小但销售量大，也应作为管理的重点，对既不获利又卖不动的单品，应及时处理。

最后，上述程序应不断地执行，并形成相应的制度和措施，实施起来才更有效，尤其重要的是计算机软件不要在单品管理上留有盲点。需要说明的是，单品管理与品类管理都是现代零售商的重要商品管理方法，都有各自的优势领域。单品管理的强化，并不意味它能完全替代品类管理，并不意味可以放松和削弱品类管理；单品管理与品类管理应相互促进、相互补充，以提高商品管理的总体效益。

第四节 零售商自有品牌

一、零售商品牌与生产者品牌

零售商自有品牌（Private Brand，简称 PB），是指由连锁企业开发、组织生产并归其所有的商品品牌或公司符号和标记。自有品牌开发是指由商业零售企业通过搜集、整理、分析消费者对某类商品的需求特性的信息，提出新产品功能、价格、造型等方面的开发设计要求，进一步选择合适的生产企业进行开发生产，最终由零售企业使用自己的商标对该新产品注册并在本企业内销售的一种策略。与 PB 商品相对应的是使用生产企业商标、面向全国市场销售的 NB（National Brand）商品。选择生产者品牌还是商店品牌，零售商需要仔细考虑。

小知识

零售品牌发展五阶段

第一阶段，未注册商品具备基本的功能，价格低，在产品和包装方面几乎没有任何资金要求。

第二阶段，低价零售品牌商品与贴有商标的封装商品有相似性，但价格相对低，在产品方面投资极少。

第三阶段，通过高水平的管理和投资进行重新设计的产品显示出与众不同的风格。

第四阶段，同等质量商品通常比品牌商品价格低 10% ~25%，但商品的质量相同。

第五阶段，强势领导品牌使零售商能够通过产品革新和重新定位提高商品价格。

二、实施 PB 战略的利益

实施 PB 战略的利益主要表现在以下四个方面：

（一）有利于增强商品的竞争力

自有品牌的实施增强了商品竞争力，最突出的表现是它实现了商品的低价。其中的原因主要有以下几点：

（1）低成本生产。自己生产或组织生产有自家标志的商品，节省了流通费用，降低了PB商品的生产成本。

（2）低成本广告。其广告宣传主要是借助于其商业信誉，在商场内采用DM、闭路电视、广播等方式进行，缩短新产品的研发周期，从而降低研发成本。广告成本也大幅度降低。

（3）包装简洁大方，节省包装费用。

（4）规模生产和销售，缩短新产品的研发周期，从而降低研发成本。

（二）有利于形成特色经营

实施PB商品战策略，一方面使自己的商品品种构成更加充实且有自己的特色，同时也向以PB商品为基础的消费者提供了更全面的服务，同消费者保持了更密切的接触。根据市场情况及时组织生产和供应某些自有品牌商品，使连锁企业的商品构成和经营富有特色，连锁企业以自有商品为基础向消费者提供更全面的服务，借助于商品又可进一步强化企业形象，两者相辅相成，形成企业自身对消费者独特的诉求。

（三）多元化发展，有利于掌握更多的自主权

零售企业以自有品牌进行销售，可以建立起较为稳定的商品开发、生产、供应基地并逐步培养和积累生产技术管理方面的力量和经验。取得市场经营的主动权，获得了制订价格的主动权，获得商业利润，获得部分加工制造利润，增强了抗击市场风险的能力，成为市场经营活动的积极参与者，从厂家的销售代理人转变成为顾客的生产代理人。

（四）有利于准确把握市场需求

自有品牌战略的选择，使大型连锁企业的这种优势能够得到有效的发挥，他们直接面对消费者，能够迅速了解市场需求动态，并及时做出反应，大型连锁企业实施自有品牌战略往往能够领先生产者一步，无形中增强了企业自身的竞争力。

三、实施PB战略的条件

（一）商品方面

成功实施PB商品战略在商品方面的必要条件有以下两点：

（1）商品品质条件。商品品质分为三个层次的内容：

①良好的品质保障。PB商品在质量上不能低于NB商品，否则PB商品将难以被消费者认可。

②商品的功能，在这方面大型百货零售企业可以根据自己对消费者需求的了解，参照同类NB商品的功能，取消其中大多数消费者并不需要的多余功能，从而从总体上降低商品的成本使之更符合消费者的需要，同时也可相应增加新的功能。

③商品的外在形态，包括外观设计、色彩、附属品、说明书、包装等，大型百货零售企业对消费者的需要和使用方面的具体特性会有更清楚的了解，由此在这方面可以比NB

商品做得更好。

(2) 商品品种条件。选择恰当的商品项目是成功的前提。PB 商品的选择必须考虑两个因素：一是被选择商品价格较 NB 商品价格有可能降低；二是被选择商品有一定的吸引力，能影响消费者的品牌忠诚度。这两个方面又是相互影响的。因此，商场可以考虑选择的 PB 商品有：一是品牌意识不强的商品。如洗衣粉、洗衣皂、卷纸等日常用品或食品，商场采用一些促销手段很容易影响消费者的购买行为，因而这些商品可以作为 PB 商品考虑。二是销售量大和购买频率高的商品。销售量大的商品可以实行大批量订货，从而降低开发生产成本，保证 PB 商品低价格的实现。购买频率高的商品品牌忠诚度较低，顾客很有可能在其他条件的影响下购买新品牌的商品。三是单价较低和技术含量低的商品。对于单价较低的商品，消费者可在第一次购买后通过使用决定是否再次购买，其风险性较小。另外，技术含量高的商品不宜作为 PB 商品的开发对象：一则大多数商场不具备这些商品的开发实力。二则这类商品的品牌忠诚度一般较高，不宜改变消费者的购买态度。三则这类商品往往需要强大的售后服务力量，这是商场力所不能及的弱项。四是保鲜、保质要求程度高的商品。如食品、蔬菜、水产及其他保质类商品，零售商可以利用渠道短的优势及时地把货真价实的商品提供给广大的消费者，因此，这类商品也宜作为 PB 商品的开发对象。

(二) 经营条件

企业经营方面的必要条件有以下三点：

1. 确保 PB 商品的低价格

在自有品牌的价格策略中，首先需要决定的是和产品定位相适应的价格定位问题。一般说来，自有品牌产品的价格都要明显低于同类产品的价格，比较合理的让利比例是 20% ~30%。如果定价与市场上的品牌产品相差太远，不仅压缩了连锁企业的利润空间，而且很容易让消费者产生“价低质劣”的担心，不利于自有品牌产品的销售。为此，大型百货零售企业不仅要在 PB 商品的研发设计、广告宣传以及企业自身的经营方面严格管理，同时还应加强对生产企业的选择，寻求生产企业的通力合作以降低生产成本。

2. 市场营销经验与能力的保证

PB 商品是以零售企业为主体开发的商品，这意味着 PB 商品开发、销售的盈亏由零售企业自行承担。因此，大型百货零售企业在实施 PB 商品战略时，必须保证企业在该类商品的营销上具有足够的能力与经验。一是渠道策略。首先是通路的选择问题，即在一个零售组织的什么业态内引入自有品牌的问题。其次是自有品牌的配送问题，它涉及自有品牌营销中的物流管理问题，如何从时间、空间、数量和质量等方面来解决生产地和销售地不在同一地点的问题。二是陈列策略。零售企业可以将着力推广的 PB 商品陈列在不同磁石点，以提高顾客接触商品的机会，强化 PB 商品的视觉冲击效果。三是促销策略。连锁企业对 PB 商品的促销可以结合价格促销 POP（现场）、广告促销及其他方式一起进行。在价格方面，除了直接的低价销售外，还可以将 PB 商品用特价品、限时特卖、特惠包装、散装货品、奉送赠品或抽奖等形式推出，尽管这些都是常用的陈列招式，但效果依然很好，为消费者所接受。在广告促销上，连锁企业完全可以采用POP广告大力推广PB商品。此外，还可以采用DM（带实物照片的免费派发海报）、TG（端架促销）、Act Spot（不定期消费者“惊喜”）、First Price（采购力最强商品系列促销）、Linear Promotion（排面促销）、Theme Promotion（主题式活性化促销）、岛式均价促销、演示促销等，配合现场POP和背景气氛的调控，从心理上和技术上营造PB商品的低价和优质印象。

（三）PB商品开发设计力量的培养

在实施PB商品战略的初期，大型百货零售企业可以向选定的生产企业提出PB商品的开发设计要求，由生产企业根据这些要求提出PB商品的多种设计方案供大型百货零售企业从中选择合适的设计方案进行开发生产。但从降低成本和企业发展的角度来看，大型百货零售企业应逐步培养自己的开发设计力量，自主地提出PB商品的开发设计方案，这样对于更为准确地反映消费者的需求、合理地选择生产企业都是有利的。

四、PB战略的实施形式

（一）委托生产商制造

即商业企业根据市场状况对商品的品质、类型、原料、包装、结构等方面进行设计，然后委托生产企业按照具体生产要求制造，在销售时使用自有品牌。一些中小型制造商，虽无力开展耗资巨大的创品牌攻势，但具有较强的生产制造能力和水平，大型零售商与这类企业联合，就有可能获得双赢的结果。这种经营形式需要注意以下几点：

（1）商业企业与生产企业之间是一种较为松散的协作关系。在市场竞争中两者关系较不稳定，对于商业企业而言，这种形式会增加风险系数。

（2）这种形式中，生产商规模小，但质量高。这种小的生产企业由于资金规模限制，无法与使用零售商品牌的商品竞争。大型零售企业正是利用这一点，以利润为纽带，使这些小企业为其生产，实现互惠互利。

（二）自设生产基地

零售商自己投资办厂或控股生产企业来生产自有品牌商品，这种形式下厂商关系紧密，有共同利益，稳定性较强，交易费用低，但需要零售商有相当的规模与一定的经济实力。所谓自设生产基地是指商业企业自己设计、开发，自设生产基地生产加工某些商品，并用自己的品牌销售。这种方式有以下几个优点：

（1）稳定性强。在这种形式中，生产企业和商业企业之间不是交易关系，而是一种协作关系，他们具有共同的利益与目标，融为一个利益的整体。因此，每一个零售商在开发自有品牌时，首先要做的事情就是如何提升自己在消费者心中的知名度和美誉度。

（2）由于将企业间的交易行为化为分工协作关系，在企业规模的有效边界之内可以节省交易费用。采用这种形式的商业企业必须具备以下条件：一是有充足的人力资源管理，使得从策划、设计到生产、销售都有相应的专业人才；二是拥有充足的财力用来建厂、购买设备，并支付人员开支；三是专营程度较好，或者某种商品的绝对销售额大，这样设厂生产才经济。

五、自有品牌商品的管理

（一）前期规划

1. 品牌的申请注册

为了培养顾客对自有品牌的认知度和忠诚度。注册品牌最好一次做完整的策划，连锁企业在对自有品牌的商标管理中，有的是按分类进行申请，各类有各自不同的品牌名称，如食品、生鲜、服装、生活用品各有其名，分层次推广并不断延伸；也有的只有一个自有品牌，大多以企业名为品牌名。

2. 自有品牌的品类设置

一般说来，基础的品类品种设置，以销售量大的快速消费品为选择开发的范围，对于生鲜类产品，应该以生产基地为主，全程建立自己的质量体系，才能真正把好商品品质关。基本品类的自有品牌品种可分批设立，以形成基本品类分布网，为下一步品种延伸打基础。品种延伸主要是在基础品种的周围选择更高毛利率的产品，或单品价值高毛利额高的产品，比如洗衣粉属于销售量大、利薄的产品，但可以设立衣领净、漂白剂等作为提升毛利的品种。

3. 包装设计基本要点

按品类属性不同进行统一包装设计，比如包装食品及洗涤品、日用品等都要有完整不易损坏的外包装，这一类产品多陈列在货架上，所以包装要大致相同。可以从基本色、图案、LOGO（标识）位置等元素上来考虑。外包装基本与产品外形一致，图片设计采用一两种（最多3种）颜色，素淡直接，大同小异即可。只需在外包装正中间留出足够的位置进行品名规格等说明，可附上一些不必太精美，但能直接表达的粗线条图形或概念性图片。

（二）实施重点

自有品牌的良好运作除了前期精心策划外，其中跟商品有关的控制重点是其关键性要求，只有把控制点抓好，自有品牌才能真正步入良性的发展轨道。

1. 供应商选择

选择自有品牌的供应商一般有两种思路：一是找顶尖级的一级品牌生产商加工，二是找普通生产商加工。如选择纸品产品开发自有品牌，由于生产量大，单品价值低，所以尽量选择本土的或运输方便的普通生产商。因为这类商品的质量容易控制，但运输成本比重太高，会影响销售毛利水平。不同的品类要根据本地的产业特点优劣势来分析选择最适合的供应商。

2. 单品成本价格分析

在自有品牌的前期策划中，基于市场价格调查数据及分析，对各小类品种的销售价格、成本价格、基本毛利水平、促销毛利水平、平均毛利水平都要做详细规划。自有品牌产品销售的核心是利润最大化，对单品的成本分析不能离开同类产品价格带及销售占比的实际情况。

一般说来，自有品牌品种参考的是畅销品类、大众规格和品质稳定的产品，这类商品在价格战中已经进入低毛利成熟销售期，一般的毛利空间不会高于20%。因此自有品牌品种售价不得高于同类商品的平均价，根据产品属性不同，自有品牌商品的毛利应该达到30%～50%。这只是定价策略中的基本点，把握好了基本点并依照前期规划在保证价格优势的基础上，可以纵向挖掘最大的价格空间。

3. 自有品牌陈列原则

自有品牌商品的陈列是卖场要重点推广的高毛利商品，陈列时要注意以下的细节：

（1）摆放要临近同类重点品种，借用重点品种高购买率，加深客人对自有品牌的印象和关注度，凭借价格优势吸引客人的购买，提升自有品牌的销量和认知度。

（2）摆放在货架最佳视觉区，一般是在人的脖子到头部这个高度为最佳区域。

（3）除货架陈列外，在通道区、收银区、促销区多点陈列。

顾客在门店卖场里的动线是流动的，而且很多时候是无意识的关注和购买，所以，如何提高客人对商品的关注度，一个重要的条件就是多重刺激，反复出现在客人的视线里，并且是大面积、大量的陈列。

自有品牌发展是一个长期战略，是企业为了利益最大化的更高挑战，我国连锁企业在慢慢学习运用国外卖场管理方法的同时，也要结合自身特点，抓住区域的发展优势，将自有品牌做成自己的新亮点。争取有能力走出低级的竞争模式，在提升获利能力的同时，也提升自己的竞争力。

本章小结

商品规划是零售商合理确定商品经营范围和商品结构，在有限的资源条件下尽可能满足消费者对商品选择的需要，并突出商店的经营特色。

制定商品规划，首先必须对商品进行分类。商品分类有不同的标准，零售商可以灵活采用，在商品分类的基础上，零售商选择适合自己的商品结构配置策略，确定合理的商品结构，是企业加强经营管理、提高资金使用效率和经济效益的基础。因此，建立零售企业商品结构优化模型，对企业商品结构优化进行系统分析，可以为零售企业经营的长期发展战略提供科学依据，具有重要的理论意义与实践意义。

零售商在确定商品政策和商品结构的基础上，再根据商店本身的特点、商品生命周期、竞争对手情况、商品的相关性等因素分析，最终确定适合自己的商品组合。商品经营范围确定之后，并非可以一劳永逸。零售商要跟上消费者变化的脚步，必须不断地调整商店商品经营范围，适时引入新商品，及时淘汰滞销品，不断培养畅销商品。这是一项持久性的工作，也是对零售商的一个长期挑战。

随着零售管理技术的不断发展，信息技术的运用使得零售商的商品管理从过去的大类管理细化到每一个单品管理。于是，品类管理和单品管理成为今天零售管理的重要工具和管理理念。商品管理与品类管理都有各自的优势领域。单品管理的强化，并不意味它能完全替代品类管理，并不意味可以放松和削弱品类管理。单品管理与品类管理应相互促进、相互补充，提高商品管理的总体效益。

自有品牌的开发是零售商面临的一个新课题。由于零售商在开发自有品牌上具有诸多优势，因而国外大型零售公司乐此不疲，自有品牌在零售商的销售额中呈不断上升趋势；国内零售商要树立自己的商品经营特色，也应当借鉴国外经验，有计划地开发自有品牌商品。

本章练习

一、选择题

1. 一家企业在商品组合方面可以有（ ）的选择。

A. 宽而浅　　B. 宽而深

C. 窄而浅　　D. 窄而深

2. 进行商品分类要事先设置足够的收容类目，以保证新产品出现时不至于打乱已建立的原有的分类体系和结构，同时为下级部门便于在本分类体系的基础上进行开拓细分创造条件。这是遵循商品分类的(　　)原则。

A. 唯一性　　B. 系统性

C. 兼容性　　D. 可扩展性

3. 过去是主力商品，而现在销路已日趋萎缩的商品，零售店应决定对该商品(　　)。

A. 增加陈列量　　B. 大力促销

C. 销毁　　D. 缩小陈列量或淘汰

4. 商品组合模式有(　　)等。

A. 市场应变组合模式　　B. 营销目标组合模式

C. 系统完善组合模式　　D. 品牌形象化组合模式

E. 消费导向组合模式

5. 商品分类的作用有(　　)等。

A. 便于管理　　B. 便于销售

C. 便于生产　　D. 便于选购

E. 便于编码

6. 主力商品的特征有(　　)。

A. 高购买频率　　B. 季节性

C. 差异性　　D. 低购买频率

E. 普通性

7. 午餐肉、开罐器、快食面、矿泉水、桌布、消毒纸巾等商品组合在一起陈列，叫旅游野餐食品组合（商品群），这种组合属于(　　)。

A. 消费季节组合法　　B. 节庆日组合法

C. 便利组合法　　D. 用途组合法

二、判断题

1. 连锁商业企业可以对各分店的地区性较强的商品实行分散采购，由各门店自行组

织进货；对其他大批量的商品和外地商品实行集中采购，由总部统一组织进货。（ ）

2. 商品组合又叫商品的经营结构，一个连锁商业企业的商品组合包括若干个商品系列，一个商品包括若干个商品项目。（ ）

3. 商品群是商业企业根据其经营观念，将某些种类的商品集合在一起，组成一个战略经营单位，成为卖场之中的特定群落，以吸引顾客，促进销售。（ ）

4. 对于主力商品的优先管理包括以下内容：采购计划优先、资金优先、储存库位优先、配送优先、陈列优先、促销优先。（ ）

5. 门店的主力商品最好永远保持不变。（ ）

三、思考题

1. 百货商店、专卖店、便利店、标准超市等业态零售商在一般情况下各采取什么商品政策和商品结构策略？

2. 什么是零售商品结构？零售商品结构分哪几个层次？

3. 为什么商品经营范围确定之后还要不时地进行调整？调整的内容是什么？

4. 品类管理与一般的重点商品管理有什么不同？单品管理是否能取代品牌管理？

5. 零售商自有品牌与制造商品牌有何不同？试分析零售商开发自有品牌商品具有什么优势？

6. 商品组合的优化方法通常有哪些？如何运用？

四、案例分析题

屈臣氏品质保证中心为自有品牌护航

2011 年 5 月，屈臣氏品质保证中心在广州成立，这不仅是屈臣氏在全球成立的首个品质保证中心，更是国内健与美零售行业的第一个自有的品质保证中心。在这里，屈臣氏配备了 30 多台一流的仪器设备和严格的实验环境，从此把产品质量的把关归纳到自体经营的一个重要环节。如今，该中心已成立两年，众多优质产品经由这里被送上货架，而更多的美丽计划在这里酝酿成形。

由于每一件个人护理产品都与肌肤亲密接触，与美丽密切相关，屈臣氏在品牌引入和质量把关上不敢懈怠。屈臣氏所选购的每一件产品，都经历了由屈臣氏品牌评估、市场考察、品质检测、上架设计等一系列严格步骤。而屈臣氏品质保证中心成立后，已经对超过 400 个新品及超过 1 000 个在售自有品牌产品进行了检测，测试次数超过 3 000 次。所有对产品品质的反馈也在这里能够得到解答，中心每天与多位到店的消费者亲密沟通，收集源于使用者最真切的护理需求，从而严格把关，为产品质量保驾护航。

屈臣氏骨胶原系列上市时，带来一场“化妆即护肤”的肌肤美妆新革命，而这个跳出常规思维的创新想法正是屈臣氏品质保证中心的得意之作。作为行业和个人护理专家，屈臣氏洞悉到顾客肌肤承受化妆品的压力，于是大胆提出了“护肤 + 化妆”的概念。与此同时，自有品牌的升级也是屈臣氏品质保证中心的功能之一，最新作品是玫瑰系列全线升级，在原来玫瑰精华的基础上添加了法国精油和银杏，新系列提供更全面高效的美白保湿功效。屈臣氏品质保证中心针对自有品牌的研发，还包括了配方的确认和改造、稳定性测试等。

一直以来，中国屈臣氏从消费者的需求出发，开发出许多品质优良、引领潮流的屈臣氏自有品牌产品，已覆盖肌肤护理类、沐浴类、头发护理类、造型类、女士护理产品、男士护理产品以及保健品等，其种类超过2 000种。随着屈臣氏品质保证中心的成立，产品检测力加强，自有品牌更新换代的速度加快，屈臣氏自有品牌将在屈臣氏品质保证中心得到护航，将以优质的产品和良好的性价比获得更多消费者的青睐。

（资料来源：中国连锁经营协会网站。）

问题：

1. 屈臣氏为什么要成立品质保证中心？该中心的主要功能是什么？
2. 从屈臣氏的经验中可以看出开发自有品牌要注意什么问题？

第八章 零售商供应链管理

学习目标

知识目标

- □ 掌握采购的流程及流程的变革
- □ 掌握采购计划编制的程序及影响因素
- □ 明确采购预算的内容、流程和要点
- □ 掌握配送中心的运作流程
- □ 掌握供应商选择的标准和方法

能力目标

- □ 能够在实践中编制采购计划
- □ 能够编制采购预算、确定采购数量
- □ 能进行现代物流配送中心的设计
- □ 能够进行配送中心作业活动
- □ 能够对供应商关系进行有效管理

导入案例

马狮集团是以廉价货摊发展起来的百货连锁企业，于1894年成立，目前已成为在全球拥有600家商店、65 000多名雇员、年营业额达72亿英镑的跨国零售企业集团。马狮集团有一条重要的宗旨："为目标顾客提供其所需要的商品，若找不到这类商品，就应设法将它创造出来。"正因为如此，马狮集团一方面尽其最大的努力来采购顾客所需要的产品，另一方面则向生产领域渗透，自己来设计和开发新的产品，以充分满足顾客们的各种需要。

马狮集团在这方面的做法是：由商店从顾客中收集对于商品的意见和要求，由马狮的技术开发部门进行产品的创意和设计，然后交制造商进行生产和制作，最后再通过马狮的销售系统进行分销。

马狮集团最具有特点的做法是，它们并不是一般意义上的品牌监制，而是真正的产品开发，在马狮集团总部雇有350多名技术人员，负责新产品的设计开发和对生产过程的监察。但是马狮集团并不自己投资建厂，而是将所设计的产品交由制造商生产，所以被称为“没有工厂的制造商”。如在第一次世界大战期间，许多妇女进入工厂或作坊工作，产生了对穿着轻便服装的需求，而一直没有服装厂大量生产和提供这样的服装，马狮公司根据市场的需求，主动设计和开发了这类服装，并指导制造厂家大批量生产，向市场提供了品质全新、手工精巧、价格实惠的女式轻便服，满足了市场的需要，从而也使公司获得了相应的利益。这在商业的品牌建立和拓展中是独树一帜的。

思考：马狮集团在商品采购方面有哪些特色？

第一节 商品采购管理

一、商品采购的功能

（一）常规商品的补充采购

常规商品的补充采购即日常销售的商品的补货采购。这类商品已有确定的供应渠道，有些商品零售企业公司已与供应商签订了供货合同，采购部门只需要执行或续签已经与供应商签订的供货合同，完成商品的补充订货。

（二）开发新商品

随着社会经济的发展和人们收入水平的提高，消费者需求变化越来越快，呈多样化趋势，同时，商品的生命周期越来越短。在买方市场条件下，作为流通业主导者的零售企业，应主动承担起引导消费、引导生产的重任，积极开发新的供应商，开发新的产品，不断适应消费者需求的变化，更好地满足消费者的需要。

（三）淘汰滞销商品

为了更好地适应消费者需求的变化，也为了更有效地利用有限的卖场空间，提高销售业绩，零售企业采购部门在开发新商品的同时，必须认真做好滞销商品的淘汰工作。对销路不佳的、处于衰退期的、存在质量问题的商品要尽早停止订货；信誉不良的供应商要毫不留情地给予淘汰。

（四）控制采购费用

零售企业经营的本质特征之一是低价格策略，而低价是以低成本作保证的，通过拣货方式、付款条件、采购数量、次数的选择和严格控制，来有效地控制采购费用、降低商品进货费用和成本，并通过规范企业采购行为防止“人情”采购等带来的不利影响。

（五）控制进货渠道

零售企业经营的商品少则几千种，多则几万种。对于如此众多的商品种类，选择良好的进货渠道、控制好进货渠道，是控制和保证商品质量的重要手段之一：集中统一采购通过采购的专业化和制度化，为企业控制进货渠道、保证进货商供应量，提供了良好的条件。

（六）处理与供应商的关系

零售企业与供应商是一种合作与竞争的关系，良好的合作能够达到零售企业与供应商“双赢”的效果。与供应商的良好合作关系是零售企业的核心竞争力之一，如果没有供应商的配合与协作，零售企业很难立足于竞争激烈的市场。

二、零售企业商品采购的方式

根据不同的划分标准，零售企业常用的商品采购方式如下所述：

（一）按采购国家划分

1. 国外采购

国外采购是指零售企业通过直接向国外供应商或通过本地的代理商向国外供应商采购商品的采购方式。国外采购可以采购到许多品质精良或新奇特的商品，同时可以制衡国内采购的价格，且通常采取延期付款的方式，买方将以本币升值而得到外汇兑换利益。但国外采购由于文化、语言的差距，进口管理手续繁多，交货过程时间长，采购效率很低，所需要的安全存量较高，交货的风险较大。如世界零售巨头沃尔玛的国外采购数量就非常巨大，仅在中国一年就采购几十亿美元的商品。

2. 国内采购

国内采购是指向国内的供应商采购商品。它的优缺点基本上与国外采购相反。当国内、外采购品质与价格相同时，因为国内采购的安全存量较低，交易过程简单，售后服务比较迅速，往往以国内采购优先。

（二）按采购进行的方式划分

1. 直接采购

直接采购就是直接向制造商进行采购。直接采购免去从制造商到零售商的中间环节，减低商品成本，缩短商品流通的时间，交货实效性高，生产厂家可为零售商向消费者提供售后服务。通常情况下，制造商只接受数量大的订单。

2. 间接采购

零售企业通过中间商采购商品，譬如批发商、代理商以及经纪人等。间接采购的优、缺点基本上与直接采购相反。比较适合于中小制造商的零星交易，并以标准化商品为限，因为中间商没有能力接受零售企业的定制，或修改经销商品的外观或功能。

3. 委托采购

零售企业委托中间商进行采购，如委托代理商采购等。

4. 联合采购

联合采购就是同业的零售企业联合起来向供应商订购。联合采购可取得规模采购的优势，因数量庞大而价格特别优惠；各零售企业也因为与同业联合采购，建立了合作的基础。配送中心的发展，从技术上为发挥联合采购的优势、解决配送问题提供了保障，中小零售企业可以以联合配送为基础进行联合采购。

（三）按与供应商交易的方式划分

1. 购销方式

零售商与供货商签订购销合同，在购销合同中规定的账期（付款天数）内，准时按商品进价及收货数量付款给供应商。以购销方式进货，不能换货退货。因此，如果采购人员对市场的估计不正确，采购可能造成商品的滞销或供不应求的机会损失。

2. 代销方式

代销方式采购是指零售企业先不给供货商付款就将商品采购回来，然后按照采购合同约定的结算时间和结算方式，与供货商进行货款结算的方式。这种采购方法的最大优势是减少了零售企业的资金占用和经营风险，但却大量占用了供应商的流动资金，因此代销采购价格一般会高于普通批发价格。

3. 联营方式

零售企业与生产企业联合经营，即引厂进店。商场提供销售场所，厂家自主经营，零售企业的电脑系统中记录着详细的供应商信息，但不记录商品详细的进货数量，结账时，在“当期”商品销售总金额上扣除当初双方认可的“提成比例”金额，准时付款给供应商，此时联营商品的“换退货”及“库存清点”的差异额是由供应商来承担的。

（四）按执行采购组织的形式来划分

1. 分散采购

分散采购是由零售商各商品部门或连锁企业的门店自行组织采购。某些百货公司连锁店的部分商品采用这种方式。这种采购，优点是对市场反应灵敏、补货及时、购销迅速；缺点是部门各自为政，容易出现重复、交叉采购。

2. 集中采购

集中采购是由零售商设置专门部门或人员统一采购，营业部门专门负责销售，与采购脱离，连锁经营的零售商一般都采用这种方式。集中采购，优点是可以提高零售企业在合同谈判中的议价能力，较高的专业水平和统一调度具有降低采购费用、降低连锁店仓储及收货费用、规范采购行为、防止多头采购等；缺点是购销容易脱节，唯有加强中枢信息管理系统的控制，才能减少差错。

3. 分散与集中相结合

分散与集中相结合的采购，是将一部分商品的采购权集中，由专门的部门或人员负责；另一部分商品的采购权交由各经营部门自己负责，如大批量的商品或外地商品实行集中采购，而小批量的商品或本地商品实行分散采购。方法灵活，商店可根据自己的需求，有针对性地采购部分商品，但如果管理不当，也会造成各自为政。

（五）按采购价格方式划分

1. 招标采购

零售企业将商品采购的所有条件（如商品名称、规格、品质要求、数量、交货期、付款条件、处罚规则、投标押金、投标资格等）详细列明，刊登广告。投标供应商按公告的条件，在规定时间内，交纳投标押金，参与投标。招标采购的开标按规定必须有至少三家以上供应商参与报价投标才能开标，开标后原则上以报价最低的供应商得标，但得标的报价仍高过标底时，采购人员有权宣布废标，或征得监办人员的同意，以议价方式办理。

2. 询价现购

零售企业采购人员选取信用可靠的供应商将采购条件讲明，并询问价格或寄以询价单并促请对方报价，比较后现价采购。

3. 比价采购

零售企业采购人员请数家供应商提供价格后，从中加以比较后，再决定向价格有优势的供应商进行采购。

4. 议价采购

零售企业采购人员与供应商经过讨价还价后，议定价格进行采购。一般来说，询价、比价和议价是结合使用的，很少单独进行。

5. 公开市场采购

零售企业采购人员在公开交易或拍卖时，随时机动地采购，因此大宗需要或价格变动频繁的商品常用此法采购。

三、商品采购业务程序

商品采购业务，必须按一定的程序进行。商品采购一般要经过：建立采购组织，编制采购计划，确定采购方式，确定货源、商品与供应商评审，签订采购合同，购买，验收入库等程序。

（一）建立采购组织

采购是零售企业的一项重要的业务，采购组织建立得好坏是影响销售正常进行的重要因素。

1. 正式采购组织与非正式采购组织

（1）正式采购组织（Formal Buying Organization）。零售企业建立的单独的商品采购部门，所有或大部分涉及获得商品并使其易于销售的职能都处于该部门的控制之下。它拥有专业的采购人员，这种组织主要适用于大型零售企业。其优点是权责明确，以及使用全职、专门的采购人员，从而使业务更专业；缺点是部门独立运营导致成本过高。

（2）非正式采购组织（Informal Buying Organization）。零售企业无单独的商品采购部门，在同一团队内既进行商品经营，也处理其他零售业务，此种组织多常见于小零售企业。其优点是成本低，具有弹性；缺点是权责不明确，而且对商品采购的计划性重视不足。

2. 集中化采购组织与分散化采购组织

随着组织的日益复杂化，单独零售点经过扩张成为零售连锁店，并且产品范围得到延伸，采购活动也变得更加复杂。从事连锁经营的零售商，还必须决定是采用集中化采购组织，还是采用分散化采购组织。

（1）集中化采购组织（Centralized Buying Organization）。所有的购买决策都发自一个办公室。例如，一家连锁店可能拥有10家分店，但其所有的购买决策都由总部做出。

（2）分散化采购组织（Decentralized Buying Organization）。购买决策是地方性的或区域性的。如一个拥有18家分店的连锁店可能允许每家分店自主选择经营商品，或按地理区域划分分部（如每个大区6个分部），地区性决策由区域内的总部商店统一做出。

3. 通用采购组织与专门采购组织

（1）通用采购组织，由一个人或几个人采购所有的商品。例如，小冷饮店的业主可能为自己的冷饮店采购所有的商品。此类组织适用于规模小的零售店，且只经营少数的商品和服务。

（2）专门采购组织，每个采购员负责一类产品的采购。例如，超级市场通常拥有独立的采购员负责电视、空调、洗衣机等家电的采购。优点是通过专门化，知识得到积累，责任得到了明确；缺点是成本较高，需要增加人员编制。适用于规模大且经营品种较多的大型零售企业。

4. 内部采购组织与外部采购组织

（1）内部采购组织（Inside Buying Organization）。采购人员由零售商自己的员工构成，商品决策由零售企业的全职雇员做出。

（2）外部采购组织（Outside Buying Organization）。由零售商支付一笔费用委托外部公司采购，适用于小型或中等规模的零售商，以及与供货点有物流障碍的零售商。

5. 其他新型采购组织

（1）驻外采购办公室（Resident Buying Office）。可以是内部的，也可以是外部的采购组织。这种办公室通常位于重要的商业中心（供货源），并提供有价值的数据信息。当零售商希望密切追踪关键的市场动向，但又无法通过其总部的采购人员这么做时，就会采用这种方法。

（2）合作采购（Cooperative Buying）。指一组独立的零售商汇聚在一起向供应商大批量购买，可以获得数量折扣。在食品和五金行业中十分普遍。

（二）编制商品采购计划

编制采购计划，首先要分析企业的前期计划执行情况、商品库存数量和结构情况；同时进行充分的市场调查，了解市场需求情况、同行业的经营情况、生产企业的货源情况等，在此基础上，进行市场预测；然后，依据零售企业一定时期内的经营目标，以及企业资金情况，提出采购计划。零售采购的商品计划集中于4项决策：采购什么商品，采购多少商品，什么时候采购，以及将采购来的商品储存在什么地方。

(1) 采购什么商品。零售企业应根据企业的经营战略、市场定位，决定其采购商品的种类。确定商品质量必须考虑以下几个因素：理想的目标市场、竞争、零售商形象、商店位置、库存流转、赢利性、制造商品牌或自有品牌、消费者服务、人员、可感知的产品或服务价值。同时，企业还要决定是否经营促销性商品（低价抛售的商品或用于增加商店客流量的特价商品）。

(2) 采购多少商品。零售企业决定了采购什么样的产品之后，就必须决定采购多少商品。即不同商品或服务大类的数量是多少，以及任何一大类商品或服务的数量是多少。同时零售企业也应该决定经营多少全国性品牌、自有品牌和非注册品牌，以及他们的适当组合。

(3) 什么时候采购。接下来，零售企业应确定每一种商品在什么时候采购。对新产品和服务，零售企业必须决定什么该第一次陈列和销售。对已有产品和服务，零售企业必须计划一年内的商品流转规律。

为恰如其分地采购商品，零售企业必须预测一年内的商品销量及其他各种因素：高峰季节、订货和送货时间、例行订货和特殊订货、库存流转率、折扣和存货处理的效率。

(4) 储存在什么地方。最后一个基本的商品计划决策是将商品储存在什么地方。单个零售企业常常必须决定将多少商品存放在仓库中，以及是否充分利用了仓库，连锁店则必须在各分店之间分配商品。

一些零售企业几乎完全将仓库当作中心的或地区的分销中心。另一些零售企业，包括许多超级市场连锁店，并不过分依靠中心或地区仓库。相反，它们至少有一部分产品直接由供应商运送到各分店。

（三）收集相关顾客需求的信息

零售商应搜集顾客需求信息从而有根据地进行采购。在收集商品管理决策所需要数据的时候，零售商有几个可能的信息源：最有价值的是消费者。当直接的消费者数据无法得到或者不充分时，可以使用其他信息源：如采购人员通过访问供应商、与销售人员谈话及观察消费者行为，可以了解到许多有关消费者需求的信息。竞争者是另一个信息源。其他信息来源也可能提供许多有用的消息：如政府公布的失业、通货膨胀和产品安全数据；独立新闻单位举办的消费者民意测验和调查报告；可以购买到的商业数据。

（四）确定货源

由于零售商的类型和规模不同，进货渠道也会有所不同。为确保进货及时畅通、商品品种花色、式样丰富多彩，零售商必须广开货源渠道。

1. 零售商的进货来源

(1) 制造商。

(2) 当地批发商。

(3) 外地批发商。

(4) 代理商和经纪人。

(5) 批发交易市场。

(6) 附属加工企业。

2. 选择供应商的标准

选择供应商是一个非常复杂的工作，为了从一开始就淘汰和筛选出不合格供应商，节约谈判时间，提高采购效率，零售商必须先建立一个供应商准入制度，设立一个选择标准，以对供应商进行资格审查。

(1) 信用情况。零售商在进货前必须了解供应商以前是否准时收款发货、遵守交货期限及履行采购合同的情况，以便同诚实、信用好的单位建立长期合作关系，稳定货源。

(2) 价格。价格是零售商进货的主要依据之一，只有价廉物美的商品才能吸引消费者，增强企业竞争力。因此，在保证商品质量的基础上，价格低廉的供应商是商店进货的首选。

(3) 品质保证。零售商进货时要明确了解对方商品质量如何，比较不同供应商的商品性能、寿命、经济指标、花色品种、规格等，择优进货。

(4) 时间。这包括供应商发货后商品的在途时间及结算资金占用情况等。

(5) 费用。比较不同供应商、不同地区的进货费用和进货成本，进行选择。

(6) 服务情况。比较不同供应商服务项目的多少和服务质量的高低作为选择标准。例如，是否送货上门，是否负责退换商品，是否提供修理服务，是否赊销，是否负责介绍商品性能、用途、使用方法，是否负责广告宣传等。

(7) 管理规范制度。管理制度是否系统化、科学化，工作指导规范是否完备，执行的状况是否严格。

供应商准入制度的核心是对供应商资格的要求，包括供应商的资金实力、技术条件、资信情况、生产能力等。这些条件是供应商供货能力的基础，也是将来履行供货合同的前提保证。

(五) 谈判及签约

当货源已经选定，购买前评估也已完成时，零售商开始与符合要求的供应商就购买及其条款进行谈判；谈判是调解采购方和供应商利益关系的重要行为。成功的谈判可以使零售企业的采购行为沿着正确的方向前进，有效规避违约风险。

在引入新的供应商时，谈判必须认真地进行，增进双方的沟通，相互适应对方的行为规范，制定完整、细致、能够公平保证双方合法利益的合同文本。谈判协商后，即与采购对象签订采购合同，以明确权利和义务。商品采购合同是零售企业和供应商之间的权利、义务关系的书面协议，必须条款明晰、内容完整。商品采购合同一经签订就正式生效，买卖双方必须严格执行，任何一方不得随意毁约；如遇特殊情况，一方需要修改的，需经对方同意。在合同执行过程中，如果发生纠纷，双方应充分协商，尽量要求合理解决。协商不成的，可由中介机构出面调解，调解不成的可直接向经济法庭起诉，由法院做出裁决。

(六) 商品导入作业

所采购的商品到达采购商品的企业，即组织对所购商品的检验和接收工作，检验部门根据采购合同和采购对象发来的商品发货单，采用理化检验法或感官检验法，对商品进行检验，合格商品办理接收手续，及时组织商品入库。对残次、短缺、不符合质量标准的商品，则应及时与采购对象和相关部门联系，进行退换或提出索赔。商品导入作业阶段，主要包括以下作业：

（1）进货验收作业。这包括卸货、审核检验和做好收货记录。

（2）退换货作业。由于品质不良、订错货、送错货、过期品、滞销品、商品标示不符等，零售企业会发生退换货问题。退换货作业可单独进行，也可与进货作业相配合，在进货时将退换货带回。

（3）存货作业。已进货的商品不可能全部陈列在商店货架上，有一部分则进入仓库暂时保管，要做好商品的入库、在库和出库作业。

（4）标价作业。将商品代码和价格用标价机打在商品包装上，并在商品陈列处的货架或陈列柜的价格标签上标明价格。

（5）补货上架作业。将标好价格的商品，依照既定的陈列位置定时或不定时地补充到货架上或商品陈列处。

（七）评估与改进

购进商品后采购人员要追踪管理，定期评估，不能放任自流。评估主要包括两个方面：商品的评估和供应商的评估。对于商品的评估，最重要的是看它是否能畅销，分析商品的销售量，要看销售是否稳定、正常，并及时淘汰滞销商品，引入新商品。对于供应商的评估，也需要定期考核，只有通过与供应商建立战略伙伴关系，才能不断提高对顾客要求做出迅速反应的能力、企业各部门的应变能力和优化企业外部资源管理的能力，从而建立起自己的竞争优势。

四、商品采购业务的控制

控制好采购环节是实现经营计划目标的重要手段，控制好采购环节就等于控制住了商品流通的起点和源头。

（一）采购商品的结构控制

商品结构的控制从采购计划开始，根据企业经营目标、市场定位来制定采购计划。采购计划的制定要细分，应落实到商品的小分类，对一些特别重要的商品，甚至要落实到品牌商品的计划采购量。采购计划要细分到小分类，其意图就是控制商品的结构，使之更符合目标顾客的需求。同时，采购计划的小分类细化也是对采购业务人员的业务活动给出了一个范围和制约。如果把促销计划作为采购计划的一部分，那么在与供应商签订年度采购合同之前，就要要求供应商提供一年的产品促销计划方案，以便在制定促销计划时参考。采购计划中包括新产品开发计划，因此，在制定采购计划时，要求供应商提供下一个年度新产品上市计划和上市促销方案，以此作为新产品开发计划的依据。

（二）商品采购预算的确定

采购预算一般以销售预算为基础予以制定。其公式为：

销售成本预算 = 销售预算 ×（1 - 平均毛利率）

例如，某零售商店某月的销售额达到 200 万元，假定商店的平均毛利率为 15%，那么该商店的采购目标就是：

200 ×（1 - 15%）= 170（万元）

按同样的道理，也可以推算出商品的年采购目标。当然，上述公式仅仅是销售成本计算公式，它并没有估计到库存量的实际变化。采购预算还要加上或减去库存增加或削减的因素，计算公式应为：

采购预算 = 销售成本预算 + 期末库存计划额 - 期初库存额

例如，某商店一年的销售目标为 2 000 万元，平均毛利率是 15%，期末库存计划额为 200 万元，期初库存为 180 万元，其全年的采购预算就是：

2 000 ×（1 - 0.15）+ 200 - 180 = 1 720（万元）

即一年的采购预算为 1 720 万元。再将其分配到各个月，就是每个月的采购预算。

采购预算在执行过程中，有时会出现情况的变化，这就有必要进行适当的修订。如商店临时促销商品，就需要从预算中减少新增商品的金额。

（三）采购商品的数量控制

在制订采购计划后需要确定合理的采购批量。采购批量，是每批采购商品的数量。合理确定采购批量，既要保证销售的需要，还要节约费用开支，以提高零售企业经济效益。

1. 商品采购费用和储存成本的构成

（1）商品采购费用。商品采购费用包括采购差旅费、采购通信费、运杂费、采购人员工资等。一定时期的商品采购费用总额与采购批量成反比。

（2）商品储存成本。商品储存成本包括保管费、包装费、存货占用资金应计利息、商品损耗等费用。一定时期的商品储存成本总额与采购批量成正比。

2. 经济采购批量的确定

确定商品采购批量常采用的是经济采购批量法。在采购中，商品的采购费用和商品的储存成本与采购的批量有关，费用、成本与采购批量是成反向变化的，因此，要求一定时期的商品采购费用总额与商品储存成本总额之和最低，如图 8 - 1 所示。

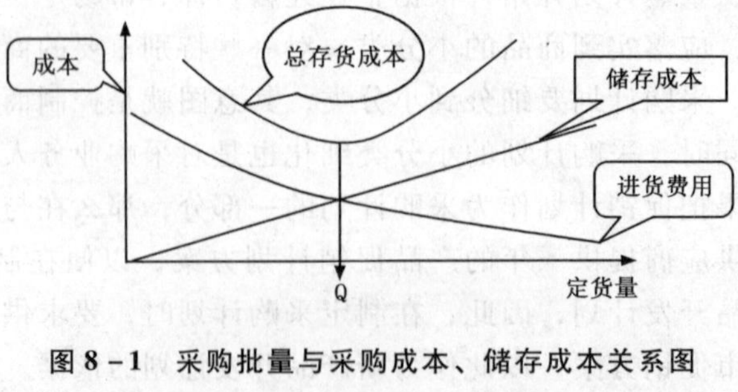

图 8 - 1 采购批量与采购成本、储存成本关系图

经济采购批量，是使一定时期商品的采购费用总额与商品储存成本总额之和最低的每批采购量。经济采购批量与采购费用和保管费用有着密切的关系。

（1）采购批量与采购费用呈反比例关系。因为在一定时期内采购总量不变的情况下，每采购一次商品，就要耗费一次采购费用，因而每次采购批量大，采购次数就少，采购费用也就越少；反过来，采购批量少，采购次数就多，采购费用也就越多。

（2）采购批量与保管费用呈正比例关系。因为在一定时期内采购总量不变的情况下，每次采购批量大，平均库存量就大，保管费用支出也就越多；反之，采购批量小，平均库存量就小，保管费用也就越少。

经济采购批量是指采购费用与保管费用之和减少到最小限度的采购批量。

经济采购批量的基本计算公式如下：

则 $Q = \sqrt{2K \cdot D/P \cdot I}$

其中：Q 为每批采购数量。

K 为商品单位平均采购费用。

D 为全年采购总数。

P 为采购商品的单价。

I 为年保管费用率。

采用上述公式确定采购批量法，应具备三个条件：

（1）市场需求均衡。

（2）货源充足、稳定、容易进货。

（3）集中到货。

如果采购对象提供数量折扣，则将能享受数量折扣的采购批量与按上述公式计算出的采购批量的采购总成本进行比较，根据成本的高低决定采购批量。

例如，某商店预计全年销售某种商品 800 件，已知每件商品的采购费用是 0.5 元，单价为 20 元，年保管费用率为 2.5%，欲求最经济的采购批量。根据公式可得：

$Q = \sqrt{(2 \times 0.5 \times 800) / (20 \times 2.5\%)} = 40$（件）

通过上述计算可知，每次采购数量在 40 件以上或 40 件以下的年度总费用都高于 40 件采购批量的年度总费用。只有每次采购批量在经济采购批量附近时，才能使年度总费用最小，如果远离经济采购批量而去盲目进货，不可能取得良好的经济效益。零售商在计算出来商品的经济采购批量后，还要考虑到实际需求、数量折扣及可变的订货成本和占用成本等方面的变化，来确定实际的采购数量。

3. 确定采购批量要考虑的其他因素

在实际的商品采购中，确定采购批量还要综合考虑下面几个方面：

（1）商品供求状况。对于货源紧张、供不应求的商品，应加大采购批量，反之则减小。

（2）商品生产和消费的季节性。对于常年生产而季节销售的商品，应提前储备，保证以应季销售的要求确定采购批量；对于季节生产而常年销售的商品，则应以能保证停产期间正常销售的要求确定采购批量。

（3）数量折扣。即采购对象是否提供根据采购批量的大小给予数量折扣。

小知识

新兴的大量采购方式——采购招标制

采购招标制是通过公开招标的方式而进行的大量采购。一般由购货单位或主办单位发出采购某种商品的通知，或是在媒体登出广告，说明拟购商品及相应的条件，请各方卖主在指定的期限内提出报价投标，招标人开标并比较各方报价，选择对其有利者达成交易。一般采取提前预付或货到付款的方式，因此，有人又将其称为招标买断制。

采购招标主要用于政府和某项大型工程的大宗商品采购，过去在我国零售业采购中使用不多。然而，2000年以来，国内零售商开始尝试采用招标制进行大量采购，采购的商品通常是大众化的产品，主要目的是获取低价。例如，2002年4月，国美采用招标方式与国内10家空调生产企业签订了价值17亿元的采购合同。采购招标渐渐成为人们关注的热点话题。

招标买断制与代销制相比，既可以使厂商及时收回货款，又可以使厂商多家竞标，大大降低进货成本和采购价格，因此，招标变得十分必要。其次，采购招标制使采购变得迅捷。采购招标制是在指定的时间和地点公开进行，优劣一目了然，交易双方不必耗时耗力进行反复磋商、没完没了地讨价还价，是一种高效率的采购方式。这在市场变化越来越快、消费者居于主导地位的今天，显得尤为重要。

采购招标制的兴起，也说明了国内商业资本的成长，已使零售商与制造商的力量对比发生了变化。大型连锁零售公司利用完善的营销信息后勤系统，向消费者们提供质优价廉的产品和服务。在一个以顾客为核心的时代，零售商深信，在决定顾客需要方面，他们处于比制造商更为优越的位置。于是，他们毫不留情地告诉那些甚至相当有实力的制造商，他们应该生产什么、生产多少、生产什么样的品种与款式，如何定价，如何做广告，如何进行产品促销，如何进行物流配送，甚至包括如何改进和组织其生产管理。

（四）采购商品的质量控制

零售企业所经营商品的质量不仅关系到消费者的利益，也直接关系到零售企业的信誉，乃至生存和发展。零售企业必须加强商品采购质量控制。

商品质量包括商品内在质量和商品外观质量两个方面：商品内在质量是指商品性能、寿命、经济性和安全性等；商品的外观质量是指商品的规格、造型、色彩、销售包装等。

采购商品的质量控制，以质量标准为依据。目前我国实行三级质量标准：

（1）国家标准。国家标准是在全国范围内必须共同遵守的统一标准。

（2）部分标准。部分标准是在某一专业部门范围内实行的统一技术质量标准。

（3）企业标准。企业标准是某些没有国家标准和部分标准的商品，由零售企业与生产企业或用户共同商定的质量标准。

（五）商品采购时间的确定

确定了采购商品的品种和数量后，还要确定什么时间采购，以保证无缺货现象的发生。这里的商品采购时间是指再订购商品的时间。适当的商品采购可以使商品既不脱销，又不积压，取得良好的经济效益。而商品采购时机选择不当，则会造成商品滞销或脱销，给企业带来经济损失。

影响商品采购时机的因素主要包括：每项订货和交货时间的长短；商品的周转快慢；每次采购商品的采购费用及其与采购商品的储存成本的大小；商品的货源供应情况。

1. 定时采购

定时采购，就是每隔一个固定时间，采购一批商品，此时采购商品的数量不一定是经济批量，而是以这段时间销售掉的商品为计算依据。定时采购的特点是：采购周期固定，采购批量不固定。

定时采购的优缺点是：采购时间固定，因而可以做周密的采购计划，便于采购管理，并能得到多种商品合并采购的好处；但由于这种采购方法不能随时掌握库存动态，易出现缺货现象，盘点工作较复杂。

2. 不定时采购

不定时采购，是指每次采购的数量相同，而每次采购的时间则根据库存量降到一定点来确定，也称为采购点法。不定时采购的特点是：采购批量固定，采购时间不固定。

不定时采购的优缺点是：能随时掌握商品变动情况，采购及时，不易出现缺货现象。但是，由于各种商品的采购时间不一致，难以制定周密的采购计划，不便于采购管理，也不能享受多种商品集中采购的价格优惠。

（六）采购商品的价格控制

采购商品的价格高低，直接关系到商品的销售价格和销售量，进而关系到零售企业的经济效益，采购商品的价格控制是商品采购管理的重要内容。采购商品的价格控制应注意的问题有：一是正确处理商品质量与商品价格的关系，结合采购费用确定采购商品的价格。二是考虑数量折扣确定采购商品的价格，考虑货款结算方式与采购商品的价格的关系。

第二节 商品配送管理

一、商品配送的概念

（一）商品配送的概念

《国家标准物流术语》对配送的定义是："在经济合理区域范围内，根据客户要求，对物品进行拣选、加工、包装、分割、组配等作业，并按时送达指定地点的物流活动。”

配送概念中的几个要点：配送是资源配置的一部分，它是经济体制的一种形式；配送的资源配置是接近顾客的配置；配送的实质是送货；配送是现代送货；配送是“配”与“送”有机结合的形式；配送是市场经济形式；配送以用户要求为出发点；配送是按时送达指定地点的物流活动。

（二）商品配送的作用

1. 优化资源配置

在商品流通中施行配送，实际是集中社会库存和社会分散的运输能力，可以优化库存结构和运输结构。以配送企业的库存取代社会上千家万户的零散库存，库存相对集中，减少在库存分散的状态下会出现的物资积压、短缺和设备的闲置等现象，按照统一计划合理分配和使用资源，充分实现物资的价值；配送企业的集中配送取代了单个企业的送货，提高了运输设备和设施的使用效率。

2. 降低物流成本

商品配送以社会供应系统取代了企业的内部供应系统，使货物供应在分工协作的基础上实现专业化和社会化，提高了物流效益，降低了成本。配送企业的集中库存和集中运输的能力，可使用户降低库存或实现零库存，减少企业流通领域的资金占用，使零售企业解放出大量储备资金，优化零售企业的资金结构，进而大大降低企业物流成本。

3. 发挥综合优势

配送将仓储、运输、流通加工等职能集为一体，将性质不同的各个专业物流企业的活动有机结合在一起，从而构成了多功能、一体化的物流作业。从经济效益看，这种由配送作为媒介而形成的一体化运作，比各个专业企业独立运作更能发挥专业物流企业的整体优势和综合优势，客观上能使社会分散的经营活动协调运作，减少重复浪费，如迂回运输、交叉运输等。

4. 开发和应用新技术

配送必须依靠科技进步来支撑，同时配送的完善和发展又为高新技术的开发与使用提供良机。随着生产的发展和市场范围的扩大，配送的要求也越来越高，用于配送的各种设备和设施，如自动化的立体仓库、自动分拣设备和配送自动传送装置，不仅数量会越来越多，而且其技术水平、技术含量也在不断提高，并被普遍使用。与此同时，许多专用工具和专用设备也陆续被研制出来，并先后被用于配送的有关环节上。其结果，一方面大大提高了配送的作业效率，另一方面也促进了技术进步。

（三）商品配送的模式

零售企业由于自身的运作模式和经营环境的不同，采用不同的配送方式。

1. 供应商直接配送

供应商直接配送即供货商直接按零售店的需求将商品直接送到门店。这种方式适合连锁店发展的初期店面数不多的情况，当门店数达到一定规模时，供应商的运输系统难以适应多店铺连锁店广域发展的需求，会出现配送不到位，缺货断档，时间衔接不上等问题。

同时，这种配送方式使得连锁店工作人员每天面对大量的供应商，重复做验货和收货的工作，无暇顾及店铺的管理。这种配送只简单地解决了“送”的问题，而“配”的问题则完全由门店去解决，门店不合理地承担了本应由连锁总部承担的“组配”业务。

这种配送模式较适合大型综合超市、仓储式商场、大型百货商场，以及连锁店各门店自营的部分商品的配送。因为这些商场的货架本身在设计上就有储备功能，其销售量也大，每下一个订单，都达到了供应商可以送货的经济批量，而且，它们一般在门店中专门设置了适应供应商直送方式的收货部。

2. 连锁企业自营配送

零售企业通过独立组建配送中心，实现对内部各门店的商品供应。这种配送中心的各种物流设施设备归一家零售企业所拥有，是零售企业的一个有机组成部分，因此，它也只服务于该企业的各个门店。对于连锁规模较大的零售企业，可以自建配送中心，采用这种方式，这种配送中心对实现连锁企业内部各门店的统一采购、统一配送和统一结算发挥了重要作用。例如美国的沃尔玛公司所属的配送中心就是公司独资建立，专门为本公司所属的连锁门店提供商品配送服务的自营性配送中心。

对于配送能力较强的配送中心，还可以提供社会化的配送服务，提高了设备、设施的使用效率，提高了企业经济效率和社会效益。

3. 社会化的中介型配送

从事配送业务的企业，通过与生产企业建立广泛的代理或买断关系，与零售企业建立较稳定的契约关系，从而将生产、加工企业的商品或信息进行统一整合、处理后，按客户订单的要求配送到各门店。这种模式的配送，还表现为客户之间交流供应信息，从而起到调剂余缺、合理利用资源的作用。社会化的配送模式是一种比较完整意义上的配送模式。

4. 共同配送

这是一种配送经营企业之间为实现整体的配送合理化，以互惠互利为原则，互相提供便利的配送服务的协作型配送模式。这种配送模式的目的在于最大限度地提升人员、物资、资金、时间等物流资源的效率、提高服务、降低成本，获得最大效益。还可以去除多余的交通运输，取得缓解交通、保护环境等社会效益。因此，采取共同配送是提高物流效率、实现商品集约的有效形式。

（四）配送的作业程序

1. 备货

（1）备货的概念及意义。备货是指准备货物的一系列活动，它是配送的准备工作和基础环节。备货的意义是如果备货不及时或不合理，则会增加配送成本，降低配送的整体效益。

（2）备货的具体活动内容。备货的具体活动内容是筹集货物和储存货物。

2. 理货

理货包括货物分拣、配货和包装等活动。其中货物分拣一般采取两种方式来操作：一是摘取式，二是播种式。

3. 送货

送货是配送活动的核心，也是备货和理货工序的延伸，其实质就是货物的运输或运送。

4. 配送加工

配送加工是配送企业在配送系统中，按客户的要求，设立加工场所进行的加工活动。

（五）配送的工艺流程

1. 配送的一般流程

配送的一般流程是：进货——存储——分拣——配货、配装——送货。每个流程的作业内容如下所述：

（1）进货。进货亦即组织货源，其方式有两种：第一，订货或购货。表现为配送主体向生产商订购货物，由后者供货。第二，集货或接货。表现为配送主体收集货物，或者接受客户所订购的货物。前者货物的所有权属于配送主体，后者货物所有权属于客户。

（2）储存。储存即按照客户要求并依据配送计划将购到或收集的各种货物进行检验，然后分门别类地储存在相应的设施或场地中，以备拣选和配货。储存作业一般包括这样几道程序：运输——装卸——验收——入库——保管——出库。储存作业依产品性质、形状不同而形式各异，有的是利用仓库进行储存；有的是利用露天场地储存；特殊商品（如液体、气体）则需储存在特制的设备中。

（3）分拣、配货。分拣和配货是同一个工艺流程中的两项有着紧密关系的经济活动，有时这两项活动是同时完成的（如散装物的分拣和配货）。在进行分拣、配货作业时，少数场合是以手工方式进行操作的，更多的场合是采用机械化和半机械化方式去操作的。

（4）送货。在送货流程中，包括这样几项活动：搬运、配装、运输和交货。其作业程序为：配装——运输——交货。送货是配送的终结，故在送货流程中除了要圆满地完成货物的移交任务以外，还必须及时进行货款的结算。在送货工序中，运输是一项主要的经济活动。因此，在进行送货作业时，选择合理的运输方式和使用先进的运输工具，对于提高送货质量至关重要。

2. 配送的特殊流程

在实践中，某些有特殊性质、形状的货物，其配送活动有许多独特之处。例如，液体状态的物料的配送就不存在配货、配装等工序；金属材料和木材等生产资料的配送常常需要附加流通加工工序。因此，在配送的一般流程基础上，又产生了配送的特殊流程。配送的特殊流程一般有以下几种形式。

（1）食品的配送。进货——储存——分拣——送货。

（2）煤炭等散货的配送。进货储存——送货。

（3）木材、钢材等原材料的配送。进货——加工——储存——分拣——配货——配装——送货。

（4）机电产品中的散件、配件的配送。进货——储存——加工——储存——装配——送货。

二、零售商配送中心

(一) 配送中心的概念

配送中心是从供应者手中接受大量的货物，进行集货、分类、保管、流通加工和信息处理等作业，按照众多需要者的订货要求配齐货物，以令人满意的服务水平进行配送的现代流通设施。

零售商型配送中是以零售业为主体，由零售商向上整合所成立的配送中心。零售商发展到一定规模后，可以考虑建立自己的配送中心，为本企业的零售店，如超级市场、百货商店、建材商场、专业店等服务，也可进行社会化服务。

配送中心按服务范围分为城市配送中心和区域配送中心：

根据配送货物的属性，可以分为食品配送中心、日用品配送中心、医药品配送中心、化妆品配送中心、家电品配送中心、电子（3C）产品配送中心、书籍立体配送中心、服饰产品配送中心、汽车零件配送中心以及生鲜处理中心等。

(二) 配送中心的功能

配送中心与传统的仓库、运输是不一样的，一般的仓库只重视商品的储存保管，一般传统的运输只是提供商品运输配送而已，而配送中心是重视商品流通的全方位功能，同时具有商品储存保管、流通行销、分拣配送、流通加工及信息提供等功能。

1. 流通行销的功能

流通行销是配送中心的一个重要功能，尤其是现代化的工业时代，各项信息媒体的发达，再加上商品品质的稳定及信用，因此有许多的直销业者利用配送中心，通过有线电视或互联网等配合进行商品行销。此种的商品行销方式可以大大降低购买成本，因此广受消费者喜爱。

2. 仓储保管功能

商品的交易买卖达成之后，除了提供给需要直配、直送的批发商之外，均将商品经过实际入库、保管、流通加工包装而后出库，因此配送中心具有储存保管的功能。配送中心一般都有库存保管的储放区，为了防止缺货，或多或少都有一定的安全库存量。

3. 分拣配送功能

配送中心必须根据客户的要求进行分拣配货作业，并以最快的速度送达客户手中或者是指定时间内配送到客户。配送中心的分拣配送效率是商品流通质量的集中体现，是配送中心最重要的功能。

4. 流通加工功能

配送中心的流通加工作业包含分类、磅秤、大包装拆箱改包装、产品组合包装、商标、标签粘贴作业等，这些作业是提升配送中心服务品质的重要手段。

5. 信息提供功能

配送中心除了具有行销、配送、流通加工、储存保管等功能外，更能为配送中心本身及上下游企业提供各式各样的信息情报，为配送中心营运管理政策的制定、商品路线的开发、商品销售推广等政策的制定提供参考。

（三）配送中心的作业流程

不同模式的配送中心作业内容有所不同，一般来说配送中心执行如下作业流程：进货→进货验收→入库→存放→标示包装→分类→出货检查→装货→送货。归纳而言，配送中心的作业管理主要有进货入库作业管理、在库保管作业管理、加工作业管理、理货作业管理和配货作业管理。

1. 进货入库作业管理

进货入库作业主要包括收货、检验和入库三个流程。收货是指连锁店总部的进货指令向供货厂商发出后，配送中心对运送的货物进行接收。收货检验工作一定要慎之又慎，因为一旦商品入库，配送中心就要担负起商品完整的责任。一般来说，配送中心收货员应做好如下准备：及时掌握连锁总部（或客户）计划中或在途中的进货量、可用的库房空储仓位、装卸人力等情况，并及时与有关部门、人员进行沟通，做好以下接货计划：

（1）使所有货物直线移动，避免出现反方向移动。

（2）使所有货物移动距离尽可能短，动作尽可能减少。

（3）使机器操作最大化、手工操作最小化。

（4）将某些特定的重复动作标准化。

（5）准备必要的辅助设备。

检验活动包括核对采购订单与供货商发货单是否相符、开包检查商品有无损坏、商品分类、所购商品的品质与数量比较等。数量检查有三种方式：

（1）盲查，即直接列出所收到的商品种类与数量，待发货单到达后再做检查。

（2）半盲查，即事先收到有关列明商品种类的单据，待货物到达时再列出商品数量。

（3）联合检查，即将直接检查与盲查结合起来使用，如果发货单及时到达就采用直接检查法，未到达就采用盲查法。

经检查准确无误后方可在厂商发货单上签字将商品入库，并及时登录有关入库信息，转达采购部，经采购部确认后开具收货单，从而使已入库的商品及时进入可配送状态。

2. 在库保管作业管理

商品在库保管的主要目的是加强商品养护，确保商品质量安全。同时还要加强储位合理化工作和储存商品的数量管理工作。商品储位可根据商品属性、周转率、理货单位等因素来确定。储存商品的数量管理则需依靠健全的商品账务制度和盘点制度。商品储位合理与否、商品数量管理精确与否将直接影响商品配送作业效率。

3. 加工作业管理

主要是指对即将配送的产品或半成品按销售要求进行再加工，包括：

（1）分割加工，如对大尺寸产品按不同用途进行切割。

（2）分装加工，如将散装或大包装的产品按零售要求进行重新包装。

（3）分选加工，如对农副产品按质量、规格进行分选，并分别包装。

（4）促销包装，如促销赠品搭配。

（5）贴标加工，如粘贴价格标签，打制条形码。加工作业完成后，商品即进入可配送状态。

4. 理货作业管理

理货作业是配货作业最主要的前置工作。即配送中心接到配送指示后，及时组织理货作业人员，按照出货优先顺序、储位区域号、配送车辆趟次号、门店号、先进先出等方法和原则，把配货商品整理出来，经复核人员确认无误后，放置到暂存区，准备装货上车。

理货作业主要有两种方式，一是“播种方式”，二是“摘果方式”。

所谓播种方式，是把所要配送的同一品种货物集中搬运到理货场所，然后按每一货位（按门店区分）所需的数量分别放置，直到配货完毕。在保管的货物较易移动、门店数量多且需要量较大时，可采用此种方法。

所谓摘果方式（又称挑选方式），就是搬运车辆巡回于保管场所，按理货要求取出货物，然后将配好的货物放置到配货场所指定的位置，或直接发货。在保管的商品不易移动、门店数量较少且要货比较分散的情况下，常采用此种方法。

在实际工作中，可根据具体情况来确定采用哪一种方法，有时两种方法亦可同时运用。

5. 配货作业管理

配送作业过程包括计划、实施、评价三个阶段。

（1）制定配送计划。配送计划是根据配送的要求，事先做好全局筹划并对有关职能部门的任务进行安排和布置，全局筹划主要包括：制定配送中心计划；规划配送区域；规定配送服务水平等。制定具体的配送计划时应考虑以下几个要素：连锁企业各门店的远近及订货要求，如品种、规格、数量及送货时间、地点等；配送的性质和特点以及由此决定的运输方式、车辆种类；现有库存的保证能力；现时的交通条件。从而决定配送时间，选定配送车辆，规定装车货物的比例和最佳配送路线、配送频率。

（2）配送计划的实施。配送计划制定后，需要进一步组织落实，完成配送任务。

首先应做好准备工作。配送计划确定后，将到货时间、到货品种、规格、数量以及车辆型号通知各门店做好接车准备；同时向各职能部门，如仓储、分货包装、运输及财务等部门下达配送任务，各部门做好配送准备。

然后组织配送发运。理货部门按要求将各门店所需的各种货物进行分货及配货，然后进行适当的包装并详细标明门店名称、地址、送达时间以及货物明细。按计划将各门店货物组合、装车，运输部门按指定的路线运送各门店，完成配送工作。如果门店有退货、调货的要求，则应将退调商品随车带回，并完成有关单证手续。

第三节

供应商的管理

一、供应商管理概述

连锁企业要维持正常经营，就必须有一批可靠的供应商为企业提供各种各样的物资供应，因此供应商对企业的物资供应起着非常重要的作用。采购管理的一个重要工作，必须要搞好供应商管理。

所谓供应商管理，就是对供应商的调查、选择、开发、控制和使用等综合性的管理工作的总称。其中，调查是基础，选择、开发、控制是手段，使用是目的。供应商管理的目的，是要建立起一个稳定可靠的供应商队伍，为企业生产提供可靠的物资供应。

二、供应商选择的重要性和相关因素

（一）供应商选择的重要性

供应商选择的重要性体现在以下三个方面：

1. 供应商的评价选择是供应链合作关系运行的基础

供应商的业绩对制造企业的影响越来越大，在交货、产品质量、提前期、库存水平、产品设计等方面都影响着制造商的效益。传统的供应关系已不再适应全球竞争加剧、产品需求日新月异的环境，企业为了实现低成本、高质量、柔性生产、快速反应，就必须重视供应商的评价选择。供应商的评价、选择对于企业来说是多目标的，包含许多可见和不可见的多层次的因素。

2. 选择好的供应商是供应链管理的关键环节

对于生产企业而言，供应商的数量较多，层次参差不齐。如果供应商选择失误，就会对生产带来不利影响，造成中断生产计划、增加存货成本、延迟运送零件或原料、出现缺货或残次物品、引发成品的运送延迟等不良后果。如果企业建立完整的供应商选择与评价体系，就可以掌握供应商的生产情况和产品价格信息；获取合理的采购价格，最优的服务；确保采购物资的质量和按时交货；可以对供应商进行综合、动态的评估；甚至把供应商结合到产品的生产流程中去，和供应商建立长期的交易伙伴关系以达到效益最优化。

3. 好的供应商将成为企业的战略合作伙伴

选择好的供应商不仅是为了保障日常物资的供应，从传统重视的质量、价格、服务和柔性方面选择优秀的供应商，更多的是从战略的角度考虑和供应商的关系。供应链管理思想的发展和越来越多的外包使得采购的地位日益突出，促使企业将供应商管理水平作为企业的竞争优势，因此在选择供应商时考虑的因素也随之增加。

在传统关系模式中，供应商和生产企业是一种简单的买卖关系，其模式是价格驱动。采购策略是：买方同时向若干供应商购货，通过供应商之间的竞争获得利益，同时也保证了供应的连续性；买方通过在供应商之间分配采购数量对供应商加以控制；买方和供应商保证的是一种短期合同关系。现在很多企业都采纳了视供应商为伙伴的观点，就是和少数可靠供应商保持稳定关系，建立起一种战略伙伴关系，即双赢关系模式。这种模式强调合作中的供应商和生产商之间共享信息，通过合作协调相互的行为。生产商对供应商给予协助，帮助供应商降低成本，改进质量，加快产品开发进程。通过建立相互信任的关系提高效率，降低交易和管理成本，以长期的信任代替短期的合同，双方有比较多的信息交流。可见，保持好的供应商关系已经成为维持竞争优势的重要因素。

（二）供应商选择应考虑的因素

选择供应商时，有许多因素值得考虑。各因素的重要性因企业而异，甚至因同一企业的不同产品或服务而异。

1. 质量

质量主要是指供应商所供给的原材料、初级产品或消费品组成部分的质量。

产品的质量是供应链生存之本，产品的使用价值是以产品质量为基础的。如果产品的质量低劣，该产品将会缺乏市场竞争力，并很快退出市场。而供应商所供产品的质量是消费品质量关键之所在，因此，在对供应商的产品质量要求上，应该强调适合和稳定。要考察这点，关键在于供应商是否有一套有效执行的产品检验制度，即控制质量的能力。在对供应商的质量管理要求上，考虑的因素主要包括质量管理方针、政策、质量管理制度的执行及落实情况、有无质量管理制度手册、有无质量保证的作业方案和年度质量检验的目标、有无评价机构的评鉴等级、是否通过 IS0 9000 质量体系认证。

2. 价格

价格主要是指供应商所供给的原材料、初级产品或消费品组成部分的价格。供应商的产品价格决定了消费品的价格和整条供应链的投入产出比，因此会对生产商和销售商的利润率产生一定程度的影响。价格往往是采购中最敏感的问题。供应商对既定商品组合报价是否合理，供应商是否愿意协商价格，供应商是否愿意联合起来共同降低成本（与价格），还有供应商提供的各种折扣，都是需要考虑的因素。

3. 交货能力

供应商的交货能力包括两个方面：一是供应商的准时交货能力；二是供应商的持续改善能力。交货准时性是指供应商按照采购方所要求的时间和地方，将指定产品准时送到指定地点。如果供应商的交货准时性较低，必然会影响生产商的生产计划和销售商的销售计划及时机。这样一来，就会引起大量的浪费和供应链的解体。因此，交货准时性也是较为重要的因素。要考察供应商的准时交货能力，除要了解供应商的管理制度外，还要了解供应商产品的生产周期、生产能力以及供应商的财务能力。如果供应商财务能力不够，必定会影响其正常生产。供应商的持续改善能力取决于供应商是否有改进产品的意愿及能力，即要看供应商的新产品开发计划，以及供应商的研发部门和人员的情况。持续改善能力是增强企业竞争能力的一个重要方面。

4. 服务

选择供应商时，特殊服务有时显得非常重要。例如，更换残次物品、指导设备使用、修理设备以及类似的服务，在选择过程中起着关键作用。在考察这一点时，要注意两个问题：当产品或服务改变时，供应商是否给出了预先通知；如果服务变化，买方需要投入到什么程度。

5. 柔性

供应商面临数量、交付时间与产品改变时，有多大灵活性；供应商是否愿意及能够回应需求改变，接受设计改变等，企业应予以重点考虑。还要注意了解供应商生产线上的柔性能力，即生产品种转变能力，其中包括最低生产批量、生产效率、存货量与生产周期的匹配。反映柔性的一个指标是交货提前期，对于企业或供应链来说，市场是外在系统，它的变化或波动都会引起企业或供应链的变化或波动。由于交货提前期的存在，必然造成供应链各级库存变化的滞后性和库存的逐级放大效应。交货提前期越小，库存量的波动越小，企业对市场的反应速度越快，对市场反应的灵敏度越高。由此可见，交货提前期也是考察供应商的重要因素之一。

6. 位置

供应商所处位置对送货时间、运输成本、紧急订货与加急服务的回应时间等都有影响。当地购买有助于发展地区经济，形成社区信誉。在分工日益精细化的今天，供应商位置的远近直接决定了产品生产过程中的物流成本和管理成本。供应商与生产商同处于一个区域，也有利于形成产业积聚效应，增强整个产业链的竞争力。

7. 供应商存货政策

如果供应商的存货政策要求自己随时持有备件存货，将有助于突发故障的解决。供应商对库存的设置及库存地理位置的选择，也影响着产品的可得性和满意度。对此，企业应予以考虑。

8. 信誉与财务状况稳定性

供应商信誉及财务状况是否令人满意；供应商是否严重依赖其他买主，使买方承担优先满足其他买主需要的风险，这也是企业在选择供应商时需要考虑的因素。

（三）供应商选择的方法

1. 判断选择法

判断选择法，是指根据连锁企业征询和调查所得的资料并结合分析判断，对供应商进行分析评价的一种方法。它主要是以倾听和采纳有经验的采购人员的意见，或者直接由采购人员凭经验评估打分为依据来选择供应商。这种方法比较直观，简单易行，但主观性较强，选择结果的科学性不高，常用于非主要供应商的选择。

2. 招标选择法

招标选择法，是指当连锁企业商品采购数量大、供应商竞争激烈时，可采用招标的方式来选择合适的供应商。主要做法是先由连锁企业提出招标条件，各供应商进行竞标，然后由企业进行分析研究，选择出综合条件最好的供应商并签订采购协议。招标选择的主要工作：一是要准备一份合适的招标书；二是合适的评标小组和评标规则；三是要组织好整个招标、投标活动。招标选择法能使连锁企业在较大范围内获得既满足条件、又便宜适用的原材料或商品，但此法的运作时间较长，不适用对时间要求较紧的商品采购。主要用于常规商品供应商的选择。

3. 协商选择法

协商选择法，是指连锁企业先通过调查研究从众多供应商中选择出供应条件较为优秀的若干供应商，然后分别与他们进行协商，以确定合适的供应商的方法。与招标选择法相比，协商选择法由于供需双方能够充分协商，在商品的质量、交货时间和售后服务上更有保证，但可能会造成连锁企业的供货渠道和进货价格不够合理。这种方法主要在采购时间紧迫、投标单位少、竞争不激烈、商品规格和技术复杂的情况下采用。

4. 考核选择法

考核选择法，是指在对供应商充分调查了解的基础上，再进行认真考核、分析比较，从而选择合适的供应商的方法。考核选择供应商是一个较长时间的深入细致的工作，与其他选择法相比，考核选择法更实际、更全面、更严格。同时这个工作需要采购管理部门牵头负责、各个部门的人员共同协调才能完成。

供货商选择的总原则是全面、具体、客观，即建立和使用一个全面的供货商综合评价指标体系，对供货商做出全面、具体、客观的评价。综合考虑供货商业绩、设备管理、人力资源开发、质量控制、成本控制、技术开发、用户满意度等可能影响供应链合作关系的方面。

二、供应商关系管理

在供应商管理中，必须将供应商关系分为不同的类别。企业的资源是有限的，因此必须根据供应商对本公司企业经营影响的大小，设定优先次序，区别对待，以利于集中精力重点改进、发展对企业最重要的供应商。

（一）供应商关系的分类

企业与供应商之间的关系大致可以分为五种，即短期目标型、长期目标型、渗透型、联盟型、纵向集成型。

1. 短期目标型

这种类型最主要的特征是双方之间的关系是交易关系，他们希望彼此能保持比较长期的买卖关系，获得稳定的供应，但是双方所做的努力只停留在短期的交易合同上，各自关注的是如何谈判，如何提高自己的谈判技巧，不使自己吃亏，而不是如何改善自己的工作，使双方都获利。供应方能够提供标准化的产品或服务，保证每一笔交易的信誉。当买卖完成时，双方关系也终止了。对于双方而言，只有业务员和采购人员有联系，其他部门人员一般不参与双方之间的业务活动。

2. 长期目标型

与供应商保持长期的关系是有好处的，双方有可能为了共同利益对改进各自的工作感兴趣，并在此基础上建立起超越买卖关系的合作。长期目标型的特征是建立一种合作伙伴关系，双方的工作重点是从长远利益出发，相互配合，不断改进产品质量与服务质量，共同的范围遍及各公司内的多个部门。例如，由于是长期合作，可以对供应商提出新的技术要求，而如果供应商目前还没有这种能力，采购商的技术创新和发展也会促进企业产品改进，所以这样做有利于企业的长远利益。

3. 渗透型

这种关系形式是在长期目标型基础上发展起来的。其管理思想是把对方公司看成自己公司的延伸，是自己的一部分，因此，对对方的关心程度大大提高了。为了能够参与对方的业务活动，有时会在产权关系上采取适当的措施，如互相投资、参股等，以保证双方派员加入对方的有关业务活动。这样做的优点是可以更好地了解对方的情况，供应商可以了解自己的产品在对方是怎样起作用的，因而容易发现改进的方向；而采购方也可以知道供应商是如何制造的，对此可以提出相应的改进要求。

4. 联盟型

联盟型是从供应链角度提出的。它的特点是从更长的纵向链条上管理成员之间的关系。在难度提高的前提下，要求也相应提高。另外，由于成员增加，往往需要一个处于供应链上核心地位的企业出面协调成员之间的关系，他常常被称为“盟主”。

5. 纵向集成型

这种形式被认为是最复杂的关系类型，即把供应链上的成员整合起来，像一个企业一样，但各成员是完全独立的企业，决策权属于自己。在这种关系中，要求每个企业充分了解供应链的目标、要求，以便在充分掌握信息的条件下，自觉做出有利于供应链整体利益的决策。

供应商分类管理策略具有重要的实践意义。为了保证企业的运营，企业需要对原材料、零部件、设备、办公用品以及其他产品或服务进行采购。由于采购内容的不同，供应商也相应地有不同的种类，对不同种类的供应商采取不同的管理策略才能做到有的放矢。

（二）双赢供应关系的管理

1. 两种供应关系模式

传统的供需双方之间的竞争关系模式与供应链管理下的双赢关系模式的采购特征有很大的不同。竞争关系是价格驱动的，这种关系模式的采购策略表现为：

（1）买方同时向多处供应商购货，通过供应商之间的价格竞争获得价格好处，同时也保证供应链的连续性。

（2）买方通过在供应商之间分配采购数量对供应商加以控制。

（3）买方与供应商保持的是一种短期合同关系。

2. 双赢关系模式

此模式是一种供应商与生产商之间共同分享信息，通过合作和协商的相互行为。这种关系模式的采购策略表现为：

（1）制造商对供应商给予协助，帮助供应商降低成本、改进质量、加快产品开发进度。

（2）通过建立相互信任的关系，提高效率，降低交易、管理成本。

（3）长期的信任合作取代短期的合同。

（4）比较多的信息交流。

3. 双赢关系对企业采购的意义

供应商与制造商的合作关系对于准时化采购的实施是非常重要的，只有建立良好的供需合作关系，准时化采购策略才能得以彻底贯彻落实，并取得预期的效果。从供应商的角度来说，如果不实施准时化采购，就缺乏与制造商的合作，库存、交货批量都比较大，而且在质量、需求方面都无法获得有效控制。而准时化采购策略把制造商的 JIT 思想扩展到供应商，加强了供需之间的联系与合作。在开放性的动态信息交互下，面对商场需求的变化，供应商能够做出快速反应，提高了供应商的应变能力。对制造商来说，通过和供应商建立合作关系，实施准时化采购，管理水平得到提高，制造过程与产品质量得到有效控制，成本降低了，制造的敏捷性与柔韧性增加了。

概括起来，双赢关系对于采购中供需双方的作用表现在：

（1）增加对整个供应链业务活动的共同责任感和利益的分享。

（2）增加对未来需求的可预见性和可控能力，长期的合同关系使供应计划更加稳定。

（3）成功的客户有助于提高供应商的竞争力。

（4）高质量的产品增加了供应商的竞争力。

（5）增加对采购业务的控制能力。

（6）通过长期的、有信任保证的订货合同保证了采购的要求。

（7）减少和消除了不必要的对购进产品的检查活动。

建立互惠互利的合同是巩固和发展供需合作关系的根本保证。互惠互利包括了双方的承诺、信任、持久性。信守诺言，是商业活动成功的一个重要原则。没有信任的供应商，或没有信任的采购客户都不可能建立长期的合作关系，即使建立起合作关系也是暂时的。持久性是保持合作关系的保证，没有长期的合作，双方就没有诚意做出更多改进和付出。机会主义和短期行为对供需合作关系将产生极大的破坏作用。

（三）供应商关系的管理

双赢关系已经成为供应链企业间合作的典范，因此，要在采购管理中体现供应链思想，对供应商的管理就应集中在如何与供应商建立双赢关系及维护和保持双赢关系上。

1. 信息交流与共享机制

信息交流有助于减少投机行为，有助于促进重要生产信息的自由流动。为加强供应商与制造商的信息交流，可以从以下几个方面着手：

（1）在制造商与供应商之间经常进行有关成本、作业计划、质量控制信息的交流与沟通，保持信息的一致性和准确性。

（2）实施并行工程。制造商在产品设计阶段让供应商参与进来，这样供应商可以在原材料和零部件的性能和功能方面提供有关信息，为实施质量功能配置（quality function deployment，QFD）的产品开发方法创造条件，把用户的价值需求及时地转化为供应商的原材料和零部件的质量与功能需求。

（3）建立联合的任务小组解决共同关心的问题。在供应商与制造商之间应建立一种基于团队的工作小组，双方的有关人员共同解决供应过程中以及制造过程中遇到的各种问题。

（4）供应商与制造商经常互访。供应商与制造商采购部门应经常性地互访，及时发现和解决各自在合作活动中出现的问题和困难，建立良好的合作气氛。

（5）使用电子数据交换（electronic data interchange，EDI）和因特网技术进行快速的数据传输。

2. 激励机制

要保持长期的双赢关系，对供应商的激励是非常重要的，没有有效的激励机制，就不可能维持良好的供应关系。在激励机制的设计上，要体现公平、一致的原则。给予供应商价格折扣和柔性合同，以及赠送股权等，使供应商和制造商分享成功，同时也使供应商从合作中体会到双赢机制的好处。

3. 合理的评价方法和手段

要实施供应商的激励机制，就必须对供应商的合作效果进行评价，使供应商不断改进。没有合理的评价方法，就不可能对供应商的合作效果进行评价，将大大挫伤供应商的合作积极性和合作的稳定性。对供应商的评价要抓住主要指标和问题，比如交货质量是否改变了，提前期是否缩短了，交货的准时率是否提高了等。通过评价，把结果反馈给供应商，和供应商一起共同探讨问题产生的根源，并采取相应的措施予以解决。

本章小结

采购管理是零售业务管理的一项十分重要的内容，直接关系着零售商的经营效益和后续经营活动的开展。零售商的采购管理首先从采购流程控制开始。采购流程是指零售商从建立采购组织开始到商品引入商场并进行定期检查评估的一系列整合而系统的步骤。这些步骤包括建立采购组织、制定采购计划、确定供应商及货源、谈判及签约、商品导入作业、再订购商品、定期的评估与改进。上述每一个步骤的组织与实施对零售商的采购控制而言都是十分关键的。

商品采购制度主要有分散采购、集中采购、分散与集中相结合的三种采购制度。目前有些零售商采取折中的办法，即采取一定程度的集权和分权进行采购管理。商品采购决策包括采购品种决策、采购预算决策、采购数量决策和采购时间决策等。商品采购数量可分为大量采购和适量采购两种。商品采购时间可分为定时采购和不定时采购两种类型。零售商可以根据不同商品类型选择不同的采购方法。

采购人员的素质也直接影响商品采购效率的高低。采购控制离不开对采购人员的控制，这种控制表现在对采购人员的选择和考核上。选择采购人员必须从其思想素质、工作能力及个性特征、知识结构等多方面来考察。此外，还必须建立一套科学的指标考核体系。目前，一些零售商采取的考核指标有销售额指标、商品结构指标、毛利率指标、商品周转天数指标、商品到位率指标、新商品引进率指标、商品淘汰率指标、通道利润指标等。

零售商的采购来源有多种渠道，选择供应商是一项非常复杂的工作，可以通过直观判断法、考核选择法、招标选择法和协商选择法进行供应商的选择。为了从一开始就淘汰和筛选出不合格供应商，节约谈判时间，提高采购效率，零售商必须先建立一个供应商准入制度，设立一个选择标准，以对供应商进行资格审查。许多零售商已经认识到，与优良的供应商建立长期稳定的、相互信任的合作关系对事业发展是至关重要的。

一、选择题

1. 下面（　　）是影响采购计划编制的因素。

A. 采购环境　　B. 价格预期

C. 年度销售计划　　D. 物资标准成本的设定

2. 采购预算的内容包括（　　）。

A. 原材料预算　　B. 资产预算

C. MRO 预算　　D. 采购运作预算

3. 制定订单计划是采购计划的最后一个环节，也是最重要的环节。它主要包括的内容有（　　）。

A. 对比需求与容量　　B. 综合平衡

C. 确定余量认证计划　　D. 制定订单计划

4. 可以将（　　）作为确定采购数量的依据。

A. 年度销售计划　　B. 生产计划

C. 用料清单　　D. 存量记录卡

5. 下列（　　）对配送作业的描述是正确的。

A. 配送作业是一个有规律性的作业方式，波动性非常小

B. 配送作业具有反复无常的特点，经常受作业环境的影响

C. 配送作业的对象是不变的

D. 只要使用配送，就一定能降低成本，增加效益

6. 配送中心在运转过程中，要对其流程进行优化管理，在降低自身流程成本的同时也应降低（　　）。

A. 供应商成本　　B. 配送中心成本

C. 客户成本

7. 配货时，大多是按照入库日期的“（　　）”原则进行。

A. 先进先出　　B. 先进后出

C. 后进先出

8. 以下为供应商选择的基本条件是（　　）。

A. 过硬的商品质量　　B. 齐全的企业资料

C. 合理的交易条件　　D. 合适的折扣

9. 对供应商的激励手段中，（　　）属于负激励。

A. 价格激励　　B. 淘汰激励

C. 信誉激励

10.（　　）是最为常用的供应商质量考核指标。

A. 来料免检率　　B. 退货率

C. 交货破损率

二、判断题

1. 需求分析是采购工作的第一步，是制定采购计划的基础和前提。（　　）

2. 采购数量的确定主要包括以下 4 个方面的内容：计算生产需求、计算库存数量、计算剩余订单数量和确定采购数量。（　　）

3. 与供应商谈判的原则是尽量压低供应商的利润空间，利润最好为 0。（　　）

4. 如果所需物资对企业生产经营影响重大，则宜采用直接采购。（　　）

5. 供应商选择是采购人员完成的。（　　）

6. 招标选择法不适用于紧急采购的供应商选择。（ ）
7. 配送不是单纯的运输或输送，而是运输与其他活动共同构成的组合体。（ ）
8. 零售商往往需要对供应商进行定期评估和考核，以确定是否继续合作。（ ）

三、思考题

1. 什么是商品配送？商品配送有什么意义？
2. 现代零售企业商品配送的方式有哪几种？
3. 什么是配送中心？配送中心具有什么功能？
4. 配送中心的基本作业流程是怎样的？
5. 现代零售企业商品的采购方式有哪些？
6. 如何进行采购商品的采购人员的控制？

四、案例分析题

亚洲玩具“反”斗城的采购策略

亚洲玩具“反”斗城是香港利丰集团获国际玩具反斗城授予的亚洲特许经营权而创办的亚洲最大的玩具零售企业。亚洲玩具“反”斗城平均每家店有1万种单品，这些产品涉及的品目包括婴儿/学前玩具及用品、女孩玩具、男孩玩具、运动玩具、电子及木制的教育类玩具、户外娱乐用品、图书、电子游戏机等。每一家店铺的商品都可以分为区域性和本地性商品。区域性商品是指那些与区域内其他店铺共同销售的商品，而本地性商品是指那些适应个别国家的潮流文化而生产的商品。玩具“反”斗城每年约有40%的商品被淘汰，这意味着每年约有4 000种新品上市。

玩具经营的关键在于新奇和时尚。众多的玩具品类要有系统地存放和采购，需要玩具经营者在各地天量采购，一般的百货公司很难提供如此丰富的玩具品种。玩具产品淘汰十分迅速，尤其是人形英雄玩具，新的人形英雄玩具出现了，旧的就要立即淘汰，引领潮流、受人追捧的对象消失得比出现得更快（如日本动画片主角便极具潮流的性质）。跟服装业不同，虽然每年总有一些滞后的人仍然会穿上一年出品的服装，但是对玩具行业来说，过时的人形英雄玩具没有销路，就是死掉的英雄。这给玩具商的采购管理系统带来了极大的挑战。

亚洲玩具“反”斗城从世界各地千余家工厂或供应商购入玩具商品，约有50%的商品不会在其他零售商处销售。目前玩具“反”斗城的采购基地大部分在中国内地，其余小部分在美国。过去，玩具“反”斗城的商品采购活动主要集中在美国，但是随着美国玩具厂商纷纷在中国内地设厂，玩具“反”斗城的采购基地也随之转向中国内地，这反映了中国内地已成为全球最重要的玩具采购中心。

由于货品种类繁多，采购及供应方法很多元化：①直接从中国内地的工厂采购；②从中国内地玩具生产商的当地分销商或供应商处采购商品；③从授权的中国内地OEM工厂购买商品；④要求厂家单独生产玩具反斗城的自有品牌玩具。

亚洲玩具“反”斗城要求所有供应商必须符合有关产品质量和工厂运作条件的国际安全标准，同时，还要接受不定期的工厂检验。亚洲玩具“反”斗城的自有品牌产品会到29个国家发售，需要符合每个国家的安全要求，故所有产品都会做全球安全测试，大部分由检验质量和安全性的检验机构确认，而且许多产品均比国际标准要求高。至于其他品牌的产品，亚洲玩具“反”斗城的政策是供应商提供的产品必须符合欧盟或美国安全标准，如EN71、ASTM或CE。

此外，所有供应商必须符合既具“反”斗城关于童工、非强迫劳动工、良好的工作环境、不歧视、工资按小时支付、人权及工厂检验等全球供应商须履行的商业行为规范。

（资料来源：科丰研究中心，供应链管理－香港利丰集团的实践，中国人民大学出版社，2009年版。）

问题：

1. 玩具商品具有什么特点？玩具商品的特点给玩具零售商的采购带来了哪些挑战？
2. 从玩具“反”斗城制定的采购标准中反映了公司的哪些经营理念？

第九章
零售价格管理

学习目标

知识目标

- □ 了解零售价格构成要素及影响因素
- □ 掌握零售定价方法
- □ 熟悉商品定价和调价的程序

能力目标

- □ 能够有针对性地制定商品定价策略
- □ 能够应用价格策略和技巧制定商品价格
- □ 能够根据市场变化对商品价格进行调整

导入案例

华为 P9 的定价

2015 年，华为消费者业务实现销售收入 1291 亿元人民币（199 亿美元），同比增长 72.9%；全年智能手机发货量达 1.08 亿台，成为中国首个年发货量过亿的品牌；终端市场份额稳居全球前三。

2016 年 4 月 15 日华为 P9 在上海举办产品发布会并正式开售。这款主打“全球首款徕卡双摄像头”的新机在华为商城预约人数超过 600 万人次。

在 P 系列中 P9 可谓定价最高的一款，海外标配版（3GB + 32GB）售 599 欧元（4415 人民币），国内标配版售 3199 元人民币。售价的增长一方面源自徕卡加持下的成本压力，另一方面出于高性能与高品质，而高企的预约数也足以证明消费者愿意为此买单。据说一台徕卡 SL 相机的价格相当于一辆宝马。因此，尽管 P9 在海外售价较 P8 涨了 100 欧元，但媒体和消费者都能接受。P9 在中国市场上更是以低于海外市场上千元人民币的价格销售。

对于P9国内市场的售价，华为消费者BG CEO余承东表示，因为中国消费者还不太了解徕卡，希望通过这次发布和全球最低定价来形成一定认知，也是以此来回馈本土消费者长期以来的支持。“徕卡在设计上要求极高，设计难度非常大，造成了成本的成倍提升。但是我们价格上卖得非常有竞争力，我们希望赢得更好的消费者口碑和份额。”

思考：华为P9在定价时考虑了哪些因素？P9的定价策略对我们有何启示？

零售价格管理是零售企业最重要的管理内容之一。一是因为价格的高低直接影响消费者对商品的需求量、影响企业的销售额和利润额，进而影响到企业财务状况和未来发展；二是因为在市场竞争中，商品的价格策略同其他竞争策略相比具有不可替代的作用。

第一节 零售价格构成与影响因素

了解零售价格构成及其影响因素是零售企业制定商品价格和确定价格策略的基础。

一、零售价格构成

（一）零售价格

零售价格是指商业零售单位向个人或集团消费者出售商品的价格。

（二）零售价格构成

零售价格构成是指零售企业商品价格的形成要素及其组合，亦称零售价格组成。它反映商品在流通过程中物质耗费的补偿，以及新创造价值的体现，一般包括进货成本、流通费用、税金和利润四个部分。

1. 进货成本

进货成本是指经营者采购商品的原始进价、进货费用及购入环节交纳的税金等各项支出总和。进货成本是价格构成最基本、最主要的因素，是价格构成的主体，在零售企业商品价格中占有较大比重。进货成本是制定商品零售价格的最低经济界限，其高低可以影响或决定零售价格的高低，而零售价格高低又是影响进货成本高低的重要因素。进货成本是衡量经营管理水平的最重要经济指标。

2. 流通费用

流通费用是指商品在流通过程中所耗费的物化劳动和活劳动的货币表现。主要包括销售费用、管理费用和财务费用三部分。

3. 税金

税金是企业销售商品应负担的税金。商品价格中的税金是指作为价格构成独立要素的价内转嫁税，是商品价格减去进货成本、流通费用和利润的余额。通常，商品价格中的税金主要分为以下两大类：

（1）价格转嫁税。也称间接税，是指通过间接方式征课的税收。税法规定的纳税人不是税收的负担人，纳税人是把缴纳的税金加到商品价格中去，随商品出售逐环节转嫁，最后转嫁给商品的购买者（即消费者）。

（2）价外税。也称直接税，是指直接向税收的负担人征课的税收。税法规定了纳税人就是纳税的负担人，它不是商品价格构成中的独立因素，而是其中某部分收入的再分配。

4. 利润

利润是零售企业为社会劳动所创造价值的货币表现。利润是价格构成要素之一，是商品价格中超过进货成本、流通费用和税金的余额，即经营者的纯收入。

二、影响零售价格的主要因素

（一）零售店自身因素

零售店商品价格的决定，要与其目标市场和其他条件相匹配。具体地讲，零售店商品价格的制定，应当与零售店的市场定位、开设位置、促销活动、服务水平以及希望传播的商店形象等因素相适应。

零售店的市场定位会直接影响其价格水平。例如，一家定位为高收入群体服务的服装专卖店，就意味着所售服装较高的价格。因此，定价策略在很大程度上由最初的市场定位决定，零售店的市场定位越明确，价格的确定就越容易。

零售店的开设地点，对商品价格的确定有着显著的影响。与竞争对手相距越近，其价格确定越多受到竞争对手价格的影响。在商品种类与其他店相同情况下，与目标顾客距离越远，商品价格就要定得越低，这样才能吸引远道而来的顾客。

零售店促销策略与价格策略密切相关，企业常利用价格手段进行促销。到目前为止，价格促销仍然是零售企业最具杀伤力的、最有成效的手段。

零售店为顾客提供的服务项目也与商品价格的制定密切相关。提供的服务项目越多，服务水准越高，所产生的经营费用也越高。因此，一些服务项目相对较少的商店，如自助服务的仓储式商店，其经营费用低，价格自然就低；而提供服务项目多、购物环境好的百货商店，其竞争优势不在于商品的价格，而在商店的服务。

此外，价格可以帮助顾客确定对商店的印象。顾客从商店中接受的最多的暗示之一就是商店的零售价格，如果某个售价较高的高级女装专卖店经常性地打折销售，那么在顾客的心目中，就会破坏原先特有的印象。尽管商品的名称、店内的装饰、销售人员都保持不变，仅仅价格策略变了，就会显著地改变顾客对整个商店的印象。

（二）消费者心理因素

零售店的价格水平既受消费者收入水平的制约，也受消费者价格心理的影响。一般而言，消费者价格心理，主要包括以下几种：

1. 习惯性价格心理

指消费者对商品价格水平的心理习惯性。这种习惯性是消费者在长期购买特定商品的交易中形成的。某种商品需支付多少金额，已在消费者心目中逐步形成固定标准，消费者往往以这个标准去联想和比较价格的高低涨落。价格在习惯性标准以内，被消费者认为是合理的；如果超过或低于标准便被认为是不合理。习惯性价格的变动，不仅影响消费者购买行为，也影响商店在消费者心目中的印象。

2. 敏感性价格心理

指消费者对一定商品价格水平变动的心理反应程度。从消费者对价格变动的敏感度来看，心理价格标准较低的商品，其价格敏感度相对较高；心理价格标准较高的商品，其价格敏感度相对较低。例如，蔬菜、副食品等价格较低的商品价格上涨，即使幅度不大，也易引起消费者的强烈反应；而高档用品、珠宝首饰等商品的价格上涨，即使幅度较大，消费者的反应也并不敏感。

3. 倾向性价格心理

指不同的消费者出于不同的价格心理，对商品的档次、质量、商标都会产生不同的倾向性。消费者价格倾向心理的形成，主要取决于消费者所处的社会地位、经济收入水平、消费水平、消费方式及文化素养等因素的影响。一般来说，倾向于选择高价商品的消费者，普遍存在高价意味着高质量的心理。而倾向于选择低价商品的消费者，则在心理上认为商品价格上的不同档次并非意味商品质量存在很大差别。所以，比较倾向于选择低价商品。

4. 感受性价格心理

消费者对价格高低的判断，往往是在同类商品中进行比较，或是在同一商店中对不同商品进行比较而获得的。但是，消费者的判断知觉有时也会出现错觉，价格错觉的出现大多在背景刺激因素下产生。零售店在定价时有意识地调整价格背景因素，可以改变消费者对价格的判断。例如，由于陪衬的商品价格的不同，即使同一价格商品却给消费者不同的价格感受——放在高价格系列中显得低，放在低价格系列中显得高。

（三）竞争对手因素

零售市场是一个高度竞争的市场，同类零售店之间的价格竞争在所难免。

零售店在定价时需要考虑竞争者的定价，因为竞争者的定价影响着顾客对相同商品的选择。市场需求和商品成本分别为零售店的商品价格确定了上限和下限，而竞争对手的成本、价格和可能的反应则有助于零售店确定合适的价格。零售店需要将自己的成本和竞争对手的成本、价格和质量进行比较，来分析自己是处于优势还是劣势。

一般来讲，处于竞争优势地位的企业有较大的定价自由度，处于竞争劣势的企业则更多地采用追随性价格策略。当竞争对手制定了竞争性价格时，应考虑以下因素后再决定是否迎战。

1. 价格灵敏度

也就是价格对消费者需求的影响程度。如果自己的品牌号召力很强，与竞争对手之间市场区分明显，价格对需求的影响较小，不必应战。

2. 企业的市场地位

如果一个在市场中微不足道的零售企业发动价格攻势，那么，市场地位较高的企业可以不必理睬；如果行业领导者降价，市场地位较低者不得不应战。

3. 商品特性

对某些高价商品，人们可能会更关注其形象而较少关注价格，如果一味地降价，可能会弄巧成拙。尽管价格是零售企业竞争的最直接、最有力的武器，但也必须认识到价格竞争是双刃剑，过度的价格竞争会导致两败俱伤。

（四）进货成本因素

商品的进货成本是商品定价的基础，也是定价的最低界限。商品进货成本包括商品购进价格、采购费用、仓储运输费用等。只有使商品价格高于商品进货成本，才能收回总耗费并获得一定利润，保证企业正常运营。若以低于进货成本的价格出售商品，则不可避免地产生亏损，长此以往商店的经营必然难以为继。因此，商品的进货成本直接影响到商店定价。

当然有时候，商店以某种商品作为招揽商品以吸引消费者前来购物，这些招徕商品的定价有时会比较低，甚至低于进货成本，但在绝大多数情况下，商品进货成本是商店定价要考虑的一个重要指标。

（五）国家的法规、政策

零售企业对价格的制定既要受到国家有关法规的限制，也要受到当地政府制定的政策影响。国家和地方政府对零售价格有相关的法律和政策，如我国的《价格法》、《消费者权益法》和《反不正当竞争法》等，以及有关的价格政策，对企业定价都有一定的约束。

小知识

2015 年“双 11”购物节，国家发展改革委价格监督检查与反垄断局公开发布《关于规范网络零售价格行为的提醒书》，督促、引导企业自觉遵守价格法律法规，共同维护好市场价格秩序，切实保护消费者合法权益，促进网络零售更好更快发展。

关于规范网络零售价格行为的提醒书

各网络零售经营企业：

2015 年“双 11”“双 12”促销活动临近，为规范网络零售市场价格秩序，保护消费者合法权益，根据《中华人民共和国价格法》、《价格违法行为行政处罚规定》、《关于商品和服务实行明码标价的规定》、《禁止价格欺诈行为的规定》等法律法规，国家发改委价格监督检查与反垄断局作如下提醒：

1. 在网络上销售商品和提供服务，应当同实体店一样，自觉依法明码标价。标价内容要真实明确、清晰醒目，价格变动要及时调整。不得在标价之外加价出售商品，不得收取任何未予标明的费用。

2. 禁止利用虚假的或者使人误解的标价形式或者价格手段，欺骗、诱导消费者进行交易，重点防止出现下列价格违法行为：

（1）虚构原价，标示的原价属于虚假、捏造，不是本次促销活动前七日内最低交易价格，或者从未有过交易记录。在对未销售过的商品开展促销活动时，不得使用“原价”

“原售价”“成交价”等类似概念。

(2) 销售商品和提供服务前有价格承诺，不履行或者不完全履行。

(3) 虚假优惠折扣，标示的打折前价格或者通过实际成交价及折扣幅度计算出的打折前价格高于原价。

(4) 使用“仅限今日”“今日特惠”“明天涨价”等不实语言或者其他带有欺骗性、误导性的语言、文字、图片等标价，诱导顾客购买。

(5) 声称“特价”“清仓价”“全网最低价”“市场最低价”“出厂价”“零利润”等，但价格表示不真实、不准确，没有依据或者无从比较。

(6) 采用与其他经营者或其他销售业态进行价格比较的方式开展促销活动时，未准确标明被比较价格含义，或被比较价格无来源依据。

(7) 销售商品或者提供服务，以低价招徕顾客，以高价进行结算。

(8) 销售商品或者提供服务有附加条件时，不标示或模糊标示价格附加条件。

(9) 采取价外馈赠方式销售商品、提供服务时，不如实标示馈赠物品的品名、数量，或者馈赠物品为假劣商品。

3. 各网络零售企业应当加强价格自律，树立依法经营、诚实守信、公平竞争意识。建立和完善内部价格管理机制和纠错机制，加强对价格促销方案的事前审查，力争“双11”“双12”一年更比一年强，年年跃升新台阶。

4. 各级价格主管部门将加强市场价格监管，及时制止和依法查处各类价格违法行为，保持12358价格举报热线畅通，及时受理群众价格投诉举报。对群众反映的涉嫌价格违法问题，一经查实，将依法严肃处理。

国家发展和改革委员会

价格监督检查与反垄断局

2015年11月2日

（资料来源：http://www.sdpc.gov.cn。）

第二节

零售定价方法

零售价格的制定方法较多，最常用的有：从商品成本出发定价；根据市场需求情况定价；根据竞争状况来定价等。事实上，零售定价就是在成本、消费者需求、竞争对手三方面寻求一个平衡点，将商品的价格定在消费者认可的价值水准上。

一、成本导向定价法

成本导向定价法是以商品成本为基础的定价方法。具体方法包括：加成定价法、损益平衡定价法和目标贡献定价法等。

1. 加成定价法

加成定价法包括完全成本加成定价法和进价加成定价法。前者用于蔬菜、水果的定价；后者通常用于百货商店、专卖店的商品定价。

（1）完全成本加成定价法。完全成本加成定价法首先确定单位变动成本，再加上平均分摊的固定成本组成单位完全成本，在此基础上加上一定的成本加成率（毛利率）形成销售价格。计算公式为：

商品售价 = 单位完全成本 ×（1 + 成本加成率）

其中，成本加成率 =［（售价 - 进价）÷进货成本］×100%

（2）进价加成定价法。进价加成定价法的计算公式为：

商品售价 = 进货价格 ÷（1 - 加成率）

其中，加成率 =［（售价 - 进价）÷售价］×100%

加成定价法的关键是加成率的确定。一般来说，加成率的大小与卖场商品的需求弹性和公司的预期盈利有关。需求弹性大的商品，加成率宜低，以求薄利多销；需求弹性小的商品，加成率稍高。在实践中，同行业中往往有一个能为大多数零售企业所接受的加成率。

成本导向定价法是多数企业常采用的一种定价方法，其优点有三个：一是计算简便，可保证零售企业能获得正常利润；二是同类商品进货成本和经营成本比较接近，定出的价格相差不大，不会引起激烈的竞争；三是合理的加成率可以让消费者感觉价格公平合理。

2. 损益平衡定价法

损益平衡定价法又称为收支平衡定价法、盈亏分界定价法，旨在分析在既定的固定成本、单位变动成本和价格条件下，确定能够保证公司收支平衡的销售量。收支平衡点也称为损益平衡点（或盈亏分界点）。其计算公式是：

损益平衡点销售量 = 固定成本 ÷（价格 - 单位变动成本）

在此价格下实现的销售量为保本销售量，因此，该价格实际上是保本价格，计算公式是：

保本价格 = 固定成本 ÷ 损益平衡点销售量 + 单位变动成本

零售企业在定价时，可利用此方法进行定价方案的比较和选择。对于任一给定的价格，都可以计算出一个保本销售量。如果零售企业要在几个价格方案中进行选择，只要给出每个价格对应的预计销售量，将其与此价格下的保本销售量进行对比，低于保本销售量，则被淘汰。利用损益平衡分析，实际价格的计算公式如下：

实际价格 =［固定成本 + 目标利润 + 单位变动成本］÷预计销售量

损益平衡定价法侧重于总成本费用的补偿，这一点对于经营多条商品线和多种商品项目的零售企业极为重要。因为一种商品盈利伴随着其他商品亏损的现象时有发生，因此，定价要从保本入手而不是单纯考虑某种商品的盈利状况。在某种商品预期销售量难以实现时，可以相应提高其他商品价格，逐步在整体上实现企业商品结构和销售量的优化组合。

3. 目标贡献定价法

目标贡献定价法又称为可变成本定价法，即以单位变动成本为定价基本依据，加上单位商品贡献额，形成商品售价。具体计算公式：

单位售价 = 单位可变成本 + 单位商品贡献额

商品售价超出单位可变成本的部分被称为单位商品贡献额。贡献的意义在于，单位商品的销售收入在补偿其可变成本之后，首先用来补偿固定成本费用。在盈亏点之前，所有商品的累积贡献均体现为对固定成本费用的补偿，商店无盈利。在盈亏点之后，商品销售收入中的累积贡献才是现实的盈利。由于补偿全部固定成本费用是零售企业获取盈利的前提，因此，所有商品销售收入中扣除其变动成本后的余额，不论能否真正为零售企业盈利，都是对零售企业的贡献。在实践中，由于以可变成本为基础的低价有可能刺激商品销量大幅度提高，因此，贡献额有可能弥补固定成本甚至带来盈利。

二、需求导向定价法

需求导向定价法更多考虑了消费者需求对价格变动的反应，是零售企业以最大利润为目标，在充分考虑价格需求弹性对定价影响的基础上形成的定价方法。零售企业总利润的大小并不完全取决于单个商品价格中利润的高低。有些商品价格高，单位利润大，但由于销售量会受高价的影响大幅度下降，企业的总利润未必最大；而有些商品虽然价格较低，单位利润小，但因销售量大幅度上升，企业总利润可观。因此，要选择一个最佳价格以使企业获得最大利润，必须考虑价格需求弹性的作用。

（一）价格需求弹性定价法

价格需求弹性是指顾客需求相对商品价格变动的敏感程度。价格需求弹性的大小用弹性系数来衡量。弹性系数是需求量变化的百分比与商品自身价格变化的百分比之间的比值。其计算公式是：

弹性系数（E）= 销售量变动百分比/价格变动百分比

由于需求量与价格之间一般是负相关关系，故弹性系数一般为负值。但需要了解的主要是弹性系数的绝对值，因此，常常将弹性系数的计算公式的负号省略。

根据计算的结果，可以将商品的价格需求弹性划分为五种类型：

1. 需求富有弹性（$E>1$）

这是指需求量变化的幅度大于商品价格变化的幅度，即商品价格较小的变化，就会引起顾客需求量有较大的变化。这种情况下，当该商品的价格下降时，需求量增加的幅度会大于价格下降的幅度，降价可以提高企业的总收益。

2. 需求缺乏弹性（$E<1$）

这是指需求量变化的百分比小于商品价格变化的百分比，即商品价格即使有较大的变化，对顾客需求量的影响也不大。如果一种商品的需求是缺乏弹性的，当该商品价格下降时，需求量增加的幅度小于价格下降的幅度，企业总收益会随着价格的下降而下降；反之，当该商品价格提高时，需求量减少的幅度会小于价格提高的幅度，企业总收益会随着价格的提高而提高。

3. 需求弹性单一（$E=1$）

这是指需求量变化的百分比等于商品价格变化的百分比。如果一种商品的需求具有单一价格弹性，则意味着价格下降会导致需求量同幅度增加，价格上升会导致需求量同幅度下降，所以，不管价格如何变化，企业总收益都会保持基本不变。

4. 需求完全有弹性（E = ∞）

这是指商品价格的任何微小变化都会导致需求量的无穷大的变化，即商品价格稍有提升，商店会失去所有顾客；商品价格稍有下降，又能吸引到所有顾客，这种情况一般在实际中不会存在。

5. 需求完全缺乏弹性（E =0）

这是指不管商品价格如何变化，需求量都保持不变。这种情况在生活中也极少见。

在零售业中，个体消费者的需求变化和经营种类众多的综合性商店商品的弹性系数计算起来很困难。于是许多公司依靠平均加价、竞争、经验和整个行业的数据来推算价格弹性。随着产品条形码和 POS 机的出现，有些零售企业采用实验方法来了解某些商品的价格需求弹性情况。

（二）需求导向的具体定价方法

1. 认知价值定价法

任何一种产品的性能、质量、服务、品牌、包装和价格等，在消费者心目中都有一定的认识和评价。消费者往往根据他们对产品的认识、感受或理解的价值水平、购物经验、对市场行情和同类产品的了解，对价格做出评判。当商品价格水平与消费者对商品价值的理解水平大体一致时，消费者就会接受这种价格；反之，消费者就不会接受此价格。认知价值定价法在实际操作时不易掌握，主观性较大，因此零售企业需通过各种促销手段引导消费者去认知和理解商品价值。

2. 区分需求定价法

这种定价法又叫差别定价法。是指同一种商品，在特定的条件下，可以按不同的价格出售。对于具有不同购买力、不同需求强度、不同购买时间或不同购买地点的顾客，可根据他们的需求强度和消费感觉的不同，采取不同的定价。区分需求定价法主要有以下几种形式：

（1）以顾客为基础的差别定价。即对不同的顾客，可以用不同的价格，如会员与非会员价格不同、零星购买和集体采购价格不同。

（2）以商品的外观、式样、花色等为基础的差别定价。同一商品因花色、规格不同而价格不同。如手机款式的不断变化，新款价格与旧款价格的差异。

（3）以地区为基础的差别定价。商品产地与非产地、城市与农村的价格差别等。如本地水果与非本地水果的价格差异。

（4）以时间为基础的差别定价。如季节蔬菜与非季节蔬菜价格差别。采用各种区分需求定价法要具备一定的前提条件：首先是要做好市场细分，使各细分市场的需求差别比较明显；其次是要避免和防止转手倒卖；此外还要防止引起顾客的反感。

3. 反向定价法

指零售企业根据消费者的购买能力，确定市场零售价格，并以此为基础，推定销售成本，决定进货价。这种方法的优点是，价格能反映市场需求情况，保证中间商的正常利润，有利于形成与中间商的良好关系，使商品迅速推向市场，并根据市场供求情况及时调整，定价灵活。这种方法适应于需求弹性大、花色品种多、产品更新快、市场竞争激烈的商品，企业拟投入市场的新产品等。

小知识

Priceline 的生财之道

说起反向定价，就不得不提到 Priceline 这家率先推出反向定价模式的美国网站。

“反向定价”看上去有点玄乎，其实原理很简单：某件商品越接近保质期，产品的使用价值就会变得越小。无论是机票，还是酒店房间、演唱会门票，一旦飞机起飞、客房空置超过夜里 24 点、演出开始，其价值就等于零。在美国，Priceline 的主营业务是酒店预定，它的操作模式是：让用户报出要求的酒店星级、所在城市的大致区域、日期和价格，网站从自己的数据库或供应商网络中寻找到与报价匹配的产品，之后进行交易。需要提醒的是，在交易完成前，用户都无法知道酒店的详情信息，也不能确保自己能买到想要的酒店。一旦双方确认成交（客人提交预付款）就不能取消。这一模式推出后深受欢迎，目前 Priceline 的业务已拓展至“租车”、“旅游保险”。

（资料来源：http：//finance. china. com. cn。）

三、竞争导向定价法

竞争导向定价法是零售企业在制定商品价格时以竞争对手的价格和市场价格作为参考依据的定价方法。一家竞争导向的企业不会因需求或成本的变化而改变其价格，除非竞争者调整了它们的价格。相反，若竞争者改变了定价，即使需求或成本没有变化，企业也可能随之调整价格。

（一）高于竞争对手定价

商品定价高于市场价格或竞争对手商品价格。采取高定价的基础是企业具有高水平的非价格竞争上的优势。例如：开设地点上的优势，为顾客提供高水平的服务，经营的商品声望较高，商店的气氛有超凡的吸引力，独家专卖，有吸引力的促销措施等。尽管顾客购买同样的商品付出了更高的价格，但仍会觉得物有所值。

高定价往往在以下情况中运用：

1. 象征地位和财富的商品

在商品价格与需求的关系中，存在一种“凡勃伦效应”。凡勃伦是 19 世纪初美国制度学派的创始人，按照他的观点，商品价格定得越高越畅销。这种效应一般出现在处于社会财富顶层的群体中，他们对一种商品需求的程度因其较高标价而增加。因此，高价是需求增加的重要原因，而削价意味着有社会声誉的物品的贬值，削价会导致需求的下降。

2. 代表高品质的商品

在消费者的观念中存在“质价效应”，消费者通常把高价看作是优质商品和优质服务的标志。因此在商品价格较高的情况下，能够刺激和提高某些商品需求。一般情况下，消费者会以“一分价钱一分货”、“好货不便宜，便宜无好货”的观念去判断商品的质量，因此，高价能给人们产生高级商品、优质商品的印象。对于一些无法凭充分资料判定商品价值和质量的商品，消费者往往根据价格的高低得出结论。例如，高档时装、腕表、珠宝、化妆品等。

3. 标志高服务水平的商店

如同商品高价位能显示商品高品质一样，高价位同样能显示服务的高水平。对于以高价定位的商店，除了要注意消费者对商品的反应、不断提高商品质量、增加商品功能、创造更新的款式外，还要搞好服务工作，增强消费者对商品使用的安全感和信赖感。美国的诺顿百货公司就一直强调为顾客提供最好的服务，成为高定价法成功的典型。

小知识

百货店唯一的差别在于对待顾客的方式

诺顿百货公司成立于1963年，总部位于美国西雅图，经营重点是皮鞋和女装。诺顿百货公司自创建开始就确定了靠服务取胜的竞争策略。诺顿百货公司服务内容包括：替要参加重要会议的顾客熨平衬衫；为试衣间忙着试穿衣服的顾客准备饮食；替顾客到别家商店购买顾客找不到的货品，然后打七折卖给顾客；在天寒地冻的天气替顾客暖车等等。20世纪80年代公司达到了巅峰。到了20世纪90年代，专业的经营管理团队入主后，将重心改放在删减支出以及精简运作上。结果，抛掉长期优势的诺顿，成绩开始从滑落。2000年，公司的董事会决定改由第四代家族成员诺斯壮回来掌舵。诺斯壮认为重服务的品牌是该公司最大的资产，恢复一流的服务自然是不二法门。于是，当对手为了在销售楼层挤进更多的商品而牺牲店内气氛时，诺顿却反其道而行，不仅保持走道宽敞，试衣间也维持大面积，力求购物空间舒适。店里的电梯和走道旁边都设有座位，店内的餐厅和咖啡厅也都持续用心经营，以供顾客随时可以休息。厕所、哺乳室、提款机随处可见，方便顾客逛街时的其他需求。某些店面还有现场钢琴演奏，营造诺顿特有的高雅氛围。这些对手迫不及待砍掉的支出，全都成为该公司的特色，拉出了与对手之间的竞争距离。至2007年诺顿百货已经连续5年实现营收成长，利润增长了23%。

（资料来源：http：//blog. sina. com. cn/。）

（二）低于竞争对手定价

许多零售企业采用了每日低价（EDLP）政策，把价格定得低于竞争对手。低定价在通常情况下是具有竞争力的，但要注意的是并非价格低廉就一定好销售。一定要避免低价格造成对商品质量和性能的不信任感。要做到低价商店必须具备的条件是：较好的成本控制能力；快速的存货周转速度；值得信赖充足的低价理由；企业较高的信誉度。

（三）与竞争者相同的定价

当商店的地理位置以及所经营的商品不具有独特的竞争优势时，商店通常宜采用随行就市的价格，可以以同行业中实力最雄厚或影响最大的企业的价格为基础定价。这种方法定价较容易得到消费者的认可，也可避免企业之间相互竞争。

四、商品成本、需求、竞争相结合的定价方法

对于企业商品的定价，实际操作上应将成本定价、需求定价、竞争定价三种方法结合起来运用，因为它们各有优势和不足。一般情况下，在制定某种商品价格之前，必须考虑以下问题：给定的价格水平能否使企业获得预期的毛利；企业降低价格，销售额是否会增加；企业是否应根据不同顾客的支付能力、季节性等情况，对商品定出不同的价格；竞争者制定的价格水平如何；根据企业的声誉和形象，是否可以制定比竞争者更高的价格；对在采购、销售、送货环节企业支出特殊费用的商品，应制定怎样的价格水平。

第三节

零售定价策略与技巧

零售企业只有科学地选择定价策略，才能够通过制定合理的商品价格支持企业定位，定价策略成为企业经营的一个关键因素。目前国内外零售界流行的两种对立的基本价格策略，即高/低价格策略和稳定价格策略，不同的价格策略使得零售企业的价格管理和竞争策略有明显的区别，也形成了两种鲜明的经营特色。

一、高/低价策略

高/低价策略是指零售企业制定的商品价格有时高于竞争对手，有时低于竞争对手，同一种商品价格经常变动，零售企业会经常使用降价来进行促销。

高/低价策略主要有以下优势：

（一）刺激消费，加速商品周转

一般情况下，消费者的需求往往与商品价格的高低成反比，价格提高，需求量减少；价格下降，需求量上升。较低的价格可以吸引消费者增加购买量，零售企业可以加快商品周转，实现薄利多销。

（二）满足不同市场需求

当新商品刚刚进入市场时，零售企业制定最高价格，吸引那些对价格不太敏感的时尚领导者抢先购买。而随着时间的推移和降价的实行，更多的顾客进入市场，最后则以更低的价格吸引保守者进入购买市场。这样，同一种商品的价格变化迎合了不同顾客的需要。

（三）带动连带消费

零售企业可以选择一些特价商品作为招徕品，以牺牲该商品的利润来吸引顾客。顾客进入商场一般不会只购买特价品，会在卖场气氛的影响下再购买一些无计划的其他商品。因此零售企业的降价促销目的在于通过特价商品吸引顾客，通过高价商品或正常价商品实现利润。

（四）保持市场竞争力

零售企业随时根据市场变化调整价格，既可以以高质高价引领消费趋势，也可以低价优惠来争得市场份额，在市场竞争中保持优势。

二、稳定价格策略

稳定价格策略是指零售企业基本上保持稳定的价格，不在价格促销上过分做文章。主要形式有：每日低价策略（everyday low price. EDLP）和每日平价策略（everyday fair price. EDFP）。每日低价策略的零售企业总是希望尽量保持商品低价，尽管有些商品价格可能不是市场上最低的，但给顾客的印象是所有商品价格均比较低廉。美国沃尔玛、Home Depot 等都是成功实施这一策略的企业。

每日平价策略的是在商品进货成本上附加一个合理的加价，它不刻意寻求价格方面的竞争优势，而是寻求丰富的花色品种、销售服务、卖场环境及其他方面的优势，给顾客的印象是零售企业赚取合理的毛利，以弥补必要的经营费用和保持稳定的经营。

稳定价格策略的优势是：

（一）稳定商品销售，有利于库存管理

变换的高/低价格易造成顾客需求上的大起大落，而稳定的价格则使顾客的需求趋于稳定。平衡的需求可以提高需求预测准确性，减少商品脱销，提高顾客满意度。也可使安全库存量减少，库存周转加快，能有效地利用储存空间。准确的需求预测和稳定的货物周转还可以提高配送效率，降低物流费用。

（二）为顾客提供更优质的服务

稳定的客流可以使销售人员数量相对固定，服务更专业。从理论上讲，销量相同时，价格忽高忽低的零售企业投入销售人员的数量同价格稳定的零售企业是一样的。但前者在销售高峰期间要额外雇用销售人员，雇用临时销售人员的服务专业水平因时间短难以提高。在销售服务方面，价格稳定的零售企业质量水平更高。

（三）可以改进日常的管理工作

管理人员将工作重点转移——从管理减价销售活动到管理整个商店的日常工作，可以有更多精力用于完善销售计划，增加产品的花色品种，组织更能吸引顾客的商品展示活动等，提高管理水平。

（四）可以保持顾客的忠诚

目前，许多顾客对经常大降价的商店中的正价商品持怀疑态度，他们甚至养成了只在减价销售时才购买的习惯。如果一种商品在顾客购买后不久即降价，顾客就会产生被欺骗或吃亏的感觉，并由此对商店的标价更不信任。而稳定价格策略会让顾客感觉标价诚实可信，不必延迟购买，不会产生被欺骗的感觉，因而会对商店更忠诚。

两种价格策略都各有自己的优势和劣势，当一个零售企业习惯采用某种价格策略，并已经形成自己的经营风格时，在顾客心中也就形成了一定的认识。改变价格策略是有风险的，零售企业在没有做好充分准备的情况下，不要贸然改变自己的价格策略。

小知识

均一价

均一定价策略即企业为了顾客购买和销售方便，同时也为了简化管理以及作业效率而采取对一组商品实行统一定价的策略。从名称来源追溯上来说，最早是来自日本汉语的词汇，全称是“所有商品都是平均同一个价格”，经过台湾零售业的引用发挥，尤其是引入到中国内地后，成为零售业惯用的商业促销活动形式及相应的活动名称。没有询价，不用还价。人在这种环境下，失去了对价格的思考意识，甚至自动屏蔽了价格作为商品选购决策的参考价值，让顾客直面商品本身，商品对顾客的意义回归到最纯粹、最本真的：“需要 or 不需要”的思维定式里，而不再需要“便宜 or 太贵了”的思考或与商家的议价过程。

只是可惜的是，在国内部分全场一口价的促销方式带给人们一种非常负面的印象，将均一价与质量差联系在一起，让人们对均一价敬而远之。近几年，国内信誉好的企业，将商品品质最好的采用“均一价”，甚至是为了“均一价”活动特意专门联系厂家订做新款新货。这样逐步改变人们对“均一价”商品是质量差的货，或是卖不出去的库存货的印象。

（资料来源：http：//nb. ifeng. com/qyzx/detail_ 2015_ 03/30/3724592_ 0. shtml。）

三、定价技巧

（一）心理定价

1. 声望定价

它是以商店的名声、威望和名牌商品的市场地位，把价格定得高于同类商品。这种定价方法有利于树立商店形象，提高商品的市场地位，增加单位商品的盈利。一般来说，声望定价最适用于服装、化妆品等质量不易直接被消费者鉴别的商品。对这类商品，消费者常以价格的高低来判断其质量的优劣，因此，商店或商品的声望与商品的高价格之间具有相互推动的作用。运用声望定价的关键是商店对自己或自己的商品在消费者心中的声望有客观认识。如果价格与声望不符，不管是高于声望价还是低于声望价，都不会为消费者所认可，商店的利益会受到损害。

2. 数字定价

（1）尾数定价。这种方法又称“零数定价”，就是指商品价格是以零数为结尾的非整数价。尾数定价适用于一般的生活消费品。这种表现形式的商品价格，会给消费者是一个经过精确计算得出的价格的感觉，从而产生信任感、合算感，促使消费者购买。

（2）整数定价。指将商品价格定为整数。这种定价虽然会让人认为不很准确，但为礼品、工艺品和高档商品制定整数价，会使商品显得高档，满足部分消费者的虚荣心理。整数定价对一些商品能形成高档印象，能增强顾客的购买欲望。对于一些方便食品、快餐，以及在人口流动比较多的地方的商品制定整数价格，便于消费者快速做出购买决策。商品的整数价，还会加深消费者对商品的印象。

（3）吉祥数字定价。近年来，我国消费者对吉祥数字越来越敏感，为了顺应消费者心理需求，零售企业常用吉祥数字为商品定价，就称为吉祥数字定价法。在我国的文化中，6、8、9都是吉祥数字。包含这些数字的价格也容易被消费者接受。但是，不要将所有的商品都采用吉祥数字定价法，因为用得太多太滥，会使消费者感到麻木，甚至反感。

3. 招徕定价

这是商店常用的价格促销策略，即利用消费者对低价商品的兴趣，有意将若干商品的价格定在市场通行价格之下，甚至低于进货成本，以此招徕顾客，其目的是吸引顾客购买降价商品时，也即兴购买商店内的其他商品，以扩大总体销售量，增加商店总利润。

4. 购买习惯定价

消费者对经常性购买商品的价格，会有自己的认识，形成对某些商品价格的习惯性，即习惯性价格。高于习惯价格往往被认为是乱涨价，而低于习惯价格则使顾客对商品质量产生怀疑。市场上许多日用品，由于消费者购买频率高，对价格比较熟悉，很容易形成习惯价格。这种习惯价格在消费者心目中根深蒂固，难以打破。因此，商店在销售这类商品时，要考虑按习惯价格为商品定价，否则就很难扩大销路。

5. 拆零定价

拆零定价是将销售的单位拆小、分解后进行定价。顾客在购买商品时，较多注意的是单位价格的高低，而较少注意计价单位的大小。因此，价格贵且一次购买量小的商品，利用拆零定价，顾客会产生价格便宜的感觉。例如，茶叶店将每千克1000元的茶叶，分装为每50克一包，每包定价为50元，这既符合顾客少量购买的要求，价格也容易被消费者接受。

6. 组合定价

组合定价是可成套购买的商品，采用配合成套的方式统一定价，成套商品价格略低于单件购买的价格之和。商店采取组合定价，可以省去顾客成套购买时的一物一价、加零集整的烦琐，也可以给顾客一个总体的价格印象。

（二）新商品定价

零售企业经常会引进一定数量的新商品，而这些商品的定价，会影响到顾客能否顺利接受这些商品，并为以后扩大销售打下基础。对新商品的定价可采用以下方法：

（1）撇脂定价。撇脂定价指高价投放新商品，售价远远高于成本，目的在于短期内补偿全部的固定成本，并迅速获取利润。销售对象主要是那些收入水平较高的创新消费者或猎奇消费者。高价不但可以获取丰厚的利润，而且为今后竞争白热化后的降价留下了空间。

（2）渗透定价。渗透定价指以低价投放新商品，使新商品在市场上广泛渗透，提高零售企业的市场占有率，通过薄利多销，实现盈利目标。这种定价方法有利于迅速打开新商品销路，提高市场占有率，树立良好的形象，同时低价薄利使竞争者不愿介入。

（3）满意定价。满意定价指零售企业制定介于撇脂与渗透两种价格之间的适当价格，兼顾企业及顾客利益，使各方面都能顺利接受。其优点是价格比较平稳，正常情况下可按期实现盈利目标。

四、折扣定价

折扣定价是指根据不同交易方式、数量、时间及条件，在基本价格的基础上给予顾客适当的折扣而形成的实际售价。此种方法容易让消费者打消对价格的顾虑。零售企业给予顾客的折扣形式主要有：现金折扣、数量折扣、交易折扣、季节折扣和促销折扣。

（1）现金折扣。现金折扣指对按约定日期付款或提前付款的顾客给予一定的价格折扣，目的在于鼓励零售企业的老顾客及分期付款的顾客按期或提前支付货款，减少零售企业的利率风险，加速资金周转。折扣大小一般根据付款期间的利息和风险成本等因素确定。

（2）数量折扣。数量折扣是根据购买数量或金额的差异给予不同的价格折扣，包括非累计数量折扣和累计数量折扣两种形式。前者是对一次购买超过规定数量或金额给予的价格优惠，目的在于鼓励顾客增大每份订单的购买量，便于零售企业组织大批量进货。后者是对一定时期内累计购买超过规定数量（或金额）给予的价格优惠，目的在于鼓励顾客与零售企业建立长期固定的关系。

（3）交易折扣。交易折扣又称为功能性折扣，指零售企业依据其下游中间商在市场营销中担负的不同职能，给予不同的价格折扣，目的在于刺激各类零售企业的下游中间商更主动、更充分地发挥各自承担的渠道职能，如物流、仓储、广告和市场调研等。

（4）季节折扣。季节折扣是指对在非消费旺季购买商品的顾客提供的价格优惠。目的在于鼓励顾客和小的零售企业在淡季购买，减少零售企业的货物积压，以利于商品的均衡流通。

（5）促销折扣。促销折扣是指对零售企业为商品推广所进行的各种促销活动而采用的折扣，如对快讯商品、印花促销等给予的一定折扣。

第四节
零售价格的制定与调整

一、定价目标

1. 生存目标

如果由于市场需求发生变化，企业商品积压滞销，从而陷于周转不灵的困境，这样就不能不以维持企业的生存作为定价的首要目标。为了使企业能够维持经营，存货得以脱手，就必须降低商品价格。以生存为目标的商品价格的最低极限就是变动成本。只要定价大于变动成本，就意味着除了能收回变动成本外，还能收回部分固定成本，这样企业就可以继续维持营业。当然，求得生存只能是企业的短期目标，渡过难关后必须提高价格，因为无利可图的企业是不可能长期存活的。

2. 市场占有率目标

有些企业的定价目标是大幅度增加销售量，以提高市场占有率。为此，企业需要制定相当低的价格，不惜放弃目前的利润水平，甚至不顾目前的进货成本。已经有越来越多的企业经营者认识到利润率是随着市场占有率的提高而增加的，因为市场占有率的提高意味着进货批量加大，这样成本就会下降。从长期看，能提高市场占有率的较低价格，既可排除竞争，又能提高利润率。

但是，定出较低价格并不是在任何情况下都能提高市场份额，只有具备一定条件，企业才能以提高市场占有率作为定价目标。第一，市场对价格比较敏感，低价能有效地促使销售量增大，从而提高市场占有率。第二，随着经验的积累，进货批量的扩大能使进货和销售费用显著降低。从长期来看，低价不仅能使企业保持应有的利润率，且为进一步降低售价创造了条件。第三，企业的经济实力足以承受一定时期内低价所造成的利润和成本的损失。第四，低价能有效地抑制现实的或潜在的竞争，不致演变为竞争者之间两败俱伤的价格混战。

3. 利润目标

（1）最大利润目标。取得最大利润可以说是企业的共同愿望。但是，如果以取得最大利润作为定价目标，这对绝大多数企业而言却是不现实的。因为价格要使企业获得最大利润，必须具备三个前提条件：首先，企业对该商品的需求和成本函数能做出精确的预测；其次，微观营销环境中除顾客以外的其他参与者，如竞争者、供应商、政府部门等，对企业的定价并不做出反应或反应不变；最后，定价时假定营销组合中除价格以外的其他变量均已处于某种最佳水平上并维持不变。可见，这三个条件同时得到满足是很难实现的。因此，除了能符合上述前提条件的个别企业以外，最大利润并不能作为企业普遍的定价目标。

（2）满意利润目标。很多企业从实际出发，不以没有切实把握且将冒极大风险的最大利润作为定价目标，而是以满意利润作为定价目标。所谓满意利润，是指在企业所能掌握的市场信息和需求预测的基础上，按照已达到的成本水平所能得到的最大利润。这种最大利润是相对于企业所具备的条件而言的，所以满意利润实际上就是相对的最大利润，亦即企业的目标利润。

二、定价的程序

零售企业为其商品首次定价时，需要依次考虑一系列有关因素，从而形成了制定价格的一套合理的步骤。每一步骤的次序既不能颠倒，也不能跳越，它们是逻辑和实践的统一，并共同构成了定价的科学程序。定价程序由以下六个步骤组成。

1. 选择定价目标

商品价格是企业获得收益的来源，是开展竞争的重要手段。当然从长期来看，竞争的最终目的仍是为了获得收益。但是，由于实现价格的这两种功能的形式正好是相反的，即为了取得更多的收益，价格应尽可能地提高；而为了提高商品的竞争能力，则价格应适当降低，甚至不顾利润和成本。因此，企业对商品定价时，首先要明确其定价的当前目标，这是制定价格的前提。

2. 测定需求量

定价目标确定以后，定价工作的第二步就是测定需求量。企业的商品要向市场提供，商品的销售量就取决于市场的需求量。需求是价格的函数，一定的需求量是以一定的价格水平为条件的。这样，在确定商品售价时就必须先测定需求量，商品的不同价格将会产生不同的需求量，同时不同的需求量要求相应的不同价格水平。

3. 分析竞争者

企业为其商品定价时，不仅要考虑市场需求、单位成本，还必须考虑竞争者的价格、分析竞争商品的特点。市场竞争就是同类商品或可替代商品之间发生的价格竞争和非价格竞争。按照市场心理，对购买者最具吸引力的商品应该是价廉物美的商品。所谓价廉，是指质量相同的前提下价格低；所谓物美，是指同样售价下质量最好。由于顾客购买商品时是经过比较、挑选才做出决定的，因此企业在为其商品制定价格时，不能不了解竞争商品的价格和质量，将竞争商品的价格和质量作为定价的出发点。如果企业的商品质量与竞争者相似，则定价也应相似，否则就会失去顾客；如果本企业的商品质量较竞争者逊色，则定价就不能和竞争者一样高；只有本企业的商品质量优于竞争者时，其定价才有可能高于竞争者，而保持对顾客的吸引力。

4. 核算成本

我们知道，价格的基础是价值，而价值又可分解为成本和利润，其中成本高低是确定最低价格的界限。因此，制定价格的重要一环就是核算商品成本。在核算商品成本时，既要核算进货成本，又要核算经营费用。

5. 选择定价方法

企业根据定价目标，在全面分析需求、成本和竞争态势后，选择不同的定价方法测算价格。

6. 选定最后价格

企业初步确定价格方案后，还要参考其他因素对方案进行修正。例如，要考虑企业定价是否符合国家的有关策略法令和企业的定价指导思想，还要考虑企业有关人员和消费者的意见，以及竞争者对价格的反应等。综合考虑各种因素后，企业就可以确定最后的价格了。

三、价格调整

价格要适应市场需求的变化而进行调整。商品价格确定之后，为了适应竞争、季节性、消费者偏好等因素的变化，对不合适的价格进行调整。价格调整有两种形式：提价和降价。提价是在原有价格之上追加零售价格，这是在需求量非常大时或成本上升时所运用的。降价是降低商品的原有销售价格，它是商店经常采用的价格调整方式。

由于价格变动会对顾客产生一定的负面影响，要降低这种影响，零售企业在调整价格时，要十分注重调价的技巧。

（一）降价

1. 有计划降价

零售店经常会对商品实行降价出售，归纳起来有两个原因：清仓和促销。

当商品销售缓慢、商品过时、临近季末，或者是价格高于其竞争对手的价格时，商店通常会采取降价的方式加速商品周转。商店运用降价策略进行促销，通常会增加现金流量，从而可以购买新商品；同时，降价也可以增加顾客流量，顾客到商店后还可以购买其他正常价格的商品，有计划的降价促销实际上能提高商店总的营业额。

降价必须有计划地进行。首先商店应制定一个完善的促销计划，确定促销品和促销周期，协调供应商以争取他们的促销配合。此外，商店还要通过对往期销售记录统计和现期销售情况及时分析，确定进货量和促销品。

降价范围太大说明采购员在进货时对风险的估计不足。评价降价理由的方法是，让采购员记录采购的商品每次降价的理由，并定期检查。

2. 降价时机的选择

把握好降价的时机是关系到降价目标实现的关键因素。尽管商店对安排降价的最佳时间顺序有不同的看法，但必须在销售期内把商品卖掉却是共识。在销售期内，可以选择早降价、迟降价或交错降价。

（1）早降价的好处：

①在需求还很旺盛的时候，就把商品降低价格出售，可以大大地刺激消费者的购买欲望。

②早降价与在销售季节后期降价相比，只需要较低的降价幅度就可以把商品卖出去。

③早降价可以为新商品腾出销售空间。

④早降价可以加快商店资金的周转。

（2）迟降价的好处：

①商店可以有充分的机会按原价出售商品。

②避免频繁降价对正常商品销售的干扰。

③减少商店由于降价带来的利润降低。

选择降价时机，关键要看降价的结果。如果商品能顺利地销售，商店可以选择延迟降价；如果降价对顾客有足够的刺激，能够加速商品销售，可以早降价。

（3）交错降价。就是将早期降价和晚期降价策略结合起来运用。例如某商品在销售的前几周之后削价 20%，又过几周再削价 30%，这样下去直到商品卖完。这种方法看来比那种降价次数少但降价幅度很大的办法更能增加利润。

3. 控制适宜的降价幅度

降价的幅度对促销效果有重要影响。一次降价幅度过小，不易引起顾客的注意，促销的效果不明显；而一次降价幅度过大，顾客会对商品的使用价值、商品质量等产生怀疑。因此要根据商品的不同特征，确定打折的幅度。一般来讲，耐用消费品的降价幅度一次不宜超过 10%；一般消费品的降价幅度应在 10%~50% 之间。

小知识

优衣库的限时特优

优衣库每季的新品“限时特优”，常常会让消费者惊呼看不懂，原因是一件衣服明明打了折，数天之后却还会恢复原价。

这让喜欢优衣库产品的消费者在迷惑之余，会更快做出消费决策，“不知道什么时候打折，更不知道什么时候涨价，所以遇到喜欢的衣服正好打折了，就会毫不犹豫地买下来。”

优衣库的定价和促销手段在外界看来无规律可循，事实上，看似飘忽不定的降价策略背后其实暗藏着与众不同的商业逻辑：“逢打折必买”的消费心理正是让优衣库达到了促销目的。

不同的行业分析人士总结分析的结果表明，优衣库的降价频率最快可以达到以周为单位，降价范围覆盖全部产品的10%~40%不等，一件产品从上架到清空，通常会经历两次降价后回升到原价的阶段，最后一次降价则直到卖光为止。

不过，优衣库称降价并不是固定的。在品类方面，会选择当季人气商品开展限时特优等促销活动，有时候也会综合考虑天气、地域等因素来进行促销活动的设定，目的是带给消费者“惊喜”。

这种策略对于实体店的消费者相对容易接受，而对于习惯了疯狂打折的电商用户来说，优衣库也免不了挨骂。比如，不少网购消费者时常就会因为价格给差评，诸如“刚买就降价，不厚道”等等。

然而，优衣库并未因为反对声音改变这种降价规则，久而久之，让消费者形成了这样的消费习惯：早买早受益、晚买不吃亏。

这套销售策略优衣库已沿用多年。优衣库对购物者心理的研究已经到了非常细致的地步，这也是其特有的零售技术。这种无规则的打折方式可以吸引客户的重复逛街次数，形成黏性；另一个好处是让客户在特定时期内快速成交。

（资料来源：http：//www. linkshop. com. cn/web/archives/2014/287525. shtml？sf = wd_ search。）

（二）提价

大多数顾客对商品涨价非常敏感，因此企业对商品涨价都持谨慎态度。商品价格一旦确定下来，企业应努力维持现状，尽可能避免涨价。但是在经营环境发生变化，商品不得不涨价时，企业就要注意适当的技巧，尽可能将涨价的负面影响降到最小。

1. 如实相告

某些商品涨价的原因是能够被消费者接受的。例如，当商店采购成本上涨时，而维持原价销售无法经营，商店不得不提高售价。这种情况下，商店不妨将成本增加的真实情况向顾客公布，取得顾客的谅解，说服顾客接受涨价的事实，建议顾客如何减轻涨价所带来的负担（如选购代用品），那么顾客会在理解的心态下接受涨价。但如果是因为市场商品走俏，商店想赚取高额利润，则涨价会被消费者抵触。因此，商店因成本增加而涨价时，要考虑在采购成本降下来之后商品降价，否则只有升、没有降，顾客会有被愚弄的感觉。

2. 分步提价

不是所有商品的采购成本都在同时上涨，因此，商店全面提价时，会遭到顾客的强烈抵制，也可能导致忠诚顾客流失，为了减少顾客对商店涨价的抵触心理，商店可以采用部分提价的方式。对于涨价的部分商品，随着时间的推移，顾客对于涨价之事会逐渐淡化，对原来无法接受的价格会逐渐适应，商店的销售量也会稳步回升。因此，商店即使需要对所有商品涨价，明智的做法是分阶段、分步骤涨价——先选出一部分商品或不敏感商品涨价，然后，再逐一提高其他商品价格。

3. 选择时机

涨价时机非常重要，不能平白无故地涨价，最好在恰当的时机进行，除非商品采购成本突然大涨，否则涨价需要考虑时机。商店通常选择的涨价时机有：

（1）当商品采购成本上升，商店已经出告示通知顾客一段时间，而顾客皆知采购成本上涨时。

（2）季节性商品换季时，如冬季商品换成春季商品时，对新上市的春季商品可以考虑高于上年价格的幅度销售。

（3）年度交替时。新年或春节期间消费比较热，顾客手中要花费的钱比较多。此时，顾客对商品价格敏感度减弱，在这一时期涨价会容易被顾客接受。

（4）应节商品。传统节日和传统习俗时期，因为顾客这时对价格关心程度较低，对商品本身的关心程度较高。这时提高价格往往不会遭到顾客的拒绝。

4. 控制幅度

尽管商品的采购成本可能短时间内上涨过快，商店已经将采购成本的实情公之于众，但大多数顾客并不关心商店出于什么原因涨价，而只是关心自己能否接受新价格，即涨价后的价格与心目中的价格标准是否接近。如果涨价幅度过高，不论任何原因，都会导致顾客弃买，或转投其他商店。因此，商品的一次涨价幅度不能过大，尤其是顾客价格敏感度较高的商品，涨价幅度更要谨慎，也许这些商品正是招徕顾客的诱饵，涨价之后，不仅失去了这一部分顾客购买力，还将连带失去其他商品的营业额。

从经济数据看，一次上调的幅度不宜超过10%。如果商店需要调整的价格幅度较大，最好采取分段调整的办法。

5. 附赠商品

涨价时以不损害商店的正常收益为前提，搭配附属商品或赠送一些小礼物，补偿涨价给顾客带来的损失。

本章小结

零售价格管理是零售管理的一个重要内容。选择合适的价格策略，直接关系到零售企业的市场竞争和经济效益。零售价格构成包括进货成本、经营费用、利润和税金。零售店在确定商品价格时，必须考虑商店的本身特征、消费者价格心理、竞争对手的价格策略、商品进货成本及国家的法规、政策等因素的影响。

零售店商品价格的制定主要有三种方法：成本导向法、需求导向法和竞争导向法。成本导向法是零售店在商品成本的基础上加上若干百分比的加成来确定价格。这种方法简便易行，能减少价格竞争，对买卖双方来说都比较公平。需求导向法是在充分考虑价格需求弹性对定价的影响基础上形成的定价方法。竞争导向法是零售店在制定商品价格时以竞争对手的价格和市场价格作为参考依据的定价方法，零售店可以制定高于、低于竞争对手或与竞争对手相近的价格，这主要看零售店在地址、服务、花色品种、店内环境、品牌等方面的情况。

目前，在零售界有两种对立的定价策略：即高/低价格策略和稳定价格策略。这两种定价策略使得零售店的价格管理和竞争策略有明显的区别，也形成了两种鲜明的经营特色。高/低价格策略的优点是：刺激消费，加速商品周转；使同一种商品在不同市场上具有吸引力；易达到连带消费的目的。稳定价格策略的优点是：可以稳定销售，有利于库存管理；可减少人员开支和其他费用；可为顾客提供更好的服务；可以改进日常管理，保持顾客忠诚。当然，零售店如果在没有做好充分准备的情况下贸然改变自己的价格策略，会有很大的风险。

零售店的商品价格制定，可以根据目标不同而不同。企业价格目标有生存目标、市场占有率目标和利润目标。无论目标如何，企业在定价时都要遵循一定的程序。零售价格确定之后，并不是一成不变的。为了适应竞争、季节性、消费者偏好等因素的变化，需要对不合适的价格进行调整。价格调整有两种形式：提价和降价。无论是提价还是降价，都有可能对顾客产生一定的负面影响。为了降低这一影响，零售店在调整价格时要注意时机、步骤、幅度及相关问题。

本章练习

一、选择题

1. 零售价格构成包括（　　）、经营费用、利润和税金。

A. 生产成本　　B. 固定成本

C. 进货成本　　D. 经营成本

2. 以下哪种不属于心理定价(　　)。

A. 渗透定价　　B. 尾数定价

C. 声望定价　　D. 招徕定价

3. (　　)价格策略的优点是：刺激消费，加速商品周转；使同一种商品在不同市场上具有吸引力；易达到连带消费的目的。

A. 高/低　　B. 稳定

C. 心理　　D. 季节

4. 价格调整有两种形式：(　　)和(　　)。

A. 调价　甩卖　　B. 清仓　促销

C. 提价　降价　　D. 整数　尾数

5. 以竞争对手的价格和市场价格作为参考依据的定价方法是(　　)定价法。

A. 高/低　　B. 竞争导向

C. 稳妥　　D. 风险

二、判断题

1. 蔬菜水果的定价普遍采用竞争导向定价法。(　　)

2. 新品定价可采用撇脂定价法、渗透定价法和满意定价法等。(　　)

3. 商品提价要考虑顾客的接受能力，分步骤进行；商品降价消费者都能接受，且幅度越大越好。(　　)

4. 反向定价法指零售企业根据消费者的购买能力，确定市场零售价格，并以此为基础，推定销售成本，决定进货价。(　　)

5. 只要定价低就可以提高市场占有率。(　　)

三、思考题

1. 零售店在制定商品价格时需要考虑哪些因素?

2. 当商品价格需求弹性属于富有弹性或缺乏弹性时，企业应采取什么价格策略?

3. 零售商在什么情况下可以将商品价格定得高于、低于或等于竞争对手的价格或市价?

4. 降价或提价会对顾客产生什么负面影响? 如何降低这一负面影响?

四、案例分析题

Burberry 在美国奥莱店的尴尬

以名品 + 折扣著称的奥特莱斯近年来发展势头正盛，成为众多大牌减缓业绩压力的重要选择，不过品牌正在为自己在奥莱中开展的价格游戏付出代价。奢侈品牌 Burberry 因在美国奥莱店中涉嫌价格欺诈，遭遇消费者集体起诉。

奥莱店中的 Burberry 价格标签上通常会配备一个“厂商建议零售价（Manufacturer's suggested retail prices，以下简称 MSRP)”，与实际销售价格的“我们的价格（our price)”进行对比以刺激消费者的购物欲望，但一般情况下所谓的 MSRP 价格根本不存在。

业界分析人士指出，Burberry 品牌价格标签有欺骗消费者的行为嫌疑，他们想让消费者相信他们购买的产品曾以更高的价格出售，现在在折扣店以低价出售，但事实并非如此。折扣门店的作用主要以优惠价格出售多余的或过季旧款商品，然而现在一些奢侈品牌零售商也开始专门制造折扣门店款商品，该诉讼是最近一起指责奢侈品牌在折扣门店商品虚假编造为正规门店产品价格的案件。

奢侈品牌选择进驻奥莱，一方面源于在当下奢侈品寒冬背景下销售不景气，另一方面亦与品牌自身定位有关。除了 LV、Hermes、CHANEL、Dolce&Gabbana、Dior 等五大传统顶级奢侈品牌坚持不进驻奥莱，以维持高端品牌形象外，相当一部分奢侈品牌都已进驻奥莱，以弥补萎靡的销售业务，清理库存。

目前 Burberry 的业绩不容乐观。集团 2015—2016 财年中报显示，截至 2015 年 9 月 30 日的上半财年零售额未达市场预期，同店销售在二季度甚至出现 4% 的下滑，股价也跌至近三年最低。在经营压力下，Burberry 还在 2015 年正式合并了旗下三大副线品牌。与此同时，奥莱概念在中国的火热让 Burberry 等奢侈品牌看到了希望。

咨询机构贝恩咨询发布的《2015 年中国奢侈品市场研究报告》显示，名品折扣店已成为中国消费者购买低价奢侈品的重要渠道，其中 66% 的受访者表示会在今年增加这一渠道的奢侈品消费。

主打低价的折扣店与正价店不仅在销售商品上有差别，在售后服务等方面也有相应折扣。奢侈品牌的折扣店货品来源一般有三个渠道：正价店的过季产品（一般以 7 折出售）、正价店淘汰的产品和品牌设立的专门生产线生产的产品（俗称“工厂货”），其中工厂货的利润最大。

Burberry 官网显示，在满足指定退货条件下，品牌可为寄出后 30 天以内的全价商品和收到后 14 天以内的折扣商品提供全球免费退货服务。但 Burberry 一家奥莱店的客服表示，只能提供换货服务。维持品牌高端形象与以折扣策略提升业绩正在成为大多数奢侈品牌不得不面对的矛盾。根据法国巴黎银行的奢侈品牌对奥莱依存度报告，Michael Kors、Coach 、Versace 名列前三，其中 Michael Kors 收入依存度高达 23%，最让业界意外的是 Versace 超过 13% 的收入来自奥莱。

进驻奥莱的奢侈品牌已成为大众奢侈品。在市场压力下，他们只能选择奥莱渠道来改善销量。奥莱近年来在全球发展迅速，也成为中国消费者在海外购买奢侈品的首选之地，这一消费群体仍处于购买品牌的阶段。因此以价格游戏刺激销售早非新鲜事，即使遭遇起诉，赔偿金额与奥莱给奢侈品带来的巨大利润相比也不值一提，大部分消费者仍会到奥莱以低价购买喜欢的奢侈品。尽管如此，对主要依靠正价店生存的奢侈品牌而言，奥莱折扣店销量过大不仅会影响正价店销售，长久下去更会损害品牌形象，导致部分核心消费客群的流失。

思考：由 Burberry 在美国奥莱店的遭遇看，你认为品牌进驻奥莱应采取何种定价策略？

第十章 零售促销管理

学习目标

知识目标

- □ 掌握零售促销的概念及功能
- □ 掌握零售企业促销策划方案的设计内容
- □ 掌握零售企业促销策略的形式
- □ 熟悉零售促销活动的实施与评估步骤

能力目标

- □ 通过学习和训练，能为零售企业进行促销策划，灵活运用零售促销手段进行促销，有效管理零售促销活动

导入案例

屈臣氏的成功促销

能让都市时尚白领一族以逛屈臣氏商店为乐趣，并在购物后仍然津津乐道，有种“淘宝”后莫名喜悦的感觉，这可谓达到了商家经营的最高境界。经常可以听到“最近比较忙，好久没有去逛屈臣氏了，不知最近又出了什么新玩意……”，逛屈臣氏淘宝，竟然在不知不觉中成了时尚消费者一族的必修课。作为城市高收入代表的白领丽人，她们并不吝惜花钱，物质需求向精神享受的过渡，使她们往往陶醉于某种获得小利后成功的喜悦，祈望精神上获得满足。屈臣氏正是捕捉了这个微妙的心理细节，成功地策划了一次又一次的促销活动。

屈臣氏的促销活动每次都能让令顾客获得惊喜，在白领丽人的一片“好优惠呦”、“好得意呦”、“好可爱啊”声中，商品被“洗劫”一空，积累了屈臣氏单店平均年营业额高达2000万元的战绩。在屈臣氏工作过的人应该都知道，屈臣氏的促销活动算得上是

零售界最复杂的，不但次数频繁，而且流程复杂，内容繁多，每进行一次促销活动更是需要花很多的时间去策划与准备。策划部门、采购部门、行政部门、配送部门、营运部门都围绕着这个主题运作。为超越顾客期望，屈臣氏所有员工都乐此不疲。屈臣氏在促销活动方面的造诣笔者认为值得零售连锁企业借鉴。

2004年6月16日，屈臣氏中国区提出"我敢发誓，保证低价"承诺，并开始了以此为主题的促销活动，每15天一期。从很多《屈臣氏商品促销快讯》中，研究发现屈臣氏的促销活动发展大致分为三个阶段：2004年6月以前为第一阶段，在这段时间里，屈臣氏主要以传统节日促销活动为主，屈臣氏非常重视情人节、万圣节、圣诞节、春节等节日，促销主题多式多样，例如"说吧说你爱我吧"的情人节促销，"圣诞全功略"、"真情圣诞真低价"的圣诞节促销，"劲爆礼闹新春"的春节促销，还有以"春之缤纷"、"秋之野性"、"冬日减价"、"10元促销"、"SALE周年庆"、"加1元多一件"、"全线八折"、"买一送一"、"自有品牌商品免费加量33%不加价"、"60秒疯狂抢购"、"买就送"等等为主题的促销活动；第二阶段是在2004年6月提出"我敢发誓，保证低价"承诺后，以宣传"逾千件货品每日保证低价"为主题，可以发现在这阶段，每期《屈臣氏商品促销快讯》的封面都会有屈臣氏代言人高举右手传达"我敢发誓"信息，到了2004年11月，屈臣氏作出了宣言调整，提出"真货真低价"，并仍然贯彻执行"买贵了差额双倍还"方针，这样一直到2005年8月，"我敢发誓"一周年，屈臣氏一共举行了30期的促销推广，屈臣氏的低价策略已经深入人心；第三阶段是2005年6月起，屈臣氏延续特有的促销方式并结合低价方针，淡化了"我敢发誓"的角色，特别是到了2007年，促销宣传册上几乎是不再出现"我敢发誓"字样，差价补偿策略从"两倍还"到"半倍还"最终不再出现，促销活动变的更是灵活多变，并逐步推出大型促销活动如："大奖POLO开回家"、"百事新星大赛"、"封面领秀"、"VIP会员推广"，屈臣氏促销战略成功转型。

（资料来源：时娜，《关于屈臣氏促销手段的分析——以徐州市屈臣氏个人用品店为例》，《中国商贸》，2011年36期。）

案例点评："实惠才是硬道理"的消费习惯。屈臣氏实施加1元多一件、"全线八折"、"买一送一"等促销力度大的优惠策略，吸引顾客眼球。此外，屈臣氏更注重消费者心理研究，比如，新奇刺激的活动对有"小资情调"的白领一族更具有吸引力，屈臣氏就推出"60秒疯狂抢购"，抽奖获得者可以在卖场对指定的货架商品进行"扫荡"，60秒内拿到的商品都属于获奖者，这样的方式让消费者因体验新鲜刺激而津津乐道。在现今激烈竞争的零售市场环境中，零售企业在销售商品过程中，促销策略已成为零售企业经营战略组合中的一个重要环节，是零售商开拓市场、增加销售额、培育顾客忠诚度的手段之一。

第一节 零售企业促销策划

零售促销（retail promotion）是指零售企业为告知、劝说或提醒目标市场的顾客关注有关企业任何方面的信息而进行的一切沟通联系活动。

零售企业在实施促销活动的过程中，需要进行一系列的策划活动，其中包括确定促销目标、设计促销主题、制定促销预算、选择促销组合等一系列内容。

一、确定促销目标

从战略和战术的角度看，零售的促销目标可以分为长期目标和短期目标，一般而言，短期目标就是要提高销售量，刺激顾客的购买欲望，增加客流量等；长期目标则立足于长远，零售企业的促销活动不仅仅要在短期内提高产品的销量，更重要的是要提高企业的竞争力，增进顾客忠诚度，而且要保持对竞争对手的相对竞争优势。由于每一具体促销目标与不同的促销方式相对应，零售企业在开展具体的一次促销活动之前，必须首先确定这次促销活动应该达到的具体目标。零售企业在确定促销目标时，应注意促销目标要尽可能准确地阐述，该目标最好是定量的、可衡量的，这样企业才能精确地评估以后各步骤是否成功。

零售企业促销目标实现与顾客的购买行为直接相关，而顾客购买行为是顾客漫长决策过程的最后结果。营销人员必须了解目标顾客购买决策过程，并给目标顾客灌输某些观念，改变目标顾客的态度或促使目标顾客采取行动。

二、设计促销主题

每次促销活动都需要有一个主题，它是整个促销活动的灵魂。因为师出无名的促销活动是缺乏说服力和吸引力的。好的促销主题可以给消费者一个购买理由，有效规避价格战带来的品牌损害，所以主题一定要与促销需求相吻合，以简洁、新颖、亲和力强的语言来表达。零售商要把主题的设计作为促销计划的核心，它是促销成败的关键。一个富有创意的促销主题往往会产生较大的震撼效果，能带来销售额的提高和品牌形象的提升。应当从目标顾客的角度出发挖掘最富有煽动性的促销活动主题，以此主题为整个推广活动的核心，整合各种促销要素，在终端与顾客形成互动的氛围才能最大限度拉近顾客与产品、企业的心理距离，吸引一批稳定的忠诚消费群，推动销售业绩的持续增长。零售企业经常举办促销活动，一般可分为以下四类：

（一）开业促销

开业促销对商店而言只有一次，而且它是顾客第一次接触商店，会在心目中留下深刻的第一印象，影响顾客的将来购买行为。顾客往往根据自己的第一印象长久地留下对这家商店的商品、价格、服务、气氛等认识，而第一印象一旦形成，以后将很难改变，所以，每一家商店对开业促销活动不敢懈怠，莫不是全力以赴。如果开业促销策划成功，通常开业前几天的营业额可以达到平时营业额的5倍以上。

（二）周年庆促销活动

周年庆促销活动是仅次于开业促销活动的一项重要活动，因为每年只有一次，而且，供货商对商店的周年庆典也比较支持，会给予商家更多的优惠条件。因此，商店一般也会在这一时期举办较大型的促销活动，活动范围比较广。如果周年庆促销活动策划成功，其营业额可以达到平时营业额的2倍左右。

（三）例行性促销活动

除了开业和周年庆促销活动，商店还往往在一年的不同时期推出一系列的促销活动，这些促销活动的主题五花八门，有的以节日为主题，如大打国庆节、春节、中秋节、儿童节、情人节等牌子；有的以当年的重大活动为主题，如庆祝在北京申奥成功等，不一而足。尽管这些主题花样繁多，但每一商店在下年要做哪些促销活动已经提前做好计划，每年的变化不会太大，故称为例行性促销活动。而有些超市或货仓式商店每隔半个月举办一次促销活动，均可算在例行性促销活动之列。一般的例行性促销活动期间，销售额会比平时的销售额提高2～3成。

（四）竞争性促销活动

竞争性促销活动是指针对竞争对手的促销活动而采取的临时性促销活动。由于目前新兴零售业态不断涌现，市场竞争日趋激烈，同一业态的商店在某一区域内出现过剩现象，于是，价格战、广告战、服务战等促销活动此起彼伏。为了与竞争对手相抗衡，防止竞争对手在某一促销时期将当地客源吸引过去，商店往往会针对竞争对手的促销行为推出相应的竞争性促销活动，以免自己的营业额因此衰落。

三、制定促销预算

零售企业遇到的最棘手的促销决策之一就是究竟应该花多少钱在促销项目上。促销是一项庞大复杂的活动，必然需要大量活动经费的支持，如果没有充足的费用，一切都只能是“海市蜃楼”。促销预算能为促销活动的顺利实施，提供人、财、物、信息等方面的保障。而不同的零售企业在确定促销费用问题上差异很大，企业在进行促销预算的编制应该遵循因促销而增加的利润应当大于促销费用的支出的总原则。常用的确定促销预算的方法包括量力而行法、销售百分比法、目标任务法和竞争对等法。

（一）量力而行法

这是指零售商在自身财力允许的范围内确定预算。零售商用这种方法确定促销预算：

（1）预测周期内的销售额，计算各种支出和利润。

（2）确定能拿出多少钱来作为促销费用。

这是最保守的预算方法，完全不考虑促销作为一种投资及促销对销量的直接影响。如果企业的销售额不理想，那么，促销就会被视为可有可无。这种方法导致年度预算的不确定性，从而使长期的促销目标难以实现。小型的、保守的零售商主要使用这种方法。

（二）销售百分比法

这是以年度预测的销售额为基础，固定一个比例来计算一年总的促销预算，然后再根据一年中计划举办多少次促销活动进行分摊。其中的比率可能是过去使用的比率，也可能是参考了同行业中其他零售商的预算比率，或者是根据经验确定的。

这种方法有许多好处是：

（1）容易确定，易控制，可以调整，并将促销与销售额联系起来。

（2）可以激发管理层努力协调促销成本、销售价格和单位利润这三者之间的关系，在此基础上考虑企业的运作。

（3）在一定程度上能增强竞争的稳定性。

这种方法的缺陷在于也没有将促销与销售的关系弄清楚，而且因果倒置，视促销为销售额的结果。这样会导致由资金到位水平去确定预算，而不是由市场机会去确定预算，没有考虑每次促销活动的实际需要。

（三）目标任务法

这是零售商首先确定促销目标，再据此确定一年所计划举办的促销活动和每一次促销活动需要的具体金额，将所有促销活动的费用加起来，便得出全年的促销预算。这种方法的优点是以促销活动为主导，可充分表现促销诉求重点；但缺点是难以控制促销费用，如果促销没有达到相应效果，会影响经营效益。

小知识

表 10－1　某零售商根据目标任务法确定促销费用

目　标	任　务	估算费用（元）
在淡季增加销售额	• 在以下日期，在当地报纸上刊登 15 天全页广告（3 月 2～16 日，11 月 4～18 日）	22 500
	• 在以下日期，在两个广播电台播放 240 次 30 秒现场广告（3 月 2～16 日，11 月 4～18 日）	5 000
在当地新住户中吸引新顾客	• 分别发出 2 000 封直接邮件，向当地的新居民致意	1 600
	• 分别发出 2 000 封直接邮件，邀请当地的新居民来商店参观	1 600

续表

目　标	任　务	估算费用（元）
树立商店信誉	• 每周六和周日晚间10点当地电视新闻中，播放15秒树立永久信誉的电视广告 • 每月在当地报纸上刊登一次1/2版面的报纸广告	20 500 10 000
合计		61 200

（四）竞争对等法

这是指零售商根据竞争者的行动来增加或减少预算。也就是说，企业确定促销预算，是为了取得与竞争对手对等的发言权。若某一区域的领先企业将促销费用增加10%，则该区域的竞争者也会作出相应的调整。采用这种方法的营销人员相信，只要在促销中与其竞争对手的花费占各自销售量的百分比相等，就会保持原有的市场份额。

四、选择促销组合

促销组合指根据商品、市场的性质的不同将直接促销手段和间接促销手段加以及灵活选择、巧妙组合和综合运用，以达到最佳的促销目的。零售企业虽然可以选择的促销手段有很多，但归纳起来主要有四种：广告、销售促进、人员推销和公共关系。这四种手段又有付费的和不付费之分，每一种包含许多具体形式，后面我们将详细讨论每一种促销手段的具体形式及其在零售业中的运用。

由于促销手段各有其特点和适用范围，所以在选择销售工具时要考虑如下因素：

（一）促销目标

确定促销组合方案，尚需考虑促销目标。相同的促销工具在实现不同的促销目标上，其成本效益会有所不同。零售企业应根据目标顾客所处购买决策过程的具体情况来确定特定的促销目标，而不同的促销手段由于具备不同的优势和劣势，对于实现不同的促销目标有着不同的作用。

（二）商品

促销必须有针对性，针对不同的市场、消费行为展开。商品的不同类型一般会导致购买习惯、购买要求的不同，因此零售企业所采取的促销组合也会有所区别。从广义的角度看，商品按其性质可分为消费用品和工业用品。一般而言，对于快速消费用品，零售企业应重点使用广告的促销力式，这是由这类商品的需求广、品种多、产品更新换代迅速的特性决定的。而工业用品更多的是采用人员推销的方式，这是由工业用品的技术性强、需要生产者提供较多的技术服务等特性决定的。

（三）产品生命周期阶段

在产品生命周期的不同阶段，促销费用支出的效果也有所不同。

在商品的投入期，促销的重点是提高产品的知名度。为了达到提升产品知名度，应该利用各种广告，充分宣传新产品的品牌，让顾客认知并对商品产生好感。

在商品的成长期，这是商品能够获得顾客信任的重要时期，所以促销的重点应该放在商品的特色上，以区别于竞争对手的商品，树立品牌形象，巩固在市场上的地位。广告在这个期间还是主要的促销方式，同时还应该以配合人员推销和公共关系等手段，提高商品的曝光率，进而提升销售量。

在商品的成熟期，此时最重要的是建立竞争优势。为了能够与竞争对手一较高下，必须增加促销的费用，此时销售促进比广告更为有效，因为此时顾客对于产品都比较熟悉，只需要进行提醒式的广告即可，而销售促进在同质化竞争激烈的情况下，则能刺激顾客的购买欲望，增加销售。

在商品的衰退期，零售企业为了能够保证足够的利润，应该把促销规模降到最低限度。

此时可以采取的策略是维持少量广告，在顾客心中留个印象。人员推销在此阶段应减少至最小规模，至于公共关系则要全面停止。

（四）市场因素

市场因素涉及的方面很多，主要有市场的规模与集中度、购买者特征、顾客心理与行为、竞争对手的促销手段以及经济状况。

首先，市场的规模与集中度决定了我们促销的力度与广度。其次，购买者特征影响到促销方式的选择，对于个人家庭消费应主要以广告、公关促销为主，而对团体消费则应以人员推销为主。

再者，在顾客心理与行为方面，顾客购买决策具有连续的阶段性，在不同阶段具有不同的消费行为特点，因此必须采用不同的促销手段。在认知阶段，广告与公共关系的作用显然比人员推销的作用大得多。在理解阶段，主要选择广告、公共关系和人员促销为重点。在确信阶段，人员推销是重点。在购买阶段，销售促进和人员推销是重点。

再次，在竞争对手的促销竞争面前，俗话说“知己知彼，百战不殆”，只有充分了解对手情况，才能做出针对性的促销组合策略。

最后，零售企业应考虑经济前景的变化，及时迅速调整促销组合。例如在通货膨胀期，顾客的价格敏感性很高，此时零售商可以加大销售促进和人员推销。

（五）时机因素

每种商品总有其销售旺季和淡季，零售商应该有所选择并进行促销组合的设计。例如，在销售旺季、节假日等，应该大力掀起促销高潮，因为此时顾客的购买欲望是最强烈的，所以一般以广告和销售促进为重点；而在商品的销售淡季，则可以考虑应用公共关系和人员促销。

（六）其他营销因素。

企业营销是一个整合的组合，促销只是其中一方面内容，必须考虑到其他营销因素的影响。这些营销因素包括品牌策略、价格策略等，促销组合需要与这些营销因素相匹配。例如价格策略，如果实行的是低价策略，则广告和公共关系是一个合适的选择；如果采取的是高价撇脂策略，则人员的推销以及广告的促进是十分必要的。

第二节 零售企业促销策略

一、广告策略

（一）零售广告的含义

广告指的是由确定的赞助者以付费的方式，对观念、商品或者服务进行的非个人的沟通表达方式。零售广告是指零售企业以付费的非人员的方式，向最终消费者提供关于商站、商品、服务、观念等信息，以影响消费者对商店的态度和偏好，直接或间接地引起销售增长的沟通传达方式。

（二）零售广告的媒体选择

1. 电视广告

电视广告具有生动、说服力强、信息覆盖面广、传播迅速的特点，是最有效的传播媒介形式，所以一直受到企业的青睐。然而，电视广告自身也存在缺点，即制作复杂、成本较高，而且时间短暂，一般在 15～30 秒左右，不适合需要详细说明的广告。

大多数零售企业并不采用电视广告，因为其成本太高，零售企业无法承担，有些只能是在地区性电视台做广告，大部分是为了开业庆典使用。所以电视广告主要适用于实力雄厚的大零售企业、有多家分店支持的零售集团，其目的主要是树立和提升商店的声誉，达到长期促销的目的。对此，中小型的零售商由于财力所限，不宜采用。

2. 广播广告

广播广告由于其受众面广，成本较低，所以大多数零售企业都可以采用。一般广播都是诉诸听觉的媒介形式，相对于电视广告的可视性就差一些，但是不失为一个很好的宣传工具。广播广告的类型又可分为两类：一是电台广播，二是店内广播。广播广告不仅可以传递商品信息，也可以介绍商店，拥有很好的灵活性和随机性，并且成本较低，这是电视广告所不能比拟的。

零售企业经常采用的是店内广播，因为它灵活、机动，并且很好地配合店内的销售，成本又低，所以是宣传商品的最佳舞台。广播广告是提高商店知名度和美誉度的一个非常有效的途径，但是缺点也很明显：出于其一闪而过，不利于顾客的记忆和比较。

3. 报纸广告

报纸广告也是零售企业比较偏爱的媒体之一，因为其信息覆盖面积大，反应速度快，适合定期和长期做广告，而且限制比较少。不足之处在于生命周期短，如果报纸上刊登的广告过多，则不易被发现。报纸广告常被零售商用作优惠展销、季节与节日推销、降低推销等广告宣传，以地方性报纸最为常用。

4. 直接邮寄广告

直接邮寄广告又称信函广告，是通过邮局将印刷品广告寄给顾客，直接与顾客沟通。这种方式优点是针对性强，不受其他广告的影响，且成本较低，适合各种类型的商店使用。其缺点是覆盖面积小，不容易引起重视，废弃率高。

目前采用这种方式的主要是外资零售企业。他们每年定期三五次直接邮寄广告给顾客。直接邮递广告在国内也日益普及，例如外资零售企业万客隆，就采用直接邮寄广告。他们每隔半月制作一个宣传单，上面标有上百个特价商品，并将其寄给所有会员，以此作为留住顾客、刺激销售的有力手段。

5. 交通工具广告

现在零售商们抓住一切可以给企业和商品曝光的机会，连交通工具都做上了广告。交通工具广告是在公交汽车、电车、出租车、地铁等交通工具的内部或外部张贴广告宣传画。因为车厢内人流来往频率高，乘车时间较长使得顾客有充足的时间观看广告，所以这种广告被读率很高，而且可以传播详细信息，对商品和企业的宣传有很大的作用。而且交通工具在街上频繁地行驶，在公车行进路线上的人们就会不停地接受广告信息。甚至在零售商送货车上做广告，借此来增加商店的曝光率，增加顾客的感知。但是交通工具广告费用较高，只适合大规模的广告宣传活动。

6. 户外广告

户外广告包括建在零售店建筑物外面的招牌广告、栏架广告、临街广告、灯箱广告等。其优点是生命周期长，能保持数月甚至数年，对广告所在地的顾客有显著的影响。但是需要注意的是，户外广告牌有效范围小，机动性差、更新的速度也比较慢。且不易寻得理想的地理位置，采取的户外广告主要是以社区居民为目标顾客的零售店。

7. 杂志广告

杂志广告的特点是专业性强，生命周期长，有一定的保留价值，还可以运用彩色照片和图片，宣传的效果比报纸广告好，但影响力不限。由于杂志广告的出版周期长，不能配合即时的促销活动，显得不够灵活，针对的消费群有一定限制，信息覆盖面不广，零售企业很少采用这一广告形式。

8. 传单广告

传单广告是指将广告印成传单以后散发给顾客。散发的形式可以采用投递入户、街头散发、商店门前散发等。传单的内容多种多样，一般有商店最近将要促销的一些商品信息。它对于提高商店的知名度、吸引顾客购买有一定的作用，而且费用不高。新开的小型商店常常采用这种方式，一些老店如果推出某一特色服务，也会采取传单广告。由于传单自身的限制，它具有一定的范围限制，只能在商业圈内采用才比较有效。现在更多的零售商店采用的是将印好的传单摆放在门口或者收银台，任凭顾客拿取，由于不是强迫的派发传单，顾客也乐于索取，故是一种常见的广告形式。

9. 包装广告

包装广告指的是将商店的店徽、店名、地址、电话号码、经营项目，甚至一些商店口号等信息印在包装纸（袋）上。这种做法不但方便携带和保护商品，而且也宣传了零售店，有助于建立良好的商店形象。现在不仅是外国的大中型零售企业采用包装广告，而且在国内的许多商店也在其包装上面印上自己的商号，增进商店与顾客的联系。

需要注意的是，包装袋上的广告不能只精美，还要讲求包装材料的节约和环保，这样也能宣传商店负责任的态度。例如在“好又多”的包装袋上不仅印有店名、店微、联系电话，还有其提倡的口号“新鲜、品质、服务”，而且还有“可回收塑料材料”的标志。现在班尼路、佐丹奴等名店都使用的是可回收的塑料袋。

10. POP 广告

POP 广告（Point of Purchase Advertising）称为店面广告、卖场广告或者销售广告，是指在商品进行销售和购买活动的场所所做的广告，属于销售现场媒体广告。销售现场媒体是一种综合性的媒体形式，从内容上大致可分为室内媒体和室外媒体。室内媒体主要指货架陈列广告、柜台广告、模特广告、四周墙上广告、圆柱广告、空中悬挂广告等。室外媒体主要指销售场所如商店、百货公司、超级市场门前和附近的一切广告形式，如广告牌、灯箱、霓虹灯、电子显示广告牌、招贴画、商店招牌、门联、门面装饰、橱窗等。

二、销售促进策略

（一）销售促进的概念及特点

销售促进（SP）源自英文的 Sales Promotion，有时也被译为营业推广。如果说广告是引发消费者购买行为的原因，那么销售促进就是消费者购买的刺激。零售商的销售促进是零售商针对最终消费者所采取的除广告、公共关系和人员推销之外的，能够刺激需求、激励购买、扩大销售的各种短暂性的促销措施。它不同于人员推销和广告。人员推销和广告是持续的、常规的促销活动，而销售促进则是不经常的、无规则的促销活动。销售促进一般是用于暂时的和额外的促销工作，是为了促进消费者立即购买。提高某一时期的营业额或某种商品销售额的特殊促销。

销售促进的特点是：

（1）引人注目，吸引力强，销售促进在销售中能产生更快和更多可衡量的反应。

（2）形式多样，增强顾客的购买兴趣。

（3）吸引大批顾客，增加商店的客流量，促进其他商品销售。

（4）销售促进的效果是短暂性的，常常吸引品牌转换者，并不能产生新的忠诚的顾客。

（二）销售促进方式

1. 优待券

零售商将印在报纸、杂志、宣传单或商品包装上的附有一定面值的优待券或单独的优待券，通过邮寄、挨户递送、销售点分发等形式发放，持券人可以凭此券在购买某种商品时，免付一定金额的费用。

商店优待券只能在某一特定商店或连锁店使用。它绝大部分是以吸引顾客光临某一特定的商店为主要目的，而不是为了吸引顾客购买某一特定品牌的商品。另外，它也被广泛地用来协助刺激对店内各种商品的购买欲望上。许多事例显示，优待券也是零售商与厂商一个绝好的合作组合，其目的在于提供消费者一个诱人的动因，以吸引他们到特定的商店购买特定的商品。

虽然优待券的种类繁多，但都不外乎以下三种：

（1）直接折价式优待券。即指某特定零售商店在特定期间内，针对某特定品牌，可凭券购买以享受某种金额的折价优待。这种促销方式可运用在多量购买上。

（2）免费送赠品优待券。即购买 A 商品，可凭此券免费获赠 B 商品。

（3）送积分点券式优待券。即购买某商品时，可获赠积分点券，凭这些点券可在该商店兑换自己喜欢的赠品。一般此券的价值常由零售商自己决定。

2. 赠送商品

赠送商品即消费者免费或付出某些代价，即可获得特定物品的活动。实践证明，赠送商品是吸引消费者来商店购买商品或劝其购买某种特定商品的好方法。赠送商品是零售商常用的销售促进活动，包括以下两种方式：

（1）免费赠送。这种方式是指消费者无需具备什么条件即可得到赠品。免费赠送时，一定要选择好赠送对象，这样才能达到事半功倍的效果。例如，有些商店并不固定赠送物品的种类和数量，而是视顾客的需要和心理情况而定。尤其是在女士购买化妆品犹豫不定时，可以免费赠送化装包、化装棉棒等小物品，以促成顾客购买。

（2）付费赠送。付费赠送是指商店为吸引消费者而采用的只要消费者购买某种特定商品或购买金额达到一定数量时，就可免费获得赠品，或者消费者在购买某种商品的同时，提供赠品的部分费用即可获得赠品。

3. 折价优惠

折价优惠是零售商使用最广泛的一种促销方式。折价优惠是指商店在一定时期内，调低一定数量的商品售价，也可以说是适当减少自己的利润以回馈消费者的促销活动。折价优惠常在以价格作为主要竞争手段的商店使用，如货仓式商店、超级市场、折扣商店等，但它也广泛应用与其他零售业态商店，尤其是国内服装专卖店在近几年天天打出折价优惠的招牌吸引顾客。

商店之所以采用折价销售，主要是为了与其他商店在价格上进行抗衡，也为了吸引对价格比较敏感的品牌转换者。俗话说："没有不被减价两分钱而击倒的品牌忠诚"，可见价格促销在消费者心中的威力。折价优惠虽然在单件商品上获得的利润减少，但低价促进了销售，增加了销售量，从总体角度看，也增加了商店的利润。

大部分商店经常采用折价优惠来掌握已有的消费群，或是利用这一促销方式来抵制竞争对手的活动。通常，折价销售在销售现场能强烈地吸引消费者的注意，并促进购买欲望，明显地提高商店的销售额，甚至可以刺激消费者购买单价较高的商品。

4. 竞赛

竞赛是一种让消费者运用和发挥自己的才能以解决或完成某一特定问题，即提供奖品鼓励顾客的活动。日常生活中，我们经常看到这种促销方式：回答有关商品的优点；或为商店命名；或提供广告主题语和广告创意等。此类活动通常需要具备三个要素：奖品、才华和学识，以及某些参赛的规则。竞赛着眼于趣味性及顾客的参与性，通常竞赛会吸引不少人来观看和参与，可连带达到增加客流量、扩大销售的目的。

5. 抽奖

抽奖是指顾客在商店购物满一定金额即可凭抽奖券在当时或指定时间参加商店组织的公开抽奖活动。抽奖并不需要顾客具有一定的才能（不同于竞赛获奖，顾客要有一定的能力取胜），抽奖全凭顾客的运气，这是基于利用人本身具有一定的侥幸、追求刺激的赌博心理，有以小博大的乐趣，主办商店通常备有各式大小奖品吸引顾客。

抽奖与赠送商品中的商品中奖、随货中奖是有区别的。抽奖是购买商品后，凭购物小票等证明从商店方获得抽奖券，再参加抽奖。而商品中奖和随货中奖都是与商品有直接关系的，即奖品或奖券就在商品中，顾客获奖的直接原因是购买了该商品。生产厂商多采用商品中奖和随货中奖的促销手段，而零售商则多举办抽奖方式进行促销。

6. 集点优待

集点优待又叫积分卡或商业印花（商业贴花），指顾客每购买单位商品就可获得一张印花，若筹集到一定数量的印花就可以免费换取或换购（即支付少量金额）某种商品或奖品。

对于消费者而言，他们对集点优待的偏好不一，有的消费者对积分卡十分热衷，有些对积分卡不以为然，因而其对不同消费者的效果是不一样的。但真正对积分卡感情兴趣的是商店的经常性客户，他们经常来这一商店购买商品，如果能用积分卡形式给这类顾客提供更物有所值的回报，可以提高他们对商店的忠诚度。

7. 退费优待

退费优待是指消费者提供了购买商品的某种证明之后，商店退还其购买商品的全部或部分付款，以吸引顾客，促进销售。例如，某市一家商店曾规定在某个月的某一天，消费者购买的商品可以全部退款，而这一天是事后随机确定的，以刺激顾客的购买欲望。还有些商家直接打出促销宣传："买一百退五元"。退费优待适用于各行各业，由于其直接返利给顾客，所以效果十分明显。同时退费优待也适用于绝大多数商品。实践证明，销售速度缓慢，冲动式购买的，差异化较小的商品，虽然不经常购买，但只要一买，常用得很快，再购频率很高，这种类型的商品运用退费优待效果最好。而对于高度个性化的商品、经久耐用的商品，则不宜采取此方法。

8. 商品演示

商品演示就是通过对商品的使用表演示范，提供实物证明，使顾客对商品的效能产生兴趣和信任，以激起冲动性的购买行为。商品演示的目的是向顾客进一步证实商品的效能和优点，为了达到预期的效果，演示人员应该掌握商品的性能和演示的技巧。商品演示还包括商店现场试吃，即现场提供免费样品供消费者食用的活动。此类活动对于以供应食品为主，且以家庭主妇为主要客户的超市，是提高特定商品销售量的有效方法。透过商品实际展示和专业人员的介绍，会增加消费者购买的信心及日后持续购买的意愿。

三、公共关系策略

（一）公共关系的含义及特点

公共关系（Public Relations，PR）是市场营销的一个重要工具，它承担着为零售商在其公众中塑造良好形象的一切沟通联系活动。一个零售商不但与顾客、渠道成员发生联系，还和其他群体如员工、投资者、政府、中介协会、新闻媒体及一般公众发生联系。零售商与众多社会群体关系的好坏可以帮助或阻拦企业的发展。

与其他促销策略相比，公共关系具有如下特点：

（1）影响面广，企业的宣传会随着新闻媒体传播而扩散。

（2）可信度高。

（3）促销效果好。

（4）费用水平低，企业无需花钱购买媒体的版面或时间，虽然制作供媒体播出的内容需要有所花费，但是费用微乎其微。

（5）公共宣传是企业长期战略的组成。

（二）公共关系的主要优缺点

1. 公共关系的优点

（1）对所宣传的信息报道详细。

（2）能进一步扩大零售商的知名度。

（3）以更为可信的方式传播有关零售商的信息。

（4）信息的传播是不需要付费的。

（5）可以触及更为广泛的受众。

（6）人们对于新闻报道比对纯粹的广告更留意。

2. 公共关系的缺点

（1）一些公关活动的效果从短期看不明显，因而一些零售商不相信将资金和精力投入到公关活动中会有收效。

（2）企业控制力弱。对于公共关系的效果，企业很难控制该效果的大小及其正面还是负面效果。

（3）有些属于零售企业刻意的公关活动策划，仍然会产生一定的费用。

（三）公共关系活动形式

1. 出版物

零售商在很大程度上依赖沟通材料来接触和影响目标市场。这些材料包括年度报告、小册子、文章、视听材料和商店的业务通讯和杂志。

（1）小册子。小册子的主要作用在于告诉消费者有关商店和商品的情况。

（2）文章。商店撰写的文章能够吸引消费者对商店和商品的注意。

（3）商店的业务通讯和杂志。它们的主要作用是帮助建立企业形象和向消费者通告重要新闻。

（4）视听材料。视听材料一般包括电影和带解说的幻灯片、录像以及录音带，虽然成本较高，但是影响也较大。

2. 事件

这里的事件指的是商店安排特殊事件来吸引消费者对关于商店的一些事物的注意，如开业庆典、周年庆祝、最近新进的商品等。而发布的形式多种多样，包括新闻发布会、讨论会、旅游、展览、竞赛和比赛，对某些公众关注的事业或领域提供赞助等。

（1）新闻发布会。新闻发布会又称记者招待会，是企业举行公开传播重要新闻事件，邀请有关新闻机构的记者参加，由记者提问和回答记者提问的一种特殊会议。

（2）赞助活动。赞助不仅对社会有利，而且能赢得社会对组织的好感，树立商店的美好形象。赞助活动的主要类型有：

①赞助体育运动，如赞助运动会等。

②赞助文化娱乐活动，如赞助电影的拍摄、文化娱乐活动的比赛等。

③赞助教育事业，主要用于建设教育设施、研究基金、奖学金、奖教金以及其他教育奖励，如资助希望工程、建设希望小学等。

④赞助社会慈善和福利事业。此项活动是与社会、政府搞好关系的重要途径，也是表明企业向社会承担义务责任的手段。如赞助残疾儿童福利院等。

⑤赞助宣传用品的制作，如赞助有特殊意义的录像带、电视片、记录电影等。

⑥赞助其他活动。如赞助职业奖励、竞赛活动等。

（3）特殊纪念活动

每一个国家或地区都有特殊纪念日，利用特殊纪念日制造新闻是影响公众的好时机。

3. 新闻报道

新闻报道是以新闻媒体发布的、对零售企业的相关事件进行的陈述。新闻报送主要发生在通告特定的时间、新店的开张、每季度和每年的销售额以及零售商经营战略的转变。

4. 演说

演说也可以用来宣传商店和商品。零售商通过各种形式的媒体见面会，或者在行业会议上的发言，充分利用发言的机会提升商品的品牌形象会达到事半功倍的效果。

5. 提供电话服务

通过高质量的电话服务，常能使潜在顾客成为现实顾客，并会形成口碑效应。

6. 媒体识别

在同质化日趋严重的今天，能够如何被人识别出来也是提升品牌认知的一个关键。零售商应该努力设计一个公众能够立刻认知的视觉识别标志。为使顾客留下深刻的印象，可以在商店的招牌、商店的经营场所、员工制服、包装袋、商业名片等上面印上商店特有的标志。

第三节

促销活动的实施与评估

一、促销活动的实施

（一）明确促销信息

不论是文字的、图像的，还是声音的，针对个人的还是非个人的，信息的内容是很重要的。

设计信息内容时零售商必须寻找富有说服力的诉求。诉求可分为理性诉求、情感诉求和道义诉求。理性诉求是从顾客的自身利益出发，显示顾客能得到的优惠或商品的质量、价值、性能的信息。情感诉求试图激发起顾客的某种情感，例如某超市的年度的促销主题是“社区生活伙伴”，以社区为目标群体设计了“社区妈妈烹饪大赛”、“儿童绘画比赛”、社区义工活动、与老人院联欢活动，这些活动体现了零售商对社区的关怀，增加了社区顾客对零售商的好感。道义诉求是引导受众有意识地分辨什么是正确或者适宜的，比如环保诉求。

每种促销方式的信息内容是不同的。广告的主题、用字、标题都必须精心选择。公众宣传所发布的信息应是书面的。在人员推销中，问候、销售介绍、演示及结束销售应该简洁运用。销售促进时，企业所要传递的信息必须认真组织，既要有吸引力，又要防止歧义。

促销形式本身的特性也在很大程度上影响着所传递的信息。购物袋一般只能印上零售商的名称：销售人员可吸引顾客的注意，扩大所传递信息的内容。现在有的购物中心利用一种花哨的杂志来树立社区导向性的形象，向顾客介绍新开业的商店，以及对中心的商店所经营的商品和服务进行促销。

（二）选择促销媒体

零售商必须以目标受众的媒体习惯为基础，结合商品和促销信息的实际情况，并认真权衡媒体的效果与费用之比，选择出合适的媒体。具体而言，在进行广告媒体选择时，应考虑下面的因素。

（1）目标受众的媒体习惯。不同的顾客通常会接触不同的媒体。有针对性地选择为广告受众所易于接收的媒体，是增强广告促销效果的有效方法。例如，对于青少年，电视、广播是有效的广告媒体；在把学龄前儿童作为目标沟通对象的情况下，绝不能在杂志上做广告，而只能在电视或电台上做广告。

（2）商品特点。零售商应当根据商品或服务的性质与特征选择广告媒体。因为各类媒体在展示、解释、可信度、注意力与吸引力等各方面具有不同的特点。工业品与消费品，技术性能较高的复杂产品与较普通的产品，应采用不同的媒体进行广告宣传。

（3）促销信息内容。广告媒体选择要受到促销信息内容的制约。如果广告内容是宣布马上就要进行的促销活动，报纸、电视、广播媒体最及时。而如果广告信息中有大量的商品技术资料，则宜登载在宣传册和专业杂志或邮寄广告媒体上。

（4）传播范围。选择广告媒体，必须使媒体所能触及的影响范围与零售商所要求的信息传格范围相匹配。如果是全国连锁零售企业开展统一促销活动，可以在全国性报纸或中央电视台、中央广播电台做广告。而社区类型的零售商，则可以选择地方性报纸、电台等传播媒体。

（5）成本。不同媒体所需成本也是选择广告媒体的考虑因素。依据各类媒体成本选择广告媒体，最重要的不是绝对成本的差异，而是媒体成本与广告接收者之间的相对关系，即每千人成本。

一般来说，电视是最昂贵的媒体，而报纸则较便宜。但如果用每千人成本来计算，可能会表明：在电视上做广告比在报纸上做广告更便宜。

（三）确定促销时机

为使促销达到最佳效果，零售商还必须对促销的长期安排和短期安排做好决策，即促销的时机选择问题。

（1）长期安排问题。零售商必须决定如何将一年的广告按季节性和预期的经济发展来安排时间。假如某店铺经营商品销售量的70%产生于5～10月的温暖季节，则零售商有三种选择：

①可顺着季节变化而调整其广告支出。

②可按季度变化的相反方向来安排广告支出。

③全年平均使用其广告费。

多数零售商都采用季节性的广告政策在销售淡季少做广告或不做广告。

（2）短期安排问题。即在商品销售旺季多进行广告宣传效果。在决定时间安排形式时，应考虑以下三个因素：

①购买者流动率。即新的购买者在市场上出现的速度。购买者流动率越高，则促销活动触及这些新顾客的次数越应该增加。

②购买频率。即在一段时间内，顾客购买商品的次数。购买频率越高，则促销活动应更加频繁。

③遗忘率。即购买者遗忘零售商所经营商品品牌、定位特点的速度越快，促销活动越要频繁。

（四）建设促销队伍

一个好的促销活动方案有可能由于执行和管理的漏洞而不能达到预期的效果。促销活动的执行效果关键还在于组织的执行力，需要事先成立促销活动的组织以及明确人员职责分工，通过培训和监控来确保整个促销活动顺利开展。

在组织建立方面，必须既有总指挥、总协调等类似主管的角色，也有各个项目的具体负责人。在职责分工方面，应体现清晰明确的原则，专人专责，避免职员不清、相互推卸责任现象的发生。在促销执行过程中应当实行主管负责制，一方面项目负责人必须维护主管的权威，另一方面主管必须对所属区域负全部责任。

人员的系统培训是保证促销活动质量的关键所在。不仅仅针对促销人员，对参与促销活动所有工作人员都需要进行系统培训，当然各个人员培训内容具有不同的侧重点。通过对产品特点、促销技巧等方面的培训，提高促销人员的业务素质。并且在促销活动中，引导促销人员关注消费者的心理变化，根据消费者的不同性格特点，采取不同的说服方式。对于活动参与的其他人员，需要明确促销活动的目的、方式、主题、内容、注意事项、活动整体流程、典型问题处理、问题反馈程序、促销管理内容、各种表格的使用方法，以及相关奖惩规定等等。

（五）选择销售促进工具

零售商要根据促销目标选择具体的销售促进工具，以达到最佳的促销效果。比如推出新商品时，适合采用样品试用、优惠套装、捆绑销售的方式促销。

二、促销活动评估

促销活动结束后，应及时进行评估分析，切不可于促销活动结束后置之不理，还应召集各部门有关人员就实施效果与目标差异做分析，为以后的促销活动做参考，这样有助于提升企业的促销策划水平，巩固促销活动效果。

（一）目标评估法

这是将促销实际业绩与目标进行比较分析，一般而言，实际业绩在目标95%～105%之间，算是正常表现；若是在目标105%以上，则算是高标准表现；若是在目标95%以下，则须反思。

有些促销目标很难用销售额来直接表示，这使得促销活动的评估很困难，需要营销人员研究一套专用的评估体系和办法。例如促销目标是树立企业良好形象、增进顾客忠诚，营销人员通常在促销前后要进行一系列调查，研究企业的形象问题及老顾客的来店频率等情况。一般来说，促销目标越具体明确，评估工作越容易进行。

（二）前后比较法

这是选取开展促销活动之前、促销活动中间与进行促销时三个时段的营业情况进行比较，一般会出现十分成功、得不偿失和适得其反等几种效果。促销十分成功，说明此次促销活动使顾客对商店的印象有所加强，对商店的知名度和美誉度均有所提高，增长了销售量，在活动结束后，该影响持续存在；促销得不偿失是指促销活动的开展，对商店的经营、营业额的提升没有任何帮助，反而浪费了促销费用；促销适得其反是指促销活动结束后，商店销售额不升反降，可能是由于促销活动过程中管理混乱、设计不当，某些事情处理不当，或是出现了一些意外情况等原因，损伤了商店自身的美誉度，结果导致促销活动结束后，商店的销售额不升反降。

（三）消费者调查法

商店组织有关人员抽取合适得消费者样本进行调查，向其了解促销活动的效果。例如，调查有多少消费者记得商店的促销活动，他们对该促销活动有何评价，是否从中得到了利益，对他们今后的购物场所的选择是否会有影响等，从而评估商店促销活动的效果。

本章小结

零售促销是指零售商为了增进消费者购买和交易效益而进行告知、劝说或提醒目标市场顾客的活动。要进行促销必然要进行促销策划，零售企业促销活动策划主要包括确定促销目标、制定促销预算、选择促销组合等一系列内容。

零售企业的促销策略包括零售广告、销售促进和公共关系。零售广告是零售企业以付费的非人员的方式，向最终消费者提供关于商店、商品、服务、观念等信息，以影响消费者对商店态度和偏好，直接或间接地引起销售增长的沟通传达方式。零售广告媒体种类繁多，包括了电视广告、广播广告、报纸广告、直接邮寄广告、交通工具广告、户外广告、杂志广告、传单广告、包装广告和POP广告等。

销售促进是零售企业针对最终消费者所采取的除广告、公共关系和人员推销之外能够刺激需求、激励购买、扩大销售的各种短暂性的促销策略。销售促进的方式包括：优待券、赠送商品、折价优惠、竞赛、抽奖、商品演示、积分卡优待、退费优待等。

公共关系包括为零售企业在其公众中塑造良好形象的一切沟通联系活动。公共关系的主要形式包括出版物、事件、新闻、演说、提供电话服务和媒体识别等。

零售企业促销活动实施包括明确促销信息、选择促销媒体、确定促销时机、建设促销队伍、选择销售促进工具等。促销活动结束后，应采用目标评估法、前后比较法、消费者调查法及时对促销活动进行评估分析，为以后的促销活动做参考。

本章练习

一、选择

1. 对于消费品市场而言，（　　）的促销作用最大。

A. 零售广告　　　　B. 人员推销

C. 公共关系　　　　D. 销售促进

2. 零售商采用（　　）的主要目的是吸引顾客光临某一特定的商店，而不是为了吸引顾客购买某一特定品牌的商品。

A. 优待券　　　　B. 赠送商品

C. 折价优惠　　　　D. 抽奖促销

3. 零售商在制定总体促销预算时，采用的最保守的预算方法是（　　）

A. 量力而行法　　　　B. 销售百分比法

C. 目标任务法　　D. 竞争对等法

4. 为了能争取到长期的稳定消费者，零售企业可以采用（　　）的促销方式。

A. 会员制　　B. 限时抢购

C. 商品特卖会　　D. 有奖促销

5. 促销评估的主要方法有(　　)。

A. 目标评估法　　B. 案例分析法

C. 消费者调查法　　D. 前后比较法

二、判断题

1. 促销只是零售企业的一种经营手段，并不是零售企业竞争优势的来源。（　）
2. 零售商运用促销策略其目的就是希望达到立竿见影的业绩增加效果。（　）
3. 零售商最常采用的促销策略是广告和销售促进。（　）
4. 制定促销预算的目标任务法是指将总预算指标分解到各个促销任务中去。（　）
5. 零售商的销售促进活动往往可以达到一个长期促销的效果。（　）

三、思考题

1. 零售促销活动可以达到什么效果?
2. 零售促销活动策划包括哪些内容?
3. 如何制定零售促销预算?
4. 评估零售促销效果有哪些方法?
5. 假若为一家新开张的超级市场设计开业促销活动，你将选择什么具体促销方式?

四、案例分析题

某超市元宵节促销活动策划

春节人们忙于辞旧迎新、探亲访友，顾不上吃顾不上玩，正月十五吃汤圆、猜灯谜、赏花灯，有的吃又有的玩，所以元宵节才是年味最浓的时刻。“去年元夜时，花市灯如昼；月上柳梢头，人约黄昏后。”元宵节未婚男女借着赏花灯也顺便可以为自己物色对象，所以元宵节还是个特别受年轻人青睐的浪漫节日。基于以上原因，本次元宵节促销将以“汤圆、灯谜”等为背景，突显一个“闹”字，通过各种新颖、有趣的促销活动来巩固原有顾客、挖掘和培养新消费群体，提升超市知名度和美誉度，掀起春节后第一个节日销售高潮。

一、活动目的

通过元宵节促销活动营造传统节日氛围，充分利用热闹、喜庆、浪漫的节日气氛来刺激和诱导顾客消费，达到带动人气、提高销售的目的。

二、活动时间

2 月 28 日（正月初十）—3 月 6 日（正月十六）。

三、活动主题

本次活动主题是：沸腾元宵，暖心聚惠。

四、活动内容

活动一：元宵“球”团圆，好礼“球”带走

为凸显元宵节“闹”字，提升节日氛围，特在元宵节活动期间推出顾客“找不同，好礼送不停”大型娱乐促销游戏。

活动细则：

超市企划部需提前制作“十个”不同版本的找“球”图片，并且“○”可以用橡皮进行擦拭，管理人员随时在图片里进行涂改隐藏，以便顾客快速找到，第一张图片里，暗藏着一个“○”，第二张图片里暗藏着二个“○”，以此类推，第十张图片暗藏着十个“○”。顾客在规定的时间里找的球越多，奖品越丰厚。

参与规则：

凡在2月28日、3月1日活动期间，顾客单票购物满118元即可持购物小票到超市出口活动处参与活动，顾客自行选择找几个球，每人每票只能找一处，相同的时间找到的球越多，奖品越丰厚，成功以此类推，奖品以此增加，找到哪个阶段，领取哪个阶段的奖品。为促进人气，本活动可多人共同找，但奖品只奖励一份。

找到1个球：奖励铅笔一支。

找到2个球：奖励签字笔一支。

找到3个球：奖励文具盒一个。

找到4个球：奖励抽纸一盒。

找到5个球：奖励可乐一瓶。

找到6个球：奖励汤圆一袋。

找到7个球：奖励汤圆两袋。

找到8个球：奖励洗衣液一桶。

找到9个球：奖励大豆油一桶。

找到10个球：奖励购物卡50元购物券一张。

促销点子：

选择赠品赢顾客。

在节假日里我们怎样选择赠品？

活动二：元宵乐购，趣猜灯谜

为体现与顾客互动性，迎合节日特点，特在元宵节当日推出猜灯谜活动：

凡在3月5日元宵节当日活动期间，超市在收银线处悬挂宫灯，宫灯下面悬挂灯谜，顾客交款后可在一边进行猜灯谜活动，顾客可将猜出的谜底到值班经理处核对，顾客只要猜对灯笼上的灯谜，即可获得灯笼一只或汤圆一袋。

活动三：团团圆圆闹元宵 美味汤圆大联展

为增加节日商品的特卖活动，特在超市内开辟节日商品特卖区：

开辟汤圆食品专柜，包括各种品牌汤圆：如龙凤汤圆系列、思念汤圆系列、三全凌系列等。口味有八宝果仁、黑芝麻、麻蓉花生、玫瑰豆沙、五仁、花生芝麻、无糖等。

现场售卖氛围：一是促销员头戴耳麦，提高叫卖频率；二是增加试吃环节，增加顾客试吃试饮等服务。

促销活动：部分品牌推出顾客凡在活动期间购买指定口味即赠送另一种口味促销活动。

活动四：元宵小吃一条街

为体现试吃试饮促销，增加与顾客的黏性，特在超市外围设置元宵节小吃一条街活动。开设6~10个摊位，包括汤圆、冰糖葫芦、炸香肠、羊肉串、里脊肉等，现场制作；顾客凡在活动期间，在超市购物满120元即赠送价值10元小吃券，满240元送20元，单张小票最多限赠两张（赠券时间2月28日—3月5日），赠完为止。

活动五：沸腾元宵，空袋换购

凡在2015年2月28日—3月6日活动期间，顾客凡集齐××果然爱汤圆3种口空袋即可凭空袋子到超市值班经理处获赠320g果然爱汤圆一袋；集齐6种口味空袋子，可获赠320g果然爱汤圆两袋；集齐8种口味的空袋子，可获赠320g果然爱汤圆三袋。

活动六：元宵祝福，买一赠一

为做到节日末汤圆的及时售卖，特在元宵节活动的最后一天3月5日，晚上8：00后，3月6日活动期间，顾客购元宵全场买一个赠一个（本品），每种口味最多赠送20个。

本促销信息要在3月5日下午6：00点在超市入口及各款台公示发布，各门店不得提前发布信息，以免顾客伺机购买。

五、活动宣传及布展

宣传推广：

1. 制作DM海报，每店10 000份，夹报5 000份，专业投递公司投递到户5 000份。

2. 出租车后备LED显示屏滚动字幕，每日滚动播放，播放3天，在活动开始前2天投放。

3. 本市晚间档市民最爱的广播栏目"我们爱当家"栏目，插播促销信息广告20秒；节目前中后各播报一遍。

4. 本市晚报及日报三分之一版面，投放各一期，活动开始前一天投放。

5. 会员短信，早晚各一条，内容主要是针对会员促销信息。

6. 本市区电视台春节栏目晚间档8：00播放15秒促销图像信息。

环境布置：

1. 超市广场：

(1) 印制200面小旗，插放在停车场周边。

(2) 超市正门贴置写真，内容为活动主题及各商场促销信息。

2. 超市内围：

(1) 超市入口处制作元宵节拱门，材质为双面冷板制作。

(2) 超市各主通道悬挂红色灯笼（宫灯样式），成对悬挂。

(3) 生鲜商场元宵冷柜进行包装（汤圆笑脸），并且顶部悬挂主题KT板吊旗。

(4) 超市内主通道（非食品与食品中间）悬挂元宵节主题吊旗。

(5) 各主通道堆头围板更换元宵节主题档期堆围，各店要统一制作、元素一致。

3. 超市入口写真制作各品牌元宵特价信息公示牌。

六、活动执行与协作

1. 企划部：负责整个活动文案的撰写及定稿发放；以及宣传布展营造及广告宣传推广。
2. 运营部：负责整个活动执行情况的监督检查以及活动结束后的评估考核工作。
3. 采购部：负责活动商品促销政策的制定及活动商品堆架头的摆放等工作。
4. 客服部：负责活动期间顾客服务咨询以及活动解释宣传等工作。
5. 防损部：负责活动期间商品防损防盗等工作。
6. 物业部：负责停车场的车辆调度及安全保卫等工作。

七、活动预算费用

1. 美陈费用约 15 000 元。
2. 促销宣传费约 5 000 元。
3. 其他费用约 10 000 元。

以上费用合计约 30 000 元。

（资料来源：微口网，http：//www. vccoo. com，2015 年 2 月 28 日。）

问题：

1. 该超市是如何进行促销策划的？运用了哪些促销策略？
2. 请结合零售学理论的学习，谈谈如何有效实施和评估该促销活动？

第十一章 零售店面设计

学习目标

知识目标

- □ 了解零售店面布设计要素
- □ 掌握零售卖场布局的要求和设计要素，理解磁石点理论
- □ 掌握商品陈列的原则、陈列工具和陈列方法

能力目标

- □ 能够对卖场布局进行磁石点分析
- □ 掌握卖场不同商品的陈列方法
- □ 能够给卖场设计商品配置表

导入案例

家乐福的卖场布局

以消费者为中心，为消费者服务，是零售商业企业经营管理的核心。因此，零售企业的卖场布局设计应研究消费者的心理特点，并与之相适应，为消费者提供最适宜的环境条件和最便利的服务设施，使消费者乐意到商店并能够舒适、方便地参观选购商品。连锁门店的卖场布局规划工作实际就是对于门店的一个初步的设计，卖场布局规划的主要工作是门店内部的布置。

一般门店的卖场布局面积和后场的办公（库房）的比例是4：1，有条件的大型门店还设有停车场地。有些卖场布局是多层的，如家乐福，门店上下两层，进入卖场布局后先是随扶梯上二楼，然后才能下一楼交款，不能直接在一层购物，这样的目的在于将顾客在卖场布局内的逗留时间延长，以便有更多的机会向顾客展示商品。卖场布局的设计也是本着这一目的，就是要让顾客在门店内滞留时间最大化。

超市的规划设置仍是通过将高购买率、最吸引顾客的商品或区域放在门店的最深处或主要的通道上，以便吸引顾客完全地将自己的门店光顾一遍。

在家乐福二楼主要是展示一些非食品的商品。从二楼卖场布局入口进入的最右边主要是家电（如电视机、空调、电扇等）和手机售卖区。在卖场布局中部主要划分为四部分：音像制品（书籍、VCD 等）、家居用品（睡衣、拖鞋、拖帕等）、日常用品（电池、水杯、饭盒等）、衣物（有品牌和无牌子的成衣、内衣）。在卖场布局的最靠后的左手位置主要是卫生洗化用品等，如皂类、卫生纸、牙刷等；中间位置主要是10排左右的落地海格里斯超市货架，主要放置化工品（如洗发水、洗面奶等类似品）；最右边（即最里面）主要是雅芳、美宝莲等化妆品的销售，有醒目的品牌标志。

接下去是一楼食品类的布局。熟食、生鲜、速冻等最吸引顾客的区域设置在门店的最内部，一方面靠近后场的作业区，另一方面还可以吸引顾客走遍全场。果蔬区一般被认为高利润部门，通常的布局是满足顾客的相关购物需求，安排在肉食品的旁边。由于奶制品和冷冻品具有易融化、易腐蚀的特点，所以一般它被安排在顾客购买流程的最后，临近出口，同时奶制品和冷冻品通常在一起，这样有利于设备的利用。烘焙品的主力商品是面包，销量大，毛利高，大多被安排在第一海格里斯超市货架和靠近入口的地方，这样不仅会刺激高价位的面包的出售，而且还会避免顾客遗忘。杂品部分主要在超市卖场布局的中央，采取落地海格里斯超市货架形式，布局为纵向陈列，这样顾客就可以透视纵深，还有一项商品规划的设置就是一般部门的设置规划本着防盗防损的目的，一些丢失率较高的商品会专门安排在一些特定的角落，例如口香糖总是在收银台前，化妆品总是在门店内的醒目的地方。

（资料来源：http：//www. linkshop. com. cn/club/archives/2016/743449. shtml？sf = wd_ search。）

思考：从家乐福卖场布局能学到什么？

第一节
店面设计要素

店面的设计是其外部形象，是卖场建设的重要组成部分，是静止的街头广告，也是吸引顾客的一种促销手段。好的外观设计对消费者有效地识别、对美化卖场的环境起着重要作用。它主要包括建筑物外观、店面名称、招牌、橱窗、出入口、停车场等设计要素。

一、建筑物外观

在不熟悉情况的前提下，消费者常根据门店的外观来判断门店的好坏。具有形式美和艺术美的建筑物不仅能给顾客以美的享受，还能刺激他们的消费欲望。

（一）建筑风格分类

门店的建筑风格，通常有现代风格和传统风格两大类。具有现代风格的建筑给人以时代的气息和现代化的心理感受，符合人们追求时尚的心理。目前，国内大多数新建的百货商场、超市或专题式门店采用的都是现代风格。如，许多商家将商场建成一个环形建筑，其总体结构就像一个体育场，中央设为酒吧、茶座和歌舞厅，四周的货柜均围绕中心排列。消费者在这里可以得到商场提供的综合性服务，能够吸引顾客的再次光临。再如，有的商家将销售旅游鞋、山地鞋的门店设计成山洞形状，将品尝生猛海鲜的餐馆设计成一艘船的形状。这些设计都直接或间接地突出了门店的经营品种或经营特色，能收到很好的经营效果。具有民族传统风格的建筑给人以古朴殷实、传统丰厚的心理感受，有利于激发消费者的联想心理。目前，经营中国传统商品的专卖店或作为名胜古迹的旅游点开设的门店多采用这种风格。如回族人开设的清真饭店，外形就是典型的伊斯兰教风格的建筑。

（二）建筑物外观设计要求

门店建筑物外观设计一般有四个要求：

1. 建筑物的外观设计应体现出与门店经营统一的风格

建筑物的风格会在消费者心目中形成某种独特的心理感受，从而成为重要的促销手段。在设计建筑物的外观时应充分体现与店铺经营统一的风格。如，澳大利亚的一位商人把自己的水果商店设计成菠萝型的楼房，在楼房中出售各种热带水果。由于建筑物外形独特，且符合当地的民族风情，使得前来购买水果的人络绎不绝。

2. 建筑物的外观设计要考虑到门店内部的格局安排

在设计建筑物的外形时应充分考虑门店内部的格局安排，诸如通风、采光、照明、布线以及各种管路系统。切忌一味追求新颖、奇特的外观，而忽视了内部安排，导致采光照明不足、通风不便或管线布设不畅等问题，影响顾客消费。

3. 建筑物的外观设计要与周边环境相协调

周边环境包括门店前后左右的建筑、公共设施、街道等。务必使门店的外观风格、形状、设施与周边环境形成一个和谐、统一的整体。不能只图标新立异而不惜破坏与周边环境的协调性。如，在仿古式商业一条街，仿明清式风格的门店错落有致地排列着，而夹杂其中的一家门店却设计成欧洲哥特式建筑的风格，虽然醒目、突出，但却和周围环境格格不入，把那种和谐的美打破了，不仅不能使人愉悦，反而令人反感。

4. 建筑物的外观设计要体现美观性、实用性与经济性的统一

消费者需要的是门店的商品而非供人观瞻的景物，所以光有美丽的外表是远远不够的，还必须实用、经济。而且，现代消费者理智消费的心理日益成熟，他们对社会经济行为的认同趋向于客观、求实。对门店的外观设计、装潢更多追求返璞归真、经济、美观、大方。因此，在设计时要尽量让外观的装饰、设施、点缀物等既美观，又发挥实际功用。同时，在建筑面积、建筑材料、建筑装饰等方面反复思考、比对，尽可能少花钱、多办事、办好事。任何贪图华丽外表，不顾实际用途，铺张浪费的做法都是违背企业初衷的，也是得不偿失的。总之，建筑物的外观设计要受到很多因素的制约，设计时应立足现实、因地制宜，力争设计出美观、独特的门店，给消费者留下深刻的第一印象。

二、店面名称标志

店铺的名称不仅仅是一个代号，它是外观形象的重要组成部分。从一定程度上讲，好的店名能快速地把店铺的经营理念传播给消费者，增强店铺的感染力，进而带来的是更多的财源。

(一) 店面名称

1. 命名方法

一般来讲，店面的命名主要有以下一些方法：

(1) 以人名来进行命名。以人名来进行命名与众不同，会使人感到熟悉和亲切，很多饮食店、理发店、时装店都采用此法。成立较早、历史较长的门店经常使用人名来进行命名。如，美国的金卡伦超级市场，是由创办人迈克·卡伦的名字转化过来的；日本的伊藤洋华堂也是以人名命名的。

(2) 以数字来进行命名。以数字作为店名使人易记易识，如“7Eleven”便利店、88眼镜店等。

(3) 以动植物进行命名。以动植物进行命名会使人产生对动植物的联想。如，牡丹服装店就容易使人想到其高贵典雅；野马汽车，使人联想到西部草原纵横驰骋的奔马，暗示其强劲高速与自由随意的特点。

(4) 以货品的质量、方便程度等进行命名。这种方式在实际使用中较为常见，例如，物美超市、百佳超市、美佳超市、惠康超市等。不过，采用这种命名方式需要避免超市名称的雷同及重复。

(5) 以所属的购物中心或商厦来进行命名。一般的购物中心或商厦当中均附设有自己的超市，这些超市可以其所属商业主体名称作为自己名称。

企业命名可以集思广益，通过多种途径进行征集与筛选。诸如采用发动自己单位职工为本企业命名、委托专业公司起名和向全社会有奖征集企业名称等方式。

2. 命名要求

店铺命名时，应该遵循以下设计要求：

(1) 易读、易记。易读、易记原则是对店名的最根本的要求，店名只有易读、易记，才能高效地发挥它的识别功能和传播功能。例如，“美佳”超级市场、“佳思客”超级市场等。为了使店名易读、易记，要求策划者在为门店取名时，要注意以下几点：

①简洁。店名简洁明快，则消费者易读易记，容易和消费者进行信息交流。这就要求在名称设计时，必须要响亮，易于上口，有节奏感，这样也就有了传播力，使门店与消费者能够相互交流与沟通，而且名字越短，就越有可能引起顾客的联想，含义反而更加丰富。中国名一般以2~4个字节为宜，外国名一般以4~7个字母为宜。绝大多数知名度较高的超级市场的店名都是非常简洁的，冗长和复杂的店名，不易被人辨识和记忆。

②独特。店名应具备独特的个性，力戒雷同，避免与其他连锁门店店名混淆，这样才能在公众心目中留下鲜明的印象。如“7Eleven”超级市场连锁集团，其店名就非常独特。例如，目前风行的“客隆”命名方法，就给人以雷同之感，北京已有“京客隆”“利客

隆”“亿客隆”等，再发展下来，就容易引起人们的误解。

小知识

索尼名字的由来

日本索尼公司（SONY）原名为“东京通讯企业公司”，本来想取该名称的前三个字的第一个拼音字母组成的“TTK”作名称，但产品将来要打入美国市场，而美国的这类名称多如牛毛，如ABC、NBC、RCA、AT&T等。公司经理盛田昭夫想，为了企业的发展，产品的名称一定要风格独特、醒目、简洁，并能用罗马字母拼写，而且，这个名称无论在哪个国家，都必须保持相同的发音。遵循上述想法，盛田昭夫查了不少字典，发现拉丁文中“SONUS”是“SOUND”（英文，意为“声音”）的原型；另外“SON—NY”一词非常流行，是“精力旺盛的小伙子”“可爱的小家伙”之意，正好有他所期待的乐观、开朗的含意。同时，他又考虑到该词如果照罗马字母的拼法，发音正好与日文中的“损”字相同，这将引发不利的产品联想。突然，盛田昭夫灵机一动，将“SONNY”中的一个字母去掉，变为“SONY”，既是“SOUNS”的谐音，又有“SONNY”之意，简直太棒了。盛田昭夫将“SONY”作为公司生产的所有产品的注册商标，并将公司名称由“东京通讯企业公司”改为“SONY公司”，这一名称使SONY公司财运亨通，而且也成为消费者爱不释手的名牌商标。

（资料来源：http：//www.chinaname.cn/article/2014－4/106898.htm。）

③新颖。这是指店名要有新鲜感，符合时代潮流。如，“柯达（Kodak）”一词在英文字典里根本查不到，本身也没有任何含意，但从语言学角度来说，“K”音如同“P”音一样，能够给人留下深刻的印象，同时“K”字的图案标志新颖独特，消费者第一次看到它，精神会为之一振，这就更进一步加深了消费者对“Kodak”的记忆。

④响亮。这是指店名要易于上口，难发音或音韵不好的字，都不宜用作名称。响亮的店名也易于流传，易于扩大其知名度。

⑤气魄。这是指店名要有气魄，起点高，具备冲击力及浓厚的感情色彩，给人以震撼感。如，珠海的海蓉贸易公司，为了使其生产的服装打入国际市场，参与世界竞争，公司决定改名。通过对几个方案的比较，最后决定用“卓夫”作为公司的名称。“卓夫”是英语“Chief”的音译，英文含义为“首领”“最高级的”；中文含义为“卓越的大丈夫”。中英文合二为一，演绎出一种高雅、俊逸、不同凡响的风格。设计独特的风格，反映企业的营销文化和经营理念，向目标市场传达企业经营活动的特点与文化附加值，达到消费者识别企业及其自有品牌的目的。

（2）暗示门店经营属性。门店名称应具有暗示门店经营属性的特征，但是，店名越是描述某类经营商品的属性，那么这个名称就越难向其他经营范围上延伸。因此，门店经营者在为门店命名时，要充分考虑企业未来的经营战略和品牌延伸问题。店名过分暗示经营商品的种类或属性时要谨慎，否则将不利于企业的进一步发展。但是，在服装行业，如果服饰店经营的是某一类型服装，面向的是固定的某一阶层顾客，则可以面向顾客而取名，使他们知道店的类型，“淑女屋”就是这样的成功例子。

（3）启发消费者对门店联想。联想原则是指门店名要有一定的寓意，让消费者能从中得到愉快的联想，而不是指消极的联想，也就是讨个吉利的名字。如，“物美廉”，使顾客联想到门店的商品物美价廉；“超市发”让顾客联想到该店生意兴隆；“好又多”，使顾客联想到门店的商品种类齐全、质量好，能满足消费者日常购物的需要。

小知识

金利来名字由来

金利来远东有限公司创办人曾宪梓先生说：“要创名牌，先要选好名称。”金利来原来叫金狮。一天，他送两条金狮领带给他的一个亲戚，亲戚满脸不高兴，说：“我才不戴你的领带呢！金输、金输，什么都输掉了。”原来港话“狮”和“输”读音相似，而他的这个亲戚又是一个爱赌马的人，香港赌马的人很多，显然很忌讳“输”字。当天晚上曾宪梓先生一夜未睡，为改金狮这个名字绞尽脑汁。终于将 GOLDLION（金狮）改为意译和音译相结合，即“GOLD”意为“金”，“LION”音读“利来”，戴领带的各阶层生意人多，谁不希望“金利来”？这个名字很快就为大家所接受。有时从一种语言看来，它是吉利的名字，而用另一种语言读出来，就会有消极的意义。出现了这种情况，如果想进入该地区的市场，就必须改名。

（资料来源：http：//news. eelly. com/content－88－164516－1. html。）

（4）支持店标。店标是门店中可以被识别但无法用语言表达的部分，是门店经营者命名的重要目标，要与店名一起考虑。当店名能够刺激和维持店标的识别功能时，店面识别系统的整体效果就加强了。例如，当人们听到“苹果”店名时，立刻就会想起那只明亮的能给人带来好运的苹果，这样，苹果这一店名在消费者心目中就留下了根深蒂固的印象。

（5）适应市场环境。门店命名不仅要考虑经济方面，还要考虑地区的文化环境。不同的地区具有不同的文化价值观念，因此，门店经营者要想使门店进入新市场，首先必须入乡随俗，有个适应当地市场文化环境并被消费者认可的店名。同样的动物或植物，在不同的国家和地区，在文化上具有很大的差别，具有不同的象征意义。例如，熊猫在我国乃至多数国家和地区均颇受欢迎，是“和平”“友谊”的象征，但在伊斯兰国家或信奉伊斯兰教的地区，消费者则非常忌讳熊猫，因为它形似肥猪；仙鹤在我国与日本都被视为长寿的象征，而在法国则被看成是蠢汉和巫妇的代表；菊花在意大利被视为国花，但在拉丁美洲有的国家则视菊花为妖花，只有在送葬时才会用菊花供奉死者，法国人也认为菊花是不吉利的象征。所以，零售门店经营者应本着适应性原则为门店命名，这样才有利于门店的发展。

（6）受法律保护。门店经营者还应该注意，绞尽脑汁得到的店名一定要能够注册，受到法律的保护。必须注意：既要使店名在法律允许注册的范围内，又要使店名不具有侵权行为。现在，我国工商行政管理局的名称核准就起到这一作用。例如，美国有一种叫伊丽莎白·泰勒热情专卖香水的连锁门店，销售业绩非常好，但其连锁专卖店发展到第 55 家时，就被迫停卖，因为它的一家竞争者的产品叫“热情香水”，对方向法院起诉。最后伊丽莎白·泰勒热情门店不得不改弦易张，重新命名，之前建立的品牌影响力付之东流。

店面标志是区别于店铺的一种独特设计，代表的是店铺的本身，是店铺形象的说明。它的作用是将店铺的经营理念、经营内容、经营作风等要素传递给广大消费者，一个是黄色的大写“M”，一个是店前的人物造型“麦当劳大叔”。店面标志与店面的招牌不是一个概念，切不要混淆。

（二）店面标志

1. 标志主要类型

店铺店面标志，按其构成主要有三种类型：

（1）文字标志。它是由各种文字、拼音字母等单独构成。这种类型的标志发音清晰，具有易呼易记的特点，适用于多种传播方式。

（2）图案标志。是指无任何文字，单独用图形构成的标志，用图案表示的店铺的标志形象生动，色彩明快，而且不受语言的限制，易于识别。但是，由于图案标志没有标志名称，不便呼叫，因此表意不如文字标志准确。

（3）组合标志。是指采用各种文字、图形、拼音字母等交叉组合而成的标志。这种标志利用和发挥了文字标志和图案标志的特点，图文并茂，形象生动，引人注目，便于识别，易于被广大消费者所接受。

2. 标志设计原则

店铺的标志设计原则是：

（1）简洁鲜明原则。店标不仅是消费者辨认门店的途径，也是提高门店知晓度的一种手段。店标在设计上其图案与名称应简洁醒目，便于认知，易于理解和记忆。同时，还要求设计风格特色鲜明、新颖，使标识具有独特的面貌和出奇制胜的视觉效果，产生强烈的感染力，易于捕捉消费者的视觉，以引起其注意。在设计时要正确贯彻简洁鲜明的原则，巧妙地使点、线、面、体和色彩结合起来，以达到预期的效果。

（2）独特新颖原则。店标既用来表达企业的独特个性，又以此为独特标记，要让消费者识别出独特的品质、风格和经营理念。因此，在设计上必须突出独特新颖的原则，别出心裁，使标识富有特色，个性明显，使消费者看后能留下耳目一新的感觉。例如，马兰拉面的标志为红色的大碗，与兰州人对兰州牛肉拉面的俗称“牛大碗”相吻合；碗上标有“malan”字样，碗的上方两只手又似牛角，与碗形成牛头图案。专业设计使之构图具有鲜明的现代感，再辅以绿色色块，以产生绿叶扶红花的效果，同时大红大绿的应用又体现出中华民族的审美特色。

（3）准确相符原则。准确相符原则是指店标的寓意要准确，门店名称与标识要相符。在设计店标时，要巧妙地赋予寓意，形象地暗示，使之耐人寻味，这样的店标才有利于扩大门店的知名度。

（4）优美精致原则。优美精致原则是指店标造型要符合美学原理，要注意造型的均衡性，使图形给人一种整体优美、强势的感觉，保持视觉上的均衡，并在线、形、大小等方面做造型处理，使图形能兼具动感及静态美。

（5）稳定适时原则。店标要为消费者熟知和信任，就必须长期使用、长期宣传，在消费者的心目中扎下根，但也要不断改进，以适应市场环境变化的需要，这就是稳定适时原则。有的标识用得过久，已不能与时代的步伐合拍，其发挥的作用也就大打折扣了。

三、招牌

招牌作为一个店铺的象征，具有很强的指示与引导的作用。顾客对于一个店铺的认识，往往是从接触店铺的招牌开始的。它是传播店铺形象、扩大知名度、美化环境的一种有效手段和工具。招牌一般包括店铺的名称、店铺的标志、店铺的标准特色、店铺的营业时间等。

（一）招牌类型

各种门店的招牌大致有以下几种类型：

（1）广告牌。在门店建筑顶部竖立广告牌，用来吸引消费者、宣传自己的门店。

（2）横置招牌。装在门店的正面的招牌，这是门店的主力招牌，通常对顾客吸引力最强，如果增加各种装饰，如霓虹灯、荧光照射等，会使其效果更加突出。

（3）壁面招牌。放置在门店正面两侧的墙壁上，将经营的内容传达给两侧的行人的招牌。通常为长条形招牌或选择灯箱形式加以突出。

（4）立式招牌。放置在门店门口的带有店名的招牌，用来增加门店对行人的吸引力。通常可以用灯箱或商品模型、人物造型等来作招牌。立式招牌可设计成各种形状，有竖立长方形、横列长方形、长圆形、四面体形等。为增加可见度，招牌的正反两面或四面体的四面都应设计店铺名称。这种招牌比贴在门上或门前的招牌更能吸引顾客。

（5）遮幕式招牌。在门店遮阳篷上施以文字、图案，使其成为门店招牌，可以同时起到遮蔽日光、风雨及宣传的双重功效。

（6）电子招牌。电子招牌指利用频闪的小灯泡制成电子显示屏，通过闪亮以显现图形和汉字的招牌，如电子广告、电子信息、电子公告等映射在电子屏上的都是电子招牌。

（7）造型招牌。造型招牌指人物或动物的典型造型，以他们为内容而制作的招牌叫造型招牌，这种招牌具有较大的趣味性。店门口树立人物、动物招牌，活跃了店面气氛，增加了门店的趣味性，如民航售票处的空姐造型等。同时，可在招牌上列出门店的名称与特色。人物和动物的造型要明显地反映门店的经营风格，使人在远处就可以看到前面是什么类型的门店，如肯德基连锁门店的人像。

（二）招牌设计要求

招牌设计的要求是：

（1）色彩运用要温馨明亮、醒目突出。消费者对于招牌的识别往往是先从色彩开始再过渡到内容的。所以招牌的色彩在客观上起着吸引消费者的巨大作用。因此，要求色彩选择上应做到温馨明亮，而且醒目突出，使消费者过目不忘。一般应采用暖色或中色调颜色，如红、黄、橙、绿等色，同时还要注意各色彩之间的恰当搭配。

(2) 内容表达要做到简洁突出。店铺招牌的内容必须做到简明扼要，让消费者容易记住，这样才能达到良好交流的目的。同时，字的大小要考虑中远距离的传达效果，具有良好的可视度及传播效果。

(3) 材质选择要耐久、耐用在各种材质的选择中，要注意充分展示全天候的、不同的气候环境中的视觉识别效果，使其发挥更大的效能。这就要求招牌必须使用耐久、耐用，而且具有抗风等坚固材料。

(4) 招牌的字体不能故弄玄虚。招牌好坏除了店名因素外，还要考虑字体的选择和完整。走到街头，我们常常会看到一些很好的店名，却用歪歪扭扭的字体，嵌在门前的招牌上，错别字、繁体字屡见不鲜，甚至还用些生拼硬造出来的文字。招牌应避免不常用的字，招牌的目的在于使人清楚明白，故弄玄虚只会招致顾客的反感。

四、橱窗

橱窗作为商品陈列宣传的重要手段，对于店铺展示其经营类别，推销商品，吸引消费者购买具有重大意义。

(一) 连锁门店橱窗陈列的分类

1. 综合式橱窗陈列

综合式橱窗陈列是将许多不相关的商品综合陈列在一个橱窗内，组成一个完整的橱窗广告。这种橱窗陈列由于商品之间差异较大，设计时一定要谨慎，否则就会给人一种“什锦粥”的感觉。综合式橱窗陈列的方法主要有：

(1) 横向橱窗陈列。也叫横向分组陈列，是将商品分组横向陈列，引导顾客从左向右或从右向左观赏。

(2) 纵向橱窗陈列。也叫纵向分组陈列，是将商品按照橱窗容量大小，纵向分成几个部分，前后错落有致，便于顾客自上而下依次观赏。

(3) 单元橱窗陈列。也叫分格支架陈列，是用分格支架将商品分别集中陈列，便于顾客分类观赏，多用于小商品的陈列。

2. 系统式橱窗陈列

大中型连锁门店的橱窗面积较大，可以按照商品的类别、性能、材料、用途等因素分别组合陈列在一个橱窗内，这就是系统式橱窗陈列，这种方法又可具体分为：

(1) 同质同类商品橱窗陈列。即同一类型同一质料制成的商品组合陈列，如冰箱、自行车橱窗。

(2) 同质不同类商品橱窗陈列。即同一质料不同类别的商品组合陈列，如羊皮鞋、羊皮箱包等组合的羊皮制品窗。

(3) 同类不同质商品橱窗陈列。即同一类别不同原料制成的商品组合陈列，如杏仁蜜、珍珠霜和胎盘膏组成的化妆品橱窗。

(4) 不同质不同类商品橱窗陈列。即不同类别、不同制品却有相同用途的商品组合陈列，如网球、乒乓球、排球、棒球组成的运动器材橱窗。

3. 主题式橱窗陈列

主题式橱窗陈列是指以一个广告专题为中心，围绕某一特定的主题，组织不同品牌或同一品牌不同类型的商品进行陈列，向媒体受众传递一个诉求主题。例如，节日陈列、绿色食品陈列、丝绸之路陈列等。这种陈列方式多以一个特定环境或特定事件为中心，将相关商品组合陈列在一个橱窗中，又可分为：

（1）节日陈列。即以庆祝某一个节日为主题组成节日橱窗专题。如，中秋节以各式月饼、黄酒等组合的橱窗，圣诞节以圣诞礼品、圣诞老人模型等组合的橱窗，既宣传了商品，又渲染了节日的气氛。

（2）事件陈列。即以社会上某项活动为主题，将关联商品组合在一起的橱窗。如，大型运动会期间的体育用品橱窗。

（3）场景陈列。即根据商品用途，把有关联性的多种商品在橱窗中设置成特定场景，以诱发顾客的购买行为。如，将有关旅游用品设置成一处特定的旅游景点场景，以吸引过往顾客的注意力。

4. 特写式橱窗陈列

特写式橱窗陈列是运用不同的艺术形式和处理方法，在一个橱窗内集中介绍门店的某一产品。这类陈列适用于新产品、特色商品的广告宣传。主要有：

（1）单一商品特写陈列。即在一个橱窗内只陈列一件商品，以重点推销该商品，如只陈列一台电冰箱或一架钢琴。

（2）商品模型特写陈列。即用商品模型代替实物陈列。多适用于体积过大或过小的商品；如汽车模型、文具模型橱窗。某些易腐商品也适用于模型特写陈列，如水果、海鲜等。

5. 季节式橱窗陈列

季节式橱窗陈列是指根据季节变化把应季商品集中陈列的方法。如，冬末春初的羊毛衫、风衣展示，春末夏初的夏装、凉鞋、草帽展示。这种手法满足了顾客应季购买的心理特点，有利于扩大销售。

经营者可根据门店规模的大小、橱窗结构、商品的特点、消费需求等因素，选择具体的橱窗陈列广告形式。

（二）橱窗的设计要求

橱窗主要功能在于展示促销活动或新品上市的商品、主题商品、特色商品等。为了给顾客留下深刻的印象，设计橱窗时应注意几点：

表 11－1　　橱窗设计要求

设计要点	说　明
艺术感和生活感并重	橱窗实际上是生活化的艺术品的陈列室，因此在展示商品外观形象和品质特征的同时，也要通过一些生活化的场景，让顾客产生身临其的感觉，从而吸引他们的共鸣。
反映经营特色	橱窗陈列的商品要有真实感，也就是说，必须是能充分反映本店特色的畅销商品。只有这样，才能让顾客产生购买的兴趣。

续表

设计要点	说明
表现诉求主题	陈列商品时要先确定主题，无论什么商品，都要按照主题分类陈列，以方便顾客了解宣传的内容，切不可乱堆乱放，分散消费者的视线。
协调整体布局	尽量避免用商品做衬托、装潢和铺垫。除了根据橱窗面积注意色彩、高低疏密外，商品数量不宜过多，也不宜过少。要做到顾客无论从远处、近处，还是从正面、侧面，都能看到商品的全貌。
提前预告新品	季节性商品必须提前一个月陈列出来，这样才能起到宣传的效果。
适当利用模型	对于容易变质的商品如糖果，以及日光照射下容易损坏的商品，最好用模型代替。
选择适宜的高度	橱窗的中心线最好与顾客的视线平行，保证橱窗内陈列的所有商品都在顾客的视野范围内。橱窗的高度要保证成年人的眼睛能够秀清晰地平视到，一般要保持在 80～130 厘米。
注意橱窗的卫生	橱窗应经常打扫，保持清洁，特别是食品橱窗。同时，在橱窗的手机过程中，必须考虑防尘、防热、防淋、防晒、防风、防盗等，并且采取相应的措施。
及时更换陈列	橱窗陈列要及时更换，尤其是应季商品和容易变质的商品，更要注意。在更换橱窗陈列时，要停止对外宣传，一般必须在当天完成。
别出心裁	以别出心裁的设计吸引顾客，努力追求动感和艺术效果。

在现代的商业活动中，橱窗既是一中重要的广告形式，也是装饰商店店面的重要手段。橱窗设计体现了商店的独特的品位，构思新颖、主题鲜明、风格独特、手法脱俗、装饰美观的店铺橱窗的建筑结构和内外部环境构成的立体画面，就是一道吸引过往行人的亮丽风景。

五、停车场设计

门店都有自身的商圈范围，大型超级市场的商圈半径可达到 5～10km，因此，零售店必须提供一定的停车场以吸引远处的顾客。商场的停车条件是现代化综合性百货商场、大卖场、仓储商场存在的基本条件之一。从某种意义上说，现代社会是汽车社会，在经济发达国家，小汽车已经成为人们的主要交通工具，逛街采购商品自然要依赖它。于是，供顾客专用的停车场，成为门店必不可少的设施。

在我国，开车购物也已经成为许多顾客常用的购物方式，停车设施是顾客选择购物场所的重要参考因素。如果开连锁门店，尤其是大型门店，如购物中心、百货店等业态，必须考虑停车的问题。购物场所一般设有停车场和相应的停车设施。很多超级市场、仓储式商场，由于在规划停车问题时考虑不周，影响了到店顾客的数量。因为没有方便的停车设施，顾客多会过门口而去。西方国家的城市中心商业之所以出现萧条，就是由于停车困难，而郊区购物中心发展的一个重要原因则是停车便利。

在日本，55%的饭店建立了顾客专用的停车场，平均停车能力为 10 辆。在日本东京，市内的超级市场都设在百货公司的地下室，而且有市区便捷的交通系统直到其地下，可以不必考虑停车问题；如果在郊外，则必须考虑停车问题，否则无法吸引顾客。而在我国的大中城市，公共交通还不是十分发达，再加上提倡私人购车，私车数量不断增加，原来的门店较大而停车场很小，所以车辆停放难问题相当突出。进行停车场的合理设计，有很多方面的工作要做。

（一）常用的停车场类型

（1）平面停车场。包括平地停车场、地下停车场（自走式、机械式）和屋顶停车场（自走式、机械式）。

（2）立体停车场。包括停车楼（自走式）和停车塔（机械式）。

门店可根据自身的销售场地大小决定停车场的面积。一般情况是每30m地配备一辆车的停车场。根据资料，停车场距离卖场的范围宜在100m～180m以内。

（二）停车场设计要求

门店的停车场要有一定的容纳面积，最好是免费的停车场，其规模大小要通过调查，根据日客流量及顾客使用各种交通工具的比率等各种因素来确定。停车场规模大多以门店面积的15%～30%为宜；大型购物中心、超级购物中心、仓储会员店可适当增加。

停车场设计要便于顾客停车后顺利地进入门店，购物后又能轻松地将商品转移到车上，这是对停车场设计的总体要求。门店停车场通常要邻近路边，易于进出，入口外的通路要与场内通路自然相接，场内主干和支干通路宽度以能让技术不十分熟练的驾驶者安全地开动车辆为宜，步行道要朝向门店，场院内地面应有停车、行驶方向等指示性标志，主停车场与门店入口应在180度范围内，便于顾客一下车就能看到门店。

六、出入口设计

卖场入口有三种类型：

1. 封闭型

此类设计的入口尽可能小些，面向大街的一面，要用陈列橱窗或有色玻璃遮蔽起来。顾客在陈列橱窗前大致品评之后，进入零售店内部，可以安静地挑选商品。在以经营宝石、金银器等商品为主的高级商店，因为不能随便把顾客引进店内，又要顾客安静、愉快地选购商品，所以这种类型是很适用范围的。这些零售店大都店面装饰豪华，橱窗陈列讲究，从店面入口即可给顾客留下深刻印象，又可使到这里买东西的顾客具有与一般大众不同的优越感。

2. 半开型

入口稍微小一些，从大街上一眼就看清零售店内部。倾斜配置橱窗，使橱窗对顾客具有吸引力，尽可能无阻碍地把顾客诱引到店内。在经营化妆品、服装、装饰品等的中级商店，这种类型比较适合。购买这类商品的顾客，一般都是从外边看到橱窗，对零售店经营的商品发生了兴趣，才进入店，因而开放度不要求很高，顾客在零售店内就可以安静挑选商品。

3. 全开型

是把商品的前面，面向马路一边全开放的类型，使顾客从街上很容易看到零售店内部和商品。

店铺出入口的设计，要综合考虑商店的营业面积、地理环境、客流量、经营商品的特点及安全管理等因素，其数量多少，应因地制宜，合理布局。大型店铺的出入最好分开，以便利顾客出入，顺畅客流。中小型店铺的出入口，可根据建筑的规范在适当部门设置。总的设计要求是便于顾客出入，顺畅客流。具体要注意以下几点：第一，门面要尽量保持清洁。门面不清洁的，会影响顾客的光顾。第二，门窗尽量透明。让顾客在外面就能看见部分商品。第三，入口处一定要通畅。一般不要设门，如果必须设门的话，最好设置自动伸缩门。第四，空间设置要合理。屋顶要有适当的高度，顾客不会产生压迫感，道路和店堂之间没有阶梯和坡度，由店门进入店内的通道要保持适当的宽度。

第二节 卖场布局设计

卖场整体设计就是对卖场的空间及内部设施进行科学、合理、艺术化的设计，形成一种融洽的商业活动氛围，达到商品销售最大化的目的。卖场整体环境设计直接影响着顾客的购买欲望，进而影响卖场的销售业绩。优雅的卖场环境可以使顾客在购物的同时，充分享受到休闲的乐趣，同时还能使卖场的员工保持愉快的心情，有助于减轻疲劳，保持良好的工作热情和态度。这往往是交易成功的基础。

一、卖场布局设计的原则

（一）便利顾客，服务大众

顾客“逛商场”已经不是一种纯粹性的购买活动，而是一种集购物、休闲、娱乐及社交为一体的综合性活动，是新型的生活方式。因此，卖场既要拥有充足的商品，还要创一种适宜的购物环境，使顾客享受到最完美的服务。

（二）让顾客走过每一个区域，提高通过率

卖场规划应当吸引顾客在店里转一圈，使卖场内陈列的所有商品都能让顾客看得到摸得着，以便让其购买比事先计划更多的商品。具体方法就是使顾客置身于一种精计的布局中。例如，有些门店把顾客购买频率高的商品放在门店最里面，使得顾客不穿过其他区域，避免门店出现客流死角。

（三）让顾客停留得更久，增加成交机会

为购买特定的某些商品而到店里去的顾客大约占30%，换句话说，在顾客所采商品中，有70%是属于冲动性的购买。也就是说，顾客本来不想购买这些商品，他们闲逛中

受到商品内容、店员推销、商品包装或正在举行的特卖活动等因素的影响而的，所以顾客在卖场停留越久，所受到的影响就越大，就越可能购买更多的商品。

（四）在顾客愉悦空间与商品展示空间之间取得平衡

卖场都希望将有限的空间用来展示更多的商品，以增加营业额，降低单位租金。然而在消费意识越来越强的时代，顾客的认同已从单独的商品转移到了对门店的整体形象上，所以随着消费需求的多元化、现代经营模式的更新，大多数店铺在营业场所中了顾客休息场所。有些门店还借助于室内造园的手法，在大厅布置奇山异石、移种花木、引进喷泉流水，满足人们回归自然的心理需求。还有些门店经营者本着为顾客服宗旨，特意为儿童设立了游戏的场所，并配有玩具和各种游戏设施，派专人看护，以方便带小孩的顾客购物。这些虽然让顾客更舒服，但也占用了一部分商品展示空间。所以要在顾客愉悦空间与商品展示空间之间做出合理分配、平衡。

二、卖场布局要素

卖场是指陈列着商品供顾客挑选、购买的场所，卖场设计就是利用有限的资源，来规划卖场的总体布局，最大限度地吸引顾客，以达到销售的目的。一般来说，卖场布局设计可以从以下几个方面入手：

（一）出入口的设计

卖场的出入口往往选择在顾客流量大的一边，通常出口处大于入口处。

入口处一般会放置推车、购物筐等工具，以方便购物。大卖场还应在入口处专门开辟出一块空地放置这些购物工具，以免占据入口通道，给顾客带来不便。入口处还应靠近卖场的大门，并留有一定的空间以方便顾客的进入。空间的大小应视卖场的大小而定，还可适当穿插一些 POP 广告或安置一些促销商品的销售，入口处与大门相比，位置稍偏一点也无妨。但如果是传统的超级市场，大门则一般很小，入口处就不宜较偏，否则会给顾客带来不便。

出口处通常安置一定数量的自动收银机，并保证顾客一定会从出口处离开。出口处应有意识地与通道末端保持一定的距离，以便让顾客在交款离开之前，再被其他商品吸引，产生购买冲动。

我国卖场通常将入口设置在卖场整个卖场的右侧，出口设置在左侧，而一些西方国家，如法国的卖场入口通常是设置在左侧，将出口设置在右侧。

（二）卖场通道的设计

卖场的通道划分为主通道与副通道，主通道是引导顾客行动的主线，副通道是指顾客在卖场内移动的支线。卖场内主副通道是根据超市内商品的配置位置与陈列来设计的。良好的通道设置能够引导顾客按照设计的自然走向，经过卖场的每一个角落，接触所有商品，使卖场空间得到有效利用。

1. 通道种类

通道设计的科学与否直接影响顾客的合理流动，一般来说，顾客通道主要有以下几种形式：

（1）直线式通道。直线式通道又称单向通道，这种通道的起点是卖场的入口，终点是卖场的收银台。顾客依照货架排列的方向单向购物，以商品陈列不重复、顾客不需要走回头路为设计原则，使顾客在最短的线路内完成商品的购买行为。使用直线式通道布局，可以方便顾客快速寻找货位地点。根据顾客流量设计卖场通道，使其宽度一致，从而达到充分利用场地面积的目的。使整个卖场富有效率，便于快速结算。在商品陈列上易于采用标准化陈列货架。

但是，这种规范化的布局使得卖场发挥装饰效应的能力受到限制，因此难以给顾客营造轻松的购物环境。卖场气氛冷淡，并在一定程度上限制了顾客的自由。快速流动的人流，会给顾客带来加速购买的心理压力，从而不利于卖场商品的出售，且卖场货品容易产生失窃的风险。图 11－1 就是典型的直线式通道。

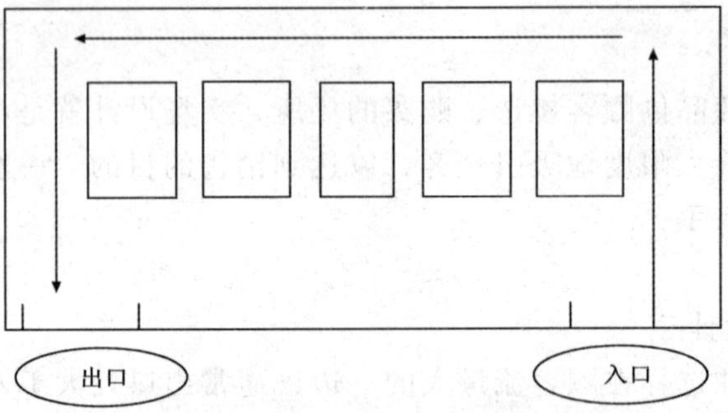

图 11－1　直线式通道

（2）回型式通道。回型式通道又称环形通道，这种通道布局以流畅的圆形或椭圆形按从右到左的方向环绕整个卖场，使顾客能依次浏览、购买商品。在实际运用中，回型通道又分为大回型通道（图 11－2）和小回型通道（图 11－3）两种。

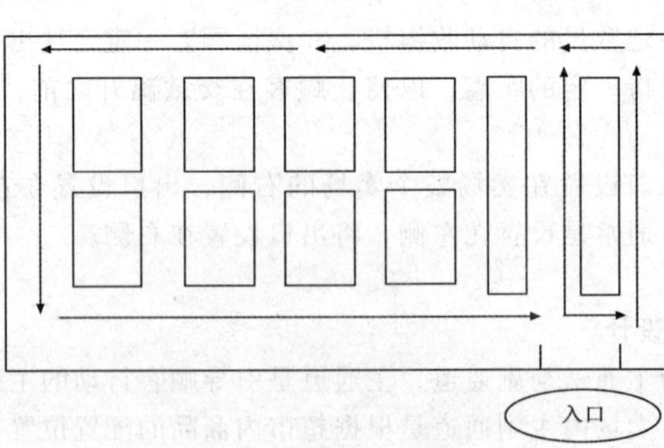

图 11－2　大回型通道

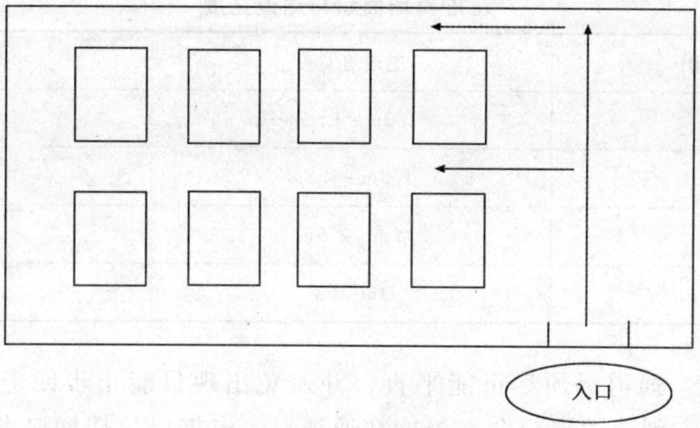

图 11-3　小回型通道

①大回型通道。适合于营业面积在 1600 平方米以上的卖场。顾客进入卖场后，从一边沿四周回型通道浏览后再进入中间的货架。它要求卖场内部一侧的货位一通到底，中间没有穿行的路口。

②小回型通道。适用于营业面积在 1600 平方米以下的卖场。顾客进入卖场内，从一侧前行，不需要走到尽头，就可以很容易地进入中间的货位。

（3）斜线式通道。斜线式通道曲折延伸、纵横交错、富于变化，给人以较灵活和随意的感觉，这种通道能营造活跃的卖场气氛，使顾客能方便、随意地浏览卖场的商品，从而极大地增加顾客购买的机会，但是，这种通道的缺点是造成了卖场场地面积的浪费。

（4）自由式通道。自由式通道通常呈现出不规则的线路分布，这种通道的优点在于使得卖场货位布局灵活，方便顾客在卖场中随意穿行、自由浏览，但是，它的缺点是出口不明显，不利于分散客流，同时还造成了卖场场地的浪费。

大部分店铺都尽可能采用回游型通路，增加顾客的走动，从客观上也能起到方便店内顾客较多的效果。对于中小规模的超市来说，要尽可能地采用“口字型”或“日字型”的通路设计，这种客导线有利于顾客在店内的回游，让顾客多浏览商品，增加顾客的购买机会。

目前我国大型超市的通路设计基本上是“格子型”，它强调卖场布局的对称性，突出商品的品类和销售区域。近年来，国外一些大型超市打破了卖场通路左右对称的传统布局，更强调其布局的非对称性，力求给顾客一种卖场不断变化的新鲜感觉。另外，几乎所有大型超市的通路数都是偶数，如果是奇数的话，顾客走到通路尽头还要原路返回，这样有损于顾客在店内的回游。

2. 通道设计原则

卖场通道的设计应遵循以下原则：

（1）足够的宽度。超市的通道的宽窄应以能容纳 2～4 人并排推车行走为限。若太窄会令顾客通行不便，感到压抑，特别是卖场的出入口处及收银台前，通道更应适当放宽，以免出现拥挤，造成混乱。不同规模的超市通道宽度也不一样，具体见表 11-2。

表 11-2　　超市卖场面积与通道宽度

单层卖场面积	主通道宽度	副通道宽度
$200m^2$	1.2m～1.5m	0.9m～1m
1 $000m^2$	1.5m～1.8m	1.2m～1.5m
2 $000m^2$	2m～2.5m	1.2m～1.5m
5 $000m^2$ 以上	3m～6m	1.5m～2m

（2）笔直平坦。通道必须尽可能平直，并避免出现只能止步回走的情况，还可以拉长顾客的回游时间，创造销售机会。若能在通道口、电梯口、楼梯口设置一些明显的商品大类指示牌会更好。一些大型超级市场有多层，层与层之间必须用通道连接，此时就应采用一些坡度小、平直的电梯通行。此外，超市通道地面应保持平坦，尽量处于同一个平面上，如果超市是由两个或多个建筑物改造而成，通路不平坦，就需要做好标志牌，以免顾客穿行不便，影响购物。

（3）保证照明。通常通道上的照明亮度要达到 500 勒克斯，尤其是主通道，相对空间比较大，是客流量最大，利用率最高地方，要保证足够的照明度。

（4）没有障碍物。通道要避免死角，通道内不能放置一些与商品陈列或者促销活动无关的物品，以免阻断卖场的通道。由于人们一般习惯于走短距离且无障碍物的道路，超级市场应该考虑有意减少通路的直角而更多地在拐弯处或通路交叉处采用曲线角度，使得卖场通路设计更符合人们的生活习惯。

（三）服务设施的设计

1. 收银台的设计

卖场最理想的布局是当顾客从卖场大门进入后，能够将卖场全部转遍，最后到达收银台。因此，应该根据通路的设置以及磁石商品的陈列位置，将收银台设置在客流的延长线上。理论上，这样便可以为收银台找一个比较合适的位置。但在实际工作中，由于卖场的形状、卖场内的柱子等原因，收银台的位置并不那么好决定。而且根据收银台数量的不同，设置方法也不尽相同，每天的客流量以及每位顾客购买商品的金额也对设置收银台的位置有所影响。

卖场的收银台通常设在出口处，结账通道（出口通道）及收银机可根据卖场规模的大小设置，在条件许可的情况下，还可以设置一条无购物顾客的专门通道，以免在出口处造成拥挤。结账通道的宽度一般设计为 1m～1.2m，长度一般为 6m，即扣除收银台本身约 2m 的长度之外，收银台与最近的货架之间的距离至少应该有 4m 以上，以保证有足够的空间让等候的顾客排队。

收银台应依序编号，可根据现场的实际情况采用单线排或双并排的方式。每台收银机每日可处理 5 万～10 万元营业额，卖场经营者应该依照营业计划中的营业预估，事先做好准备。而在开业之初，生意通常是正常状况的 3～4 倍，所以应争取得到供应厂商的最大支援，以免让消费者久候不耐。目前，在卖场的收银台处，都配有电子扫描器和电子计算机联网系统。顾客自选商品到收银台付款时，服务人员只要将扫描器对准商品的条形码扫描，计算机就能够显示出商品的数量和金额，使顾客快速完成付款过程。

（1）收银台的数量设计。卖场收银台的数量应以满足顾客在购物高峰时能够迅速付款结算为出发点。大量调查表明，顾客等待付款结算的时间不能超过8分钟，否则就会产生烦躁的情绪。在购物高峰时期，由于顾客流量的增大，卖场内人头攒动，无形中就加大了顾客的心理压力。此时，顾客等待付款结算的时间更要短些，使顾客快速付款，走出店外以缓解压力。

（2）收银台的功能选择。目前市场有多种型号、功能的收银机，在选择收银机时要考虑其基本功能。首先，功能要齐全。不能为节省资金而只选用功能单一的收银机，必须具有小计、现金找零、折扣、挂账、加成、立即改正、退货、作废等功能。其次，收银机必须可以连接多种外部设备，如扫描器、读卡机等。再次，收银机要保证装纸、换纸方便，收执联自动切纸，打印速度快，字体清晰等。最后，收银机的保密性能要好，要能如实地记录收银员处理的业务，并具有单机工作和联机运行的功能。

（3）收银台的环境设计。卖场收银台不要做过于繁杂的装修，台面上下不要堆放过多的东西，但要用灯光效果突出背景板或者形象板，这样和卖场形成一个明与暗的对比，烘托卖场的形象，以便于顾客的记忆和宣传。如何布置卖场收银台的台面，具体要根据所销售商品风格和卖场目标顾客的特点来确定。

2. 服务台的设计

在卖场中，服务台大多位于入口处，通常兼有寄存物品的功能。一般来说，服务台主要具备以下几种功能：受理退货、退款业务；为顾客办理送货服务；替顾客包装商品；投诉、索赔窗口；发行招待券；开发票；进行会员卡管理等。除此之外，还要解答顾客提出的各种疑问。

根据经营状态的差别，有的卖场没有设置服务台，而是由收银台代行服务台的部分职能。此时，就需要张贴POP广告向顾客宣传服务的具体内容。目前，卖场中服务台的作用与地位正在不断提高。服务与卖场商品的销售紧密相连，服务台作为与顾客交流、接触的窗口，其地位变得越来越重要。使自身卖场的服务台具有特色，创造与其他卖场不同的特点，是满足顾客需求、将顾客固定下来的好方法。像经营家用电器、家具这种需要送货上门以及提供维修服务的卖场，必须通过服务台向顾客明确介绍送货的区域范围、送货费用、送货时间、维修内容等售后服务的具体事项。因此，服务台是与顾客进行沟通的最佳窗口。另外，对于经营礼品的卖场来说，包装服务直接关系到卖场的效益。总而言之，服务台的作用就是向顾客宣传除商品以外本卖场在服务方面的特色。

3. 休息区

在一项公共项目调查中发现，一张椅子可以让顾客行走的距离加倍。在缺少休息区的环境下，顾客会选择离开，自己寻找“休息区”。多数卖场会设置收费的休息区，如卖一些咖啡、茶点的休闲驿站，但是顾客为了休息而付出的代价未免太昂贵了些，大多数人会望而却步。所以，商家必须考虑设立免费休息区，也许免费休息区的座位不能做到如咖啡屋般安静、舒适，但也要相对安静一些。只有这样，顾客才能“养精蓄锐”。经营者们可以充分利用卖场的布局，给顾客创造一个合适的座位区，如某片空地或某个角落，使它相对脱离于售卖区之外。如果休息区不能设置在顾客容易发现的地方，那就应该把它的位置标识清楚，以便为有需要的顾客提供服务。

4. 洗手间

卖场的洗手间是为顾客准备的，它给顾客留下的印象是卖场整体的一部分，洗手间里微小的瑕疵都特别容易给顾客造成不好的印象，因此，卖场的洗手间必须保持清洁卫生。

特别是餐饮卖场中的洗手间，由于顾客使用的频率比较高，因此那里也成为宣传卖场形象的一个重要窗口。对于洗手间，企业经营者应该随时检查其位置是否有明确的标示、是否明亮整洁、卫生纸的补充是否及时、是否为顾客设置了放物品的地方、是否有不干净的地方。

另外，在使用洗手间的时候，不少顾客都会稍作休息，因此，许多卖场会在洗手间中张贴购物指南、宣传单等，向顾客进行宣传，这里张贴的宣传材料往往都会起到显著的效果。

5. 标示设施

标示设施是指在卖场内引导顾客行走、购买商品的设施。它们可以是悬挂在高于人头顶位置的纸质牌子，也可以是贴在墙上的箭头符号，还可以是直接放在过道两旁的导购图。总之，形式是多样的，但目的只有一个，那就是方便顾客的购买、消费。良好的标示，可指引消费者轻松购物，也可避免卖场死角的产生。卖场常见的标示有：

（1）入口处的卖场配置图，它可以让消费者在进门前就可以初步了解自己所要买的商品的大概位置。

（2）商品的分类标示，目前很多卖场都使用较矮的陈列架，商品的确切位置一目了然。

（3）各商品位置的机动性标示，如特价品销售处悬挂的各种促销海报。

（4）店内广告或营造气氛用的设施。

（5）介绍商品或装饰用的照片。

（6）各部门的指示标示。

（7）出入口、紧急出口等引导顾客出入的标示。

不管选用何种标示用设施，都应该注意出入口、紧急出口等引导顾客出入的标示要显而易见；各部门的指示标志要明显；广告海报避免陈旧破烂。

6. 后方配套服务设施的设计

（1）办公室。办公室通常是店长或店内主管办公的场所。此外，店内的财务、人事以及监视系统、背景音乐播放系统等，都应在此管理。办公室的环境应安静且相对独立。

（2）作业场。作业场是卖场从事商品加工的场所，也就是将原材料加以分级、加工、包裹、标价的场所。常见的有果菜、水产、畜产等常见商品的加工处理场所。生鲜食品的作业场所应注意温度的控制以及排水的处理，以求合乎卫生条件。当然位置的安排以及与前方的连接也需注意，应使员工和顾客觉得舒适与方便。

（3）仓库。仓库是商品进货后暂时存放的场所。需注意的是后场的仓库仅作为进货至陈列期间进行短暂存储的场所，存放周期较短。目前由于物流公司的功能越来越强，可为卖场提供较佳的服务，因此后场的仓库面积有逐渐缩小的趋势。

（4）建筑工程。建筑工程主要包括电气设备、卫生设备、给排水设备、煤气设备以及防灾设备等。建筑设施规划应考虑以下几个方面：照明是否充足；商品的特征与照明效果是否相得益彰；天花板上的日光灯位置是否适当；整个卖场的色调是否协调统一；照明与色彩是否协调；是否有紧急疏散楼梯；避难用的器材是否齐全；是否有紧急求救的警铃设备；灭火器是否齐全并在有效期内；紧急出口是否随时可用等。

（四）卖场气氛的营造

卖场的购物者，除了需要满足一次性方便购物的需求，还要讲求质量放心的产品、舒适愉快的购物环境、低廉的价格、周到的服务等等。卖场布局设计可以是时髦、尖端、精密，或者是温馨、舒适、温暖。如何使顾客购物既方便，又感到轻松，卖场的气氛在很大程度上起决定作用。注重卖场的气氛设计，就是关注顾客购物时的整体心态，可以通过各种设计来增加顾客的愉悦宽阔和谐的视觉效果、独特体贴的格调。为了达到这个目的，卖场应从以下几个方面入手：

1. 听觉效果

音响是创造商场气氛的一项有效途径，它也影响着消费者情绪和营业员的工作态度。音响运用适当，可以达到以下效果：

（1）吸引顾客对商品的注意，如电视、音响、磁带的播放。

（2）指导顾客选购商品，商场向顾客播放商品展销、优惠出售信息，可引导顾客选购。

（3）营造特殊氛围，促进商品销售。随着时间的不同，商场定时播放不同的背景音乐，不仅给顾客以轻松、愉快的感受，还会刺激顾客的购物兴趣。如刚开始营业的早晨播放欢快的迎宾乐曲，临打烊时，播放轻缓的送别曲；在气候变化时，播送音乐提示，为顾客提供服务。商场内有各种声音，并不是都会对营业环境产生积极影响，也会有一些噪音，如柜台前的嘈杂声、机械的声响，都可能使顾客感到厌烦，有些虽然可以采用消音、隔音设备，但也不能保证消除所有干扰声响。因此，可以采用背景音乐缓解噪声。背景音乐要选择旋律轻柔舒缓的，以营造温馨的气氛，不要播放节奏强烈的打击乐、迪斯科等，以免影响顾客情绪，打乱售货员工作节奏。

2. 视觉效果

主要包括色彩、灯光和内部装饰三方面。

（1）色彩。在色彩的布置上，卖场应以让顾客感到舒适、轻松为前提，不同的商品可以用不同的颜色做背景。如家乐福超市将肉品柜布置成鲜红色，将熟食柜布置成金黄色的，而将水产品柜布置成浅蓝色，让顾客身临其境，勾起强烈的购买欲望。不过超级市场的色彩应以淡色调为主，若超级市场的面积不大，就不应用太多的色彩。相反，若面积较大甚至有多层，则可视商品、楼层的不同而采用不同的色彩。

卖场内部色调变化主要体现在地面、天花板、墙面、货架柜台等部位。采用明快色调、庄重色调、和谐色调会取得不同的艺术效果。应该注意色调设计的变化与和谐的统一，以及与企业“标准色”的配合。一般有以下常用方式：

对比手法。充分利用标准色，与其他同类商店形成明显区别，并形成自己的风格，便于消费者识别。

与商品本身特征相结合，利用色调变化，衬托商品。这里需了解不同颜色所产生的视觉刺激和心理效应：如红色、橙色、黄色等暖色比较显眼，容易引起人们的注意，常被用来表现兴奋、快乐的情感；而白色、蓝色、绿色等冷色不太显眼，用以表达宁静、安详的气氛。根据商品的消费特性恰当进行配色，将直接影响购买者的购物感受。

小知识

家乐福的色彩搭配销售

在家乐福超市里，糖果被放在两排有竖筒式透明钢化塑料容器里，每一竖筒里堆同一种颜色的糖果，远远看去就像两排不同色彩的竖灯。这样顾客就很容易被诱惑近前，而一走到两排竖筒容器中间，那鲜亮的糖果马上激起食欲，只要有钱，谁都会忍不住往购物篮（车）里抓的。而国内许多商家就很不重视糖果区的陈列布置：家用水桶一样的容器上面，糖果如谷堆一般垒成小山，靠在场内一根柱子周围，如果消费者不仔细寻觅，恐怕难以发现这种甜蜜之源。家乐福非常清楚，顾客在商场的冲动购物远大于"计划购物"，因此，如何刺激消费者的购买欲望，让其忘乎所以、不看钱袋地购买则是家乐福生意兴隆的关键。

家乐福还将水果、蔬菜全部摆放在深绿色的篮子里，红黄的水果和绿的、白的蔬菜在绿篮的映衬下，让消费者有种环保卫生的感觉，潜意识会认为这些果蔬都是来自大自然的新鲜的东西，对身体健康很有好处；再加上挂在篮子上空的照明灯的灯罩也是同一绿色，消费者徜徉其中，仿佛回到大自然。此种刻意营造的氛围树立了生鲜卖场环保新鲜的形象，消费者自然开心、放心地在此采购生鲜食品。这种迎合了当今消费者进超市买生鲜食品以保干净、卫生、安全心理的措施，受到欢迎是理所当然的。

（资料来源：http：//www. hszh. net. cn/show. php？ nid = 453。）

根据季节性变化，调节商店环境的色调变化。如春季调配嫩绿等冷色，给人以春意盎然、万物更新之感；夏季调配淡蓝色等偏冷色，给人以凉爽宜人之感；冬季则可调配浅枯红色等暖色调，给人以温暖舒适之感。

小知识

色彩小常识

一、色彩的三种属性

1. 色相。色相指的是红、黄、绿等颜色，也就是原色，是所有色彩的基本色。

2. 明度。明度包括表示色彩明亮度的颜色，例如淡粉红色、鲜红色、淡黄绿色等；表示色彩黑暗度的颜色，例如浅灰色、紫色、橄榄色、褐色等。

3. 彩度。彩度是色彩的鲜明度，可分为暖色系统和冷色系统。暖色系统一般来说是很容易亲近的色系，如红、黄等色，这比较适合面向年轻阶层的卖场。在暖色系中，粉红、鲜红、鹅黄色等为女性喜欢的色彩，对女性用品店及婴幼儿服饰店等来说较为适合。冷色系统给人以很远很高的感觉，有扩大感，严寒地区及天花板很高的卖场不宜使用该类色彩，否则进入店内会感到很冷清，亲切感骤降，因此应尽量避免使用。但这也并非绝对的设计方法，比如在夏季，使用冷色系统的色彩，能产生清凉感，是个不错的选择。

二、色彩的心理效果

各种颜色对人心理上的效果可归纳为以下几方面：

白色：喜悦、明快、洁净、纯洁；

灰色：中庸、平凡、温和、谦让、中立；

黑色：静寂、沉默、悲哀、绝望、罪恶、严肃、死亡；

红色：热情、喜悦、活力、积极、爱情、革命、奔放；

黄色：快活、希望、发展、愉快、智慧；

橙色：健康、乐观、活泼、积极、嫉妒；

绿色：生命、和平、自然、健全、成长、旅行、环保；

蓝色：沉静、沉着、海洋、广阔、消极、精致、久远；

紫色：华丽、高贵、神秘、永远。

（资料来源：http：//blog. sina. com. cn/s/blog_ 61e3347c0102eecv. html。）

（2）照明。卖场的设计强调特别照明以加强产品的颜色和质地，就像在剧场里一样，是一种环境气氛。商品有如演员，期待能吸引“观众”的青睐。在运用照明时，既要考虑自然光线，又要考虑人工采光。自然光线有助于赋予商品自然色彩，但不易控制。而人工采光除了可以用来补充自然光线不足外，还可用来突出商品，形成视觉中心。比如可以用强烈的射灯照射促销商品，用柔和的灯光照射婴儿用品等。不同超市照明的配置模型能达到不同的心理效果，如照明配置如果与店宽方向平行，能使店面显得广阔，如果点状灯光随机配置，能使销售空间富于变化，气氛生动。

照明分三种类型：

①基本照明。采用天花板上配置荧光灯为主，以保持整个商店的均匀亮度。设计商店的基本照明时，若以店内照度为准，并设它等于1，则其他各部分应取不同比例，大约店前照度为其1/10，主要是消费者有一个短暂视觉适应过程，并引导消费者入店；店内正面照度为其2.5倍，以展示商品；橱窗照度为其3倍以突出橱窗内的商品。

②重点照明。它是对商品及其陈列商品的货架进行照明，以方便商品的选购。一般采用聚光灯、探照灯等进行定向照明，亮度为基本照明的4~5倍。应根据商品种类、形状、性能采用不同照射角度。

③装饰照明。它是作为店内装饰空间层次而使用的照明。主要采用彩灯、壁灯、吊灯、挂灯和霓虹灯等照明设备。比如，有选择地在商品货架上方设置霓虹灯广告牌，能以强烈的光线、绚丽的色彩，烘托出购物气氛；营业厅中小格局式的店中店内装饰各种彩灯、壁灯等，也会给消费者以赏心悦目的感受。

（3）内部装饰。在内部装饰上，卖场主要应考虑天花板、地面、墙壁、实物等的布置。例如用一些大块的浅色调的布做天花来加以掩饰，不仅可以减轻超市经营财务上的负担，还可以利用布匹的可垂性和折皱来营造一种温馨的效果。在地面和墙壁的装饰上一般都会综合考虑顾客的视觉效果。

3. 嗅觉效果

嗅觉效果利用得好可以起到事半功倍的效用。南昌大众购物中心就把面包、蛋糕等食品柜设在通道末端，并将面包的香味通过排气管排放在卖场内，加上低价的诱惑引得顾客纷至沓来。此外，还可在化妆品、洗涤用品的货架周围有意喷洒一些相关气味来吸引顾客。

4. POP 广告

卖场内有许多海报式广告、气球式广告等，它们会在很大程度激消费者的感观。加之厂商联合的现场促销活动，会让顾客更多地感受到购物气氛，不知不觉地就会增加消费。

此外，卖场的内部设计还可以从橱窗布置、节日装饰等方面翻出新的花样做到布局合理，感染力强，这样将会吸引更多的顾客。

三、商品磁石点布局

所谓磁石，是指卖场的卖场中最能吸引顾客眼光注意力的地方。磁石点就是顾客的注意点，要创造这种吸引力是依靠商品的配置技巧来完成的。卖场商品配置运用磁石理论的意义是在卖场中最能吸引顾客注意力的地方配置合适的商品以促进销售，并且这种配置能引导顾客逛完整个卖场，达到增加顾客冲动性购买率比重的目的。

卖场磁石点可分为五个，以超市为例（如图 11－4），应按不同的磁石点来配置相应的商品。

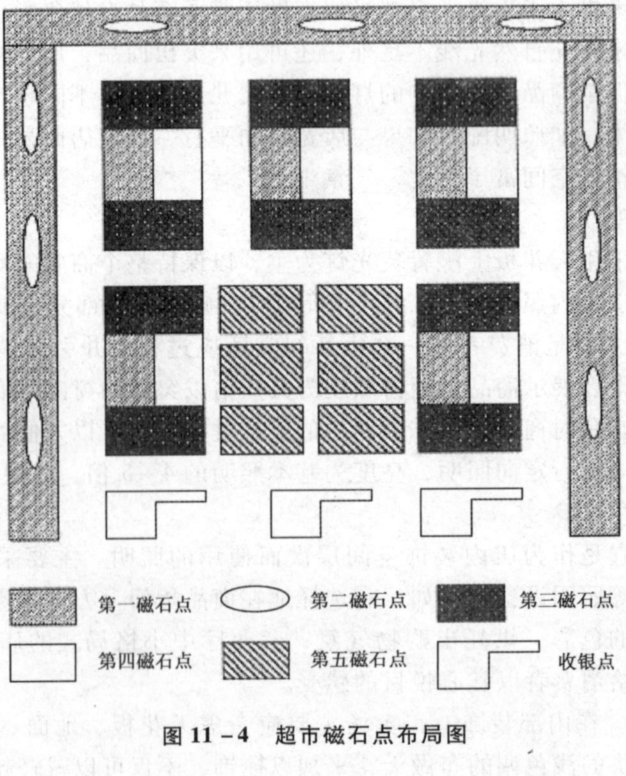

图 11－4　超市磁石点布局图

（一）第一磁石点

第一磁石点位于卖场中主通道的两侧，是顾客必经之地，也是商品销售最主要的地方。此处配置的商品主要是：

（1）主力商品。

（2）购买频率高的商品。

（3）采购力强的商品。

这类商品大多是消费者随时需要，又时常要购买的。例如，蔬菜、肉类、日配（牛奶、面包、豆制品等），应放在第一磁石点内，可以增加销售量。

（二）第二磁石点

第二磁石点穿插在第一磁石点中间，一段一段地引导顾客向前走，第二磁石点在第一磁石点的基础上摆放，主要配置以下商品：

（1）流行商品。

（2）色泽鲜艳、引人注目的商品。

（3）季节性强的商品。

第二磁石点需要超乎一般的照度和陈列装饰，以最显眼的方式突出表现，让顾客一眼就能辨别出其与众不同的特点。同时，第二磁石点上的商品应根据需要隔一定时间便进行调整，保持其基本特征。

（三）第三磁石点

位于超市中央陈列货架两头的端架位置。主要配置：特价商品、打折商品、促销商品等。

第三磁石点指的是超市中央陈列货架两头的端架位置。端架是卖场中顾客接触频率最高的地方，其中一头的端架又对着入口，因此配置在第三磁石点的商品，就能刺激顾客。主要配置以下商品：

（1）高利润商品。

（2）季节性商品。

（3）厂家促销商品。

（四）第四磁石点

第四磁石点通常指的是卖场中副通道的两侧，是充实卖场各个有效空间的摆设商品的地点。这是个要让顾客在长长的陈列线中引起注意的位置，因此在商品的配置上必须以单项商品来规划，即以商品的单个类别来配置。为了使这些单项商品能引起顾客的注意，应在商品的陈列方法和促销方法上对顾客做刻意表达诉求，主要配置以下商品：

（1）热门商品。

（2）有意大量陈列的商品。

（3）广告宣传的商品等。

（五）第五磁石点

位于收银台前方的中央位置。是超级市场根据各种节日组织大型展销、特卖活动的非固定位置。

第五磁石点位于收银处前的中间卖场。各门店可按总部安排，根据各种节日组织大型展销、特卖活动的非固定卖场。其目的在于通过采取单独一处多品种大量陈列方式，造成一定程度的顾客集中，从而烘托门店气氛。同时展销主题的不断变化，也给消费者带来新鲜感，从而达到促进销售的目的。

第三节 商品的陈列

商品陈列是卖场现场管理的一项基本内容，在吸引顾客进店选购商品、激发顾客购买欲望以及达成交易的过程中起着很重要的作用。商品陈列是一种无声的推销方式，是卖场的生动化广告。

一、商品陈列的定义与功能

（一）商品陈列的定义

商品陈列是指卖场为了最大限度地方便顾客购物，利用有限的资源，在店铺总体布局指导下，实施货架顺序摆放、商品码放，在店内合理运用照明、音响、通风等设施，创造理想的购物空间的活动过程。科学合理的商品陈列可以起到刺激商品销售、方便顾客购买、节约人力、利用空间、美化环境等作用。

商品陈列不仅是一门艺术，更是一门科学。商品陈列通过与顾客的视觉沟通，以商品本身为主题，利用其形状、色彩、性能，通过生动化陈列及与环境的相互协调向顾客展示商品特征，增强商品对顾客的吸引力，加深顾客对商品的认识。商品陈列的优劣，决定着顾客对门店的第一印象的好坏。陈列的精彩变化、不同的陈列方式一定程度上左右着商品的销售数量。

（二）商品陈列的功能

商品陈列的功能，也就是商品陈列要达到的目的。从商品陈列目的中可以发现商品陈列的如下功能：

（1）改善卖场形象，培养顾客忠诚度。

（2）弥补卖场设计的不足，使门店内外协调，美化环境。

（3）增加卖场销售机会，提高销售业绩。

（4）方便顾客选购，带给顾客好心情，使顾客愉快地购物。

(5) 吸引顾客、引导顾客、分散客流。

二、商品陈列的原则

一般来说，每平方米卖场陈列 11 ~ 12 个品种，1 000 平方米的超级市场要陈列上万种商品，顾客的目光停在每种商品上的时间平均不超过 0.5 秒，能驻足摸一摸、看一看的商品很少。因此，商品陈列必须追求使顾客在最短的时间内能看到更多的商品，所以从总体上要做到美观、醒目、整洁、实用而且有特色。虽然，不同的卖场在经营方式上存在着一定差异，在商品陈列上也都表现出不同的特点，但无论选择何种陈列形式都必须遵循以下六项基本原则。

(一) 丰满陈列原则

丰满陈列是指货架上陈列的商品必须体现出琳琅满目的效果。丰富感的陈列，不仅可以给顾客商品丰富的好印象，还会使人眼前发亮，产生购买冲动。如果顾客走进一家超级市场，发现里面货架空空、摆放混乱，就会大大降低购买的兴趣。使商品陈列呈现丰富感，会极大地吸引顾客注意力，提高商品销售率。为保障丰满陈列原则的贯彻，必须建立一套严格的补货制度，有关专家认为每 1 米长的货架，每格至少陈列 3 个品种商品。

(二) 先进先出原则

商品的先进先出属于商品补货问题，因为顾客总是购买靠近自己的前排商品，这一原则要求在进行商品补充陈列时，先把未卖掉的剩余商品从货架中取出来，放进新补充的商品，然后再把先前剩余的商品摆放到新补充商品的前面。采用先进先出的补充陈列方法，可以在一定程度上保证顾客买到新鲜的商品，同时也避免了商品因陈旧造成的积压，确保了门店的利益不受损失。

(三) 同类商品垂直陈列原则

垂直陈列是根据人的视线移动规律考虑的，因为人的视线上下移动方便，而横向移动较差，因此同类商品要垂直陈列，避免横向陈列。一方面，同类商品垂直陈列可以体现商品的丰富感；另一方面，垂直陈列会使同类商品平均享受到货架上各个不同段位的销售利益。这样就不至于产生由于同类商品的横向陈列，而使同一商品或同一品牌商品都处于同一段位上，因而带来某一商品销售要么很好、要么很差的现象。同时，也不会由于同类商品的横向陈列而降低其他类别的商品所应享受的货架段位的平均销售利益。

(四) 分区定位原则

为了使顾客容易辨别陈列商品的所在地，门店必须设置商品配置位置分布图和商品指示牌，以方便顾客准确地找到商品所在的位置，为了使指示牌的提示性更加显著，在设计时可采取不同颜色，指明不同商品类别的位置，让顾客产生强烈的感观印象，顾客可以完全根据不同颜色的标记来判定各类商品的陈列位置，这样可以大大节省购物时间。同时应尽量使商品货位固定，不要轻易变更，如果货位发生变更，要及时修改商品配置分布图和商品指示牌。

（五）显而易见原则

显而易见所涉及的问题是商品的陈列位置如何方便顾客的识别。顾客的视力参差不齐，卖场的主要目标顾客是家庭主妇，她们中间有一些老人，因此商品陈列必须易见易取，使她们不必花过多的时间去辨别商品、规格及标签等，以便能快速地完成购买选择。

要使商品陈列达到显而易见的效果，商品陈列必须做到：

（1）贴有价格标签的商品正面要面向顾客，要将商品价格牌规范地摆放在货架的相应位置。

（2）每一种商品的陈列要能保证顾客能辨别、找到，不被其他商品挡住视线。

（3）不同货架层面陈列的形式应多样化，能够达到表现商品的目的，如货架下层的商品不易被顾客看清楚，就可以采取倾斜式陈列形式。

商品陈列在做到易见的同时，还必须使顾客方便拿取，满足顾客伸手可及的需要，确保顾客在选购时的便利和舒适。调查显示：顾客常常对于他们伸手可及的商品更为偏爱，购买比例较大，同时商品易取可以大大减少顾客挑选商品时的劳累程度，也会使他们在店堂里停留更多的时间，光顾更多的商品部门，这样自然会增加购买机会。

（六）关联性原则

关联性是指有的商品与商品之间有很强的相关性和互补性，即体现出消费者在消费时的连带性。因此，在超级市场陈列商品时，应将关联性商品陈列在通道的两侧，或陈列在同一通道、同一方向、同一侧的不同货架上，而不应陈列在同一组双面货架两侧。此外，把不同分类但有互补关系的商品陈列在一起，也可体现关联性陈列的原则。这样陈列的目的是使顾客在购买商品 A 后，也会顺便购买陈列在旁边的商品 B 或商品 C。下面用图 11－5和图 11－6 来分别表示错误的和正确的关联性陈列。

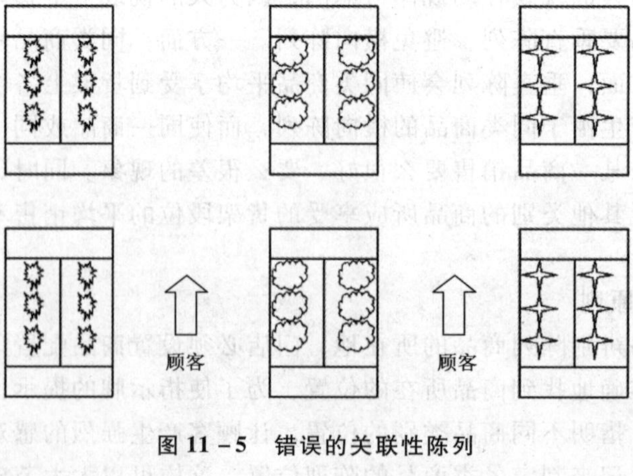

图 11－5　错误的关联性陈列

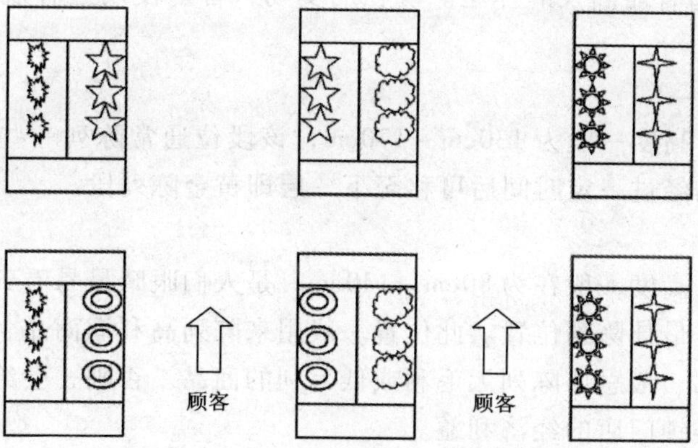

图 11－6 正确的关联性陈列

小知识

关联陈列的小故事

在某超市内，顾客买了一瓶啤酒，看见旁边有开瓶器，就顺便买了一个开瓶器，然后记起来过几天要请客，所以再走几步，看到了陈列的精致的玻璃杯，于是又挑选了一组玻璃杯。本来顾客只是为了买一瓶啤酒，结果因为买啤酒，而买了开瓶器，还买了玻璃杯，甚至于连杯垫也买了。许多商品在使用上具有关联性（或连带性），为引起消费者潜在的购买欲望，方便其购买相关商品，可采用连带陈列的方式，把具有连带关系的商品相邻摆放，达到促进销售的目的。

（资料来源：http：//www.docin.com/p－1268834420.html。）

三、商品陈列的工具

（一）货架

陈列用的货架以多组可拆卸组合的钢制货架为主，高度可分为 135cm、152cm、165cm、180cm 等，长度以 90cm、120cm 等为最常用的规格。零售企业的货架按形状通常有三种形式，即 H 形货架、HL 形货架以及 L 形货架。H 形货架通常用来陈列干货食品、日化用品、家电等，适合可以叠放的盒装商品。HL 形货架通常用来陈列百货类商品，如家纺类、五金、文具、玩具、家居等商品。L 形货架通常用来陈列体积小的百货类商品，如精品类、化妆品类等。

卖场使用哪种规格的货架，应根据该企业卖场设计的理念以及卖场的实际情况而定。一般来说，采用较高的货架可以陈列较多品种的商品，但商品的损耗率也较高，此种货架适合于超级市场使用；而采用低矮货架则视野良好，无压迫感，可以减少商品的丢失，此种货架适合于便利店使用。

在日本和我国，普遍使用一种高 170cm、长 100cm 的货架，这种货架低于欧美式货架

15cm～20cm，非常适合亚洲人的体型。现在的卖场，普遍使用这种规格的货架，它可以细分为四段：

1. 上段

货架的最上层，高度一般为130cm～170cm，该段位通常陈列一些推荐商品，或有意培养的商品。该商品经过一定时间后可移至下一层即黄金陈列段。

2. 黄金段

货架的第二层，高度一般在为80cm～130cm，是人们眼睛最易看到、手最易拿取商品的陈列位置，因此是最佳陈列位置。此位置一般用来陈列高利润商品、自有品牌商品、独家代理或经销的商品，最忌讳陈列无毛利或低毛利的商品。否则，会给门店销售收入和利润带来损失，影响连锁门店的经济利益。

3. 中段

货架的第三层，高度约为50cm～80cm。此位置一般用来陈列一些低利润商品或为了保证商品的齐全性，及因顾客的需要而不得不出售的商品，目的是使顾客在购买此位置的商品时，同时购买黄金段商品；也可陈列原来放在上段和黄金段上的已进入商品衰退期的商品。

4. 下段

货架的最下层，高度一般为离地约10cm～50cm之间。这个位置通常陈列一些体积较大、重量较重、易碎、毛利较低但周转相对较快的商品，也可陈列一些顾客认定品牌的商品或消费弹性低的商品。

当然，货架的高度还与零售业态、建筑层高和货物储存成本有关，也同商品大小有关。若是在购物中心、仓储超市，货架要高一些。如，沃尔玛会员店、诺马特购物中心、东方家园建材超市都使用较高的工业货架。如果建筑物层高比较高而货架太低，则会形成空旷、冷清和不协调之感，且高度资源浪费。有些连锁门店为了减少库存成本，不设仓库，把货架搞得很高，目的是为了在货架上存储商品，不在于销售，这样相当于增加了1/4的陈列面积。若商品较大，必然要求较大的货架陈列。

表11－3　　普通货架空间分配说明

陈列层面	高度（厘米）	通常陈列的商品	占销售的比重（%）
上段	100～140	推荐品、有意培育的商品	35
黄金陈列线	65～100	高毛利商品、冲动消费品、自有品牌商品、独家引进商品，不陈列低毛利商品	40
中段	30～65	低毛利但顾客需要的商品	20
下段	10～30	周转率高、易碎、体积大、重量高、低毛利的商品	5

商品陈列的口诀：

能挂的，别站着；能站的，别趴着；正面朝外勿倒立；左小右大上下齐；商品价签要对准。

（二）端架

在整排货架的最前端及最后端，也就是动线的转弯处，所设置的货架即为端架。端架是顾客在卖场来回走动经过频率最高的地方，也是最佳的陈列位置。

（三）堆头

堆头通常用来陈列促销品以及体积小、耗量大的商品，如袋装食品、袜子、毛巾、洗衣粉等，或体积大重量轻的商品，如棉被等。

（四）挂钩

挂钩是用来吊挂商品的，通常用来陈列服装、雨伞、袜子、文具、牙刷、球拍、五金、箱包、袋装小食品等需要吊挂的商品。它有很多样式，如不带珠挂钩、带珠挂钩、单线挂钩、双线挂钩、承重挂钩等。

（五）隔物板

隔物板主要用来分隔两种不相同的商品，避免混淆不清。目前常用的隔物板有两种，一种为塑料隔物板，一种为不锈钢隔物板。而在长度的选择上，通常货架上段多使用较低且短的隔物板，货架下段则多使用较高且长的隔物板。

（六）栈板

为避免商品直接与地面接触受潮，在最底层必须使用栈板。最好使用木制、正方形的栈板，这样便可依场地所需任意组合。

（七）收银台端架

收银台端架是收银员前面用来陈列货物的货架，通常用来陈列口香糖、木糖醇、胶卷、电池、棒棒糖、小包装的零食、饼干以及盒装牛奶、饮料、面包等。这样陈列既可以方便找零，也可以降低小件商品的损耗，增加小件商品被销售的机会。

（八）专柜

专柜指精品区、烟酒区等用来陈列贵重商品的专用柜台。

（九）冷藏柜

冷藏柜即用来陈列需要冷藏食品的冷柜，通常温度控制在－2℃～2℃之间。

（十）冷冻柜

冷冻柜是指用来陈列需要冷冻食品的冷柜，通常温度控制在－22℃～－18℃之间。

四、商品陈列的基本方法

零售店由于所属的业态不同，其商品陈列的基本方法也不相同，主要可分为封闭式陈列和开架式陈列两种基本类型。

（一）封闭式陈列

封闭式陈列，也叫柜台式陈列，就是利用柜台陈列商品，有的商品放在柜面上，有的则放在柜台内。柜台主要放置贵重商品，如照相机、金银首饰、DV、手机等，再就是放置一些较小的商品，如装饰品、化妆品、电池、手表等，主要起到保护商品、防止被盗的作用。

（二）开架式陈列

开架式陈列主要是在货架上或类似货架的物品上陈列商品。它根据陈列方式不同，又分为很多种，下面主要介绍常用的几种：

1. 整齐陈列法

这是按货架的尺寸，确定单个商品的长、宽、高的排面数，将商品从包装中一件一件取出，并按一定层面整齐地堆积起来以突出商品量感的方法，是一种非常简洁的陈列方法。整齐陈列的货架一般配置在中央陈列货架的尾端，这种方法适合于陈列超市欲大量推销给顾客的商品及折扣率高的商品，或因季节性需要顾客购买率高、购买量大的商品，如夏季的清凉饮料、罐装啤酒等。整齐陈列法有时会令顾客感到不易拿取，必要时可做适当变动。运用整齐陈列法时，一般是做重点展示、精品展示、突出卖点。使用这种方式陈列的商品不能怕挤压。

2. 集中陈列法

集中陈列法也叫堆头陈列法，这是卖场商品陈列中最常用和使用范围最广泛的方法，即在卖场开出一个空间或将端架拆除，将同一种商品或2~3种商品集中陈列于一个地方，做量化陈列，进行大量同样商品的堆码。这种方法最适合周转快的商品，如节日促销、新品促销等特殊陈列。

3. 盘式陈列法

盘式陈列法也叫割箱陈列法，这是将装商品的纸箱底部作盘状切开后留下来，然后以盘为单位堆积上去的方法。这样不仅可以加快商品陈列的速度，而且在一定程度上提示顾客整箱购买。有些盘式陈列，只在上面一层作盘式陈列，下面的则不打开包装箱而整箱地陈列上去。盘式陈列架的位置，可与整齐陈列架一致，也可陈列在进出口处。这种方法适合于陈列饮料、啤酒等商品。

4. 随机陈列法

这是为了给顾客一种“特卖品即为便宜品”的印象，而在确定的货架上将商品随机堆积的方法。采用随机陈列法所使用的陈列用具，一般是一种圆形或四角形的网状筐或带有凹槽的货架，另外还要带有表示特价销售的牌子。随机陈列的网筐的配置位置基本上与整齐陈列一样，但也可配置在中央陈列架的走道内，紧贴在其中一侧的货架旁，或者配置在卖场的某个冷落地带，以带动该处陈列商品的销售。如，随便堆放的便宜皮鞋、围巾、过季服装、糖、咸菜和小食品等。

5. 岛式陈列法

这是指在零售卖场的入口处、中部或底部不设置中央陈列架，而配置特殊用途的展示台、展示柜、展示桶等陈列商品，它可以使顾客从四个方向观看到陈列的商品。岛式陈列的用具较多，常用的有冰柜、平台、木桶或塑料桶、大型的网状货筐和屋顶架等。这种方法适合于陈列色彩鲜艳、包装精美的特价品、新产品等，岛式陈列的用具不能过高，如果太高会影响整个卖场的空间视野，也会影响顾客从四个方向对岛式陈列的商品选购。

6. 端架陈列法

端架是指双面的中央陈列架的两端，它距离通道最近，是顾客首先看到的陈列位置。这里客流量大，是卖场内最能吸引顾客的地方，顾客可以从三个方向看见陈列在这一位置的商品。端架一般用来陈列要推荐给顾客的新商品、特价品、知名品牌商品及利润高的商品。端架陈列的商品如果是组合商品，则比单件商品更有吸引力，但不宜超过两种。使用端架陈列商品应该注意以下细节：

(1) 价格优惠要明确表示，使顾客一看就懂。

(2) 体现出数量上的丰富感，吸引顾客观看，诱导非计划性的购买。

(3) 注意关联性商品的临近陈列。

(4) 经常更换商品品种，表明季节变换。

(5) 陈列上要引人注目，创造节日气氛，如圣诞节、情人节或新年等节日的陈列方式。

7. 悬挂陈列法

这是将无立体感、扁平或细长形的商品悬挂在固定的或可以转动的装有挂钩的陈列架上的方法。运用悬挂式陈列，可以增加商品的观赏价值，有利于销售，还能使顾客从不同角度观察商品，具有化平淡为神奇的促销作用。适用的商品包括衣架、拖把、衣服、皮带、书包等。当然有的商品在实际运用时，就需要悬挂，所以卖场为增强陈列效果，也将商品悬挂起来，以增加感性认识，如电热水器、空调等。

8. 突出陈列法

突出陈列也称为突出延伸陈列，是指将商品超出通常的陈列线，面向通道突出陈列的方法。突出陈列有很多种做法，有的在中央陈列架上附加延伸架，并在其上面堆积商品；有的将商品直接摆放在紧靠货架的地上，但其高度不能太高。这种陈列方法是为了打破单调感，吸引顾客进入中央陈列架购物。突出陈列不能影响购物路线的畅通，一般适合于陈列新产品、推销商品及廉价商品。

9. 主题陈列法

主题陈列也称展示陈列，即在商品陈列时借助卖场内的特别展示区，运用各种艺术手法、宣传手段和陈列器具，配备适当的 POP 广告，突出某一重点商品。

卖场中的主题陈列主要是依靠中央区域搭建的临时地堆来实现的。主题陈列必须明确打出一个主题，吸引顾客的注意力，使其产生联想和强烈的购买欲望。因此，主题陈列的商品往往是配合某些节日，或从时间性和主题性等方面而做出的精心选择，尤其是新产品或特价促销商品是主题陈列的重点。有时可以是一种商品，如某一品牌的火腿肠等；有时也可以是一类商品，如新型化妆品、工艺小礼品、装饰品等。由于顾客越来越注重视觉、听觉、触觉等各种感觉，为了吸引大量的顾客，主题陈列的商品应尽量少而精，必须运用各种辅助器具或装饰物来突出商品的特性，而且在商品的色彩、设计、外形等方面要让顾客留下深刻的印象。如果陈列时有店员配以解释、说明，会加大商品的吸引力。

10. 分类陈列法

这种陈列方法是按照顾客购买习惯、细分市场，甚至商品的色别、款式等分类陈列。例如，出售瓶装饮料商品，则可按细分市场划分为碳酸饮料、果汁饮料、茶饮料、矿泉水等进行分类陈列；如果是服装部，则往往配合服装的功能，根据商品颜色和款式，甚至于它的使用场合等，来作为卖场的分类陈列，以便于顾客选购。分类陈列是整个门店卖场陈列范围最广的部分，凡是陈列在陈列台、货架、吊架、橱柜的商品都属于分类陈列，因此在陈列时特别要注意商品的丰富感与特殊性。在分类陈列时，应按照经营定位把适应本卖场消费层次和消费特点的主要商品品种陈列出来，并突出代表性的商品，充分利用好货架空间与位置进行商品陈列。如货架上的内衣陈列，可以按规格进行陈列，即从一般常见的小规格到较大规格依次分类陈列，也可按品种进行陈列。这样既能体现每个规格的商品均有货，又能展示出商品的多样性和丰富感，有利于激发顾客的购买欲望。

分类陈列的主要目的是使商品陈列一目了然，方便顾客选择，不断促进商品销售。因此，商品陈列时应该注重强调某一方面的齐全性，杜绝毫无章法地胡乱堆放。如果忽视陈列的效果，则会造成顾客降低对商品档次的认识，最终影响到整个零售企业的经营效果。

11. 季节商品陈列法

在季节变换时门店卖场应相应地按照季节变换，随时调整一批商品的陈列布局。季节商品陈列要永远走在季节变换的前面，尚未到炎热的夏季，无袖衬衫、裙子、套裙都应早早地摆上柜台，同时注意商品色调的变化，给顾客创造一个凉爽的购物环境。一般来说，卖场内的商品不可能都是应时应季的商品，因此应做到不同商品的不同面积分配和不同摆放位置。一般应时应季的商品应多占卖场面积，并摆放在靠近卖场入口、通道边等显眼的位置上，而淡季商品则适量陈列，以满足部分顾客的需求，即使是那些没有季节性的商品，也应经常地从商品颜色、大小、式样等方面进行交叉陈列。

季节商品陈列主要强调一个季节性，要随着季节的变化而提早调整，及时更换。陈列场所要与周围出售商品的部位、环境相协调。陈列的背景、色调要与陈列商品相一致。

12. 综合配套陈列法

近年来，由于顾客生活水平日益提高，消费习惯也在不断变化，为了能和顾客的生活相结合，并引导顾客提高生活质量，门店卖场应在商品收集和商品陈列表现上运用综合配套陈列法。这种方法又称视觉化的商品展示。即强调销售场所是顾客生活的一部分，使商品的内容和展示符合顾客的某种生活方式。目前，在有些家电专业店里，彩电商品的陈列已经采用了综合配套陈列，陈列效果非常好。在日本、欧美国家的卖场已很普遍地应用综合配套陈列技巧进行商品陈列。综合配套陈列技巧的运用，增强了卖场环境气氛，突出了商品的表现魅力。

五、商品陈列的具体技巧

（一）日配品的陈列技巧

日配品主要指消费者每天生活必备的、商家需每天进行配送的商品，如面包、牛奶、豆制品、饮料、熟食品等。其特点是保持商品的新鲜度。其陈列方法主要有冷藏柜陈列和集中陈列。如，牛奶、冷饮、熟食品等多为冷柜陈列；面包、饮料多为集中陈列。有些连锁门店有面包制作车间，其成品面包陈列在车间前的货架上，用散发着面香的气味吸引顾客。

1. 提高店内销量的陈列技巧

采用商品关联性陈列是极好的方法，如比萨饼和奶酪、辣椒酱、通心粉放在一起陈列。

2. 量贩廉价的陈列技巧

量贩廉价陈列的目的是让顾客可从多种商品中选择，使其有满足感、季节感、新鲜感。就日配品而言，应尽量做到突出陈列或层次陈列。

3. 配合全店促销主题的陈列技巧

由各部门提供专区进行主题式促销陈列，如节日促销。

（二）针织品的陈列技巧

针织品的陈列，应能展示出针织品的颜色、款式、花样、质量等。由于针织品的大小、形状及用途各不相同，因此，在陈列时要根据不同针织品的自身特性采取有针对性的陈列。

1. 头巾、围巾、毛巾陈列

可采用悬挂、支架或折叠等方式进行陈列，毛巾可折出各种花样或造型，以表现出商品的颜色、花样和质感。

2. 袜子陈列

陈列时要注意展示花色和质量，用支架、托板、脚的模型吊挂等方式陈列。因为袜子的原材料和花形各不相同，要充分展现出每一款袜子的卖点。

3. 浴巾、沙发巾、毛巾被陈列

因规格较大，在橱窗中陈列时可折叠，以缩小其面积和体积。但在折叠时要做到折纹整齐、线条流畅、弧线自如、手法巧妙，以充分显示其使用舒适的柔软感。

4. 床单、被面、台布陈列

适宜采用悬挂、摊开和折叠相结合的方法陈列。要注意展示花形，便于顾客比较，折叠时要整齐，起首、结尾要美观、自然。

5. 毛毯、太空被的陈列

毛毯、太空被属于高档商品，陈列时要注意表现其弹性强以及太空被重量轻、易复位的质量特点。同时也应以摊开和折叠相结合的陈列方式，宜陈列在柜台中的显要位置。

(三) 服装的陈列技巧

1. 整体陈列

将整套服饰完整地向顾客展示，比如将全套服饰作为一个整体，用人体模型从头至脚完整地进行陈列。整体陈列形式能为顾客作整体设想，便于顾客的购买。

2. 整齐陈列

按货架的尺寸，确定商品长、宽、高的数值，将商品整齐地排列，突出商品的量感，从而给顾客一种刺激，整齐陈列的商品通常是门店想大量推销给顾客的商品，或因季节性因素导致顾客购买量大、购买频率高的商品等。

3. 随机陈列

这种陈列方式主要适用于陈列特价商品，给顾客一种“特卖品即为便宜品”的印象。采用随机陈列法所使用的陈列用具，一般是圆形或四角形的网状筐，另外还要带有表示特价销售的提示牌。

4. 定位陈列

某些商品一经确定了位置陈列后，一般不再作变动。需定位陈列的商品通常是知名度高的名牌商品，顾客购买这些商品的频率高、购买量大，所以需要对这些商品给予固定的位置来陈列，以方便顾客尤其是老顾客购物。

5. 关联陈列

这种陈列方法将不同种类但相互补充的服饰陈列在一起，运用商品之间的互补性，可以使顾客在购买某服装后，也顺便购买旁边的商品。它可以使得门店的整体陈列多样化，也增加了顾客购买商品的概率。它的运用原则是商品必须互补，要打破商品各类别间的区别，表现消费者生活实际需求。

6. 分类陈列

分类陈列是根据服装质量、性能、特点和使用对象进行分类，向顾客展示的陈列方法。它可以方便顾客在不同的花色、质量、价格之间挑选比较。

7. 岛式陈列

在门店入口处、中部或者底部不设置中央陈列架，而配置特殊陈列用的展台。它可以使顾客从四个方向观看到陈列的服装。岛式陈列的用具较多，常用的有平台或大型的网状货筐。岛式陈列的用具不能过高，否则，会影响整个门店的空间视野，也会影响顾客从四个方向对岛式陈列服装能见度。

(四) 鞋帽的陈列技巧

鞋类陈列多以支架将鞋一正、一反地陈列在货架上，鞋底、鞋面都可展示出来，同时要注意价格标签要与鞋子一一对应，通过灯光充分展示鞋的样式、颜色、质量、制作工艺等。也可用立体陈列箱、吊挂、模型脚排列陈列，便于顾客挑选比较。陈列前，要把各种质量、款式、颜色、尺码的鞋整理好，系好鞋带，鞋内要用纸或布等填塞饱满，以准确展示商品的式样和美观。

帽类的品种也较多，有儿童帽、成人帽、老人帽；取暖帽、遮阳帽等。陈列时可根据人们生活中常见的姿态，用支架吊挂陈列或陈列于货架上。

（五）果蔬品的陈列技巧

果蔬品指蔬菜与水果，是卖场最重要的吸引顾客的商品部门，体现着现代卖场经营的特色。果蔬品的质量关系到消费者的健康，所以果蔬品陈列要注意两个问题：一是新鲜，二是干净。一般而言，果蔬部门的营业额约占卖场整体营业额的8% ~20%。在卖场里，果蔬的品种一般为50 ~100种，随季节而变化，顾客可从中挑选购买自己所喜好的品种。因此，果蔬品的陈列必须根据其形状、大小、规格而采取不同的陈列方法，以展示出果蔬品的美感，吸引顾客购买。由于果蔬品的种类很多，在此介绍基本的陈列方法。

1. 排列

排列是指将果蔬有顺序地并排放置在一起。重点是将果蔬的根茎分别对齐，使其根齐叶顺，给人留下整洁、美观的印象。

2. 置放

置放是指将商品散开放置在容器中。容器一般是敞口的，由于容器的四个侧面和底部有隔板，因此，商品不会洒落，只要将最上面一层商品摆放整齐就可以了。

3. 堆积

堆积是指将商品自下而上放置在一起，上少下多立体感强。顶层商品数量较少，底层商品数量最多，既稳妥，又有一定的立体感，以体现出商品纯正的自然色。

4. 交叠

交叠是指将大小不一、形状各异的商品进行交错陈列，交叠的目的就是为了美观，使商品看起来整齐一些。

5. 装饰

装饰是指将一些商品放在另一些商品上，起陪衬的作用。装饰的目的就是为了产生良好的视觉效果，使商品显得更新鲜、更整齐点，从而达到促销的目的。例如，用桃叶装饰桃子、用小树枝装饰荔枝、用水草装饰水产品等。

（六）水产品的陈列技巧

水产品通常分为三大类：新鲜的水产品、冷冻的水产品、盐干的水产品。

1. 新鲜的水产品陈列技巧

水中游弋的鱼虾能满足消费者的新鲜感，受消费者喜爱，一般用无色的玻璃水箱陈列；非活新鲜水产品，其特征是出水时间较短，新鲜程度高，一般用木板或白色托盘陈列，陈列时鱼头朝里，肚朝下，尾朝外，周围撒上冰块，覆盖部分不超过鱼身长的1/2，以求达到次序感和新鲜感。

2. 冷冻的水产品陈列技巧

一般陈列在敞口的连续制冷的冰柜内，商品多用塑料袋包装，但必须从外透过包装能看到商品的实体。有的用小塑料托盘封塑后进行冷冻陈列，这样便于消费者少量选购，如冷冻排虾、冻鱼等。

3. 盐干的水产品陈列技巧

由于被食盐腌制过，短期不会变质，为突出新鲜感多用平台陈列，有些则用标准货架陈列，如干贝类、壳类等。

如果有些水产品太大，则必须进行切割，分成段、块、片来陈列，一是便于销售，二是便于保存陈列。一般用塑料袋包装后陈列于冰柜中，或是用深底托盘放置冰块，陈列于平台上。有些则从下至上摆出层次感。

六、商品陈列的维护

在零售市场竞争激烈的今天，科学化管理是零售企业生存的必要条件，目前国内较多的零售企业的商品陈列还是以经验管理为主。例如，一间新超市开业前，先由发展部初步设计商品的摆放位置，采购部再根据商品销售的整体情况，最后确定商品的陈列位置及陈列面的多少。但是，接下来的商品管理工作基本上由超市店长负责，超市店长往往根据市场的需求及凭个人经验去管理商品。随着时间的变化，超市的商品陈列亦随着超市店长的替换而变动，逐渐形成零售企业的每一家店都有自己的陈列"特色"，货架管理没有一套规范性、统一性的管理方法。这不仅影响零售企业的对外形象，更重要的是影响零售企业内部的"软"管理，给零售连锁经营管理带来很大困难。因此，各个卖场应严格按照总部所要求的陈列规范与细则进行操作，以实现门店商品陈列的维护。商品陈列的维护通常要从五个方面来进行。

（一）缺货的控制

零售店的一些店长往往还没有认识到商品陈列维护的重要性，或在落实、执行总部下达的商品配置表时忽略了一些细微工作，如要货不及时，造成门店缺货现象；没有严格按照商品配置表去陈列商品，擅自变动商品陈列位置，使得原本已有空缺的货架被其他商品所占据，而造成一段时间内忘记要货等较多人为原因所造成的商品缺货问题。由此可见，商品陈列的维护工作在门店进行得是否到位，直接反映了门店员工的工作态度。

卖场的商品缺货会使顾客的要求无法立即得到满足，而且还要花费更多的时间到别处购买，如果一个门店经常出现这种现象，顾客一定会大量流失，并导致营业额大幅下降。

因此，卖场在这方面还要加强对员工的专业培训，增加其对商品陈列维护的认识，让他们真正了解到商品陈列维护的重要性。

（二）排面量的控制

卖场是商品"演出"的舞台，琳琅满目的商品是舞台中的"演员"，而卖场的每一个理货员都是整场演出的"导演"，他们要通过商品陈列赋予商品以生命力，让商品"会说话"。货架上商品的排面量是每种商品在货架上横向陈列的数量，此数量是根据商品的销售情况来确定的，单一商品的销售量占总销售量的百分比是与该商品陈列面占全店货架面积的百分比相符的。只有这样，才能够使畅销商品更醒目地呈现在顾客面前，并能保证畅销品不断货，而滞销品又能有效地控制库存，充分利用货架，提高每平方米货架创造的效益，为门店创造更高的利润。

（三）陈列工具的控制

商品陈列的优劣决定着顾客对卖场的第一印象，卖场整体看上去整齐、美观是卖场陈列的基本思想。连锁企业总部所制定的商品配置表，往往能充分地将这些基本思想融入到货架、端架、平台等各种陈列用具的商品陈列中去。因而卖场对于陈列道具的控制也尤为重要。擅自增减陈列器具，同样会造成销售损失。

（四）POP 广告的控制

通过视觉提供给顾客的信息是非常重要的。顾客主要从陈列的商品上获得信息，除了陈列的高度、位置和排列之外，广告牌、POP 广告等提供的信息也非常重要，它往往给予顾客非常直接的感受。比如，这是特价商品；这是新产品；现在是特别的日子；这是我需要的商品等。

（五）销售时段的控制

密切注意商品的销售动态，把握好商品补货的时间或商品的促销时间。在尽可能多的销售时段上，获得最大的销售额。例如，美国一家公司以"无积压商品"而闻名，其秘诀之一就是对时装分时段定价，即从商品上市开始计算，按不同的销售时段规定出不同的售价，由高到低直到售完为止。它规定新时装上市 3 天为一轮，一套时装以定价卖出，每隔一轮按原价削减 10%，依此类推，那么到 10 轮（1 个月）之后，该公司的时装价就削减到了只剩 35% 左右的成本价了。这些剩下的时装，公司就以成本价售出，所以一卖即空。公司最后结算时既获得了可观的利润，又没有积货的损失。

七、商品配置表

卖场为使商品的陈列位置明确、具体，必须借助商品配置表来实现，商品配置表的有效制作是实现商品有效陈列的前提。

（一）商品配置表的含义

商品配置表，英文名称为"facing"，日文名称为"棚割表"。是商品排面做恰当管理的意思，而在日文"棚割表"的字面上，棚意指货架，割则是适当的分割配置，也就是商品在货架上获得适当配置的意思。因此如将商品配置表定义为"把商品的排面在货架上做一个最有效的分配，以书面表格规划出来"，就可轻易了解商品配置表的意义。

（二）商品配置表的功能

1. 有效控制商品品项

每一个零售店卖场面积是有限的，所能陈列的商品品项数目也是有限的，为此就要有效的控制商品的品项数，这就要使用商品配置表，才能获得有效的控制效果，使卖场效率得以正常发挥。

2. 商品定位管理

零售卖场内的商品定位，就是要确定商品在卖场中的陈列方位和在货架上的陈列位置，这是零售店营业现场管理的重要工作，如不事先规划好商品配置表，无规则进行商品陈列，就无法保证商品的有序有效的定位陈列，而有了商品配置表，就能做好商品的定位管理。

3. 商品陈列排面管理

商品的陈列排面管理就是规划好商品陈列的有效货架空间范围。在零售店商品销售中有的商品销售量很大，有的则很小，因此可用商品配置表来安排商品的排面数，即根据商品销售量的多少，来决定商品的排面数，畅销商品给予多的排面数，也就是占的陈列空间大，销售量较少的商品则给予较少的排面数，其所占的陈列空间也小。对滞销商品则不给排面，可将其淘汰出去。商品陈列的排面管理对提高卖场效率，具有很大的作用。

4. 畅销商品保护管理

在有的卖场中畅销商品销售速度很快，若没有商品配置表对畅销商品排面的保护管理，常常会发生这种现象，当畅销商品卖完了，又得不到及时补充时，就易导致较不畅销商品甚至滞销品占据畅销商品的排面，形成了滞销品驱逐畅销品的状况。这种状况一会降低商店对顾客的吸引力，二会使商店失去了售货的机会并降低了竞争力。可以说，在没有商品配置表管理的零售店，这种状况时常会发生，有了商品配置表管理，畅销商品的排面就会得到保护，滞销品驱逐畅销品的现象会得到有效控制和避免。

5. 商品利润的控制管理

卖场销售的商品中，有高利润商品和低利润商品之分，每一个经营者总是希望把利润高的商品放在好的陈列位置销售，利润高的商品销售量提高了。卖场的整体盈利水平就会上升，而把利润低的商品配置在差一点的位置来销售，来控制商品的销售品种结构，以保证商品供应的齐全性。这种商品利润控制的管理法，就需要依靠商品配置表来给予各种商品妥当贴切的配置陈列，以达到提高商店整个利润水平的目的。

6. 零售企业连锁经营标准化管理的工具

连锁制的零售公司有众多的门店，达到各门店的商品陈列的一致，是连锁零售公司标准化管理的重要内容，有了一套标准的商品配置表来进行陈列一致的管理，整个连锁体系内的陈列管理就比较易于开展，同时，商品陈列的调整和新产品的增设，以及滞销品的淘汰等管理工作的统一执行，就会有计划、有蓝本、高效率地开展。

（三）商品配置表的制作程序

商品配置表的制作，可分成新开店及旧店修改两种情况来制作。

1. 新开店商品配置表的制作程序

（1）消费者调查。新店在决定设立与否时，需进行商圈调查；如果商圈调查完成，决定要设立新店，紧接着就是消费者调查；消费者调查的内容包括：商圈内的收入、职业、家庭结构、购物习惯，希望我们的店能提供何种类商品及服务，根据这些调查所得的资料，商品人员做更深入的分析，了解商圈内对商品潜在需求，并了解竞争态势，来构思要卖些什么商品。

（2）部门构成。了解到商圈内消费者对商品的需求，商品部门要提案，这个店要经营那几大类（部门）的商品。比如说：要不要设立玩具部门，或餐饮部门、鲜花部门，把适合商圈内贩卖的大类做几种型态的组合，提供给上级来裁决。

（3）部门配置。决策单位决定要经营何种大类后，商品人员会同营业部、开发部共同讨论决定部门的配置，每一个部门所占的面积尺数，都要有一个最妥善的安排及配置。

（4）中分类配置。部门配置完成后，根据部门配置图，采购人员要动脑筋将部门中的每一中分类安排到中分类配置表里，并由采购（商品）经理做确认及决定。

（5）品项资料收集。到这一步骤，真正进入制作配置表的实际工作，采购人员要详细收集每一中分类内可能贩卖品项的资料，包括商品的价格、规格、尺寸、成分、包材等资料，这些资料尽可能有系统齐全的收集，最好能一类一类的建立在电脑档案内，便于比较分析及随时可调阅。

（6）品项挑选及决定。品项资料收集齐全后，将所有中分类里的商品价格、包装规格及设计，依商品的品质及用途分别做一个详细的比较，将最符合商圈顾客需要及能衬托出公司优势的商品，依其优先顺序挑选出来，依次排列，筛选出我们需要的品项，列印出商品台账。

（7）商品构成的决定。一经商品品项挑选决定后，把商品的陈列面依研判的畅销度做一个适当的安排，并把这些商品与附近竞争店的商品结构做一个比较，是否我们的商品品项数、陈列面、优势商品、价格比主要竞争对手来得强势，否则就应再调整到最佳的情况。

（8）品项配置规划。这一步骤是把正决定的品项及排面数实际配置到货架上，这也是最耗时的一个步骤，伤透采购人员的脑筋，什么商品要配置到上段或黄金线，什么商品要配置到中段或下段，这些都要应用到陈列的原则及经营理念，以及供应商的合作情况，同时也需考虑到竞争对手的情况、自身的采购能力与配送调度的能力，才能把配置的工作做好。比如说有的零售连锁卖场设有本身的配送中心，其采购的条件优越，商品的调度能力也强，在配置时就优先考虑配置这些商品；又有些零售连锁卖场，自己发展自己的品牌及自行进口商品，像这种情况，在配置时这些商品皆会被优先的安排到好的位置，所以我们可以了解到商品配置是活的东西，好与坏全看能否灵活运用。

（9）执行的实际工作。配置完成，也就完成一套的商品配置表，根据这张表来订货、陈列，然后把价格卡（price card）贴好，也就大功告成，但最好能把实际陈列的结果照相或录影起来，以作为修改辨认的依据。

2. 旧店的配置变更或修正程序

一个店开了以后，并非商品配置好了就永不变更了；而是要根据经营的状况加以修改变更，而这种变更的工作，最好是按固定时间来变动，不要想变就变，想动就动，那样商品配置很容易出现凌乱不易控制的情形。例如：一个月修正一次配置表或一季变动一次，一年大变动一次，都是较为妥当的做法。修正商品配置表的程序如下：

（1）POS 销售资料检视。有 POS 设备的零售店，每个月一定要检视商品的销售状况，看看哪些商品畅销，哪些商品滞销，列印出这些商品，并检讨畅销及滞销的原因。假如零售店未设置 POS 系统，则可从进货量中去检视那些商品特别畅销及滞销，当然从进货量中去判断时，要稍加检查库存的情形才能判断出畅销及滞销。

（2）确定滞销品及进行淘汰。商品滞销的原因有很多，可能是产品本身不好，或厂商的行销方法不佳，也可能是季节性的因素，更可能是商店的陈列或定价等因素造成，所以滞销原因追查出来后，要判断是否可能改善，若无法改善且已连续几个月都出现滞销，就要断然采取剔除的工作，以便能引进些较有效率的商品。

（3）调整畅销品的陈列面及进行新品项的导入。对于特别畅销商品应检讨其陈列面积是否恰当，同时对于因被删除品项而多出的空间，进行新商品的导入以更替滞销品。

（4）实际进行调整工作。修改配置的最后一个步骤当然是实际的调整工作，牵一发则动全身，修改一品项有时可能会动到整个货架陈列的修改，但为维持好的商品结构，虽然烦琐，也得要做，这是不可避免的。有些店经营时间长之后，商圈入口、交通状况、竞争情形都出现了变化，这时必需大幅度地修改商品配置，甚至连部门配置都要变，这是大修改。这种情况，则应比照新开店的方式来制作商品配置表，如此会来得比较顺畅完整。

本章小结

零售的店面、内部布局和商品陈列对企业形象和消费者能否进店消费有重大影响力。店面外观设计要素有建筑物外观、店面名称标志、招牌、橱窗、停车场和出入口六个。卖场内部布局的原则是服务大众、提高通过率、增加成交机会、顾客愉悦空间和商品展示空间之间的平衡。卖场布局要素是出入口设计、通道设计、服务设设施设计和卖场气氛营造，在内部布局中要考虑商品的磁石点运用理论。商品陈列的原则有丰满陈列、先进先出、同类商品垂直陈列、分区陈列、显而易见和关联性陈列原则。商品陈列的方法有整齐陈列、集中陈列、盘式陈列、随机陈列、岛式陈列、端架陈列、悬挂陈列、主题陈列、分类陈列、季节商品陈列和综合配套陈列法。在陈列过程中要进行商品陈列维护和制作商品配置表。

本章练习

一、选择题

1. 照明的类型有(　　)。

A. 重点照明　　B. 装饰照明
C. 基本照明　　D. 特殊照明

2. 下面（　　）是门店店面设计要素。

A. 建筑物外观　　B. 店面名称招牌
C. 出入口　　D. 橱窗

3. 家具专卖店最适合(　　)陈列方式。

A. 主题陈列　　B. 关联陈列
C. 情景陈列　　D. 岛型陈列

4. (　　)是以商店为主体，通过布景、道具和装饰画面的背景衬托，并配合灯光和文字说明，进行商品介绍和商品宣传的综合型式。

A. 情景陈列　　B. 橱窗展示
C. 投入式陈列　　D. 主题陈列
5. 以下（　）体现了商品的相关性。
A. 啤酒加尿布　　B. 女装加化妆品
C. 食品加儿童玩具　　D. 牙膏加牙刷

二、判断题

1. 商店格子式的店面布局更有效率，因而更受零售商的欢迎。（　）
2. 大反差的色彩运用可以使顾客产生即时的视觉震撼，达到较好的效果。（　）
3. 一些前卫的商店追求与众不同，往往将灯光设计很幽暗，对消费者有较强的吸引力。（　）
4. 商品陈列最重要的是讲究美感，这是吸引顾客的首要因素。（　）
5. 橱窗展示的作用主要是起到美化商店和市容的效果。（　）

三、思考题

1. 橱窗的类型有哪些？
2. 店面布局如何营造卖场气氛？
3. 商品陈列的原则有哪些？有哪些基本的陈列方法？
4. 结合产品谈谈商品陈列的具体技巧？

四、案例分析题

某指甲剪的老板很着急，他们企业的指甲剪卖得不错，但新开发的卡通指甲剪就是卖不好。卡通指甲剪，专门提供给儿童用。卡通形象，都是孩子喜欢的流行卡通人物和小动物。该老板也知道卖不好的原因，卖场将这些指甲剪陈列在五金小商品的货架上，那都是成年人光顾的货架，他们可不喜欢卡通的指甲剪，认为那顶多是一种玩具。

一直都和卖场交涉，要求改变陈列位置，放到儿童商品的货架中去。卖场经理就是不答应，请吃饭，洗桑拿也没有用，因为卖场规定商品一定要根据品类陈列。指甲剪是五金类，必须放在五金类产品一起，管你卡通不卡通，要放在儿童商品区，门儿都没有！

但是机会来了，"六·一"儿童节，卖场要抓住孩子们的节日做促销，其中也包括根据儿童特征重新进行卖场陈列，尽量将与儿童有关产品陈列到儿童商品区。

企业老板知道后，让业务人员再次宴请卖场经理，旧话重提，三杯酒下肚，卖场经理答应了。是呀，"喝人家嘴软，拿人家手短"，何况和卖场规定不违背——这样的顺水人情，不做白不做！

结果可想而知，卡通指甲剪卖得很好，是过去销售量的很多倍。"六·一"促销活动过后，老板亲自出马，借卡通指甲剪卖得很好的时机说服了卖场经理，以后他的卡通指甲剪就放在儿童商品区了。

（资料来源：http：//www.chinacpx.com/zixun/list.asp？id=45557.html。）

问题：这个案例说明了什么？

第十二章
顾客服务管理

学习目标

知识目标

- □ 了解顾客服务的概念
- □ 理解顾客服务的分类
- □ 掌握如何改进零售企业的服务质量

能力目标

- □ 能运用改进服务质量的策略，提高顾客的忠诚度，为零售企业建立服务优势

导入案例

马歇尔百货公司“顾客就是上帝”的发源地

作为一种营销理念，“顾客就是上帝”则应追溯到19中后期的马歇尔·菲尔德百货公司．一般认为，这家公司的创始人马歇尔·菲尔德和他当时的手下，后来创建了英国塞尔弗里奇百货的哈里·戈登·塞尔弗里奇一同提出了“顾客总是对的”（The customer is always right.）这一影响深远的营销理念。同时，马歇尔·菲尔德百货公司还将零售业当时所奉行的顾客自慎（caveat emptor），即商品一旦出售概不负责的原则，改为无条件退货，并在商店设置凳子等便民设施，让那些在购货时犹豫不决的顾客坐一坐，并建立了休息区，供过于疲劳或者兴奋的顾客稍事休息以便有精力继续采购。

“顾客总是对的”体现的是把顾客至于工作中心的服务思路。马歇尔公司还为顾客提供如下服务：

（1）银器的保养和维修服务。由熟练的手艺精巧的雇员负责银器和奖品的维修与保养。

（2）刺绣服务。在衬衫、桌布、餐巾、床单、毛巾上，刺上由姓与名的第一个字母

编制成的雅致的图案。

(3) 干洗服务。由熟练的雇员负责高级服装、织物的干洗，并接送。

(4) 毛皮保养服务。代顾客保管毛皮，将毛皮藏在可以控制温度的储藏室中。

(5) 修改服装式样服务。缝纫女专家可以修改帽子和服装的式样，翻旧更新，变成适时的服装。

(6) 服装的整修服务。高级服装、皮革制品，以及其他高级外衣的整修服务，不管这些东西是哪里买的。

(7) 定做框架服务。熟练的手艺精巧的工匠，可以为顾客珍爱的物品，如照片或石版画等定做框架。

(8) 雕刻服务。提供机械的和手工的雕刻服务，为顾客的珠宝首饰和传家宝刻上姓名。

(9) 修理钟表服务。钟表修理专家为各种钻石手表提供应有尽有的修理服务。

(10) 代顾客加工针织品服务。顾客可以自带针织花边和用毛线在帆布上刺绣的绣品，由商店熟练的手艺精巧的雇员，代客加工成枕头、椅套等。

（资料来源：美国资讯网，http：//www.usnook.com，2013 年 2 月 27 日。）

案例点评：成功的企业不是在销售产品，而是在为顾客提供解决问题的方法。优质的服务就是为顾客提供解决问题的方法，随着市场竞争的加剧，企业越来越注重投其所好，但是，在加强产品吸引力的同时，提供优质的客户服务却是吸引客户的最有效手段。通常，只要产品的附加值多一些或能够获得商家的特别关照，客户都愿意稍微多支付一些。

第一节 顾客服务的分类

顾客服务（customer service）是零售企业为顾客提供的、与其基本商品相连的、旨在增加顾客购物价值并从中获益的一系列无形的活动。零售企业的所有员工和零售组合的所有元素提供的服务都会增加商品的价值。零售企业与服务业一样，其经营的出发点应是满足顾客的需求。因此，顾客服务对零售企业的成功经营有重大影响。

一、顾客服务的特性

与提供商品相比，零售企业为顾客提供的服务具有无形性、不可分割性、易变性和易消失性的特点。

（一）无形性

服务不像实物商品如衣服那样可以拿在手里并检查，它是无形的。无形性是指看不见，品不到，听不见，嗅不出，感觉不到。无形性使人难以了解顾客究竟需要什么样的服务，以及他们怎样评价零售商的服务。顾客在接收服务之前，没有上述这些有形的要素来评价服务，只能在接受服务之后，评价其是否满足了自己的需要。正是这种无形性使服务变得十分复杂，难以考核。

（二）不可分割性

通常服务的提供和消费是同时进行的，这与实物商品的情况不同。实物商品被制造出来后，先储存，通过多重中间环节的分销，然后才是消费：而服务的生产与消费是同步进行的。如果服务是由人提供的，那么这个人就是服务的一部分。服务生产时顾客是在现场的，而且会观察甚至参加到生产过程中，提供者和顾客相互作用，并都对服务的结果有影响。

（三）易变性

由于服务基本上是由人表现出来的一系列行为，因此没有两种服务完全一致。员工所提供的服务通常是顾客眼中的服务，而且人们的行为可能每天甚至每小时都会有区别。另外，由于没有完全一样的两个顾客，每位顾客都会有独特的需求，或者以一种独特的方式来体验服务，因此，这就造成了顾客眼中的服务是经常变化的。正是由于零售商在提供稳定不变的优质服务时会遇到很大的困难，因而能够做到这一点的零售商具有创造持续竞争优势的机会。

（四）易消失性

服务不能被储存、转售或退回。这与商品可以库存或另一天再出售，或者由于顾客不满意而退货的情况正好形成对比。服务的易消失性使之不能集中生产以获得显著的规模效益。服务出现差错将造成顾客流失，造成经济损失。因此，零售商在提供服务之前，就必须设立一套服务流程标准和控制方法，尽力防止服务出现差错，同时还必须制定有力的补救措施，以减少差错造成的经济损失。

二、顾客服务的分类

（一）按顾客购物过程分类

1. 售前服务

售前服务是指在顾客购买商品之前，企业向潜在顾客提供的服务。售前服务是一种超前的、积极的顾客服务活动。它的关键是树立良好的第一印象，目的是尽可能地将商店信息迅速、准确、有效地传递给消费者，沟通双方感情，同时也了解顾客潜在的、尚未满足的需求，并在企业能力范围内尽量通过调整经营策略去满足这种需求。售前服务的主要方式有免费培训班、产品特色设计、请顾客参加设计、导购咨询、免费试用、赠送宣传资料、商品展示、商品质量鉴定、调查顾客需求情况和使用条件等。

2. 售中服务

售中服务是指企业向进入销售现场或已经进入选购过程的顾客提供的服务。这类服务主要是为了进一步使顾客了解商品特点及使用方法，目的是通过服务表现对顾客的热情、尊重、关心、帮助、情感和向顾客提供额外利益，以帮助顾客作出购买决策。售中服务的主要形式有：提供舒适的购物现场（如冷暖空调、休息室、洗手间、自动扶梯等）、现场导购、现场宣传、现场演示、现场试用（如试穿、品尝、试看、试听等）、照看婴儿、现场培训、礼貌待客、热情回答、协助选择、帮助调试和包装、信用卡付款等。

3. 售后服务

售后服务是指企业向已购买商品的消费者所提供的服务。它是商品质量的延伸，也是对消费者感情的延伸。这种服务的目的是增加商品实体的附加价值，解决顾客由于使用本企业商品而带来的一切问题和麻烦，使顾客方便使用、放心使用，降低使用成本和风险，从而增加顾客购买后的满足感或减少顾客购买后的不满情绪，以维系和发展商店的目标市场，使老顾客成为"回头客"，或者乐意向他人介绍推荐本商店商品。售后服务的关键是坚持、守信、实在。售后服务的主要方式有免费送货、安装和调试、包退包换、以旧换新、用户免费热线电话、技术培训、产品保证、备品和配件的供应、上门维修、巡回检修、特种服务、组织用户现场交流、顾客投诉处理、顾客联谊活动、向用户赠送自办刊物和小礼品等。

小知识

美的坚守"快速 优质 细致"售后服务理念

除了优良的产品，良好的售后服务品质已经成为企业的一种核心竞争力。对此，美的热水器一直秉承着"认真做足一百分"的售后服务理念，以"快速、优质、细致"的服务，缓解用户因热水器出现问题而带来的着急之情，满足用户对售后服务人员提出的技术水平高、服务角度全面等的要求。售后服务这一营销的无形推手，为美的热水器赢得了众多忠实的消费者。

"五·一"前夕，南充市民张先生，得知美的热水器举行了免费清洗热水器内胆的活动，尽管家中的热水器不是美的的，但他还是拨通了美的热水器的售后服务电话，请售后服务人员上门为他清洗内胆。电话里，张先生和客服人员说："我今天晚上要赶火车出差，只有下午有空闲的时间待在家里，你们尽快赶过来吗?"令张先生没有想到的是，在拨通电话一个小时之后，他就接到了售后师傅的预约电话，预约后不久赵师傅就赶到了张先生家里，敲门、自我介绍、戴着工作证、身穿工作服、戴着鞋套等一系列动作尽显品牌规范。在清洗热水器内胆的过程中，张先生看到被腐蚀的镁棒和热水器内胆中流出的脏水，大惊道："之前我一直认为热水器没有清洗内胆的必要，原来这里面的水竟然这么脏，看来清洗内胆还是很有必要的。""其实，热水器内胆不但要清洗，还要定期清洗，这样才能保证洗浴时的健康。"赵师傅建议。张先生听了，连连点头，对赵师傅的建议表示认可。在完成了热水器内胆清洗的工作后，张先生把赵师傅送出门的时候说："赵师傅，你真的是太专业、太速度、太负责任了，不仅这么快就过来帮我清洗内胆，还为我讲解这么多使用热水器时要注意的专业事项，太感谢你了。"

不久之后，张先生在南充市顺庆区购买了一套新住宅，在装修期间，他想新家添个热水器。这时，他突然想起上次赵师傅给他留下了电话号码，于是他便试着拨通赵师傅的电话，打算向赵师傅咨询应该选购什么型号的热水器。接到电话后，赵师傅立刻打开自己的工具箱，拿出了美的热水器的宣传单页，耐心地向张先生讲解美的活水热水器的Tech智能活水系统的优点。电话一头的张先生听到之后，立刻表示："这个活水热水器真的是太好了，我过两天就去苏宁电器买一台。"

美的热水器的售后服务始终践行着"认真做足一百分"的服务理念，站在消费者的角度，急用户所急、想用户所想，认真服务好每一位用户。营销专家表示，产品的质量和性能直接决定消费者的品牌满意度，而周到完善的售后服务，可以引导消费者的再次购买和对周边消费者的购买意向进行引导，令美的热水器在市场竞争中无往不利。

（资料来源：中国家电网，http://service. cheaa. com，2014－06－24。）

（二）按投入资源分类

1. 硬服务

硬服务是指零售商店通过提供一定的物资设备、设施为顾客服务。例如，商店向顾客提供休息室、电梯、停车场、寄存处、购物车、试衣室、空调环境等，使顾客购物过程感到方便。

2. 软服务

软服务是指商店员工对顾客提供的服务。这是商店员工与顾客进行的面对面接触。他们的形象和服务水准对商店的形象有最直接的影响，也是顾客评价商店服务质量的一个重要方面。由于软服务的易变化特点，因而管理起来难度更大。

三、零售企业常规顾客服务项目

（一）营销相关类

营销相关类服务项目即在商品销售的同时或之后进行的与大营销相关的服务项目，如商品售后艺术礼品包装、裤子前边、购买布料带裁剪等。目前，大型百货商场大多设有这类服务项目。

（二）辅助促销类

辅助促销类服务项目是指为促进商品销售，是消费者购买欲望增加，可以设立免费或少量优惠收费的服务活动，如大型零售商场大件商品送货上门、快速冲扩胶片、电话订货、邮寄商品等服务项目。

（三）便利类

便利类服务项目即通过商业企业的服务活动帮助消费者方便购买和使用的服务项目，如购物手拖车、托儿站、顾客衣帽存放处、吸烟室、自动式物品存放箱、顾客休息厅、公用电话间、邮票、信封、信纸、自动售货机、复印室、银行代理处等。

（四）维修类

这类服务项目及商品销售后出现质量问题和故障，商店帮助检查与修理的服务项目。

这是售后服务的重要内容，如家用电器类商品修理，个人珍藏品清洗、清扫，皮衣清洗与保管等。这些维修类服务能够带来更多的回头客，消除消费者的后顾之忧。

（五）文化情感类

文化情感类服务项目即通过企业文化和公共关系进行营销服务，以经营、服务感情为主线，以经商的服务项目，如现场促销演出、名人签售、文化艺术节、消费者品尝等。

（六）培训类

培训类服务项目是指在营销过程中对经营范围的产品或相关事物举办消费者培训班，有助于消费者掌握其使用及保管知识的服务项目。举办各种技艺学习活动，如个人计算机操作培训、运动技巧讲座、篆刻知识教学、陶瓷烧制讲座、书法画技讲座、居室布置讲座、美容美发讲座、摄影创作讲座等。

（七）间接辅助类

与商品营销没有直接联系，但能间接为消费者提供的服务，成为间接辅助服务类项目。这些在国外比较普及，如美国、德国、英国的大型百货商场中有血液检查、牙医服务、汽车驾驶学习、交通违章讲习会等服务项目。

（八）质量保证类

为消费者提供商品质量保证、财产保险等服务项目，可以提高企业信誉，树立企业形象。例如，金银饰品检验、手表灵敏度检验、商品财产保险、自行车试骑三天等都是质量保证类服务项目。

第二节 顾客服务质量的改进

一、服务质量差距模型

服务质量差距模型总结了零售商要提供优质的顾客服务时需要进行的一些活动。零售商必须通过减少服务差距，顾客的期望与顾客对服务感受之间的差别来改善顾客对他们的服务满意程度。有四个因素会影响到服务差距（service gap），下面进行具体介绍：

（一）认识差距（Knowledge gap）

这是顾客期望与零售商对顾客期望的认识之间的差别。零售管理者有时不能正确地感知顾客的需求。例如，管理者可能认为顾客需要更贴身的人员服务，但顾客需要的是更自由自在地选购商品，而当出现困惑时，能够立刻得到营业员的帮助。

不了解顾客期望是无法满足顾客需求的基本原因之一。造成这种现象的原因有很多，如没有与顾客建立互动关系，不进行深入的顾客需求调查，漠视顾客的抱怨，想当然地认为自己已经了解顾客需要等等。当管理人员不能完全理解顾客服务期望时，他们会做出一系列不恰当的决策，例如将过多的资金投入到建筑物的装饰上，而顾客关心的是购物环境是否方便、舒适以及功能齐全。因此，要提高服务质量，管理层首先必须获得正确的顾客期望信息。

（二）标准差距（standard gap）

对顾客期望的准确描述，对于实现高质量的服务来说必不可少，同时又远远不够。另外一个必不可少的条件是，列出用以反映准确认识的服务设计和服务标准。标准差距便是零售商对顾客期望的认识与他制定的顾客服务标准之间的差距。管理部门可能正确感知了顾客的服务需求，但没有建立正确的服务标准。例如管理者可能要求商店收银员实行快速服务，但没有具体量化的标准，收银员的速度可能达不到要求。

服务质量的好坏受到服务标准的影响，标准可向服务人员显示，什么是管理中最为重要的准则，以及那些行为真正有意义。当服务标准不具体或采用的标准不能反映顾客期望时，顾客感受到的服务就很可能非常糟糕；当标准准确反映出顾客期望时，顾客得到的服务质量就可能加强。负责制定标准的管理人员，有时会认为顾客的期望毫无道理或者不切实际，或者认为服务本身所固有的可变性特征会使标准落空，这样即使对服务进行了设计并制定了标准，也达不到满足顾客要求的目的。这种观念下设计的服务标准或者不准确，或者不能具体落实，于是，便产生了对顾客期望的认识与建立服务标准之间的差距。

（三）传递差距（delivery gap）

这是零售商的服务标准与实际提供给顾客的服务之间的差别。大量事实表明，即使建立了如何提供良好服务和正确接待顾客的标准，高质量的服务也未必能水到渠成。服务标准必须由适当的资源支持（人、系统和技术），而这些支持必须行之有效，也就是说，对人员要进行培训、激励，对他们的表现要按照标准进行奖惩。如果企业不能为服务标准提供支持，即使标准能准确反映顾客的期望，也无济于事。

许多原因导致商店员工不能按标准为顾客提供服务，例如员工不能清楚理解公司的宗旨，员工感到在顾客和管理层之间左右为难，缺少授权和团队合作，评价和奖惩不当，员工缺乏训练或劳累过度，以及无能力或不愿意按标准行事，或者员工面对着相互矛盾的标准，如花时间倾听顾客的意见和快速服务等。管理人员必须尽力消除这些原因，以便缩短服务差距。

（四）沟通差距（communication gap）

这是零售商提供给顾客的实际服务与零售商对外沟通中承诺的服务之间的差别。零售商通过广告媒介、营业人员和其他沟通途径所做的服务承诺可能会提高顾客对服务的期望。例如，一家零售商大肆宣传自己商店中的商品品种如何齐全，价格如何低廉，但顾客到达后却发现商店中的一些畅销商品缺货，价格也不便宜，那么这种外部沟通就扭曲了顾客的期望。

造成沟通差距的原因有很多，如无效的营销沟通、广告和人员推销中的过度承诺，经营中各部门的不协调，权力分散导致各分店的服务政策与程序不一致等。零售商要缩小沟通差距，除了不能做过度承诺和表达失误外，还必须管理顾客，培养顾客的现实态度和对服务的期望。

二、缩小服务质量差距

（一）了解顾客的真实需要

提供优质服务必须建立在了解顾客的基础上，设身处地为顾客着想，最大限度地满足顾客的期望。有许多零售商在采购商品或设计服务项目时，从来不主动研究顾客有哪些期望，而是凭想象增减服务项目，结果他们所提供的服务不能提高顾客的满足感，白花了财力和人力。

（二）寻找并控制关键的服务点

服务点，就是提供服务时与顾客互动关系的触点。它是商店与顾客接触过程中能够提供的服务交会处。一般而言，点的选择是空间与时间的结合。要提升服务质量，必须确认关键的服务点，并进行不断的改进。零售商需要做的是：

1. 确定在零售商服务能力可能提供的范围内，具备哪些服务的触点

服务的触点是一个多因素的系统，例如，各类广告及其媒体，营业员的仪表仪容，行为，营业员的语言表达和适度的介绍，服务场所的气氛、装潢，产品的格调、品牌以及价格等都是服务与需要之间产生撞击并擦出火花、但不同的零售商由于经营的结构有差异，所以有效触点是不同的。提供服务，首先就是寻找零售商服务的效率触点。

2. 在众多的服务触点中，确认每个服务出点的吸引力如何，顾客会接触多久

显然，顾客的需求是多种多样的，他们的认知程度也不完全一样，这就带来了不同触点的接受和处理上的差异，例如，有的顾客喜欢听介绍，而有的顾客则相信自己的感觉；有的顾客价格敏感度强，而有的则对服务场所选择要求高等。因此，对零售商的经常性顾客进行触点的有效分析，可以从中找到具有吸引力的触点，并尽可能延长顾客对服务触点的关注时间。

3. 寻找和调查顾客满意（不满意）的服务触点及其原因，并尽力改进不满意服务点的服务质量

这是改进服务质量的关键。在所有服务触点中，在已经确认了每一个服务触点对顾客的吸引力，接着需要寻找顾客最不满意的服务触点。通过改进顾客最不满意的服务触点的质量水平，尽可能的弱化或者提出顾客的不满意服务触点，就能提高整个零售商的服务水平，逐步形成优质的服务形象和服务特色。

（三）设计具体可行的服务标准

由于顾客服务是一种无形的软性的工作，因人而异，服务的提供总会因为心情、身体

状况的原因而影响服务时的质量，也会由于每个服务人员的个人素质、经验、训练程度的差异造成服务水平差异、因此，游戏而认为，服务无法用一个统一的标准来测量，或认为标准化的服务是缺乏人情味的，不能适应顾客的需要。这种观点是错误的。事实上，许多服务工作是常规性的工作，管理人员很容易确定这类服务的具体质量标准和行为准则，而要消除服务水平差异也只有通过建立规范化的服务标准来实现。

好的服务标准应十分具体简洁，而且绝不含糊。零售商组织规模越大，服务标准就应越简单。例如，美国沃尔玛商场的员工被要求宣誓：我保证：对三公尺以内的顾客微笑，并且直视其眸，表达欢迎之意。我国很多大商场也建立了一套从顾客进门开始怎样接近，怎样打招呼的让消费者满意的服务行为规范，一些商场出了对顾客许诺大件电器商品“送货上门安装到位”外，还要求操作人员进顾客家门必须戴手套、脚套、拿抹布，保证顾客的家庭卫生。

（四）由上至下改进服务

要提供优质服务，必须使顾客满意的理念扎根于基层员工的价值观中，使“顾客满意”成为全体员工的责任。世界上许多成功的零售商都是依靠以顾客为导向的零售商文化在推动服务水准不断提高的。诺顿公司就是这样一个代表，其所建立的全公司的服务文化使其享有极大的竞争优势，然而，在许多零售商中，顾客服务往往仅仅是销售部门、市场部门和客户服务部门员工的工作，因为他们与顾客直接接触而且处在对顾客具有非凡影响力的位置上，也称之为关键部门，而其他部门的员工则认为自己只与同事、管理人员及部门领导打交道，不会接触顾客，因而不会影响顾客服务质量，并且很多零售商领导者也只将注意力放在这些关键部门上。

（五）实施有效的服务补救计划

即使是服务最好的零售商，即具有最完善的目标而且清楚理解顾客期望的零售商，有时也会出现失误，服务补救是零售商针对服务失误采取的行动。失误可能因各种原因产生，如服务没有如约履行、送货延期或太慢、服务可能不正确或者执行质量低劣、员工可能粗暴或漠不关心等都会引起顾客的消极情绪和反应。接下来可能的情况是，顾客离开，并将其经历告知其他顾客，甚至通过消费者权益组织或者法律渠道投诉该零售商。

一个有效的服务补救计划有多方面潜在的影响，它能提高顾客的满意度和忠诚度，并提供改善服务的信息。在总结服务补救经验的基础上，通过调整服务过程。系统和标准，零售商能提高“第一次做对”的可能性，这相应的会降低失误成本并提高顾客的初始满意度。

零售商实施有效的服务补救计划，第一项要求是零售商应当使不满意的顾客都很容易地进行抱怨。这可以通过提供顾客满意表和突出反映问题的热线电话来实现。第二项要求是接受顾客抱怨的零售商员工应得到良好的培训，并授权他们迅速，满意地解决顾客的问题，研究表明零售商回应抱怨的速度越快，修补的程度越高，并且态度越好，顾客对零售商就越满意。第三项要求是不仅要使特定顾客满意，而且还应发现和改正不断造成问题的根本原因。通过研究顾客抱怨，零售商能够改正那些导致问题产生的制度缺陷。

本章小结

顾客服务是零售企业为顾客提供的、与其基本商品相连的、旨在增加顾客购物价值并从中获益的一系列无形的活动。与提供的商品相比，零售商为顾客提供的服务具有以下特点：无形性、不可分割性、可变性和易消失性。

顾客服务的基本类型如按顾客购物过程分为售前服务、售中服务和售后服务；按投入资源分为硬服务和软服务。

零售企业建立服务优势的一个主要方法是一贯地提供比竞争者更高的服务质量。服务质量差距模式总结了零售商要提供优质的顾客服务时需要进行的一些活动。零售商必须通过减少服务差距——顾客的期望与顾客对服务感受之间的差别——来改善顾客对他们服务的满意程度。具体策略有：了解顾客的真实需要，寻找并控制关键的服务点，设计具体可行的服务标准，由上至下改进服务，实施有效的服务补救计划。

本章练习

一、判断题

1. 零售商为顾客提供商品实体之外，还包括一切相关和不相关的服务。（ ）
2. 服务是零售商形成长久竞争优势的主要来源之一。（ ）
3. 零售商对服务的投资是巨大的，但回报却常常难以测量。（ ）
4. 大部分顾客背离商店主要是因为商品价格问题而不是商店服务。（ ）
5. 小零售商在服务上往往无法与大零售商相匹敌。（ ）
6. 零售商在设计服务水平时不能脱离顾客的容忍区域之外。（ ）
7. 不同的服务往往会有不同的效果，零售商设计服务是不能忽略其直接的效果。（ ）
8. 零售商的服务质量往往取决于一线员工对待顾客的水平上。（ ）

二、思考题

1. 零售服务与实体商品有什么不同的特征？
2. 零售服务按顾客购买活动过程可以分为哪些类型？
3. 服务质量差距模型的主要内容是什么？
4. 零售商如何了解顾客的真实服务需要？
5. 为什么说改进服务质量不仅仅是一线员工的事情？
6. 试根据服务质量差距模型分析如何提高零售商的服务质量？

三、案例分析题

Zappos 用服务让顾客感到惊喜

Zappos 是一家美国 B2C 卖鞋网站，自 1999 年开战至今已成长为网上卖鞋的最大网站。为什么这个最初不被看好的生意会有如此高速的发展？答案也许正如 Zappos 的 CEO 谢家华所说："Zappos 的定位是一家服务公司，它只是碰巧卖的是鞋子。" 在 Zappos 成立并飞速成长的这 12 年中，谢家华一直严格贯彻着他最初的信念——"把钱花在提升客户购物体验上，而不是铺天盖地的广告宣传上。"

网络零售的弱点在鞋类零售业中表现得尤为明显，比如无法让顾客试穿、缓慢而混乱的物流、缺货等，然而这些问题在 Zappos 那里都不是问题。首先，Zappos 在物流上下足了功夫。其送货、退货一律免运费，顾客试穿不满意还可以免费退货。一开始，Zappos 实行 60 天免费退货，后来延长到 365 天，顾客可以购买几双不同风格的鞋子，试穿之后保留合适的，将不合适的退回来。Zappos 的这种做法大大释放了消费者的决策压力。其次，努力缩短送货时间。虽然 Zappos 公开向消费者承诺的送货时间是 3～4 天，但公司强调最好能在隔夜就将货品送到，之所以不承诺次日交货，一是有可能出现特殊原因无法做到。二是客户如果在次日就收到了包裹，一定会感到很惊讶，"让顾客感到惊喜" 也是 Zappos 的客户服务理念之一。三是，推出售后延迟付款的方式。顾客可以在 Zappos 享受购买商品后 90 天内不付款的灵活支付方式，这让顾客在网上购买鞋子、箱包以及其他附件时感觉更为安全和便利。

除了 Zappos 产品的多样性、送货与退货免运费和售后延迟付款，它的服务特色还有如下几方面：

1. 优化寻找和比较产品

Zappos 建立了自己的仓储和物流中心，雇用 800 名 24 小时值守的客服人员，改善网页显示速度使消费者能够迅速找到目标商品。因为他们多停留 1 分钟，就有可能生成更多的订单。

2. 提供个性化服务

客服对顾客的每一通电话、每一条留言和每一封邮件都会一一回复，使 Zappos 与客户之间产生了深厚的情感联系。

3. 把客服作为企业战略支点

客服部门是整个公司的核心。无论副总裁还是财务人员，每一名员工都必须接受客户服务培训，然后用两周时间接听客服电话，接着在仓储物流中心做分拣配送工作，最终才能走上起初的应聘职位。

4. 将任何问题视为营销机会

当顾客因质量或其他问题而感到气愤时，Zappos 的客服会试图扭转这种局面，将问题转化成机遇。基于这种服务理念，Zappos 在客户推荐调查中赢得了 87% 的积极回应。

5. 细节营销做到极致

Zappos 相信所有的事情都会产生重大的影响，比如 Zappos 会在给一些准备结婚或过生日的消费者的商品包装内放上一张贺卡，坚持做这样的小事，让消费者对 Zappos 的满意度不断提高。

6. 持续改善内外部解决问题能力

Zappos 一直用这样的标准要求自己：每天进步 1%，一年以后就会比当初提高惊人的 37 倍。在面临选择时，要有信心完成所有选项。Zappos 思考的问题并不是做与不做，而是如何做得更好。

（资料来源：石章强、张洪梅：《中国电商离 Zappos 还要有多远》，销售与市场－管理版，2012（2）：87－89。）

问题：Zappos 成功的秘诀是什么？其他零售企业可以得到什么启示？

第十三章
网络零售与零售信息化

学习目标

知识目标

- □ 了解网络零售含义和特点
- □ 了解网络零售的模式
- □ 掌握网络零售商的基本营销策略
- □ 了解现代信息技术如何改进零售活动
- □ 理解网络渠道与传统渠道的冲突与融合

能力目标

- □ 能运用网络零售营销策略开拓网络零售业务；有效解决网络零售实施过程中的问题

导入案例

网络零售的迅猛发展

随着互联网的飞速发展，基于互联网上的网络购物正逐渐成为一种新的购物渠道。网络购物由于具有选择范围广、信息量大、商品搜索方便、价格实惠、便于比较、购物方便、经验分享等优点，正日益成为人们日常生活中的一部分。

目前，我国网络市场进入高速增长期，市场交易额快速增加。据中国互联网信息中心统计，中国2007年网络市场额只有520亿元，2008年达到1 300亿元，增长1倍多；2009年和2010年分别是2 600亿元和5 100亿元，而2011年则超过8 000亿元，呈现出快速发展势头。

面对来势汹汹的网络购物，国内基于互联网上的零售活动也变得异常活跃起来，涌现出一大批新兴的网络零售商。发展引人注目的有从事B2C网络零售的京东商城、当当网、凡客诚品、拍拍网等。另外，有一些传统零售企业纷纷“触网”，凭借自身优势进军网络零售业务，初步形成后来居上的态势。发展势头较迅猛的有苏宁易购、国美电器、百联E城等。尽管目前中国网络市场中C2C网络零售仍然占主导地位，但随着越来越多的企业把注意力转向B2C，包括C2C网络销售平台也开始布局B2C业务，以及网络购物者对购物体验越来越重视，未来网络零售商的主力军将转移至B2C零售商中。

尽管网络零售兴起时间不长，但已经进行了几代的更迭，其本身的快速变革令人眼花缭乱。在新一轮的网络零售变革中，移动零售业务将成为新的变革动力。过去，人们网络购物还是坐在家中货比三家，而现在，人们可能都不会去打开计算机，而是使用智能手机，除了收发邮件、拍摄照片之外，还会用它来访问网络零售商及竞争对手的销售网站，来比较各个产品的性价比。移动技术实现了消费者"随时随地，随想随购"的生活方式。如今，移动商务已设计生活的方方面面，可以通过短信、电话、手机网络等方式查询、订购多种产品和服务，比如餐饮、娱乐、交通、旅游等。

时下，越来越多的消费者习惯亲临实体商店看样品，不急着购买，而是利用自己的智能手机，上网搜集售价更实惠的卖家。传统零售商的噩梦似乎展现在我们面前：购物者步入商场想要选购一台48英寸的东芝电视机，她找到柜台，站在电视机面前，掏出iPhone手机，登录资讯网站，开始比较价格；又有一位购物者，直接拿着智能手机扫描这台电视机的身份码，手机内置的价格比较软件可以立即搜索出附近以更低价格出售同样电视机的其他卖场，而手机里的GPS系统，不仅能够提供其他卖场的确认地址，而且还能精确定位到这台电视机所摆放的货架。

面对这一新的潮流，国外商家们纷纷开始优化网站，运行适用于iPhone、Android及其他只能移动通信工具的软件，最大限度方便利用手机上网的消费者。目前，国内零售巨头淘宝、京东、凡客等都开始有序的布局零售市场，进一步扩展用户，全面实现跨平台服务战略。回顾淘宝这几年的发展历程就可以印证。2009年，淘宝推出了WAP版手机淘宝；2010年淘宝发布全面主持操作系统Android的手机淘宝客户端；2011年2月淘宝无线开发平台正式推出，为第三方开发商提供了基础的电子商务交易机会。

在这场"移动变革"中，社交网络与移动通信工具生产商携手共进，让人们通过他们的平台各抒己见的同时，也让消费者了解到最新的购物方式、最实用的购物宝典和最时新的商品资讯。此外，如果在网络平台上的几个朋友同事想买相同的产品，还能一起通过网络和零售商谈价，最终的团购价格可能会有相当大的折扣。

随着信息技术的发展，手机成为了人类获取信息的最主要途径，相信移动时代的到来，必将会进一步加速这个过程。当手机媒体化的特征愈发明显后，未来的商业模式一定会发生更大的变革。

（资料来源：肖怡，零售学，高等教育出版社，2013年版。）

案例点评：现在，越来越多的消费者通过网购买到了物美价廉的商品，体验到超越预期的服务。网络零售业态已成为零售业发展的重要途径，网络零售已纳入许多企业发展的战略部署中。但网络零售不是传统零售模式在网络上的翻版，要做好网络零售，就要了解网络技术和网络消费者的网络购买行为，以及网络零售运行、网络促销等全新的网络零售新模式。

第一节 网络零售

网络零售是指通过以互联网为主的电子渠道为终端消费者提供商品或服务的销售活动。其具体是指，消费者在互联网上浏览、比较和选择商品或服务，通过网络或者电话下订单，进行网上付款或者离线付款；商家处理订单、网上送货或离线送货，从而完成网上零售的整个过程。

一、网络零售的特点

网络零售企业采用一种无店铺的商品销售模式，它的运营和交易过程主要依靠互联网，因此，与传统零售商业相比，网络零售企业具有自身的特点和优势。

（一）营业不受时空的限制

网络零售企业的建立和运营都是以互联网为基础，它的营业空间随网络的延伸而延伸，不受地理位置的限制。许多国际网络零售商如亚马逊、巴诺在线等，都是面向全球顾客进行销售的。同时，网络零售的交易时间是由顾客决定的，可以在全世界范围内进行全天 24 小时的不间断运营。

（二）全方位展示产品和服务

传统的零售商店虽然可以把实物展示给顾客，但简单的介绍无法让顾客了解产品的内在结构和品质，而且顾客还容易被产品的外观、包装及促销员的推销手段所迷惑。而借助于网络的媒介优势，网络零售企业可以全方位地展示产品的外观、性能、品质及内部结构，使得顾客在购买前能对产品和服务进行充分的了解和认识，有助于顾客理性地进行购买行为，提高顾客的消费效用。

（三）降低企业的投资和经营成本

与传统零售企业相比，网络零售企业可以节省开设店铺所需的前期投资，如店面建设、装潢及其他配套设施的花费。此外，通过利用网络销售渠道，网络零售企业还得以避开传统零售渠道中间环节过多的问题，降低流通费用和交易费用。同时，网上零售企业所需投资的电子计算机、数据库及网络通讯费用日益降低，这也有利于网络零售商向顾客提供更有竞争力的价格。

（四）缩短物流供应链

传统零售商的物流供应链要经过生产商、经销商、批发商、零售商等多道环节，才能最终到达顾客。每一个物流的结点都需要或多或少的库存，这不但增加了企业的管理费用和库存成本，而且延长了货物的流通时间，使企业不能很好地抓住转瞬即逝的商机。而对于网络零售企业来说，物流的过程是"供应商——网上零售商（通过配送中心）——顾客"，这使得供应链的长度大大缩短，可以减少网上零售企业的库存，甚至可以做到"零库存"，这节省了企业的物资资源，同时给企业带来了极大的隐性效益，如降低商品成本、提高对消费者需求的反应速度等。

（五）增加营销即时性

相比于传统企业的营销体系，网络零售企业具有即时性这一优越性，主要体现在两方面：一是企业发布信息的即时性；二是获取顾客反馈的即时性。网络零售企业可以随时利用 BBS（电子公告栏）等方式向外界发送企业和产品信息，实现营销信息的即时公布和更新。同时，网络零售商可以很方便地统计出自己的购买客户和访问客户人数，并通过电子邮件或网络商店内置的聊天工具等方式获得顾客对于产品直接的、即时的反馈，有利于网络零售商快速收集和处理信息，迅速调整产品的价格或款式，提高应对市场变化的灵敏度。正因为网络零售企业具有上述这些优势，使其在世界范围内保持着快速、持续的发展态势，成为各国经济持续增长的推动力之一和未来经济的新增长点。

二、网络零售的模式

（一）垂直型网络零售模式

垂直型网络零售网站是指整合产品的生产商、批发商、零售商，使网站成为直接面对客户进行产品销售的交易平台。开展垂直型网络零售的企业拥有独立的销售网站，专注于某一类产品的销售；在线下拥有一定数量的实体店并已经产生了自己的品牌效应，同时也已经形成了特定的消费者群体；在零售方式上形式多样，既可以将网上产品放到实体店里销售，也能反过来为之。由此可见，垂直型网络零售模式适合规模较大、发展成熟、已产生一定品牌效应及有丰富的实体运营经验的传统企业及部分中型企业用以拓展销售范围。

（二）综合型网络零售模式

综合型网络零售模式商品种类齐全、数量庞大、覆盖范围广，并且拥有广大的消费群体，如我们熟悉的卓越亚马逊、当当网就是典型的综合型网络零售模式网站。由于综合型网络零售需要与众多的生产商、供应商进行沟通和合作，不仅要对数量庞大的商品进行库存、整理、展示、销售、物流配送、售后，而且还需要对消费者提供一对一的服务，因此容易导致运营成本和配送成本偏高，从而拉长的企业盈利周期。

（三）平台型网络零售模式

以淘宝商城为代表的平台型 B2C 是一种全新的概念。平台型网络零售模式是指网络零售交易在平台型的网站上进行，这个平台仅为企业与消费者提供交易服务，对交易行为进行监督并有权处理违规行为，平台本身并不参加产品的采购、库存、物流等工作。

平台型网络零售模式通常是缺乏资金和实力建立垂直型网络零售网站的中小型企业，

进行网络营销所采用的模式。

三、网络零售的营销策略

网络市场的竞争是开放性的全球市场竞争，其竞争门槛相对较低，任何企业和个人都可以在网上开店，导致网络市场竞争异常激烈，网络零售的成功并非易事。即使一家历史悠久并拥有成熟实体店铺经营模式的零售商，要想在网络零售也无趣的竞争优势也很不容易，因为网络零售所要求的零售理念与他们现有的经营方式存在很大差异。无论是纯网络零售商还是传统企业开拓网络业务，其经营方式都是大同小异的。网络零售商必须精心设计自己的营销策略，包括以下几方面要素：顾客界面、商品组合、网络链接、顾客服务、互动沟通。

（一）顾客界面

顾客界面就是顾客所能接触到的于某一特定网络购物相关的所有元素。包括主业的设计样式、商品陈列的顺序、浏览和搜索的便利性、下载速度等。正如商店氛围和视觉销售对实体零售商非常重要一样，顾客界面是影响网络购物者进入一个网站的重要因素。网络零售商要充分考虑顾客需求，构建一个能够全方位满足顾客互动需求并达成与顾客和谐持久关系的界面系统，以此来优化顾客的体验。不但如此，顾客界面系统还需要为顾客之间的互动提供平台，使其能够围绕购物行为展开传播活动。因此，在构建顾客界面系统时，系统的互动性、关联性、透明性、体验性、共享性、开放性、延展性是基本要求。

小知识

凡客诚品顾客界面的延伸

作为成功的电子商务企业的代表，凡客诚品可谓是深谙互联网游戏规则，不仅将网络媒体进行了全面的整合，而且按照互联网运行规则打造页面系统，几乎将所有核心业务都集中在了互联网上。

凡客诚品官网（www. vancl. com）以商品展示为核心的界面设计配以醒目、间接的导航，支持大图商品浏览、搜索、收藏、购物车、物流查询、促销推荐等诸多功能，能够满足顾客的请求快速响应。在这里，一般顾客所要了解的信息、所期待的服务和各种互动形式一应俱全。

在“凡客体”广告成功扩大知名度后，凡客诚品有将微博作为宣传和推广凡客品牌的有效渠道，有关新品上市、业务发展、品牌内涵的信息都会及时发布出来，后续的一系列明星视频广告也通过微博首发，在短时间内获得广泛的关注，然后再想其他媒体扩展。凡客诚品 CEO 陈年亲自上阵，把微博当作解决顾客投诉的信访站。他发布的第一条微博是就客户订单投放延迟误事向顾客道歉。而顾客甚至可以在陈年的微博上直接投诉，而陈年也在“第一时间”恢复并迅速作出反应，在线下推动企业提供更及时完善的顾客服务，让顾客感觉企业不再是一个“不露面的公司”，从而使顾客满意度大幅提升。

2012年年初，凡客诚品又推出了“凡客达人”计划，这又是一种全新的界面延伸形式。凡客诚品为有志于成为分销商的用户推出了一个社区划分成营销平台，买家只要通过“达人”的店铺或空间购买凡客产品，“达人”就可以获得10%的销售分成。这一大胆实践开放平台的重大战略举措，成功地将界面延伸到了每一个人认同凡客诚品品牌的用户界面上。

（资料来源：张佰明，“顾客界面：网络营销的千手观音”，《销售与市场》评论版，2011年第9期。）

（二）商品组合

从理论上看，网络零售可以经营无限多的商品，实体商店中难以实现的广而深的商品组合，似乎可以在网络商店得以实现。目前流行一种“长尾理论”，告诉我们由于不受店铺资源的限制，网上经营的商品深度可以无限延长，但出于商店形象和运营成本的考虑，商品组合还需要认真规划，尤其需要在专业化还是综合化上作出选择。同时，拥有线上线下双渠道的零售商，还必须考虑双渠道之间的商品安排。

1. 专业化和综合化选择

早期的国内网络零售商都专注于自己的垂直领域，京东卖电器、当当卖书、红孩子卖母婴用品……都在自己的领域里深耕细作，并且取得了不错的成绩。但是随着专业化的深入，这些电子商务公司都会面临一个发展的困境，那就是市场整体规模问题。于是，凡客诚品开始大张旗鼓地卖起了化妆品和家居用品；京东商城高调宣布在图书市场上要将价格战进行到底；当当网的主页上不再是图书的天下，化妆品、电器、食品等大行其道……传统的B2C网络零售商纷纷转型为“百货商场”。

综合化经营的网络百货商店无疑能够给消费者提供更加丰富的产品品类和服务，同时为平台引入更多的流量，扩大市场规模。但也带来了诸多问题，一是同质化严重。由于这些零售网站销售产品雷同、销售策略趋同，导致目前综合性零售网站出现了严重的同质化现象，二是品类繁多也会打乱供应链体系。品类越多，供应链体系就会越复杂，可能产生的问题就会越多。苏宁易购曾经为了完成一本书的配送出动运送家电的大货车，这一方面体现了苏宁易购为了提高顾客体验不惜成本的营销策略；另一方面也反映了其原有的供应链体系的不适应。

2. 线上与线下的商品安排

对于双渠道（网络零售和实体零售）经营的网络零售商而言，商品组合除了考虑专业化和综合化选择外，还要考虑线上线下商品融合还是错位的问题。据统计，由于经营成本的不同，同一商品在线上线下存在20%~30%的差价完全正常。20%的差价足以让线下渠道产业链产生巨大的动荡，传统线下渠道商苦心经营的实体店面系统在线上渠道的冲击下束手无策，这是线下连锁门店尤其是加盟店反应激烈的症结所在。一些零售商为了不冲击实体零售业务，实施不同渠道产品差异化战略。例如，李宁公司对于自己的线上销售与线下渠道的产品定位实现了差异化。线下李宁旗舰店专门销售正价新品，有些店铺销售库存商品，而李宁官方电子商务平台e-lining.com主要销售限量版产品，包括明星签名可以典藏的商品。应该说，李宁公司的线上和线下差异化之道，为更多进军网络市场的传统零售商提供了一个参考。

但是，线上线下渠道的产品融合，是一个必然的发展趋势。因为消费者需求的多样化，一种模式不可能满足所有的需求。特别是当企业愿意认真考虑“消费者购物便利”体验时，线上和线下的整合更应该起到的是互补作用。如何把线上销售与成百上千的实体店整合起来，形成一张完整、结实的网，而不是互不相干的两张皮，是企业迟早都必须面对的问题。

（三）网络链接

网络零售商同样面临着选址的问题，需要做出三个决策：一是在网上购物中心开店还是独立开店；二是在哪家购物平台上开店；三是在哪些搜索引擎网站注册。可见，网络链接的重要性无异于实体商店中选址的重要性。网络购物中心与现实购物中心的优势类似，都是可以吸引更多的商店客流。除了确保在主要的搜索引擎注册以外，还有其他几种吸引客流的办法。在销售或提供相关产品或补充性产品性信息的网站上做广告是一种重要的方法。例如，出现在某一主站顶端的标题广告，双击这个标题就可以直接进入广告主的网站。京东商城经常在 MSN 主页上右端做促销广告。另一种方法是关键词广告，这种广告主要在搜索引擎上做，用户每次输入特定搜索关键词便会出现特定零售商的广告。由于受众是对特定种类感兴趣的网络用户，因此，这种广告针对性较强。

（四）顾客服务

网络购物中，口碑是影响消费者购物的决定性因素。大部分顾客搜索到目标商品后，除了关注商品本身属性外，还会浏览用户评论等商品相关信息。网上买家评论信息甚至超过了亲朋好友意见，成为网络购物者最关注的外部信息。顾客良好的评论不仅仅是因为产品本身，还包含了从信息搜索到选择、下单，支付，物流、退换货等一系列与产品本身紧密相连的各项服务。这些服务的无形性、过程性和提供者的不可分割性等特征，使得客户体验成为网络零售商品牌化的一个关键组成部分，有时甚至比产品本身还重要。

（五）互动沟通

在网络时代，市场的主动权和控制权已经逐渐转移到消费者手中。媒体的传播方式正发生着变化，营销传播手段的革新势在必行。各种新的广告形式和营销方法不断出现，新营销手段的要旨就是企业如何充分利用网络媒体的特征，加强与潜在消费者进行互动沟通，从而更好地了解他们，更好地与他们建立关系，满足其需求。下面是几种常用的网络沟通渠道。

电子邮件：电子邮件是互联网营销的基础应用工具之一。营销者以邮件订阅形式将行业、企业以及产品信息通过电子邮件的方式提供给目标用户，用户可以在产品试用、使用以及品牌体验和传播方面与企业和其他用户互动。

博客或微博：博客是信息制造和信息传播的主要门户之一。营销者通过企业博客或者第三方博客为博主或消费者提供免费试用产品，进而邀请他们发表对产品的使用感受和评价。微博的出现，为博客营销的互动体验功能插上的翅膀。

论坛：论坛是病毒式营销传播的良好平台之一。营销者通过在特定论坛中开设品牌或者产品专区、专栏，并有针对性和方向性地提出相关讨论话题，通过组织和邀请消费者参与主题互动讨论，进而达到让顾客体验品牌的营销目的。

虚拟社区：用户对虚拟社区有着相当高的黏度，以 SNS 最为典型。营销者依托虚拟社区模拟现实世界的游戏特性，通过用户在社区的虚拟创造、参与活动，将虚拟社区中的相关商品和道具变成企业营销信息传播的载体。

即时通信：广泛使用的即时通信工具被赋予了更多的营销功能。凭借在信息获取、沟通与传播方面的强大能力，即时通信平台为“一对一”、“一对多”的互动营销提供了更多可能。网络口碑传播的效应也在用户互动体验过程中得到了扩散。

第二节 零售信息系统

一、信息技术如何改进零售活动

今天，一家传统零售商，他不用涉足网络销售或全渠道零售可能也会生存，但如果与信息技术绝缘，他很快就会被时代所淘汰。随着零售市场竞争越来越激烈，精细化管理成为零售商参与竞争的必备利器，只有更精细的管理和操作才能让零售商在市场竞争中赢得竞争优势。而零售业的精细化管理离不开信息技术的支持。我们来看看信息技术是怎样改变零售活动的。

（一）信息技术能提高零售业务的效率和准确性

过去，大多数计算机控制的零售信息仅仅用于现金收讫错误和改善库存控制。今天，计算机已经成为零售业务管理活动的基础，并渗透到消费者调查、订货、商品配送、促销等各个领域。不仅大型零售商运用信息技术，就是中小型零售商也开始越来越注重信息化建设，拥有信息化的财务管理系统，能够实现销售统计和库存查询，从而使零售业务的效率和准确性大大提高。例如，信息技术对单品管理是一项基本功能，除了提供正常的商品销售信息外，还可以从商品的生命周期、商品的品类角色、商品的价格类型、捕获的控制方法等方面来进行管理，从而降低了单品经营的成本，提高了单品效益。

信息系统提供的顾客购买频率的变化、购买商品结构的变化，以来店人员的变化等信息，帮助业务人员从对商品广度和深度的深入分析中了解顾客的需求，以便调整经营策略。梅西百货在美国经营了 800 多家百货商店，其百货商店销售的商品包括男装、女装、童装、化妆品、家具家用器皿等。高层管理者决定梅西百货需要根据地区需求采购商品，包括服装和其他商品的颜色、尺寸、品牌样式等，上述这些都应当基于每个梅西百货商店的销售模式。例如，在德克萨斯的商店储存的服装可能比纽约的服装尺寸较大、颜色较深，或者在芝加哥大街上的梅西百货店化妆品的种类较多，以吸引较时尚的买主，信息系统可以帮助梅西总部管理层做出这些商品决策和战略支持。

（二）信息技术能加强零售商与顾客和供应商的亲密关系

当一个零售商真正了解顾客并服务好顾客时，顾客就会成为回头客，购买更多的商品，从而产生更多的收入和利润。如何真正了解顾客和供应商，对于拥有大量顾客和供应商的零售商而言是个关键问题，而信息技术可以帮助零售商与顾客和供应商的亲密关系。

信息技术能够帮助零售商增进与顾客之间的关系。男士休闲连锁集团（Cuasual male Retail Group）向顾客做出了一个简单承诺：如果发生缺货，产品会在五个工作日内被送上门，超期就免费。未了避免缺货，该公司实施了一个新的库存管理系统和新的库存补货系统，这些系统与零售店中的 POS 系统集成在一起。当产品从分销中心运到商店时，补货系统中库存信息就会自动更新。零售店中的 POS 系统每天会将更新过的库存信息发送到补货系统，这可以被用于需求预测，并指导供应商的生产。这是一套非常先进的信息系统，有了它，公司可以更好地满足顾客的需求，建立良好的顾客关系。

信息技术同样能够帮助零售商增进与供应商的关系。信息技术能将生产、物流和销售三个过程进行结合，将销售的信息灵活的运用到采购、生产、物流中，增加计划控制，逐渐形成按需订货、按需生产，最大化地节约社会资源。信息技术的支持，使整个供应链有条不紊地运作，使商品的生产、供应和销售达到一种和谐。美国的彭尼百货公司是信息系统是企业同供应商关系亲密而获益的例子。每次，在美国的彭尼店铺卖出一件衬衣，销售记录立即出现在中国香港的供应商 TALApparel 公司（简称 TAL）的计算机上，该供应商是一个巨大的成衣制造商，全美销售的 1/8 是由该公司生产。TAL 通过运行自己开发的一个模型处理数据，决定制造多少衬衣，什么尺寸，样式和颜色。然后 TAL 将这些衬衣配送到每个彭尼店铺，节省了仓储费用。换句话说，彭尼的库存接近于零，库存成本也接近于零。

（三）信息技术能为零售商带来新产品、新服务和新运营模式

运用信息技术不仅能为零售商现有的商业模式带来更高的效率，同时也能为零售商带来新产品、新服务和新运营模式。前面所述的网络销售和全渠道销售模式就是信息技术发展的产物，而一些走在信息化前列的零售商如亚马逊公司开始将自己的向新的领域延伸，出售多余的储存空间和计算能力，以至于人们很难分辨他的产业定位，是零售公司还是 IT 公司。另一个例子是 Lands End 公司，顾客通过该公司的网站订购牛仔裤、西裤、斜纹布裤和衬衣，公司可以根据他们的说明进行个性化剪裁。顾客将其服装尺寸输入网站上的一个引表，然后通过网络将顾客的说明送到一台计算机中，该计算机为顾客开发电子的按尺寸制作的样本。这个样本通过网络送到制造厂，在那里裁剪设备按此裁剪。由于过程不要求附加的仓储和库存，孤儿公司几乎没有额外的生产成本，而向顾客收取的费用略高于大批量生产的服装价格。Lands End 公司销售的 14% 的衬衣和裤子现在都是个性化生产的。这种基于信息技术开发产品和服务的公司，其他公司很难模仿，或至少需要很长时间才能模仿。

（四）信息技术有助于零售商实施竞争战略，从而提升竞争优势

迈克尔·波特在《竞争优势》一书中指出：技术变革就其本身而言并不重要，但是技术变革如果影响了竞争优势和产业结构，他就举足轻重了。

信息技术也能帮助企业实施差异化战略和聚焦目标市场。运用信息技术能够帮助零售商在某个竞争市场上比竞争者做得更好。信息技术能够帮助零售商分析顾客购买模式、品味和偏好，从而使得公司能在目标市场上有效的投放广告，开展市场营销活动。这些数据的来源包括信用卡业务、人口数据、零售店铺结账台扫描的采购数据、会员卡业务，以及顾客和网络互动、存取时收集的数据。复杂的软件工具能够发现大量数据中的模型和处理规则，用它们可以帮助决策。

二、零售信息系统的开发

零售商开发一整套的信息系统需要做出多方面的决策。包括信息系统扮演什么角色？信息系统应当自己管理还是外包？信息系统的成本有多大？多少数据才足够？如何实现数据在公司和供应商之间的传递？数据应如何储存以备未来使用？

尽管目前先进的信息系统可以应用于零售活动的各个方面，但由于一些先进技术费用昂贵，中小型零售商无法采用。例如，尽管小企业有能力使用 POS 机结账，但他们却没有能力采用全面自动存货系统。这倒是他们的效率可能比规模更大的竞争者低，不得不通过更多的个性化服务来缩小差距。但无论如何，零售商应该尽量引入适用的信息技术改进零售活动。下面是零售商常用的几种信息系统。

（一）POS 系统

POS 系统又被称为"销售点实时管理系统"，是采用条形码技术、设备与收款机联合进行销售数据是实时输入，采用信用卡技术、刷卡设备与收款机联合进行商品销售的实时结算，能够及时地跟踪处理销售与结算支付业务，并根据这些数据为销售进行详细、正确、迅速地分析，为商品的补货和管理提供依据的信息管理系统。利用 POS 系统可以及时地了解商品的销售动态和周转情况以及库存信息，还可以帮助进行商品结构的 ABC 分析，实现对商品的单品管理。这对于零售商研究消费者偏好，把握消费趋势是非常有意义的。

（二）EDI 系统

EDI 系统即为电子数据交换系统，是按照协议在数据通信网络上将具有一定结构特征的标准数据资料，在贸易伙伴的计算机系统之间进行交换和自动处理的电子化工具。他通过将与商业贸易活动相关的运输、保险、海关等行业的信息，用一种标准化的格式进行代码描述，然后通过计算机通信网络，实施企业内部之间、企业与其他企业或相关机构之间的电子数据的传输、处理与交换。对于零售商而言，每天都有大量数据需要在总部、门店、配送中心、交易伙伴之间流动，因此，使用 EDI 即实现了"无纸交易"，又加快了信息传输的速度，提高了工作效率。

（三）EOS 系统

EOS 系统即电子订货系统，是零售商将各种订单信息通过计算机网络系统传送给供应商，完成企业（包括配送中心）与批发商、制造商之间的商品订购、运输、调配等，以及订货、接单、处理、供货指示等项目内容的作业控制，而全部过程均是在计算机中进行的系统。零售商通过建立起与供货商之间的 EOS 系统，实现商品快速反应，能减少缺货现象，加强商品采购管理。

（四）MIS 系统

管理信息系统即 MIS 系统，是指专门为零售商服务，具有特定功能包括：为实现增加商品的销售，在企业内部对商品计划、合同、购、销、调、存、核算、财务、统计分析、辅助决策的整体循环处理过程中，以数据信息为轴心全面自动化的管理控制系统。MIS 常以固定的格式，基于数据总结的规则调度报告，其数据来自业务处理系统。MIS 支持结构化和一些半结构化决策。

（五）DSS 系统

DSS 系统也称决策支持系统，是联合数据、负责的分析模型和工具以及用户友好的接口软件而形成的单一强力系统，能支持中高层零售经理们所面临的各种半结构化或非结构化管理决策。有两种类型的 DSS：模型驱动 DSS 和数据驱动 DSS。DSS 可以帮助支持定价、供应链管理、客户关系管理以及模拟企业各种情景等的决策。地理信息系统 GIS 也是一种特殊的 DSS 类型，他用数据可视化技术在一个地图上分析和显示数据以便计划和决策。

（六）VAN 系统

VAN 系统即价值增值系统，是零售商与其战略联盟企业之间的实现资源信息共享的网络系统，联盟企业之间可以相互传递信息或了解对方的信息，但对联盟外部则设置保密。因可以减少搜寻成本等交易费用，减少一些中间环节，故能实现各个企业在原有基础上的价值增值。

上述各信息系统不是独立存在的，而是整体联合起来形成的一个有机的网络以消除信息搜集的重复和各功能系统的局限性，在这些基础上，一些新的网络信息技术也是层出不穷，如 CRM（客户关系管理）系统、ECR（高效顾客响应）系统、SCM（供应链管理）系统、LIS（物流配送）系统、HRM（人力资源管理）系统、OA（办公自动化）系统等。零售商要根据自身发展的需要建设相应的信息网络，帮助提高企业的运营效率。

需要强调的是零售商信息化程度高并不代表企业的管理水平就一定很高，关键还在于连锁企业必须有一种基于 IT 的执行文化，在于管理者头脑中有一种用数据进行科学管理的概念，拥有一个完善的信息管理系统和管理制度并不能保证企业拥有强大的竞争力，只有同时建立起基于 IT 的执行文化才能发挥制度和技术的作用。

三、零售信息系统的运用

（一）数据仓库

数据仓库是集中收集，分类和储存信息的地方。零售商将所有的针对不同特定主题收集的相关信息以数据库的形式存储在同一个地方，可供员工在任意地点打开利用。通常，数据仓库被安放在企业服务器上，是企业全部数据或关键数据的中央仓库。数据仓库具有的如下优点，管理层和员工可以在任意地点快速，方便，同时接入数据库，在公司范围内提供更多的访问许可，通过将记录储存在同一个地方，可以增强数据的一致性，由于信息储存在同一个地方，还可以更好的实现对数据的分析和操控。

数据仓库的建立需要解决数据采集问题。数据包括企业内部数据和外部数据两部分。内部数据归纳起来包括财、物、人三方面的数据（人包括员工和顾客）。外部数据包括主要竞争对手信息，行业信息，宏观经济信息等数据。内部数据中，财和物比较容易获取，绝大多数的 POS 系统、ERP 系统等都能提供比较完善的元数据。人的数据中员工数据比较容易获取，但交易行为中最重要的顾客数据，即以客流量，顾客行为，顾客习惯等为核心的数据却没有那么容易采集，所以经常在企业发展初期被忽视和搁置。目前，国内零售商已经开始意识到这些数据的重要性了，并设计不同方案逐步完善这些数据的收集。

精确的数据库建立之后，在 IT 服务商的帮助下，零售商可以根据各种信息系统直接生成有价值的，不同格式的电子报表，供不同级别的管理者使用。电子报表按形态功能可分为时报，日报，周报，季报和年报，客流量，销售排行榜，客单价，交易记录，对比分析等。电子报表还可以根据岗位不同要求进行个人制定以及图形化。

（二）数据挖掘

数据挖掘是指依赖特殊的软件在数据仓库中进行筛选，通过对信息的深度分析，获取有关消费者、产品种类和供应商的具体有价值的信息，以帮助零售商进项有效的决策。

最经典的数据挖掘案例是“啤酒 + 尿布”的品类关联分析，在超市里，将啤酒和尿布摆在一起销售，两者的销售都翻番。原来下班回家的先生们在给宝宝买尿布的同时也喜欢给自己捎上几罐啤酒。没有人事先知道这两者有关系，而是用惯常的数字分析方法进行运算，偶尔发现了两者的关联，然后再转为有意识的自动自发地寻找规律。

能够从数据挖掘中获得的信息类型包括关联信息、顺序信息、分类信息、串联信息和预测信息。

（1）关联信息。关联信息是指单一的活动相联系的事件。例如，超市购买模式的调查显示，当顾客购买玉米片时，65% 的情况下顾客会同时购买一瓶可乐；但在促销活动中，85% 的可乐将售出。经理将从这一信息中得知促销活动能否获得更高的利润，这样有助于更好地制定促销计划和商品陈列计划。

（2）顺序信息。这是指某一时段里相联系的一系列事件。百安居的客户信息系统发现，如果为客户装修完了一套公寓，65% 的情况下会在两个星期之内售出一台冰箱和热水器，45% 的情况下会在一个月之内售出一台炉灶。

（3）分类信息。这是指通过审查现有已分类的信息和根据一系列的准则描述某信息归类于哪一组的模式。例如，零售商担心可能丧失稳定顾客，通过分类，公司便能找出那些喜欢更换公司的顾客特征，经理根据分类中的模式能够预测哪些顾客喜欢更换公司，并实施相应的策略留住顾客。

(4) 串联信息。当一大堆数据杂乱无章地摆放在那里，数据挖掘工具能在数据间发现不同的规律并进行分类，比如将众多的会员卡归类到相似的区域里或根据顾客统计和顾客个人购买的种类将数据进行分区。

(5) 预测信息。虽然上述应用中已经包括了预示的成分，但预言信息使用了不同的方法，它利用现在的一系列价值来预测将会产生怎样的其他价值。例如，通过预测，经理可能在数据中发现连续变量的未来价值，如销售数据的模式。

总之，零售商使用数据挖掘技术和历史数据以及对未来状况的假设，可以预测如顾客对某价格政策的反应或购买某一商品的可能性等事件的结果，从而为自己今后的零售活动制定更精准的计划。例如，The Body Shop International plc 美国分公司利用目录、网络和零售客户数据库，使用预测性分析，预测哪些客户更倾向于使用目录购买。利用此信息，公司罗列更精准、更有目标性的邮寄列表以便获得对邮寄目录最大的响应率并获利。

(三) 扩展性运用

零售商开发的许多信息系统，事实上并非单一的用途，例如最初用于商店选址的地理信息系统，如今正广泛运用于其他方面。零售商在营运过程中希望了解商圈里的大量信息，诸如，商圈里每个小区人口规模、小区档次、楼价等具体属性是什么？门店什么日子什么时段适合开业？是正常销售还是开展促销？促销周期选多久？门店消费群体的男女比例、年龄、收入水平、教育程度、消费能力等是多少？年轻的职业女性主要在哪个区域？以中老年为主的消费群主要在哪一带活动？中高档收入人群密集区域在哪里……这些多维度的顾客分析是零售商成功的必要信息，而这些信息现在可以通过地理信息系统获取。

地理信息系统（GIS）已不只用于选择地块，而是将功能扩大至识别收购标的、调整营业时间，甚至重组商品组合。不少零售商都能活用 GIS。例如彭尼百货公司利用汇集起来的 GTS 数据实现了门店商品组合的多样化，以满足不同地区消费者的品位。此外，彭尼的研究员还在着手创建一个用以购物中心排序的标准化网络升级系统，以及一个在建门店建造进度的追踪系统。彭尼的管理层还通过 GIS 数据库，调整了部分门店的营业时间，使之做到最为盈利。沃绿（Wal - green）也在掌握实际销量和客流的基础上，通过 GIS 确定营业时间，以及确认商店收购的可行性。在美国中西部拥有 20 家购物中心的 United Properties 公司运用 GIS 收集详尽的区域竞争图，以及当地消费者的购物喜好。公司根据不同地区投入不同种类的商品和服务，即可试探当地的消费潜力，又能应变市场竞争。

第三节 网络渠道和传统渠道的冲突与融合

一、网络渠道和传统渠道的冲突

一般来说，网络渠道和传统渠道之间的冲突主要体现为网络渠道对传统渠道的冲击。这种冲击主要体现为：

（1）当新的网络渠道能为目标受众提供更加诱人的服务（比如在产品属性方面的相对无限多的信息、不断增加的客户定制、时间的节省等），销售将会从传统的渠道流向新的网络渠道。

（2）互联网最有可能提高消费者对力量，因为它们可以使价格比较在企业间很快很容易的进行，它导致的价格竞争加剧也减少了传统渠道上的利润。

（3）网络渠道体现的价格优势会让传统渠道把它视为不受欢迎的竞争者，当发生这样的情况时，公司现有渠道将失去动力，经销商将减少对公司产品的支持或完全放弃公司产品，这反过来又会导致更多的竞争品牌转向这些渠道，从而给公司带来更多的经营压力。

比如美国最为知名的牛仔供应商之一 levi Strauss&Co.，就在零售商的强大压力之下中止了 levi. com 上的零售业务。如果有访问者着希望在线订货，它们会把用户连接到零售商的站点，而这很有可能对用户造成感情上的伤害。

所以，企业面临着这样一个难题：如何进行网上销售。才能不伤害到零售商、中间商或代理商的业绩？

二、传统零售商“触网”商机

网络零售的迅猛发展会对传统实体商店的运营带来冲击吗？过去几年，这还是一个值得人们探讨的问题，而今天，更多的人关心的是传统零售商如何让“触网”去分享网络零售这一巨大市场“蛋糕”。

从美国市场来看，网络零售商排名前 10 位的有 9 家企业是实体企业运营的 B2C 网站，2010 年英国网上零售业中，访问量前 10 家企业，也有 6 家开设了实体店。而在中国，2011 年排名前 10 位的 B2C 网站中，只有苏宁易购一家是传统零售商开设的，其余均是纯网络零售商。中国传统零售商似乎对这一场新的零售变革的嗅觉有些迟钝了，依然价格主要精力放在线下零售市场的争夺上。

网络零售与传统零售相比，在消费者订货方式、产品展示形式、营销手段、物流形式等方面有所不同，但从根本上说都属于零售活动，都离不开传统零售的一些基本环节，如采购、物流、售后服务等，这些基本环节决定了企业的生存发展。传统零售商虽然起步晚于纯网络零售商，但凭借其品牌和资源优势完全可以迅速占据优势地位。传统零售商开展网络零售业务具有以下优势。

1. 强大的品牌影响力

从以开展网络零售的传统零售企业看，大多数是全国或区域的领先企业，再所经营的区域内有较高的品牌知名度和美誉。其品牌影响力自然可以过渡到零售业务中去。这些全国性或区域性的领先企业进入网络零售市场，起多年积累下来的知名感和美誉度以及强大的线下资源的支持，相对而言更容易突破网络市场的诚信障碍。

2. 稳定的进货渠道

进货渠道的建设不完全是签合同、下订单那样简单迅速，他需要时间的磨合。传统零售企业大多经过多年的经营，已经拥有一只对市场有着敏锐洞察力的采购团队，良好的供应商合作关系，建立起相对稳定的供货渠道，超强的供应链管理水平和强大的系统支持，这意味着货源有持续供应能力，质量有明确的保障，价格与市场同类商品相近或更低，这些是多年合作关系的基础，而且对消费者意义重大。特别是已经有较大销售规模的传统零售商，在渠道方面更具优势，可以获得更低的价格、更广泛的商品品类、更快速的顾客响应。

3. 成熟的物流体系

具有一定规模的传统零售商大多建立了较为健全的物流体系，一般都有自己的大型配送中心和物流车辆，有分部各处的门店网络，有合作密切的厂家物流。这些优势是目前纯网上零售商创业初期所不具备的。例如，苏宁易购之所以能迅速崛起，就是以来苏宁公司已经建好的八大第三代物流基地、90 个配送中心和 308 个配送点，以及 1000 多家实体门店等强大的仓储配送能力的支持。

4. 健全的售后服务

商品售出并不是交易的完结，售后服务是零售的重要的环节，特别是家电产品，需要一定的技术含量并且使用时间长。消费者在购买之后，一般都会有安装、咨询、检测、保养、维修、延保、以旧换新等需求。传统零售商由于其自由的网点资源、厂家网络和服务网络，再提供售后服务、退换货等方面，同样有着纯粹网上商城短期内达不到的优势。

5. 消费者多渠道的购物体验

对广大消费者而言，实体商店与网络商店各有各不同的购物体验，双方的互补更能给消费者带来更多的购物体验。与其在大卖场里将购物车推来推去，一些人更愿意在家上上网下单，然后开车去店里提货的购物模式。百思买的在线购物者能在全美国 1300 家百思买商店中取到实物，从在线付款到实体店提货，最快只需 45 分钟；一些指定门店甚至可以为前来提货的购物者提供预留车位的服务。沃尔玛 2011 年推出的“今日提取”（Pick up Today）网购方案，允许购物者在其网站上购物后，到指定的 3600 家门店中的任一家提取。这一方式已受到大多数购物者的欢迎。可见，网上商店的增加，并非对实体店销售份额的蚕食，而往往会拉动更多的销售。网上商店不仅仅是对实体店的一种有益的补充形式，更是对零售商服务水平的提升。

网络零售毕竟与传统零售有较大的区别。在开展网络零售业务中，传统零售商具有很多的优势，同时也有很多需要向纯网络零售商学习和借鉴的地方。从发达国家零售业发展和电子商务发展的经验来看，线下再向线下扩张，线上也在向线下发展，二者的相互融合是必然趋势。并且从实际的结果来看，传统零售商尽管起步晚，但仍然凭借后发优势取得了较高的市场份额。

三、网络渠道和传统渠道的融合

很明显，网络渠道和传统渠道之间产生冲突的根源在于它们以相同的产品去争取相同的顾客。因此，想要解决它们之间的冲突，就必然要从差异化的角度去思考问题。也就是说，除了其他的一些具体的因素之外，一个恰当的定位是需要的。可以从以下三个方面去寻找二者的差异，以其形成互补的姿态。

（一）市场上的差异

在寻找网络渠道与传统渠道的差异时，首先可以使目光集中在市场上，也就是对顾客进行划分和分层，给不同的顾客群以不同的渠道侧重。

市场差异化最简单、最易操作的方法是按区域进行顾客划分。在目前的经济发展阶段，城市的网络水平明显比农村和城镇高，而且相应的物流配套措施都比较齐全，所以可以将企业的网络渠道重点放在城市经营，而使传统渠道侧重于农村和城镇市场。

另外，市场差异化也可以从顾客类型来寻找。在顾客的购买过程中，往往分为主动和被动两种类型。对于被动性的顾客，其购买过程需要卖方做大量的说服和推荐工作，因此采取传统渠道效果更为显著。而对于那些积极购买者，他们需要的是齐全的产品信息，在此基础上可以进行产品决策，所以能提供丰富内容的互联网则正好符合这一要求。但是，顾客类型的差异选择在具体的操作中要比地域差异困难得多，这要求企业在广告、促销等传播活动中充分体现这种差异性，从而使不同类型的顾客建立起不同的渠道偏好。

（二）产品上的差异化

对于那些生产多品牌多品种的公司来说，差异化的选择也可以在产品上来寻找突破口。首先，可以通过类型来划分产品，比如书籍、鲜花、软件等类型的产品适合在网上销售，而像家具、家电、衣服这样的产品却需要通过实物接触才能完成销售，因此可以考虑传统渠道。另外，还可以根据品牌渠道的侧重点，比如时尚、高档商品可以通过互联网来吸引消费者，一般产品则可以通过传统渠道来吸引消费者。

尽管产品上的差异化看起来非常清晰，但对于那些经营单一品种的企业来说，几乎没有什么用途，这时可以考虑在产品的生产周期上做文章。根据生命周期理论，一种产品的销售历史过程会表现出四个不同的阶段，即引入期、成长期、成熟期和衰退期，每个阶段都表现出不同的需求态势，都与要不同的营销策略。在投入期和成长期，产品的购买者和消费者通常都是那些追求时尚的人群，而他们同样对网络这样一个新事物抱有兴趣，所以正好可以通过网络来实现产品的销售。当产品进入成熟期和衰退期后，成本的压力和市场的成熟使销售越来越面向大范围的市场，同时面临的竞争压力也越来越大，这时将渠道重点转向传统渠道则是正确的选择。

（三）职能上的差异

还可以从分销的职能上来建立网络渠道和传统渠道的差别，以进一步避免两者的正面冲突。

传统上对经营活动进行职能分解的方法是波特的价值链理论。按照构建价值链要求，产品的销售过程实际上就是产品通过销售渠道的价值链向最终用户移动的过程。但是在信息社会或者是网络社会中，价值链被分解成两条链：信息链和食物链。以前信息流和实物物流是合在一起的，而现在的这种分离正好为我们的渠道差异化带来了机会。网络渠道，最为信息社会的产物，其承载信息流的能力是其他渠道无法比拟的，甚至通过它还可以实行真正意义上的一对一营销，因此可以将信息流的职能安排在网络渠道上，比如订货、信息交流、反馈等而传统渠道的物流能力相对较强，所以可以将实物链放置在传统渠道上，比如送货上门、维修等工作。这样一来，双方以前冲突的角色就转变为互补的角色，从而解决了上文提到的问题。

此外，职能的差异还可以从购买阶段来寻找。一般来说，在售前和售中两个阶段，互联网能够以其时效性和个性化赢得更多的优势，但售后服务阶段更多地又要人员接触，这时网络渠道就存在一定的困难，反而传统的渠道到显出一定的优势。

如果从这样的一个角度来看的话，很自然地就形成了一种差异化，即售前售中阶段赋予网络渠道来完成，售后服务阶段则赋予传统渠道。当然，在实际操作中需要企业在利益分配上进行合理的设计，否则很难协调它们之间的关系。

关于网络渠道和传统渠道之间的争论自网络渠道产生就一并出现了，但在现阶段，企业必须正视两种渠道并存的现实，并根据自己的行业特点和企业情况，为两者进行合理的定位，以避免渠道冲突给企业带来不必要的财物损失和品牌损失。

网络渠道与传统渠道冲突解决常见模式如下：

1. 放弃网络销售

当一家企业或它的经销商面对的消费者数量还没有达到确保投资在线销售临界数量时，可以采取这个方案。此时，互联网的渠道功能主要体现在信息传递和产品展示方面上。

2. 仅中间商通过网络销售

经销很多家企业产品的经销商可能会聚集足够多的需求，可以承受在线销售的成本。而制造企业由于先期未对网络直销进行投资，其想借助互联网阻碍中间商的在线销售是很困难的。对此，企业通常以其他形式来支持中间商网络渠道建设，如合资参股、赞助等形式。

3. 制造商通过互联网销售

当制造商选择此方案，可能导致实体销售商的损失，因此经销商可能会停止传统渠道继续销售其产品。此方案适用于传统经销商并不依赖或试图进入新企业、新市场的企业。

4. 一般模式

各渠道成员共同利用互联网拓展营销渠道。企业以及各渠道成员间保持一定的信息关联和资讯共享，避免由于目标不一致、角色定位错乱而形成冲突。此种模式是目前较为常见且极具竞争力的模式。但其良性运作需要渠道各方具有较好的信息沟通能力、协商谈判意愿，以及具有法律协议、成员筛选机制等有效的渠道管理方法辅助。

本章小结

随着互联网的飞速发展，基于互联网上的网络购物正逐渐成为一种新的购物渠道。无论是纯网络零售商还是传统企业开拓网络零售业务，都必须精心设计自己的营销策略，包括顾客界面、商品组合、网络链接、顾客服务以及互动沟通等要素。

零售企业的精细化管理离不开信息技术的支持，信息技术将在以下方面改进传统零售活动：信息技术能提高零售业务活动的效率和准确性；信息技术能加强零售商与顾客和供应商的亲密关系；信息技术能为零售商带来新产品、新服务和新运营模式；信息技术有助于零售商实施竞争战略，从而提升竞争优势。目前，零售商常用的几种信息系统包括 POS 系统、EDI 系统、EOS 系统、MIS 系统、DSS 系统、VAN 系统等。数据仓库、数据挖掘和扩展性运用是零售信息系统运用的主要方面，能够从数据挖掘中获得的信息类型包括关联信息、顺序信息、分类信息、串联信息和预测信息，它们将有效地帮助零售商做出各种决策。

网络渠道与传统渠道由于它们以相同的产品去争取相同的顾客故产生很严重的冲突，网络零售毕竟与传统零售有较大的区别。在开展网络零售业务中，传统零售商具有强大的品牌影响力、稳定和进货渠道、成熟的物流体系、健全的售后服务、消费者渠道的购物体验等很多的优势。要解决二者的冲突需要找到它们的差异，相互融合。这些差异表现在市场上、产品上和职能上，可形成以下四种模式：放弃网络销售、仅中间商通过网络销售、制造商通过互联网销售、一般模式。

本章练习

一、选择题

1. 网络零售的特点有(　　)。

A. 营业不受时空的限制　　B. 全方位展示产品和服务

C. 降低企业的投资和经营成本　　D. 缩短物流供应链

E. 增加营销即时性

2. 网络零售的模式有(　　)。

A. 垂直型网络零售模式　　B. 综合型网络零售模式

C. 平台型网络零售模式　　D. 纵向型网络零售模式

3. 网络零售商的营销策略，包括以下要素（　　）。

A. 顾客界面　　B. 商品组合

C. 网络链接　　D. 顾客服务

E. 互动沟通

4. 传统零售商开展网络零售业务具有的优势（　　）。
   A. 强大的品牌影响力　　B. 稳定和进货渠道
   C. 成熟的物流体系　　D. 健全的售后服务
   E. 消费者渠道的购物体验

二、思考题

1. 企业为什么要开展网络零售业务？
2. 网络零售有哪些营销策略？
3. 零售商常用的信息系统有哪些？
4. 网络零售渠道与传统零售渠道的冲击体现在哪些方面？

三、案例分析题

亚马逊进入云计算市场

你是否正在寻找一套《白宫风云》的 DVD 影碟，或者最新的哈利·波特图书？自从 1995 年的在线商店开业，亚马逊已经转化成提供 36 个种类商品的网络综合零售商，包括家具、珠宝、服饰和食品。但是如果你需要的是存储几 TB 字节的数据空间呢？或者是 100Linux 服务器的计算量？现在你也可以从亚马逊得到。

在最初的 12 年间，亚马逊斥资 20 亿美元改进其信息技术架构，使其成为世界上最大的网络零售商。随着 2001 年网络泡沫的破灭，迫使亚马逊改进其数据中心和软件，在其商品网页加入新的功能，例如论坛和影音软件。2006 年 3 月，亚马逊退出了一批新服务，创始人杰夫·贝佐斯希望可以借此转变其未来的服务。通过简单存储业务（C3）及之后的弹性云计算（EC2），亚马逊进入了云计算市场。

亚马逊拥有巨大的计算能力，但是像其他公司一样，只有一小部分得到利用。此外，亚马逊的 IT 架构被认为是世界上最强劲的。公司认识到 20 亿美元的技术投资带来回报也可以使其他公司获益，于是，公司开放整个系统提供开发者使用。亚马逊开始销售它的计算能力，就像能源公司出售电力一样。

S3 是一种数据存储服务，它使网络规模的计算变得简单，并且开发者更能接受。用户每月要为 1GB 字节存储空间支付 15 美分，并且每 1GB 数据传输支付 20 美分。使用 S3 并不需要客户端，也不需要安装任何硬件。亚马逊利用 S3 提供一个快速的、简单的和廉价的存储数据服务，并且具有可扩展性和可靠性。S3 通过不关停服务器维修故障的机制，保证其 99.99% 的可用性。通过 S3、E2C 相连接，人们可以使用亚马逊的服务器进行运算工作，例如测试软件，E2C 服务每标准小时花费 10 美分。

MileMeter 公司计划按照盈利数销售汽车保险。最初他们在数据中心处理数据，后来将其大部分程序转移到亚马逊 E2C 的“虚拟”计算机上来。其首席执行官 Chris Gay 说：“我不需要一个系统管理员或者网络管理员，我不必担心硬件崩溃。”Sumg Mug，一个在线共享照片的新兴公司，使用亚马逊 S3 备份其照片，此举使公司不必购买额外的存储器并且第一年就为公司节省了 100 万美元。

刚开始，亚马逊网络服务产品的对象定位在微型企业和基于网站运作的公司，但不久此项服务也吸引了一些著名的大客户。微软使用 S3 提升其用户的下载速度。Linden Lab、Second Life 在线虚拟世界的创造者，使用此服务在其软件升级时继续提供服务。纳斯达克交易所使用 S3 传输数据，为公司提供实时的交易记录。同时，纳斯达克也被迫使用在线传输加密服务。

为了更好地为大量客户服务，当一个月内的可用性低于 99.99% 时，亚马逊提供了 24 小时电话支持和信贷。现在，亚马逊网络服务业务已经覆盖到拥有金融支持的技术人员，超过 370 000 的开发者，从个人到大公司已经注册。随着开发者的贡献以及服务的完善，亚马逊希望拥有灵感和网络连接的人们聚集在一起，形成下一代的亚马逊。

（资料来源：肯尼斯·C. 劳顿、简·P. 劳顿，管理信息系统，薛华城译，机械工业出版社，2011 年版。）

问题：

1. 从亚马逊的产品延伸中，你认为信息技术的发展将会给网络零售商带来什么机会？
2. 你认为“下一代的亚马逊”还是一个零售行业的亚马逊吗？

参考文献

[1] 肖怡：《零售学》（第3版），高等教育出版社，2014年版。
[2] 佘伯明、李宁：《零售学》，东北财经大学出版社，2014年版。
[3] 郑昕：《零售管理》，科学出版社，2005年版。
[4] 佀玉杰、邵正芝：《零售管理》，中国人民大学出版社，2010年版。
[5] 赵晶：《零售营销学》，清华大学出版社、北京交通大学出版社，2004年版。
[6] 陈文汉、于翠华、余敏、黄正祥：《零售学》，电子工业出版社，2008年版。
[7] 王方华：《营销管理》，机械工业出版社，2012年版。
[8] 宋建萍、冯贵宗：《市场营销原理与实训》，天津大学出版社，2008年版。
[9] 王筝：《管理学基础》，河南人民出版社，2010年版。
[10] 徐盛华、倪昌红：《零售学》（第1版），清华大学出版社，2015年版。
[11] 顾嘉禾：《新兴网络零售商业》，人民出版社，2010年版。
[12] 巫开立：《现代零售精要》（第1版），经济出版社，2004年版。
[13] 吴佩勋：《零售管理》，人民出版社，2007年版。
[14] 沙振权：《零售学》，广东高等教育出版社，2006年版。
[15] 曹湛：《零售管理》，中国人民大学出版社，2014年版。
[16] 陈杏头：《门店运营与管理实务》，中国人大出版社，2013年版。
[17] 王东霞：《连锁企业门店运营管理》，西北工业大学出版社，2012年版。
[18] 陆影：《连锁门店营运与管理实务》，东北财经大学出版社，2012年版。
[19] 王吉方：《连锁企业门店开发与设计》，科学出版社，2010年版。
[20] 曹富莲、李学荟：《连锁门店开发与设计》，大连理工大学出版社，2010年版。
[21] 宋之苓：《连锁经营与管理》，北京大学出版社，2010年版。
[22] 大卫·E. 贝尔：《零售学》，东北财经大学出版社，2001年版。
[23] 卢德湖：《商品流通企业会计实务》（第2版），东北财经大学出版社，2013年版。